中央财政支持地方高校发展专项资金项目
贵州省区域内一流学科建设项目
贵州省特色重点学科建设项目

交通人才
助推交通强国战略研究

赵光辉 田芳 ◎著

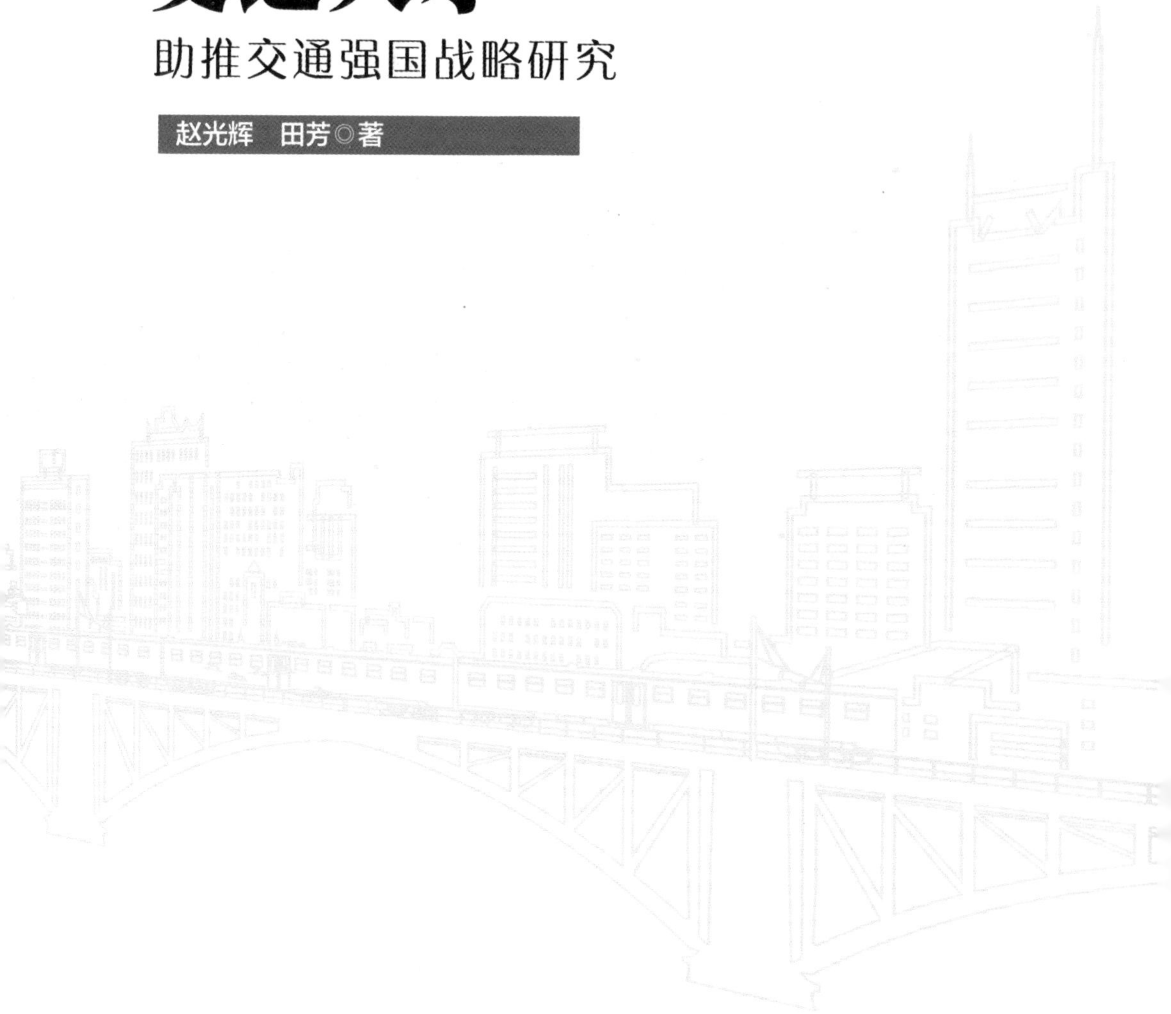

中国社会科学出版社

图书在版编目（CIP）数据

交通人才助推交通强国战略研究/赵光辉，田芳著.—北京：中国社会科学出版社，2019.6
ISBN 978-7-5203-4556-9

Ⅰ.①交… Ⅱ.①赵…②田… Ⅲ.①交通运输业—人才培养—研究—中国②交通运输业—经济发展战略—研究—中国 Ⅳ.①F512.3

中国版本图书馆 CIP 数据核字（2019）第 110313 号

出 版 人	赵剑英
责任编辑	刘晓红
责任校对	周晓东
责任印制	戴　宽
出　　版	中国社会科学出版社
社　　址	北京鼓楼西大街甲158号
邮　　编	100720
网　　址	http://www.csspw.cn
发 行 部	010-84083685
门 市 部	010-84029450
经　　销	新华书店及其他书店
印　　刷	北京明恒达印务有限公司
装　　订	廊坊市广阳区广增装订厂
版　　次	2019年6月第1版
印　　次	2019年6月第1次印刷
开　　本	710×1000 1/16
印　　张	22
插　　页	2
字　　数	372千字
定　　价	99.00元

凡购买中国社会科学出版社图书，如有质量问题请与本社营销中心联系调换
电话：010-84083683
版权所有　侵权必究

前　言

交通运输是国民经济和社会发展的基础性、先导性和服务性行业，是满足人民美好生活需要的关键所在。在党的十九大报告中，习近平主席明确提出，要建设"交通强国"，深刻把握交通基础设施建设的先导性作用，大力推进交通一体化建设，坚持"人民交通为人民，建设人民满意交通"的基本要求，推动各种交通运输方式实现平衡发展等。这标志着我国全面开启交通强国建设新征程，党和人民赋予了交通运输行业全新的使命。

改革开放以来，我国交通运输业增速十分迅猛，建立了"五纵五横"综合运输通道，铁路、高速公路运营里程，以及大型生产性码头及万吨级泊位等位居世界前列，初步形成了多节点、网格状、全覆盖的综合交通运输网络。然而交通运输发展不平衡、质量与效益低下等问题较为严重，和发达国家相比仍存在较大差距，距离实现交通强国还有很长的一段路要走。

毋庸置疑的是，交通强国建设是一项长期而复杂的系统工程，可能需要十几年、几十年甚至一代人的努力，必须长期投入人才、资金、技术、设备、管理等各类优质资源。其中，培养交通人才更是在其中扮演了不可取代的关键角色，综合国力竞争终究是人才竞争，中华民族想要屹立于世界民族之林、实现中华民族伟大复兴中国梦，必须重视人才、培养人才，"聚天下英才而用之"。

美国、德国、日本等发达国家的崛起之路，已经充分证明了大力培养交通运输人才的重要价值。对于人才培养，习近平主席在党的十九大报告中也做出了重要指示，"坚定实施科教兴国战略、人才强国战略""培养造就一大批具有国际水平的战略科技人才、科技领军人才、青年科技人才和高水平创新团队"，因此，建立并完善交通运输人才培养体系，培养一批优秀的专业技术人才及复合型管理人才，既是响应"人才强国"战略的实际需要，也是推进交通强国建设的必然选择。

我国幅员辽阔、人口规模庞大，对交通运输建设规模及质量有较高要求，需要实现铁路、公路、民航、水运、管道、邮政等多种交通运输方式的协同联动发展。不同交通运输方式面临的人才培养痛点有所差异，在人才培养方向及策略等方面需要做出一定的优化调整。

整体来看，现阶段，我国交通运输产业面临的人才问题主要包括：人才队伍的结构性矛盾突出、高层次人才配置与使用不合理及人才资源开发管理存在体制机制障碍。想要解决这些问题，仅靠单纯的资本投入是远远不够的，必须从顶层设计、落地方案等多方面共同发力，明确交通运输人才强国战略指导思想、制定清晰合理的战略目标，加强统筹部署和协同创新。

考虑到现代交通运输业发展潮流与趋势，以及我国交通运输人才现状，培养交通运输人才必须坚持以人为本、服务交通、促进发展、分类指导、市场调节等原则，深刻把握交通强国建设整体框架，充分结合交通强国"两步走"战略，加强模式创新，引入交替型培训模式、产学研相结合的培训模式，构建以就业为导向的教育模式体系，为交通运输业乃至国民经济的持续稳定发展，源源不断地输送专业素养高、创新能力强、适应市场需求的优秀人才。

建立健全交通运输人才培养体系，将为交通运输人才强国战略提供强大推力，从欧美交通强国的实践经验来看，一个完善的交通运输人才培养体系由人才培养、引进、使用、评价、选拔、激励等多个组成部分构成，为满足我国快速增长的交通运输建设需求，既要强调数量，又要强调质量；既要内部培养人才，又要从海外引进人才；既要注重理论知识教学，又要注重实践技能培养；既要提供物质激励，又要提供人文关怀。

此外，交通人才强国战略还要与农村劳动力转移就业相结合。农村劳动力问题是一项重要民生问题，在推进交通人才强国建设过程中，增强交通运输行业对农民工就业的吸纳能力，构建系统完善的农民工教育培训体系，为农民工就业提供优良平台与外部环境，不但是发挥交通运输业基础性、先导性、服务性作用的具体体现，也为解决农民工就业问题提供了新的思路，能够有效缓解我国持续增长的就业压力。

作为一个交通运输行业长期观察者、研究者，以及资深从业者，作者在对多年思考与研究进行深入总结，并结合大量实践案例与自身从业经验的基础上创作了《交通人才助推交通强国战略研究》一书，希望能够给决策者、各级政府部门、交通运输项目建设及运营单位等提供一些指导与帮助。

本书共分为交通强国开启交通运输产业新时代、人才强国赋能交通强国建设、我国大数据交通人才培养、我国大数据物流人才培养、我国物联网交通人才培养、我国网约车治理与人才培养、我国交通运输各行业人才战略面临问题及其发展对策、建设交通运输高层次创新型人才队伍、我国交通运输行业人才培养的建议对策、农村劳动力向交通运输行业转移就业与培训十大部分，对我国交通运输人才发展现状、面临痛点、切入点选择、战略规划、落地方案、实施策略等进行了全方位、立体化、多角度的全面剖析，为交通运输人才强国战略落地提供了一条富有中国特色的实现路径。

需要指出的是，固然交通运输人才培养的高成本、长周期等特性，决定了各级政府及交通运输领域国有企业应该承担主体责任，但考虑到交通人才强国战略实施与推进的系统性、复杂性，创业者、投资者、培训机构及相关企业也需要积极参与进来，群策群力，为全面建成小康社会，谱写美好中国梦而团结奋斗、协同攻坚！

目　录

第一章　交通强国：我国交通运输行业的行动纲领…………………… 1
　　第一节　在新时代奋力开启建设交通强国新征程………………… 1
　　第二节　实现从交通大国向交通强国的转型之路………………… 9
　　第三节　我国交通强国建设体系设计与实施路径………………… 15

第二章　人才强国：助推交通强国建设的新动能……………………… 23
　　第一节　人才强国的指导方针、总体部署与目标………………… 23
　　第二节　人才强国战略的基本内涵、创新与意义………………… 30
　　第三节　交通运输人才战略在人才强国中的作用………………… 36

第三章　我国大数据交通人才培养模式探索与研究…………………… 43
　　第一节　大数据推动我国交通产业智能化升级…………………… 43
　　第二节　大数据在交通领域的应用、挑战与对策………………… 50
　　第三节　我国大数据交通人才培养的对策与建议………………… 57

第四章　我国大数据物流人才培养模式对策与建议…………………… 63
　　第一节　我国物流人才培养的现状、问题与策略………………… 63
　　第二节　大数据背景下物流专业教育探索与实践………………… 67
　　第三节　校企合作：培养创新型物流人才新思路………………… 72

第五章　我国物联网交通人才培养模式的路径选择…………………… 77
　　第一节　我国物联网交通人才培养的探索与实践………………… 77
　　第二节　我国人工智能交通人才培养的对策建议………………… 83

第六章　我国网约车运营监管困境与人才培养对策 ········ 88
第一节　我国网约车概念内涵及存在的监管困境 ········ 88
第二节　我国网约车的治理路径及人才培养对策 ········ 94

第七章　我国交通运输各行业人才战略存在的问题 ········ 103
第一节　我国交通运输人才强国战略面临的问题 ········ 103
第二节　我国公路水路行业人才战略面临的问题 ········ 108
第三节　我国铁路行业人才战略存在的主要问题 ········ 122
第四节　我国民航行业人才战略存在的主要问题 ········ 123
第五节　我国管道运输行业人才战略存在的问题 ········ 126
第六节　邮政行业实施人才战略存在的主要问题 ········ 129
第七节　我国西部地区交通干部培训存在的问题 ········ 130
第八节　我国交通运输行业人才政策存在的问题 ········ 132

第八章　我国交通运输各行业人才战略的发展对策 ········ 134
第一节　我国交通运输行业人才战略的政策建议 ········ 134
第二节　我国公路水路行业人才战略的政策建议 ········ 144
第三节　我国铁路行业人才战略的主要政策建议 ········ 155
第四节　我国民航行业人才战略发展的政策建议 ········ 163
第五节　管道运输行业人才战略的政策建议 ········ 168
第六节　我国邮政行业人才战略发展的政策建议 ········ 172

第九章　交通运输高层次创新型人才队伍建设的建议 ········ 180
第一节　高层次创新型人才队伍建设的具体建议 ········ 180
第二节　高层次创新型人才队伍建设的战略措施 ········ 186
第三节　我国交通运输中长期人才规划政策建议 ········ 197

第十章　我国交通运输行业人才培养的建议对策 ········ 205
第一节　我国交通运输人才培训评估的主要对策 ········ 205
第二节　我国城市轨道交通人才培养的对策研究 ········ 212
第三节　我国城市轨道交通应用型人才培养模式 ········ 221

第十一章　农村劳动力向交通运输业转移就业与培训……………… 226
 第一节　进一步改善交通运输业农民工就业环境……………… 226
 第二节　构建交通运输业农民工的教育培训体系……………… 233
 第三节　农村劳动力向交通运输业转移培训策略……………… 241

附录……………………………………………………………………… 250

参考文献………………………………………………………………… 328

第一章 交通强国：我国交通运输行业的行动纲领

第一节 在新时代奋力开启建设交通强国新征程

一 习近平总书记关于交通运输的论述

党的十八大提出建设交通强国的规划，在此情况下，全国交通运输行业始终坚持党中央的正确领导，恪守"发展先行官"的职责，以新发展理念为指导，持续推进供给侧结构性改革，以做好综合交通、智慧交通、绿色交通、平安交通建设为目标，推动我国从交通大国转向交通强国，为"两个一百年"目标的实现提供有效支持与助力。

党的十八大以来，尤其是在党的第十九次全国代表大会上，习近平总书记围绕交通运输作了重要论述，明确了我国交通运输行业的发展方向。我国交通运输行业要对这些论述的实质与内涵做出准确把握，并在实际工作过程中贯彻执行。

（一）牢牢把握"先行官"的定位

交通运输是经济社会发展的"先行官"。习近平总书记强调：交通基础设施建设的先导作用不容忽视，"要想富，先修路"这一理念永不过时，京津冀协同发展必须将交通一体化建设作为先行方案等。这些论断再次明确了交通运输在国民经济中的属性——先导性、服务性、战略性、基础性，赋予了交通运输新的定位——先行官，不仅概括了交通运输系统的功能属性，还总结了经济社会的发展规律。交通运输系统要想做好经济社会发展的"先行官"，不仅要在行动上领先，还要强化作风，引领社会经济更好地发展。

（二）坚持"建设人民满意交通"的目的

"做好贫困地区的交通建设，改溜索、修公路，帮助贫困地区的群众脱贫致富""做好农村公路的建设、养护、管理、运营工作""坚持人民利益至上，将安全放在首位"等。习近平总书记的这些论断始终贯彻民生、民情，提出了"人民交通为人民，建设人民满意交通"的要求。

在这个过程中，安全交通至关重要，交通建设要始终坚持以安全为主，将安全生产作为基本民生；要始终坚持以服务为本，让交通建设为人民服务、为大局服务、为基层服务；要始终坚持共享发展，提高交通运输基本公共服务均等化水平，使人民群众对交通运输服务的获得感、满意度得以持续提升。

（三）牢牢把握"黄金时期"

"'十三五'是我国从交通大国转向交通强国的黄金时期。"习近平总书记的这一论断对我国交通运输发展形势做出了科学判断。在这个"黄金时期"，我国交通运输系统建设的重任不是延续交通建设的高速度、大规模，而是从规模速度型发展转向质量效率型发展。所以，在这个黄金时期，我国交通运输行业要进一步加强基础设施建设，尽快形成交通运输网络，推动交通运输业转型升级，提升交通运输企业的现代治理能力，加快现代综合交通运输体系建设。

（四）坚持"建设现代综合交通运输体系"的目标

"现阶段，综合交通运输建设迈进了一个全新的发展阶段，行业、企业要大胆创新，创造全新的体制机制、方式方法、工作措施，推动各种交通方式实现融合发展""推动各种交通运输方式实现平衡发展""推进综合交通体系建设"等。习近平总书记的这些论断明确了现代综合交通运输体系的建设方向和方法。

在建设原因方面，我国社会经济发展到一定阶段必须建设现代综合交通运输体系，同时，供给侧结构性改革的深化、交通强国建设也都要求建设现代综合交通运输体系。

在建设内容方面，到2020年，我国绿色、安全、便捷、高效、经济的现代综合交通运输体系建设要初见成效。

在建设方法方面，交通运输企业要从"平衡各种运输方式""推动各种运输方式实现融合发展"两方面切入，将各种运输方式组合在一起，以切实提升运输方式建设质量和效率。

（五）紧抓供给侧结构性改革

"交通运输行业在推进供给侧结构性改革，降低物流成本，提升物流效率方面大有可为""交通运输行业要创新管理、创新组织，将简政放权、提升效率视为重中之重"。习近平总书记的这些论断明确了交通运输发展的主线——紧抓供给侧结构性改革。

交通运输在社会再生产大循环中处于枢纽地位，将生产与消费连接在一起。对于供给体系来说，其质量与效率要想提升，就必须做好供给侧结构性改革，降低物流成本、提升物流效率；必须全面降低物流成本，集中全力创新组织与管理，进一步实现放权降费，加快交通运输行业转型升级，进一步提升供需平衡的实现水平。

除此之外，在党建、"一带一路"精神弘扬、绿色交通建设等方面，习近平总书记也做出了重要指示。总而言之，习近平总书记关于交通运输行业的论述明确了我国交通运输的发展定位、发展目的、发展形势、发展目标、发展主线，形成了一个系统、完整的思想理论体系，成为新的治国理念、治国思想、治国战略的重要组成部分，为交通运输业持续健康发展提供了科学的理念指导。为此，我国交通运输企业必须深入学习习近平总书记关于交通运输的重要论述，用它来指导自己的实践活动，推动我国交通运输行业的发展迈向新阶段。

二 实现从交通大国向交通强国的转型

在改革开放后的这几十年间，几代交通人接受党中央的思想与指示，不懈努力，推动我国交通运输事业迈上了一个新台阶。尤其是党的十八大以来，我国交通运输事业成就显著，很多指标都达到了世界先进水平，我国交通大国的地位已不容置疑，为交通强国的转型与建设奠定了扎实的基础。

（一）基础设施网络规模越来越大

2017年，我国已构建起"五纵五横"综合运输通道，其中民航运输机场229座，通用机场300多个，覆盖了全国88.5%的地市和76.3%的县。

铁路运营里程达到 12.7 万千米，其中高速铁路运营里程 2.5 万千米，居世界之首。高速公路通车里程 13.1 万千米，排名世界第一。而公路总里程达到 469.6 万千米，覆盖了全国 37684 个乡镇和 634390 个建制村，通达率高达 99.99%、99.94%。内行航道通航里程 12.7 万千米，拥有 3.13 万个生产型码头泊位及 2317 个万吨级泊位，居世界首位。邮政快递网店覆盖全国，实现了"乡乡设所、村村通邮"。至此，我国综合交通网络有了雏形。

（二）运输服务保障能力越来越强

2016 年，全社会客运量 192 亿人次，货运量 433 亿吨，运输系统的繁忙程度居世界之首，我国成为世界上旅客周转量、货运量最高的国家，其中高铁旅客周转量是世界上其他国家高铁旅客周转量的总和。另外，我国公路的客运量、货运量、旅客周转量也排名世界第一，高速公路货运量及客运量在全社会货运量及客运量中的占比分别达到 1/4 和 1/3。在规模如此庞大的货运量和客运量的支持下，我国成为世界排名第一的货物贸易大国。

在世界范围内，我国民航客运量及货物、邮件转运量排名第二，其中快递业务量在以年均 50% 以上的速度高速增长，居世界之首。在此形势下，在经济社会发展方面，运输服务表现出了越来越强的支撑作用。

（三）科技创新水平越来越高

近年来，我国高铁、高速公路、大型机场、特大桥隧、深水筑港等领域的建造技术取得了突破式发展，达到了世界先进水平，创造了一系列令世界震惊的超级工程，比如沪昆高铁、北京新机场、洋山深水港、港珠澳大桥等，再如高速列车、新能源汽车、C919 大型客机、振华港机等，为"中国制造"增添了很多新名片。

另外，北斗导航系统、云计算、大数据等信息通信技术也被广泛用于交通运输领域，O2O 模式也实现了迅猛发展。现如今，在科技创新方面，交通运输已成为关键领域，在提升我国科技竞争力、增强综合国力方面发挥了重要作用。

（四）行业现代治理能力大幅提升

改革开放以来，我国交通运输业发生了显著变化，实现了飞跃式发展，用几十年的时间取得了西方发达国家几百年的成就。在这方面，我国交通运输行业独有的治理模式发挥了重要作用。

党的十八大以来，我国综合交通运输管理机制越来越完善，国家出台了相关的法律法规、政策规划、标准体系，其中网约出租车、共享单车管理章程领世界之先，为全球新业态治理贡献了"中国智慧"。

除此之外，我国还主导举办了中国—东盟交通部长会议、上海合作组织交通部长会议等多项会议，创建了多边合作机制，在国际海事组织理事国选拔中连续14年当选A类理事国，中国人首次出任国航秘书长等。在这一系列成就的支持下，我国在交通运输领域的话语权、影响力有了大幅提升。

（五）奋力从交通大国向交通强国迈进

党的十九大报告中明确提出建设交通强国的宏伟目标，将其作为社会主义现代化强国建设的重要组成部分，为新时代我国交通发展指明了战略方向。

党的十九大报告指出，我国已进入"决胜全面建成小康社会，开启全面建设社会主义现代化国家新征程"的发展阶段，并明确了"两个阶段"的具体划分和战略任务：从2020年到2035年，在全面建成小康社会的基础上，再通过15年的发展奋斗基本实现社会主义现代化；从2035年到21世纪中叶，在基本实现现代化的基础上，把我国进一步建设成为富强民主文明和谐美丽的社会主义现代化强国，实现中国民族伟大复兴的梦想。

社会主义现代化强国不是单独某一方面的强，而是包括政治、经济、文化等各个方面在内的整体发展战略。比如，党的十九大报告第七部分坚定文化自信中，提出要"加快推进体育强国建设"；第八部分保障和改善民生水平中，提出要"建设教育强国"。

经济方面，在党的十九大报告第五部分贯彻新发展理念建设现代化经济体系中，明确提出了"八个强国"的建设目标："加快建设制造强国""建设科技强国、质量强国、航天强国、网络强国、交通强国""加快建设海洋强国""推进贸易强国建设"。因此，"交通强国"是新时代下建设社会主义现代化强国的重要内容。

"要想富，先修路"，交通运输业具有基础性、先行性、引领性、独立性以及与其他产业领域交互渗透与融合的特点，因此在整个国民经济社会发展中具有特殊地位，既是实现其他"强国建设"目标的重要支撑，也是后者的重要组成部分。

比如，建设制造强国就包括先进交通运输工具的制造，而完善的交通业又会对制造强国建设形成有力支撑；科技强国、网络强国建设是实现交通强国战略的重要推力和支撑，交通强国建设中对科技、网络等的应用则是科技强国、网络强国建设的重要内容；同样，海洋强国、贸易强国、质量强国建设也有力地推动着交通强国建设，而交通强国建设则为三者提供有效引领和服务。

三 准确把握建设交通强国的战略意义

党的十八大以来，我国交通运输业迅猛发展，取得了一系列重大成就，成为世界交通大国。党的十九大则明确提出，要在"量"的基础上实现"质"的飞跃，建设交通强国，从而为中国特色社会主义新时代交通运输业的发展指明了战略方向。

我国的交通强国建设要兼具世界眼光和中国特色：一方面交通业自身要强，达到世界领先水平；另一方面交通业还要充分发挥在国民经济中的先导性、引领性作用，强国家，带动整个社会经济的发展，最终建设成为全球领先、人民满意、有效支撑社会主义现代化建设的交通强国。

总体思路上，我国交通强国建设要以习近平新时代中国特色社会主义思想为指导，深入贯彻落实党的十九大精神，以稳中求进为建设总基调，坚持新发展理念，顺应社会主要矛盾的变化，注重交通建设质量。

统筹推进"五位一体"总体布局和"四个全面"战略布局，以供给侧结构性改革为主线，以服务人民、服务大局、服务基层为主旨，着力建设安全便捷、经济高效、绿色智慧、开放融合的现代综合交通运输体系，实现全球领先、人民满意、有效支撑社会主义现代化建设的交通强国目标，从而真正发挥交通业在建设社会主义现代化强国、实现中华民族伟大复兴梦想过程中的先行者、引领者功能。

建设交通强国，要按照高质量发展的要求，狠抓"四个着力"：

①着力推动交通运输发展的质量变革、效率变革和动力变革，推动交通运输业从高速度发展升级为高质量发展，提高交通运输系统综合效率；

②着力服务人民、服务大局、服务基层的宗旨；

③着力建立人民满意交通，通过提供更好的交通服务不断增强人民群众的获得感、安全感和幸福感；

④着力建设开放融合、共治共享、绿色智慧、文明守信的现代化交通体系。

2020年之前是全面建成小康社会的决胜期，这一阶段我国交通发展既要为实现全面小康做好服务，扮演好先行者、引领者角色，也要为接下来建设交通强国做好战略规划、打好基础。

建设交通强国是建设社会主义现代化强国的重要组成部分，因此建设进程和战略目标也与整体社会发展战略保持一致，可分为"两步走"：第一步是从2020年到2035年，经过15年的发展基本建成交通强国，步入全球交通强国行列；第二步是从2035年到21世纪中叶，再奋斗15年全面建成交通强国，在世界交通强国中处于前列。

四　交通强国战略的内涵、进程及目标

要准确深刻把握党的十九大提出的建设交通强国的宏伟目标，首先应对交通本身的内涵和构成要素有一个全面了解，然后才能明确建设交通强国的内涵和重点。

（一）交通的内涵及构成要素

交通的具体定义虽然很多，但基本内涵是公认的，即"人类利用运载工具，通过交通运输线路和枢纽，实现人和物的位移活动"。这一内涵指出了交通的六个基本构成要素，即人、运载工具（火车、货车、飞机、船舶、管道等）、交通运输线路（铁路、公路、航道等）、交通枢纽（车站、机场、港口、货场等）、人和物的位移活动以及相应的装卸设备。

从这六个基本构成要素出发，则又衍生出交通运行的六个方面，即速度、安全、舒适、目的（位移活动的目的或计划）、信息（各要素时空匹配的需求）、组织（对各要素进行时空匹配的组织活动）。

（二）建设交通强国的内涵

从人口、资源规模和分布情况来看，我国的交通需求市场十分广阔，因此在全面建成小康社会的决胜期就能够完成建设交通大国的目标，交通基本构成要素总量达到世界前列。然而，建设交通强国并不只是"量"的增长，其更重要的内涵是"质"的提升，因此，党的十九大报告提出的"我国经济已由高速增长阶段转向高质量发展阶段"这一论断同样也是建设交通强国的内涵。

建设交通强国，要以"坚持质量第一、效益优先，以供给侧结构性改革为主线，推动经济发展质量变革、效率变革、动力变革"为理念指导，推动交通基本构成要素与衍生要素的有机结合和高效运转，构建多种交通

方式无缝对接的一体化、智能化现代交通体系，着重深耕几个达到世界领先水平的交通关键要素，从而推动我国交通发展在"量"的基础上实现"质"的飞跃。

建设交通强国是社会主义现代化强国战略的重要组成部分，因此其进程和目标与后者紧密相连。

党的十九大提出了我国建设社会主义现代化强国的两个阶段："从2020年到2035年，在全面建成小康社会的基础上，再奋斗十五年，基本实现社会主义现代化；从2035年到21世纪中叶，在基本实现现代化的基础上，再奋斗十五年，把我国建成富强民主文明和谐美丽的社会主义现代化强国。"

交通强国作为社会主义现代化强国的重要组成部分，其建设进程和目标必须与社会主义现代化强国建设的整体进程和目标保持协调。同时，考虑到交通运输业在整个国民经济中的先导性和引领性作用，交通强国建设的进程应比社会整体发展进程略微提前，以便为其他强国建设提供有效引导和支撑。

(三) 交通强国建设的进程及目标

与建设社会主义现代化强国的两个阶段进程和目标相一致，交通强国建设的进程和目标也可划分为两个阶段：

(1) 从2020年到2035年基本实现社会主义现代化阶段，交通强国建设的目标是：全面完成铁路、公路、水运、航空、信息、物流等交通基础设施网络建设，同时在处于世界领先水平的运载工具和装卸工具的关键共性技术、前沿引领技术、现代工程技术、颠覆性技术的创新等诸多方面获得突破性进展。

(2) 从2035年到21世纪中叶建成富强民主文明和谐美丽的社会主义现代化强国阶段，交通强国建设的目标是：在舒适、安全、高速的运载工具和先进的装卸工具的发展，为其提供支持的网络化线路和枢纽的发展，以及精准的信息传输和高效的交通组织发展等方面，均达到世界领先水平。

虽然不同历史时期对交通发展中"强"的界定有所差异，但"速度""安全和舒适""信息和组织"却是共同追求。也就是说，谁拥有更快速的交通工具和高效的装卸工具，谁搭建了服务于先进交通工具的线路网络，谁能够让位移更加安全舒适，谁具有更快速的信息匹配和更高效的组织，谁就是交通强国。

从这个角度来看，我国建设交通强国的重点是大力发展当前及今后处于世界领先水平的安全、舒适、高速的运载和装卸工具，搭建并不断优化完善支持先进运载工具的网络化线路和枢纽，实现信息的精准传输，打造高效的交通组织。

第二节　实现从交通大国向交通强国的转型之路

一　立足全局发展，全面推进交通强国

国家复兴，交通先行，交通是兴国之本、强国之路。所以，我国交通建设与发展必须全面贯彻落实党中央的重要指示，结合新时期交通运输行业表现出来的新特点，围绕交通强国战略，推动交通建设与发展迈上一个新阶段。新时期，我国要想从交通大国向交通强国转型发展，首先要对交通强国的内涵与实质做出全面把握、深入理解，推动现代化交通运输体系建设稳步前进。

从本质上来看，交通运输是一种支撑性产业，其目的不是运输，而是为社会经济发展、人们生活水平提升提供更好的支持和服务。所以，我们要站在"交通"之外对交通强国建设进行审视，通过交通强国建设提升我国综合国力及国际影响力，塑造大国形象。

首先，新时期，交通运输工作部署要以激发地区优势与经济活力、释放经济发展潜力、提升增长能级为目标。过去，大国交通水平主要体现在两个方面：一是交通基础设施建设规模；二是交通基础设施建设体量。而交通强国建设则要将交通运输产业的能动作用充分发挥出来，通过区域格局的提升为地区经济发展提供动力，尤其要做好城市群建设，统筹中西部地区的发展。

其次，新时期，交通强国建设必须提升交通参与者的获得感与体验感，保证交通运输行业能切实提升人们的生活水平，满足人们对美好生活的追求，提升人们的出行品质，让人们感受到出行的便利。比如，西成高铁（西安—成都）的开通解决了"蜀道难，难于上青天"的交通难题，只需4个小时就能从西安到成都，让人们享受到了前所未有的便捷出行体验。

在国际层面，交通强国建设可以将我国先进的交通运输建设技术与水平、我国交通在国际上的影响力充分体现出来。相较于欧美等发达国家来说，我国运输网络体量无人能及，建设标准也处于高水平，并且我国交通建设有高效的运营、管理、安全体系为支撑，构建了精细化、智能化、人性化的交通运输服务。

新时期，我国交通建设要秉持科技驱动创新、数据支撑管理的理念，提升交通运输发展格局的层次和水平，使国家软实力不断提升。另外，我国要不断增强对发展中国家的交通输出能力，与其构建互信、共赢的合作机制，帮他们改善交通发展格局。同时，我国交通运输行业要借"一带一路"倡议构建新的外交名片，展现我国交通运输实力与水平，带动沿线其他发展中国家发展，以体现我国交通强国的国力。

新时期，我国交通运输规划、建设、管理、运营要谨记新的发展理念，全面推进"交通强国"战略，深入理解、把握交通强国的内涵，对交通发展和监管保障体系进行完善，加强对外交流与合作，推动我国交通强国建设与发展进入一个新阶段。

二　把握发展定位，发挥创新引领作用

交通强国是我国的一项国家级战略，改革开放至今，我国的交通运输事业取得了举世瞩目的伟大成就，公路、铁路、航运、水运等交通运输基础设施不断完善，成为名副其实的交通大国，但和美国、日本等交通强国相比，还有较大差距。

复杂的地形、庞大的人口基数等因素注定了我国的建设交通强国之路将备尝艰辛，未来需要持续加强顶层设计、积极开拓创新，提高交通运输服务质量与效益，让人民获得更多的满足感、幸福感。具体来看，未来我国的交通强国建设需要抓住以下两大要点。

（一）准确把握发展定位

准确把握交通运输是经济社会发展"先行官"的发展定位，加强顶层设计，不断推进交通强国建设。交通运输是推动国民经济发展的先导性、基础性、战略性及服务性行业。

我国交通运输事业取得了累累硕果，多项指标已经达到了世界领先水平，为中国经济崛起注入了源源不断的活力与发展动力。目前，我国已经

初步建成多节点、网络状、全覆盖的综合交通运输网络，铁路营业里程达到12.7万千米，其中，高铁营业里程达2.5万千米，在世界高铁总营运里程中占比为66.3%。公路总里程为469.6万千米，99.94%的建制村和99.99%的乡镇已经通了公路，其中，全国高速公路通车里程为13.1万千米，高居世界首位，覆盖了98%的城镇人口超过20万人的城市。

能够取得如此成绩和我国政府对交通运输事业的高度重视存在密切关联，比如，"一带一路"倡议提出并实施后，我国交通建设进程进一步加快，一批具有良好示范效果的重大工程相继开工，为提高交通运输行业发展水平，创新交通技术及装备奠定了坚实基础。

推进基础设施联网优化是主流趋势，未来，我国政府需要制订长期性的战略规划，加快构建综合交通"一张网"，基于综合运输大通道，围绕综合枢纽，建设快速高品质交通网、高效率普通干线网、广覆盖基础服务网，打造出安全便捷、畅通高效、绿色智能的现代综合交通运输体系。

在交通运输建设服务国家重大战略实施方面，未来需要促进海、陆、空、网等交通基础设施"四位一体"联通，加快推进车联网、新能源、自动驾驶等新技术的推广普及，为"一带一路"等国家级倡议的稳定落地保驾护航。

（二）发挥创新引领作用

从交通大国迈向交通强国，需要充分发挥创新引领作用，建立数字化、智能化、智慧化的现代交通运输体系，支持鼓励创业者及企业探索新技术、新模式、新业态。

2017年6月，中国标准动车组被命名为"复兴号"的消息不但成为国内热点，在国际上也掀起了广泛的讨论，因为具备完全自主知识产权的"复兴号"，体现了我国铁路成套技术装备尤其是高速动车组已经处于世界一流水平。

事实上，"复兴号"只不过是我国诸多交通运输科技创新成果的冰山一角，我国的高速公路、高速铁路、深水筑港、特大桥隧等交通运输领域的建造技术得到了德国、美国等交通强国的充分肯定。

全线通车在即的珠港澳大桥更是一项震惊世界的超级工程。作为世界最长的跨海大桥，珠港澳大桥全长55千米，其中全长29.6千米的桥—岛—隧集群主体工程施工量庞大且难度极高，复杂的地质结构、严苛的环保要求、国际领先的技术标准、恶劣的施工环境等因素给工程建设带来了巨大的阻碍，而数千名建设者用十几年的时间研究建设，通过技术、工艺创新解决了一系列复杂问题，展现出了我国在交通领域的强大建设能力。

创新是经济发展的动力源泉，是实现中华民族伟大复兴中国梦的必由之路，具体到交通运输领域，未来我国需要充分发挥创新的强大驱动力量，不断完善基础设施建设，提高运输装备研发、加工制造能力，培育"互联网+交通"、新能源交通装备、自动驾驶等新兴交通业态，深化教育体制改革，培养一批富有创新精神的专业人才，为推进交通强国战略的落地奠定坚实的基础。

三　全面审视不足，加快补齐建设"短板"

近年来，我国交通运输行业实现了快速发展，很多领域的技术水平都名列世界前茅，比如高速铁路、城市轨道交通、大型桥梁和隧道等，甚至有些领域的技术水平已达到了世界领先水平。但从整体来看，我国交通运输行业仍存在发展不平衡、不充分等问题。

比如，在开放性、换乘转驳便利性、多式联运协同性等方面，我国现有的大型航空枢纽、海港枢纽与世界顶级水平之间还有很大差距。"八横八纵"的运输通道规划缺乏前瞻性，无法很好地满足未来经济的发展需求。以英国为例，伦敦与曼彻斯特相距300千米，现有高速铁路1条，普通铁路3条，并计划增设2条高速铁路、1条普通铁路。而我国很多城市至今没有高速铁路直接联通，中心城市间长距离出行依然存在一票难求问题，居民日益增长的出行需求及其对服务质量越来越高的要求始终难以得到满足。

相较于国外发达国家来说，我国综合交通运输发展理念、体制机制、统筹规划、建设模式、运输效率等还存在很多缺陷。首先，在交通运输规划、建设、管理方面，不同地区、不同层级采用了不同的方式，交通部门与其他部门相互制约、相互掣肘；其次，我国在交通联运（空铁联运、铁水联运等）、城市综合枢纽一体化建设方面的投入不足，多方式客货运输无法实现有效衔接，综合服务能力亟待提升，综合运输效能有待挖掘；最后，我国关于交通发展的政策法规不健全，很多领域的政策法规都没有取得实质性突破和发展。一直以来，我国交通管理遵循的都是"以车为本"的理念，将"人"放在了次要位置，使综合交通运输体系构建受到了严重制约，同时使城乡空间合理布局、国家能源安全及生态环境保护、土地资源集约利用等工作的推进受到了不良影响。

小汽车导向政策不当导致基础设施（道路、停车场等）建设的供给与投资出现了严重偏差，使公共交通、自行车等绿色交通战略的推进受到了阻滞，导致我国的公共服务水平难以提升，无法形成核心竞争力，出行结构难以改善，进而陷入了"以堵治堵、越治越堵"的怪圈。

需要指出的是，交通强国建设并不是盲目追求各项工程都能达到世界顶尖水平，加快补齐建设"短板"，让广大民众都能享受到我国经济发展所带来的红利，造福亿万民众也十分重要。

以四川省实施的溜索改桥项目为例，在四川部分偏远地区，很多村落要通过横跨在大河两岸的溜索连接，无论是村民出行，还是物资运输都要通过溜索，危险系数极高，闭塞的环境导致村落经济发展落后，村民生活水平低下。

而溜索改桥项目使这些问题得到有效解决，溜索被宽阔的大桥所取代，打通了村落和外界的通路。优质的山货通过大桥销往全国各地，当地通过发展生态旅游吸引了大量游客，使此前闭塞落后的偏远村落走上了脱贫致富之路。

我国在交通建设部分领域确实已经达到了世界顶级水平，但整体来看，和广大民众的全方位、多层次、多样化的美好生活需要相比，仍存在较大差距，不平衡问题十分严重，结构性"短板"较为突出。城乡之间、区域之间存在较大差距，农村地区、西部地区及偏远地区的交通基础设施建设仍有较大的改善空间。同时，交通运输方式未能实现协同联动发展，公路、铁路较为成熟，水运尤其是内河航运建设滞后，在海铁联运等多式联运领域也需要投入更多资源。

未来，我国政府需要从顶层设计角度为贫困落后地区配置更多的优质资源，在资金、人才、技术、设备等方面为当地交通基础设施建设提供大力支持。在发展与建设的同时，注重生态环境保护，走绿色健康的可持续发展之路。

实施绿色交通优先发展，让居民享受方便快捷的绿色出行服务。明确货运发展在建设交通强国中的重要价值，打造覆盖全国的物流运输网络。充分发挥科技创新和市场的作用，鼓励共享单车、众包物流等新兴业态，引导创业者及企业的产业创新与跨界融合，使交通运输能够和制造业、物流业等关联产业融合发展，为交通强国建设增添新的动能。

四 结合中国实际，加强交通法治建设

交通是一个国家、城市经济发展的重要动力。孙中山先生曾言："道路者，文明之母也，财富之脉也，交通为实业之母，铁路又为交通之母。"之后，又有无数实业家发出这种论断。尤其是在改革开放以后，"要想富，先修路"成为妇孺皆知的口号。这些言论与口号都证明了交通对于经济社会发展的重要性。正因为如此，党的十九大报告提出要建设交通强国。

从交通大国到交通强国，首先要开放视野，树立科学发展观。纵观全球交通运输行业的发展可以发现，目前交通运输行业发展呈现出了以下趋势：保护生态环境、实现可持续发展的理念越发突出，倡导为人和货物的空间移动提供更加优质体验。简言之，就是要贯彻落实五大发展理念。另外，对于现代化交通强国建设来说，先进的综合运输模式及服务非常重要，所以要尽快出台国家综合运输促进法，建立健全大部门制体制机制，促使综合交通运输决策、规划、协调实现全面统筹与发展。

（一）结合中国实际，贯彻先进理念

我国交通运输部对"交通强国"的内涵做了深度剖析，认为交通强国有三层含义：一是交通本身强，二是支撑国家强大，三是人民获得感强。

为了做好交通强国建设，我国交通运输部及各交通运输企业必须开放视野，树立科学发展理念，遵循全球交通运输发展趋势，以生态环境保护和可持续发展为前提，致力于为客运、货运提供更加优质的运输服务。

与发达国家相较，我国交通演化，在演化过程中表现出来的特点和问题既有相同点，也有独特性。所以，我国交通强国建设要与自身发展实际相结合，以新时代中国特色社会主义思想为指导，以分步实施的战略目标为核心，全面贯彻落实五大发展理念。

（二）重视综合交通法治保障体系建设

现代化交通强国建设不仅要打造先进的基础设施，引进先进技术，还要使用先进的综合运输模式，提升交通服务水平，发展绿色交通、安全交通，使交通发展满足人与货顺畅流通的要求。所以，我国要尽快出台综合运输促进法，加大在交通运输环境保护促进法、公共交通优先发展促进法、绿色交通运输促进法、交通运输科技创新促进法、交通运输管理法等法律法规方面的研究力度。

同时，政府要编发国家和地方交通运输发展白皮书，对城市交通立法、规划、建设、管理、运营提供政策指导，对综合交通运输的技术指标、规章、规范、指南等进行完善。尽快建立健全大部门制体制机制，对综合交通运输决策、规划进行统筹，逐步建立从中央到地方的跨部门、跨行政区域的协调机制，完善综合交通规划建设与管理。

第三节　我国交通强国建设体系设计与实施路径

一　构建综合交通的基础设施网络体系

建设交通强国是一项复杂的系统性工程，需要围绕建设现代化经济体系的要求，全力打造有助于交通强国建设的框架体系。

（一）构建综合交通基础设施网络体系

综合交通基础设施网络体系既是交通强国建设的重要内容，也是实现交通强国的基础支撑。因此，要统筹协调铁路、公路、水运、航空、邮政、物流等基础设施网络建设，加快建成布局完善、互联互通、绿色智能、持久耐用的综合交通基础设施网络体系。

（1）不断优化完善以综合运输大通道为骨架，以综合交通枢纽为节点，以高质量快速交通网、高效率普通干线网、广覆盖基础服务网为主体的互联互通的交通基础设施体系建设，为区域协调发展、乡村振兴等一系列国家重要战略的实施提供有效引导和支撑。

（2）加快交通基础设施的数字化、网络化、智能化发展，构建装备与设施有效协同的数字化交通基础设施系统，充分满足日益增长的自动驾驶等新交通需求。

（3）提升交通基础设施养护管理水平，增强基础设施的安全性、耐久性和通行能力，有效应对养护高峰期的更多和更高要求。

（二）构建交通运输装备体系

交通运输装备体系是交通强国建设的关键环节。对此，应加快打造自主研发、先进精良、绿色智能、标准协同的交通运输装备体系。

（1）持续加大装备研发力度，聚焦世界交通科技前沿领域，不断提升关键交通装备技术的自主研发水平，推动装备与工程、研发与应用的协同创新，着力构建在超级高铁、自动驾驶、无人船舶、大飞机等战略前沿科技领域的核心优势与竞争力。

（2）推动装备制造转型升级，实现运输装备的智能化、清洁化、高端化、标准化、轻量化发展，以及工程设备的自动化、智能化发展。

（3）加强先进交通技术和装备的应用，加快推进自动驾驶、新能源、北斗导航等新技术新装备的规模化应用；着重推动集装化运输装备的应用普及，加快推动不同运输方式装备标准的协同应用，稳步推动交通运输装备的升级迭代。

（三）构建交通运输服务体系

为人民群众提供优质的交通运输服务是交通强国建设的重要内容，为此应大力发展现代交通运输服务业，加快建成安全便捷、优质高效、一体畅联、绿色智能的综合交通运输服务体系。

（1）加快建设现代物流系统，实现物流运输的智能化、精细化、集约化、协同化、绿色化、全球化发展，着力构建"一站式"物流生态圈和一体化物流运输链，实现货畅其流。

（2）大力倡导绿色出行，以"出行即服务"为理念和模式指引，积极打造绿色化、智能化、共享化、品质化、差异化、定制化的出行服务模式，实现人便其行。

（3）着力推动联程联运建设，积极构建新一代智能化的旅客联程运输和货物多式联运系统，实现交通运输服务时间与空间的"零距离"，形成全程"一站式"、客运一票制、货运一单制的一体化交通运输服务体系。

（4）发力跨界融合，积极推动交通运输服务与制造业、农业、旅游业、商贸业、信息业等相关产业的有机融合，培育新业态、探索新模式、构筑新动能。

（四）构建交通运输创新发展体系

创新是交通强国建设的重要推力，要着力打造以科技创新为引领、以智慧交通为方向、以人才为支撑的交通运输创新发展体系。

（1）着力培育发展创新型行业，以科技创新为引领，加快在关键共性技术、前沿引领技术、现代工程技术、颠覆性技术创新等方面取得突破性进展，积极构建以企业为主体、市场为导向、政产学研用有机融合的交通运输科技创新体系。

（2）大力推进移动互联网、大数据、云计算、人工智能等新一代信息化技术在交通运输领域的深度融合与应用，加快建设并完善以车联网、船联网为代表的物联网体系，依托大数据技术构建数字化、网络化、智能化的智能交通网络系统。

（3）加大交通运输人才支撑体系建设，着重培育一批具有国际水平和全球竞争力的战略科技人才、科技领军人才、青年科技人才、高素质技能人才和高水平创新团队。

（4）深入研究自动驾驶等新技术对交通业的影响，积极打造一支能够满足交通运输创新发展需求的知识型、技能型、创新型劳动队伍，为建设交通强国提供人才与人力支撑。

（五）构建交通运输现代治理体系

现代治理体系是建设交通强国的制度基础，要不断提升行业治理体系和治理能力的现代化水平，加快构建政府、市场、社会多方共建共治共享的交通运输现代治理体系。

（1）持续完善政府部门治理体系，加快构建符合交通强国建设需求并有助于交通运输高质量发展的法律法规、战略规划、产业政策、标准规范、统计指标、绩效评价等相关体系。

（2）加快建立不同运输方式深度融合的综合交通运输管理体制，着力打造发展要素双向流动、设施装备共建共享、军民融合发展的交通运输体系，不断优化完善智能化、高效化的交通运营管理体系。

（3）发力打造交通市场体系，放宽铁路、民航、工程建设、养护等领域的市场准入门槛，逐步放开对竞争性业务和竞争性环节的价格管制，稳步推进公路货运、内河水运等领域的市场主体向集约化、联盟化、平台化方向发展，积极构建依托信用和科技的新型监管模式，营造统一有序、公平竞争的市场环境。

（4）积极引导交通运输领域的社会组织依法自律，鼓励社会公众有序参与到交通运输行业治理中来，形成人人参与、人人尽责的良好治理局面，从而借助更多力量加快构建交通运输现代治理体系。

（六）构建交通运输开放合作体系

开放合作大幅拓展了交通强国建设的想象空间，因此要放眼全球，积极构建互联互通、互利共赢的交通运输开放合作体系。

（1）依托"一带一路"建设，积极打造覆盖城乡、通达全国、连通内外的全球运输供应链，着力构建若干个符合贸易强国、制造强国要求的世界性的交通枢纽和物流中心，为我国整合、配置、利用全球资源提供有效支撑。

（2）积极参与全球交通治理体系建设，努力提供更多高水平的中国方案，让世界看到"中国智慧"和"中国力量"，从而不断提高我国在国际运输规则制定、全球交通治理中的声音，甚至让中国标准成为世界标准。

（3）鼓励国内有实力的交通运输企业进行全球化布局，引导交通运输全产业链、全方位、组团式"走出去"，着力培育一批具有全球竞争力、达到世界一流水平的交通运输企业。

（七）构建交通运输安全发展体系

安全是交通强国建设的基本前提。在建设交通强国中，要坚持生命至上的根本原则，始终将"安全第一"放在首位，积极打造有助于维护行业安全运行和国家总体安全的交通运输安全发展体系。

（1）不断优化完善安全生产责任制，明确企业安全生产的主体责任和政府安全生产的监管责任。

（2）加快应急救援体系建设，不断增强深远海搜救能力，着力构建全国联动、水陆空协同、军民融合的应急救援体系。

（八）构建交通运输支撑保障体系

支撑保障体系是交通强国建设的基本条件，要从建设交通强国的核心任务与目标出发，积极打造强力、可持续、高效能的交通运输支撑保障体系。从干部队伍、政策研究、组织保障、行业软实力等方面加强支撑保障体系建设，着力构建依托新型智库、充分利用大数据和人工智能的决策支持体系。

二 推进交通强国建设的主要路径和保障体系

（一）建设交通强国的主要路径

纵向来看，我国历史上繁荣强盛时期的执政者都高度重视交通发展，建立了强大的交通运输体系，如秦时的"驰道"和"车同轨"、唐时的"车六架"、明代的"下西洋"等。当前来看，在中国特色社会主义发展新时代，建设交通强国的路径主要包括以下四个方面：

（1）单靠相关部门建设交通强国是远远不够的，因此要将其提升到国家战略的高度，作为建设社会主义现代化强国的重要内容，集合整个社会的力量快速推进交通强国建设；

（2）交通强国与其他强国建设彼此渗透融合，紧密相连，因此要将建设交通强国与建设制造强国、科技强国、网络强国、海洋强国、贸易强国等进行统筹协调，实现制造、科技、网络、海洋、贸易与交通的交互融合、相互支撑与促进；

（3）深耕影响运载工具和装卸工具速度、安全、舒适性的关键共性技术，在交通前沿技术、引领技术、现代工程技术、颠覆性技术创新等方面取得突破性进展，达到世界领先水平，构建我国交通发展的核心技术体系；

（4）高度重视铁路、公路、水运、航空、信息、物流等基础设施网络化建设，不断优化完善我国交通基础设施网络系统。

（二）建设交通强国的保障体系

建设交通强国是一项复杂的系统性工程，因此需要一系列完备的保障体系，主要包括以下内容：

（1）组织保障：建设交通强国涉及诸多部门，因此需要建立跨部门的领导协调机构和机制。由国务院领导牵头，建立覆盖交通、工信、科技、发改、财政、国防等诸多部门的跨部门领导协调机构，具体负责制定交通强国建设的发展战略和规划，以及相关的财政政策、技术政策等内容。

（2）人才保障：建立覆盖科学院、工程院、高校和相关研究机构、大型制造企业、互联网企业、交通企业等领域科研人才的交通科技人才队伍，针对交通强国建设中的关键性技术进行攻关。

（3）资金保障：构建以企业投资为主导、财政投入为辅的交通建设资金保障体系，积极推动资金的市场化运作，打造良性的资金内生机制，使投资企业能够获得丰厚回报，从而吸引更多社会资本参与进来，为建设交通强国提供充分的资金保障。

（4）应用保障：建立以企业为主体的应用保障机制，利用政策、法规、资金的导向功能让应用先进技术的企业获得利益，从而吸引更多企业积极主动地使用交通领先技术。

（5）法治保障：不断梳理、优化、完善涉及建设交通强国的相关政策法规，不仅规范交通建设，保证交通发展处于良性可持续轨道，也要为建设交通强国的相关技术创新提供有利的政策环境，引领带动我国交通更好更快发展。

三 推进交通强国建设的四个关键节点

对于一个国家的发展壮大来说，交通运输是基础、是利器。纵观世界大国的崛起之路可以发现，国家要想强盛，交通运输行业必须率先发展。在从交通大国迈向交通强国的关键节点，交通运输行业必须贯彻落实习近平总书记关于交通运输行业发展的论断与指示，恪守交通强国的建设目标，成功迈向交通强国。

（一）推动基础设施联网优化

建设一体化的综合交通网络，通过综合枢纽将综合运输大通道连接在一起，构建高品质的快速交通网、高效率的普通干线网、覆盖范围广的基础服务网，形成一体化的综合交通网。致力于为"一带一路"建设服务，推动陆上、海上、天上、网上交通基础设施实现互联。推动自动驾驶、新能源等技术的实现和推广应用，做好新一代交通基础设施的研究与布局。推动系统运行效率得以大幅提升，做好存量基础设施的管理与养护。

（二）推动运输服务提质升级

推动综合运输系统实现深度融合，尽快实现运输一体化。大力发展绿色交通，提升绿色交通的分担率。聚焦货运，不断拓展物流运输网络的覆盖范围，下沉到农村，实现中西部全覆盖，并与国际物流运输网络接轨。借助市场与科技的力量让用户享受到安全、便捷、绿色、智慧、经济、舒适的出行体验。推动交通运输与制造业、物流业、旅游业等产业实现融合发展。

（三）发挥科技创新引领作用

通过技术创新完成向交通强国的转型。首先，交通强国的构建要立足于创新，将科技创新的引领作用充分发挥出来；其次，要做好智慧交通建设，提升基础设施建设、运输装备制造等方面的国际竞争力；最后，推动自动驾驶技术、新能源交通装备、"互联网+交通"实现广泛应用，推行人才优先发展战略，从技术、人才两方面为交通强国建设提供强有力的支持。

（四）提升行业现代治理能力

推动综合交通运输、投融资、财政事权与支出责任划分等改革持续深化，推进统一开放、可实现有序竞争的交通运输市场的构建，提升行业治理能力，构建现代化的行业治理体系。利用现代信息技术对交通运行和管理进行持续优化，促使智能决策支持和监管系统不断完善，推动交通基础设施和运载工具实现数字化、网络化，促使这些工具实现智能化运营。不断增强我国在国际上的话语权和影响力，参与国际规则与标准的制定，为全球交通治理贡献"中国智慧"。

从交通大国向交通强国转型是时代发展的必然要求。在此情况下，我们要坚持以习近平总书记为核心的党中央的正确领导，贯彻落实所有关于推进交通运输行业发展的规定、政策、指导与意见，成功完成向交通强国的转型，为"两个一百年"目标的实现和"中国梦"的实现提供强有力的支撑。

四 强化交通核心技术体系与人才建设

（一）强化综合交通基础核心技术支撑

开创一种新模式、新方法建设综合交通运输基础数据与信息平台，加大在综合交通基础调查方面的力度，创建多层次的、系统综合的运输数据库及出行特征手册，为综合运输决策、规划、研究、管理提供科学的依据与支持。

集中人力、财力、物力做好载运工具动力、通信、感知、安全、新材料、新能源等方面的研究，加大交通基础设施新材料、新工艺、新设备等领域的研究投入，推动这些核心技术实现广泛应用。

着力研究、开发大飞机、商用飞机、大型超大型运输船、高速超高速铁路、新型公共交通以及无人驾驶等系统集成技术，推动这些技术实现广泛应用；做好综合交通运输规划、建设、装备、运营、管理、安全、环保、节能等领域关键技术研究，立足于基础研究，做好科技攻关，实现广泛应用。

进一步做好互联网、物联网、大数据、智慧交通等新技术的研发应用，对共享出行等新模式进行规范，保证其实现健康可持续发展。

（二）加强专业人才队伍体系建设

交通强国建设要"以人才为本"。交通系统规划、建设、运行涉及了多门学科，具有高度的科学性、技术性、专业性、政策性、社会性、经济性，极为复杂。所以，我国交通强国建设既要学习国外先进的经验、理论、技术，又要对我国交通独有的特征进行深入研究、全面把握，开发出与我国国情相符，能切实满足人民需求的交通解决方案。而这一切都需要构建一支专业的人才队伍。

现如今，国外交通强国及一些新兴发达国家都增设了交通工程师、交通规划师、交通分析师等职位，并建立了相关法定专业技术执业资格制度。但迄今为止，我国只有城市规划师、土木工程师、造价师，还没有设立交通分析师、交通模型师、交通规划师、交通工程师等职位，更没有围绕这些职位建立法定专业技术执业资格制度，使很多专业技术性极强的工作无法顺利开展，比如交通政策研究制定、交通数据检测与分析、交通系统规划、交通影响评估、交通工程设计、交通安全评估与设计等，导致交通设施设计、建设、管理出现失误。所以，为了进一步做好交通专业人才建设，我国必须尽快建立交通分析师、交通模型师、交通规划师等法定专业技术执业资格制度，培养相关领域的专业人才。

交通运输行业具有战略性、先导性、基础性、公益性、准公益性等特点，其规划、建设、管理、运营要以政府为主导。同时，交通运输行业具有社会性、开放性、市场性等特点，其建设、规划、运营、管理必须引入市场资源，构建完善的市场规则与机制，并对市场工具进行合理利用。

同时，交通强国建设要坚持开放发展理念，在挖掘行业潜能的同时将政府的主导作用、市场在资源配置方面的决定作用充分发挥出来。将党中央、国务院颁发的关于供给侧结构性改革、公共资源配置模式创新的指导性文件用于实践，充分发挥市场的调控功能，对交通供给与需求进行合理调控，减轻交通基础设施建设与运营方面的资金压力，降低财务风险，提升资源配置效率及运营服务水平。

第二章 人才强国：助推交通强国建设的新动能

第一节 人才强国的指导方针、总体部署与目标

一 人才强国战略指导方针与总体部署

当今世界，经济全球化深入发展，科技进步日新月异，知识经济方兴未艾，加快人才发展是在激烈的国际竞争中赢得主动权的重大战略选择。党和国家历来高度重视人才工作，在 21 世纪，党中央就做出了实施人才强国战略的重大决策。党的十七大提出"更好实施人才强国战略"，在为实现全面建设小康社会奋斗目标提供强有力的人才支撑的要求后，人才强国战略已成为我国经济社会发展的一项基本战略，人才发展取得了显著成就。科学人才观初步确立，以高层次人才和高技能人才为重点的各类人才队伍不断壮大，有利于人才成长和发挥作用的政策制度逐步完善，人才市场体系进一步健全，人才效能有了明显提高，党管人才工作新格局基本形成。

未来十几年，是我国社会主义现代化建设的战略机遇期，也是人才发展的关键时期。面对新形势新任务，人才强国战略必须着眼于激烈的国际人才竞争，适应我国经济社会发展的需要，坚定不移地走人才强国之路，更好地实施科教兴国战略、可持续发展战略，科学规划、深化改革、重点突破、整体推进，不断开创人才辈出、人尽其才的新局面。

（一）人才强国战略的指导方针

以习近平新时代中国特色社会主义思想为指引深入贯彻落实科学发展观，尊重劳动、尊重知识、尊重人才、尊重创造，更好地实施人才强国战略，坚持党管人才的原则，遵循市场经济规律和人才发展规律，进一步解放思想、解放人才、解放生产力，加大人才发展体制机制和政策创新力度，开发利用国际国内两种人才资源，统筹推进各类人才队伍建设，为全面建成小康社会提供坚强有力的人才保障。

我国人才发展的指导方针是：服务发展、人才优先，使用为本、创新机制，高端引领、整体开发。

（1）服务发展、人才优先：把服务科学发展作为人才工作的根本出发点和落脚点，适应推动发展方式向主要依靠科技进步、劳动者素质提高、管理创新转变的要求，确立人才优先发展的战略地位，做到人才资源优先开发、人才结构优先调整、人才资本优先积累、人才制度优先创新，以人才优先发展促进经济社会又好又快发展和人的全面发展。

（2）使用为本、创新机制：把用好人才作为人才工作的中心环节，坚决破除束缚人才发展的观念和体制机制障碍，最大限度地激发人才的创造力，使各类人才作用充分发挥，使全社会创新智慧竞相迸发。

（3）高端引领、整体开发：以高层次创新型人才为先导，以应用型人才为主体，推动人才资源的整体性开发，鼓励和支持人人都做贡献，人人都能成才。

（二）人才强国战略的总体部署

（1）实行人才资本优先积累，健全政府、用人单位、个人和社会多元人才投入机制，加大对人才发展的投入，实现人才资源向人才资本转化。

（2）加强人才资源能力建设，创新人才培养模式，突出创新精神和创新能力培养，大幅度提升人才队伍整体素质，切实增强核心竞争力。

（3）推动人才结构战略性调整，进一步发挥市场配置人才资源的基础性作用，加强政府宏观调控，优化人才专业、产业、区域、城乡等结构，促进人才结构与经济社会结构相协调。

（4）造就宏大的高素质人才队伍，突出培养创新型科技人才，大力开发国民经济和社会发展重点领域急需紧缺人才，统筹好党政人才、企业经营管理人才、专业技术人才、高技能人才、农村实用人才五支队伍。

（5）改革人才工作体制机制，完善用人管理体制，创新人才培养开发、评价发现、选拔任用、流动配置、激励保障机制，营造充满活力、富有效率、更加开放的制度环境。

（6）推进人才国际化，坚持自主培养开发与引进海外人才并举，大力吸引海外高层次人才和急需紧缺型人才，提高本土人才国际化水平。

（7）加快人才工作法制化建设，建立健全人才法律法规，坚持依法管理人才，保护人才合法权益。

（8）加强和改进党对人才工作的领导，创新党管人才的方式方法，为人才发展提供坚强的组织保障。

二　人才强国战略总体目标与未来展望

到2020年，我国人才发展的总体目标是：培养和造就规模宏大、结构合理、素质较高的人才队伍，确立国家人才竞争比较优势，进入世界人才强国行列，为在21世纪中叶基本实现现代化奠定人才基础。其具体要求：

人才规模不断壮大。人才总量从现在的1.04亿增加到1.8亿，增长80%，人才资源占人力资源总量的16%。人才素质大幅度提高，结构进一步优化。主要劳动人口受到高等教育的比例达到20%，每万劳动力中R&D人员达到43人年，高技能人才占技能劳动者的比例达到28%。

人才竞争比较优势明显增强。加大国民经济和社会发展重点领域人才开发力度，在装备制造、信息、航空航天、新能源、生物、新材料、农业科技、金融等领域，建成人才集聚"高地"。

表2-1　　　　　国家人才发展主要指标[①]

指标	2007年	2015年	2020年
人才资源总量（万人）	10414	15625	18025
每万劳动力中R&D人员（人年/万人）	22	33	43
高技能人才占技能劳动者比例（%）	22.6	27	28
主要劳动人口受过高等教育的比例（%）	8.6	15	20
人力资本投资占GDP比例（%）	10.7	13	15
人力资本贡献率（%）	21.3	29	34
人才贡献率（%）	18.7	26	32

---

① 人力资本贡献率、人才贡献率数据均为区间年均值，其中2007年数据为1978—2007年区间平均值，2015年数据为2008—2015年区间年均值，2020年数据为2016—2020年区间年均值。

人才环境进一步改善，使用效能明显提高。人才发展体制机制创新取得突破性进展。人力资本投资占GDP比例达到15%。人力资本贡献率达到34%，其中人才贡献率达到32%。

2017年8月，中组部会同人社部、国家统计局组织开展的最新一次全国人才资源统计工作显示，我国人才资源总量达1.75亿人，人才资源总量占人力资源总量的比例达15.5%，基本实现2020年1.8亿人、16%的规划目标。

据统计，我国党政人才、企业经营管理人才、专业技术人才、高技能人才、农村实用人才、社会工作专业人才资源总量分别为729万人、4334.1万人、7328.1万人、4501万人、1692.3万人、75.9万人，较2010年分别增长4%、45.5%、32%、57.2%、61.4%、272.1%，其中企业经营管理人才和高技能人才资源总量分别比2020年规划目标超出3.2%和15.4%。

另外，统计显示，人才队伍素质明显增强。每万名劳动力中研发人员达48.5人年，比2010年增长14.9人年，超出2020年规划目标5.5人年；主要劳动年龄人口受过高等教育的比例达16.9%，高技能人才占技能劳动者的比例达27.3%，农村实用人才占农村劳动力的比例达3.3%，分别比2010年上升4.4个、1.7个和1.1个百分点；党政人才、企业经营管理人才和专业技术人才中，大学本科及以上学历所占比例达42.4%，比2010年上升8.2个百分点。

我国的人才投入和效能显著提高。人力资本投资占国内生产总值比例达到15.8%，比2010年上升3.8个百分点；人才贡献率达到33.5%，比2010年上升6.9个百分点，人才对我国经济增长的促进作用日益凸显。

全球人才磁场效应也不断增强。截至2016年年底，国家"千人计划"共引进海外人才6089人，留学回国人才总数达265.1万人，其中70%为党的十八大以来回国的，形成了中华人民共和国成立以来最大规模留学人才"归国潮"。

三 人才强国战略主要任务与工作重点

围绕提高自主创新能力、建设创新型国家，以培养高层次创新型科技人才为重点，努力造就一批世界一流的科学家、科技领军人才和高水平创新团队，建设宏大的创新型科技人才队伍。到2020年，研究开发人员总量

第二章 人才强国：助推交通强国建设的新动能

达到380万人年，高层次创新型科技人才总量达到4万人左右。

创新人才培养模式：建立学校教育和社会实践锻炼相结合、国内培养和国际交流合作相衔接的开放式培养体系。加强实践培养，依托国家重大科研和重大工程项目、重点学科和重点科研基地、国际学术交流合作项目，建设一批高层次创新型人才培养基地。健全有利于科技人才创新创业的评价、使用、激励制度。制定加强高层次创新型科技人才队伍建设的意见。改进完善院士制度，突出院士制度的精神激励作用，规范院士的学术兼职。组织实施"创新2020"人才推进计划，引进海外高层次人才"千人计划"，推进"百人计划""长江学者奖励计划"。加大对优秀青年科技人才的发现、培养、使用和资助力度。加强产学研合作，推动科技人才向企业集聚。注重培养一线创新人才。发展创新文化，倡导追求真理、勇攀高峰、宽容失败、团结协作的创新精神。建立以创新与质量为导向的科研管理与评价制度，健全科研诚信制度，从严治理学术不端行为。

适应发展现代产业体系和构建社会主义和谐社会的需要，以急需紧缺专业人才为重点，加大重点领域专门人才开发的力度。到2020年，在装备制造、信息、生物技术、新材料、航空航天、海洋、金融、国际商务、环境保护、新能源、现代交通运输等国民经济重点领域和教育、政法、宣传文化、社会工作、医药卫生、防灾减灾等社会发展重点领域，形成一批人才高地，各类专业人才数量充足，急需紧缺人才基本得到满足，整体素质显著提升。

围绕重点领域发展，加强人才需求预测，调整优化高等学校学科专业设置，培养急需紧缺的高层次创新型人才和技术应用型人才。根据国家重点产业发展规划和振兴计划，制定人才向重点产业集聚的倾斜政策，加大对产业专家、领军人才和工程技术人才的培养力度，建设产业创新团队。继续实施"四个一批"人才培养工程。依托重大社会科学理论研究工程，培养哲学社会科学学术带头人和中青年理论家。发布重点领域急需紧缺人才目录，加大人才引进力度。支持重点领域科学家参加国际科学计划。引进和推广国际认可的重点领域专业人才资质认证。完善重点领域科研骨干人才分配激励办法。大力开发社会工作岗位，加强专业化社会工作人才培养，制定出台关于加强社会工作人才队伍建设的意见。引进社会发展重点领域人才到社区和农村基层提供社会化服务。

四　统筹推进各类人才队伍的体系建设

（一）党政人才队伍

按照加强党的执政能力建设和先进性建设的要求，以坚定理想信念、增强执政本领、提高领导科学发展能力为核心，以中高级领导干部为重点，造就一批善于治国理政的政治家，建设一支政治坚定、勇于创新、勤政廉洁、求真务实、奋发有为的高素质党政人才队伍。到2020年，大学本科及以上学历占85%，专业化水平明显提高，结构更加合理，总量从严控制。

按照适应科学发展和干部成长规律的要求，开展大规模干部教育培训。构建理论教育、知识教育、党性教育和实践锻炼"四位一体"的干部培养教育体系。坚持德才兼备、以德为先的用人标准，树立注重品行、科学发展、崇尚实干、重视基层、鼓励创新、群众公认的用人导向，扩大干部工作中的民主，加大竞争性选拔党政领导干部工作的力度，促进优秀人才脱颖而出。实施后备干部队伍建设"百千万工程"。注重从基层和生产一线选拔党政人才。加强女干部、少数民族干部培养选拔工作，大力推进党外代表人士队伍建设。实施促进科学发展的干部综合考核评价办法。建立党政干部岗位职责规范和胜任力模型，加强工作业绩考核。加大领导干部跨地区、跨部门交流力度，推进党政机关重要岗位干部定期交流。加强干部管理监督。

（二）企业经营管理人才队伍

根据产业结构优化升级和实施"走出去"战略的需要，以提高现代经营管理水平和企业国际竞争力为核心，以战略企业家和职业经理人为重点，加快推进企业经营管理人才职业化、市场化、专业化和国际化的进程，培养造就一支高水平的企业经营管理人才队伍。到2020年，企业经营管理人才总量达到4200万人，大学本科以上学历占70%。国有企业国际化人才总量达到4万人左右。国有企业领导人员通过市场化方式选聘的比例达到1/2。

依托国内外知名企业、高等院校和培训机构，加强企业经营管理人才国际化培训，提高战略管理和跨文化经营管理能力。组织实施优秀企业家培养工程和国家中小企业银河培训工程。大力推行公开招聘、市场选聘等方式选拔经营管理人才。健全企业经营管理者聘任制、任期制和任期目标责任制，实行契约化管理。完善以市场和出资人认可为核心的企业经营管理人才评价机制，加强职业经理人认证工作的规范化管理。完善年薪制、协议工资制和期权股权激励制度。建立企业经营管理人才库。引进一批科技创新企业家和企业急需的战略规划、资本运作、科技管理、项目管理等方面的人才。

（三）专业技术人才队伍

适应社会主义现代化建设的需要，以提高专业水平和创新能力为核心，以高层次人才和紧缺人才为重点，打造一支素质优良、结构合理的专业技术人才队伍。到2020年，专业技术人才总量达到7500万人，占从业人员的20%左右，高、中、初级专业技术人才比例为11∶39∶50。

按照经济社会发展需求，扩大人才培养规模，加快培养急需紧缺专业人才。加大会计、审计、法律、咨询、评估、物流等现代服务业人才培养开发力度。构建分层分类的专业技术人才继续教育体系，加快实施专业技术人才知识更新工程。进一步实施并完善21世纪百千万人才工程，组织实施文化艺术名家工程、高素质教育人才培养工程。发挥各类社会组织培养专业技术人才的作用。推进专业技术人才区域、产业、行业、专业、层次等结构调整，引导党政机关、科研院所和高等学校专业技术人才向企业、社会组织和基层一线流动，促进专业技术人才队伍合理分布。统筹推进专业技术职称和职业资格制度改革。完善政府特殊津贴制度，规范管理，强化激励作用。改善基层专业技术人才工作、生活条件，拓展事业发展空间。

（四）高技能人才队伍

适应走新型工业化道路和产业结构优化升级的要求，以提升职业素质和职业技能为核心，以技师和高级技师为重点，形成一支门类齐全、技艺精湛的高技能人才队伍。到2020年，高技能人才总量达到3900万人，占技能劳动者总量的28%以上，其中，技师、高级技师达到1000万人左右。

完善以企业为主体，职业院校为基础，学校教育与企业培养紧密联系，政府推动和社会支持相互结合的高技能人才培养培训体系。实施国家技能人才振兴计划，推进高技能人才培养工程。合理利用现有各类职业教育培训资源，依托大型骨干企业（集团）、重点职业院校和培训机构，建设一批示范性国家级高技能人才培养基地和公共实训基地。改革职业教育办学模式，大力推行校企合作、工学结合和顶岗实习。在职业教育中推行学历证书和职业资格证书"双证书"制度。促进技能人才评价多元化。制定高技能人才与工程技术人才职业发展贯通办法。广泛开展各种形式的职业技能竞赛和岗位练兵活动。完善国家高技能人才评选表彰制度，进一步提升高技能人才的经济待遇和社会地位。

（五）农村实用人才队伍

围绕社会主义新农村建设，以提高科技素质、职业技能和经营能力为核心，以农村实用人才带头人和农村生产经营型人才为重点，着力打造服务农村经济社会发展，数量充足的农村实用人才队伍。到2020年，达到1800万人，平均受教育年限为10.2年，每个行政村主要特色产业至少有1—2名示范带动能力强的带头人。

大规模开展农村实用人才培训，充分发挥农村现代远程教育网络、全国文化信息资源共享工程网络、各类农民教育培训项目、农业技术推广体系、各类职业学校和培训机构的主渠道作用。整合现有培训项目，加大农村实用人才带头人素质提升计划，加大新农村实用人才培训工程实施力度，重点实施现代农业人才支撑计划。鼓励和支持农村实用人才带头人牵头建立专业合作组织和专业技术协会，加快培养农业产业化发展急需的企业经营人员、农民专业合作组织带头人和农村经纪人。积极扶持农村实用人才创业兴业，在创业培训、项目审批、信贷发放、土地使用等方面给予优惠。加大对农村实用人才的表彰激励和宣传力度。加大公共财政支持农村实用人才开发力度，重点加强农村急需的教师、医生、农业技术人员等方面人才的培养。继续加大城乡人才对口扶持力度，推进万名医师支援农村卫生、城镇教师支援农村教育、社会工作者服务新农村建设、科技人才和文化人才下乡支农等工作。

第二节　人才强国战略的基本内涵、创新与意义

一　人才强国战略的内涵以及衡量标准

人才强国战略内涵丰富，但其核心要求集中起来主要有两层意思：第一，中国必须依靠人才强国，实现现代化。第二，中国应该建成人才强国。

从这个意义上说，完全可以考虑把今后我国人才发展的战略目标定位于建设世界人才强国。人才发展要紧扣国家发展总体战略。要实现全面建成小康社会的奋斗目标，必须加大人才资源开发力度，把我国巨大的人力资源优势转化为人力资本优势，形成推动经济社会又好又快发展的人才基础。

建设人才强国更能体现建设创新型国家的迫切要求。到2020年，我国要进入创新型国家行列并在若干科技领域达到世界前沿或国际先进水平。能否做到这一点，人才是关键。当前，我国经济增长的科技进步贡献率只有39%，而创新型国家则高达70%以上。我国拥有自主知识产权核心技术的企业仅为3‰，企业对外技术依存度高达50%，而美国、日本仅为5%左右，这些都与人才队伍创新能力不强有关。按照世界银行的预言，超国界的移民以及发展中国家向工业国的人才外流，将是影响21世纪世界发展格局的重要力量。我国人才发展要充分考虑这样的大背景，绝不能置身于国际人才竞争之外。国际金融危机前，全球约有30个国家制定了有利于高层次人才入境的政策或计划，其中17个是发达国家。国际金融危机爆发后，虽然多国失业率上升，但美、欧、日等反而放宽了技术移民的条件，加紧高层次人才引进，而中国的优秀人才历来是发达国家争夺的重点之一。

判断一个国家是不是人才强国，在理论层面上应从规模、素质、效能三个方面来衡量。

（一）看人才规模

要成为世界人才强国，就得具备一定的人才资源规模。从数量上说，我国已是人才资源大国了，进一步建成人才强国将成为挡不住的趋势。预计到2020年，我国人才资源总量将达到1.8亿人，居世界第一位或第二位。

（二）看人才素质

我国人均受教育年限提升，必将为人才大量涌现特别是整体素质的提高奠定很好的基础。衡量人才队伍素质的一个重要方面，是看是否拥有大量的专业人员，我国现在专业技术人才数量占人才队伍总量已超过40%，今后应有所发展。到2020年将达到20%，接近世界经合组织（OECD）国家水平。

（三）看人才效能

通过对人力资本贡献率以及从人力资本贡献率中分离出人才资本贡献率的测算，认为我国建设人才强国的目标可行。到2020年，这一百分比有望达到35%左右。很多专家学者都认为，随着我国国力的快速增长，我国的国际地位正在上升。向世界宣布建设人才强国的战略目标,我国应该有这样的自信。

二 人才是我国经济发展中的第一资源

党和国家提出的人才资源是第一资源的战略思想,把人才的地位和作用提到了一个前所未有的新高度。在中国未来的发展进程中,通过什么途径来继续深入贯彻落实这个战略思想,更好地发挥人才对经济社会发展中的支撑性战略性作用,是我们当前需要着力解决的重大问题之一。要把人才资源是第一资源的思想真正变成全党全社会的一致行动,关键是必须在经济社会发展大局中给予人才发展以更加突出的定位,切实把人才工作摆在经济社会发展布局中优先发展的位置,以人才发展促进经济社会又好又快发展和人的全面发展,把"优先发展"作为当前和今后一个时期指导人才发展的核心理念。破解发展难题,走出发展困境,必须牢固树立人才优先发展的理念,真正靠高素质人才支撑发展,靠高素质人才到国际上去竞争。

人才优先发展是许多国家实现经济追赶的成功经验,也是发达国家长期保持经济科技领先的重要原因。世界银行研究报告显示,部分发达国家进入后工业时代30年的经济增长中,资本积累对经济增长的贡献不到30%,而知识和劳动者素质提高则造就了70%以上的贡献。在知识经济时代,没有哪一种资源的地位和作用能取代人才资源。人才资源是一种可持续开发的资源,也是一种越用越多的资源。我国人力资源丰富,人才优势是我国科学发展最需培育、最可靠的优势。

如何做到人才优先发展?人才优先发展的方针一经树立,就必然要求确立人才在国家与地区经济发展中优先发展的战略布局,必然要将人才工作落实到国家和地区的重大立法、发展规划和重要政策上,做到人才资源优先开发、人才结构优先调整、人才资本优先积累、人才制度优先创新。人才优先发展不是一个空洞的口号,内涵十分深刻,它应该还有一套制度设计和一系列工作措施来支撑。人才资源要优先开发,一定意义上就是要优先发展好教育,充分发挥教育对人才培养的基础性、决定性作用。从我国现实情况看,做到人才优先,当前急迫的是解决好人才资本优先积累问题。同发达国家相比,我国人力资本投入水平较低,重物质投入轻人才投入、重资源开发轻人才开发、重项目引进轻人才吸引的现象还比较普遍。人才投入是效益最大的投入，投资人才就是投资未来。除加大政府对人才发展的投入力度外，还要鼓励和引导用人单位、个人和社会投资人才资源开发，建立多元化的人才投入机制。

当前，我国人才结构性矛盾中比较严重的问题是分布结构不合理。实施人才结构调整，要适应产业结构发展变化，重点推进人才在三大产业中的合理分布，支持人才流向装备制造业、高新技术产业、现代服务业、基础产业、现代农业等领域。同时，要主动适应区域协调发展战略和主体功能区建设的需要，引导人才向农村、基层、中西部地区和边远地区流动。

三 人才强国战略布局理论与创新理论

党的十七大和中共十七届四中全会明确提出，以高层次人才和高技能人才为重点，统筹抓好各类人才队伍建设和人才分布。人才战略布局与建设是人才发展规划的主体，未来我国人才如何分布，既是规划需要回答的问题，也是专家们密切关注的方向。从掌握未来国际竞争的主动权出发，应该把培养造就创新型科技人才作为重中之重，在培养创新型科技人才群体的基础上，还要强调培养吸引领军人才。领军人才不仅自己发展，而且还能带动大家一起发展。把创新型科技人才队伍建设摆到人才队伍建设的突出位置，培养造就一批世界一流的科学家、科技领军人才和高水平创新团队，建设宏大的创新型科技人才队伍，这是各地各领域专家学者的共同心声。在创新型科技人才队伍建设与战略布局的问题上，必须有强烈的危机意识。当前，我国创新型科技人才的现状不容乐观，尤其是拔尖人才和领军人才严重不足。目前，在158个国际一级科学组织及其包含的1566个主要二级组织中，参与领导层的我国科学家仅占总数的2.26%。据科技部统计，全国高层次科技创新人才仅有1万名左右，高层次自主创业人才在全部创业人才中仅占20%。预计到2020年，我国各种类型的高层次创新人才至少要有3万—4.5万人，才能基本满足建设创新型国家的需要。

做好我国人才战略布局、培养创新型科技人才要作为一个系统性工程整体谋划，形成工作体系。加强创新文化建设对人才的影响有特殊意义，要强化创新文化的发展，营造鼓励创新、宽容失败、团结协作、勇攀高峰的社会氛围。除了创新型科技人才外，经济和社会发展若干重点领域的人才短缺问题也引起了专家们的普遍关注。有关预测表明，未来十几年，我国第二产业人才缺口将达到1220万人；在第三产业中，涉外会计、同声传译、物流等高端涉外人才缺口将在325万人左右；汽车服务人才全面紧缺，民航业人才缺口将有24万人等。未来一个时期我国经济社会发展的一个清晰特征是城市化水平提高很快，到2020年，城市化率将提高到55%，人才规划要预测和追踪这种变化，关注服务业的创新与服务业的人才培养使用。

因此，在整个我国人才战略的布局中，应专门针对经济社会发展重点领域的人才队伍建设进行规划布局。要对各个领域人才现状和长远需求进行拉网式排查，在摸清家底的基础上，未雨绸缪，制定培养开发措施，超前解决国民经济和社会发展重点领域的人才急需紧缺问题。作为人才战略的规划布局，要注意统筹推进各类人才队伍建设。如党政人才队伍，要着眼于加强党的先进性建设和执政能力建设；企业经营管理人才队伍，要着眼于增强国家经济实力和企业国际竞争力；高技能人才队伍，要着眼于适应走新型工业化道路和产业结构优化升级的要求；农村实用人才，要着眼于社会主义新农村建设。

人才战略创新是人才发展的根本性问题。人才作用能否充分发挥，取决于人才战略创新体制机制。改革开放以来，特别是中央人才工作决定颁布以来，我国人才战略创新工作迈出了新的步伐，大量优秀人才脱颖而出，人才队伍展现出前所未有的创新创造活力。但是，与党和国家事业发展的要求特别是广大人才的期待相比，影响人才成长和作用发挥的体制机制障碍仍未从根本上消除。如何在新的起点上推进人才发展体制机制建设和重大政策创新，这是当前人才战略创新理论有待进一步研究的地方。

人才战略理论的创新最终目的在于使用。要以用好用活人才为着力点，改革完善人才管理体制，创新人才的培养开发、评价发现、选拔任用、流动配置、激励保障等各项机制，破除束缚人才发展的观念和制度性障碍，最大限度地激发人才的创造活力。要充分体现对人才工作价值观的引导。倡导人才发展以用为本的理念，实质上就是在树立人才工作的价值观。解决目前人才使用中存在的不够用、不适用、不被用问题，就要把以用为本的理念贯穿于人才培养、引进和使用的各个环节，努力使人才学有所用、各得其所，用当其时、各展所长。好的人才创新机制，有利于培养、吸引、用好人才；没有好的创新理念，育才、聚才、用才就得不到保证。围绕用好用活人才、加快推进创新体制，应健全党管人才的机制，特别要抓紧建立党委、政府人才工作目标责任制，推动"一把手"抓"第一资源"的责任落实。

在人才战略创新理念的树立上，必须重点解决人才培养与使用脱节和创新能力不强的问题，建立一种以国家需要和社会需求为导向的人才培养动态调控机制。在全面推进素质教育的同时，要像一些发达国家那样，专门针对5%的人群开展所谓优才教育，实行特殊人才特殊培养。要重点解决人才评价发现机制中，人才评价标准、评价方式、评价渠道方面存在的不科学、不民主以及社会化程度低等一系列问题。另外，可建立对人才的产权激励制度，包括知识、技术、管理、技能等生产要素按贡献参与分配的办法，此想法已经提了多年，现在应拿出可操作的具体措施。对涉及国家重大安全领域的人才和关系国民经济命脉的重要人才，国家应倍加关心照顾，给予充分保障。

四 交通运输行业人才战略的重要意义

交通运输行业是社会经济系统中最基础的子系统，是其他各子系统得以有效运转的主要承载体，是联系各产业、各地区、各部门的纽带和桥梁，是使国民经济大系统充满生机和活力、人民安居乐业的基本条件。交通运输行业作为支撑经济发展、促进社会全面进步的基础性、先导性产业，是构建和谐社会的重要组成部分，也是构建和谐社会的具体承担者。随着社会进步和商品经济的发达，社会经济各方面对交通运输行业的依赖会越来越突出。

"交通运输行业要发展，人才要先行。"交通运输行业人才战略作为人才强国战略很重要的组成部分，其人才发展战略要符合国家人才发展的总体战略。但目前关于交通运输行业人才发展战略的制定并没有紧跟人才强国战略的步伐，只是在国家制定了人才长期发展战略后，各个省、自治区、直辖市等根据国家人才发展战略要求，根据区域情况制定区域人才发展战略，而并没有按照行业分类来制定长期人才发展战略规划。当前，我国正处于改革发展的关键阶段，贯彻落实科学发展观，推进工业化、信息化、城镇化、市场化、国际化，建设创新型国家，全面建设小康社会，要求我们必须提高全民族素质，加快行业人才资源开发，努力建设人才强国。

发展现代交通运输业是交通运输行业的时代使命，是交通人才工作的战略导向。加快现代交通运输业发展，关键在人才。要实现我国交通运输业向现代交通运输业的转变，必须加大交通运输行业人才资源的开发力度，把我国巨大的交通运输行业的人力资源优势转化为人力资本优势，形成与推动经济社会又快又好发展相适应的交通运输行业人才基础。

同时，交通运输行业人才战略要充分服从于人才强国战略的总体要求，按照加强人才队伍建设，创新人才工作体制和机制，改善交通运输人才成长环境和条件，加快培养创新型交通运输人才的要求，在培养创新型人才上着重做好以下几项工作：

（1）加快对培养交通运输行业创新型人才的深入研究，明确培养创新型人才的思路，制定具体措施和办法并抓紧实施；

（2）针对交通运输行业人才队伍的素质状况，采取有效措施加大制度建设与经费支持力度，加强在职人员的学历教育和岗位培训，提高各类人才的综合素质和创新能力；

（3）强化创新实践，鼓励和支持各类管理人才、技术人才和技能人才开展岗位创新；

（4）营造有利于创新的氛围，在全行业形成崇尚创新、敢于创新和宽容失败的良好环境，鼓励人才干事业、支持人才干成事业、帮助人才干好事业。

第三节　交通运输人才战略在人才强国中的作用

一　交通运输人才战略指导思想与目标

（一）指导思想和基本原则

1. 交通运输人才战略指导思想

以习近平新时代中国特色社会主义思想为指引，面向现代交通运输业发展，把人才资源作为交通事业发展的战略性力量，着眼于最急需、最紧缺的人才以及高层次、高技能人才的使用、培养与引进，以完善机制、集聚优势为核心，在交通运输行业内构建起政府引导、市场调节、中介服务、智力流动、契约用人的新模式，从组织层面、制度层面和服务层面整体推进、相互衔接，重点解决人才队伍建设与现代交通运输业发展的适应性问题、人才队伍建设的环境与效能问题，努力建设一支数量充足、素质优良、结构合理的交通运输人才队伍，为实现我国公路水路交通全面、协调、可持续发展提供坚强有力的人才保障和智力支持。

2. 交通运输人才战略的基本原则

（1）以人为本原则。要按照深入学习实践科学发展观的要求，牢固树立为了人、依靠人的交通运输人才观，把培养人、用好人，充分发挥人才的作用和努力实现人才的价值放在首要位置，在促进现代交通运输事业发展的同时，促进人才的健康成长与全面发展。

（2）服务交通原则。交通运输人才战略工作必须紧紧围绕现代交通运输业发展总体规划和战略目标，做到人才总量满足交通事业发展的需要，人才结构适应交通运输行业要求，人才工作的各项措施围绕交通建设与管理这个中心来进行，实现交通运输人才与交通事业的同步协调发展。

（3）促进发展原则。要紧密结合现代交通运输业发展的战略需要，着眼于促进交通事业的全面协调可持续发展，重点加强最急需、最紧缺以及高层次、高技能人才的培养与使用，着力解决人才队伍的专业结构和地区分布问题，以及人才队伍建设的环境与效能问题，促进交通运输行业人才队伍的整体发展。

（4）分类指导原则。针对交通技术人才、技能人才和管理人才等各类人才的不同特点和成长规律，实行分类指导。抓住人才使用、培养与引进三个关键环节，创新人才工作机制，使各类人才各得其所、各尽其能。

（5）市场调节原则。适应市场经济特点，充分发挥市场机制在交通运输行业内人才资源配置中的基础性作用。逐步发展和不断完善交通运输人才市场体系，强化人力资本观念，引导人才合理流动，推动人才资源的结构调整，实现人才资源优化和高效配置。

（二）总体目标和具体目标

1. 交通运输人才战略的总体目标

到2020年，通过加强交通运输人才开发与管理的机制保障体系、服务保障体系和安全保障体系建设，重点加强高层次、高技能和紧缺型人才培养，使人才队伍总量得到大幅增加，人才队伍结构得到明显改善，人才队伍素质得到显著提高，人才资源分布得到合理调整，人才资源保障和智力支持能力基本适应现代交通运输业全面发展的需要。

2. 交通运输人才战略的具体目标

（1）交通运输人才规模适应现代交通运输业发展的需要。到 2020 年，各类人才总量达到 1500 万人，人才密度提高到 21%，实现人才总量增幅略快于从业人员的增幅。

（2）交通运输人才结构适应现代交通运输业发展的需要。到 2020 年，上述人数再翻一番。总体上，人才资源分布得到合理调整，实现高层次、高技能人才总量增幅略快于各类专门人员的增幅。

（3）交通运输人才开发适应现代交通运输业发展的需要。进一步完善（1+32）培训体系，扩充其功能，建立充分利用行业内外优质教育与培训资源的交通运输人才培养体系，健全交通运输行业与相关教育与培训机构之间的开放、合作机制，使人才队伍素质得到显著提高，尤其是现代物流人才、航海人才、救捞人才、综合运输人才和交通法律人才等交通运输行业新兴领域和特种专业的人才紧缺状况得到明显缓解。

（4）交通运输人才制度适应现代交通运输业发展的需要。深化干部人事制度改革，加强人才管理机制研究，建立健全科学、规范、可行的人才培养、引进、评价和激励机制，优化人才工作与成长的环境和条件。

（5）交通运输人才服务适应现代交通运输业发展的需要。增强人才服务职能，完善人才信息服务系统，丰富人才市场信息，扩充信息服务功能。建立交通运输行业高层次、高技能、紧缺人才信息服务系统，强化对高层次、高技能、紧缺人才的信息服务。

二 实现向现代交通运输转变的动力源

从行业（产业）与人才发展的关系上来看，人才创造行业（产业），行业（产业）集聚人才，人才配置与产业发展互促互进，目前我们的工作更多强调以行业集聚人才，而在人才引领行业这方面还缺乏明确的规划。比如，在人才战略与产业战略之间的关系处理问题上，我们目前制定了重点领域人才开发目录，并按照这个目录为行业的发展配置了相应的人才资源。但在交通运输行业发展战略与人才发展战略之间的互动关系上，还需进一步在理论上加以明确。

传统的经济增长理论认为，物质资本的投资是经济增长的第一动力。

第二章　人才强国：助推交通强国建设的新动能

因此在工业经济时代，促进经济增长的主导思想是单一地、尽可能多地利用自然资源，以获取最大的经济利益，极少考虑环境效益、生态效益和社会效益，经济增长就面临着极限，因为土地、淡水、石油等许多资源都是不可再生的。而以人才资源为核心内容的知识经济则是"以智力资源的占有、配置"，以科学技术为主的知识的生产、分配和使用为更重要因素的经济，是促进人与自然协调、可持续发展的经济。知识是可再生的，是可以通过人类的繁衍而不断延续的，所以人类的知识资源是无限的。可持续发展的诸多因素，如资源、环境、科技和教育以及人们的消费等都与知识经济密切相关。根据世界银行对许多国家经济增长差异的调查发现，物资资产投入只能解释这些差异不到30%的部分，其余的70%以上直接或间接归因于知识、信息、教育、技术等无形因素。美国经济学家测算，1900—1957年，物质资本投资增加了4.5倍，利润只增加了3.55倍；而人力资本投资增加了3.5倍，利润则增加了17.55倍，其乘数效应是十分明显的。可见，一个国家人力资本投资的收益远大于物资资本投资的收益。

舒尔茨说过："在现有的劳动者既缺乏技术又缺乏知识的条件下，通过增加常规资本，也能获取某些进展，但是，增长率则肯定是十分有限的。离开大量的人力投资，要取得现代农业的成果和达到现代工业的富足程度是完全不可能的。"目前，世界上很多国家都不约而同地把发展的重点集中在人力资源的有效利用上，这主要是因为人力资源是一种可再生的生物性资源。人力资源在经济活动中是居于主导地位的能动性资源。

交通运输行业属于知识和技术密集的部门之一，其人才资源是决定其发展的重要因素，其人才资源的数量与质量将会直接影响到其现代化的进程。无论是现代化的交通建设与施工管理以及现代交通运输和物流管理，还是消化吸收引进国外先进的技术，都离不开人才。然而当前交通运输行业人才发展战略的制定还不是很完善，特别是在培养高层次创新型交通运输行业人才方面还比较欠缺。这主要体现在交通运输行业非常缺乏在国内外有重大影响的高层次专业技术人才，尤其是交通科技领军人才。目前，整个行业仅有5名两院院士，已有十年没产生新院士，与交通运输行业在经济社会发展中的重要地位以及交通发展所取得的巨大成就极不相称，其中尽管有种种客观因素的影响，但同时也反映我们的人才培养与使用机制、科技研发与人才推选的组织工作还存在欠缺。整个行业具有高级技术职称人员的比例偏低，分别仅占从业人员的1%和专业技术人员的10%。相对于我们每年数千亿元的交通建设投资，是不匹配的；相对于每年数以千计的高等级公路、特大型桥梁、长大型隧道、高等级航道和专业化码头等重大工程建设项目不断上马，是不适应的；相对于交通建设、养护、管理和运输服务等各个领域以及前期决策、工程建养、安全保障、资源节约、环境保护和信息化等各个方面不断出现的大量科技和管理难题需要解决，是力不从心的；相对于交通科技研发从基础研究、应用研究、成果转化到推广应用从而最终形成现实生产力对人才需求的普遍性，是不配套的；相对于全国各地交通改革与发展中各种问题和矛盾的特殊性，现有高层次人才在数量上仍然是捉襟见肘的，在解决各种复杂问题的实践能力与创新能力上仍显不足，难以适应现代交通运输业发展的更高要求。

三　实现交通运输业可持续发展的关键

交通运输行业的人才资源是一种可持续开发的资源，也是一种越用越多的资源。要实现交通运输行业可持续发展的目标，必须利用我国人力资源丰富的优势，培育可靠、可用、不断提高的交通运输专业人才。

目前，我国交通运输行业发展还有大量难题有待解决，如总量供给不足、运输结构矛盾、土地利用约束、运输能源约束、安全保障问题、环境保护问题、建养技术问题、工程质量问题、超限超载问题、运输质量问题、公路收费问题等。要解决这些问题就需要依靠人才。从目前情况来看，交通运输行业人才资源开发工作还比较薄弱，人才资源开发工作管理规范性与开发效果有待进一步提高。交通运输要在今后5—10年实现可持续的发展目标，必须加强人才资源开发。

从我国人才资源开发工作状况看，我国的人才资源开发着重点在管理与使用而不在培训与开发。为此，人才工作中要转变这种状况，要加强人才的培养与开发工作。通过对交通运输行业人才资源开发与使用的研究，充分发挥专业人才在交通运输科技进步和产业升级中的关键作用，具有非常重要的现实意义。一是交通运输行业人才资源结构要适应交通运输行业结构调整的需要；二是交通运输行业人才资源开发的机制尚未与市场经济的发展同步；三是交通运输行业人才资源开发是适应科教兴国战略的需要；四是交通运输行业人才资源开发工作尚处在起步阶段，要使工作开展好就需要进行研究。交通运输行业要在今后5—10年实现新的可持续发展目标，

第二章　人才强国：助推交通强国建设的新动能

必须大力加强人才的培养与开发，才能对交通运输行业发展的质量和效益真正起到重要作用。

在市场竞争中，在交通运输行业高速发展的今天，科学的交通运输行业人才战略则显得尤为重要。可以这么说，人才资源是交通运输行业发展的第一资源，人才就是交通运输行业发展的生命力，就是交通运输行业发展的新鲜血液和活的灵魂。

交通运输方式的转变，新技术、新工艺、新材料的推广应用，迫切要求交通运输科技人才队伍素质的不断提高，而交通运输行业的对外开放、产业结构的升级和市场竞争的加剧等因素，特别是交通运输行业要实现优化调整升级的目标，交通运输科技人才的需求趋于多样化，这些，都需要以交通运输人才工作的跨越式发展来支撑。所以，充分发挥科技人才的积极性，对交通运输事业的经营业务、技术水平、市场的扩大乃至交通运输事业核心竞争力的提高都弥足珍贵。

交通运输行业是发展最快的行业之一，在发展中会遇到很多的问题，行业人士非常棘手，社会各界也很关注，解决问题缺乏有效办法。而事实上，实践证明，理论总是为实践所服务的。交通运输行业方面的理论性研究成果最终的用处就是为让交通运输行业更快更好地发展，为实现"强国战略"与"强交战略"提供理论支撑，指导行业健康和谐发展。

当前，在交通运输行业发展的大浪潮中，取得巨大成绩的同时，也碰到了很多棘手的问题。例如，公关决策问题、建设规划问题、项目安排问题、建设资金问题、公路养护问题、国有资产问题、土地占用问题、能源消耗问题、环境保护问题、交通拥堵问题、公路收费问题、超限超载问题、工程质量问题、反腐倡廉问题、服务质量问题，以及最近为针对"燃油税改革"提出的"两网"建设问题等。这些问题都要靠想办法来解决，归根结底与交通运输行业人才战略制定有很密切的关系，与交通运输人才的总量、结构、分布、素质关系密切，尤其是高层次创新型人才建设问题。

还有一例子可以说明通过理论研究来指导实践的重大意义。根据国家统计局《中国固定资产投资统计年鉴》等有关资料介绍，1958—2002年我国投资项目失误率接近投资项目的50%。其中，我国中型以上项目的成功率为58%，不成功率为42%，投资失败多数由政策操作、理论研究缺乏所致。近些年来，各省市区每年的大型项目不计其数，全国交通基建投资在3000亿—4000亿元。其成功率有多少？决策失误率有多少？那么，决策失

· 41 ·

误的原因是什么？首先是与基础研究工作、前期战略研究工作有很大的关系。这些都是人才工作的深层次问题，反过来又会影响行业重大问题的解决，影响交通事业的发展。

当然，还需特别指出的是，交通运输行业人才发展战略的制定与规划是依托交通运输行业的长期发展战略，并为其服务的。这正如各个省、自治区、直辖市等有交通运输人才发展规划，这规划的核心目标是为其本区域内的交通运输发展服务的，其功能定位就十分明确了。当交通运输行业发展战略发生转变时，交通运输行业人才战略就必须相应做出调整，重新开始定位其功能目的。当前交通运输发展战略最核心的问题是加快转变发展方式，推进现代交通运输业的发展，这也必然要求交通运输行业人才战略必须重新制定，并适时做出调整，实现行业人才发展跟上新时代交通运输事业发展的步伐，增强交通运输持续发展的活力和动力，加快推进现代交通运输业发展。

我们寻找剖析交通运输人才战略相关理论问题，目的是挖掘交通运输人才战略现状以及背后深层次的问题，找到与交通运输行业息息相关的重大问题，使交通运输人才战略的研究具有现实的指导意义。全书也正是立足于这一点，由点到面提出了相关理论，旨在指导实践，为现代交通运输事业的建设与发展贡献一份微薄之力。

第三章 我国大数据交通人才培养模式探索与研究

第一节 大数据推动我国交通产业智能化升级

一 大数据在我国交通领域的发展现状

伴随着互联网、移动互联网的高速发展与普遍应用,数据量持续增长,使我们进入到了大数据时代。与此同时,电子商务呈现出蓬勃发展之势,进步扩大了现代通信过程中产生的数据规模,人们需要在日常生活及工作中处理大量结构化与非结构化数据,并以"大数据"来指代这些数据信息。

要处理海量的数据信息,就要用到云计算技术,该技术的诞生是计算机领域的一场重要变革。如今,越来越多的城市致力于向智慧城市发展,交通是城市建设及发展的重要组成部分,要建设智慧城市,就要发展智能交通系统。

什么是"智能交通系统"?即在交通管理过程中,综合发挥信息技术、计算机技术、数据通信传输技术、电子传感技术等先进技术手段的作用,打造完善的交通运输管理系统,实现在城市地区的全方位覆盖,实现快速、高效、精准的信息处理。借助于该系统,相关部门能够提高城市道路的交通运输效率,完善交通设施的建设,减轻环境压力,缓解城市交通拥堵,降低交通事故发生的概率。

（一）大数据给智能交通带来什么

权威调查机构的数据统计结果显示，1950年城市人口在总体中的占比达到31%左右，到2008年时，这个数据增加到了50%，根据该机构的预测，到2050年时，全球居住在城市地区的人口在总体中的比重将上升到70%。从中能够看出，城市地区的人口数量在不断增加，城市环境建设及发展将对人们的生活产生越来越重要的影响。

伴随着城市人口数量的增多，城市交通问题也日益突出。早在2013年，京藏高速出京方向出现严重的交通拥堵问题，堵车距离长达55千米，引起各国的广泛关注。北京自2014年起被称为"首堵"，其交通拥堵问题的严重程度在全球范围内都榜上有名。相关部门对国内交通拥堵问题的关注度日渐提高。

在交通管理中应用大数据，能够在很大程度上缓解城市的交通压力。比如，公共交通部门推出面向广大乘客的"一卡通"，获取城市居民出行的相关信息，并对其进行分析和处理，据此得出不同路段、不同时段、不同用户的交通出行习惯等相关数据，在此基础上构建交通模型，根据具体情况做好事先的准备工作，提高交通管理的灵活性，优化城市交通系统的运力分配。

通过在城市道路上安装物联网传感设备，对通过各个路段的车辆、人流数据进行获取，并综合分析来源于道路监控设施与交警指挥控制系统的信息，建立完善的智慧交通管理系统。利用卫星地图数据，深入挖掘城市道路的交通情况，并以精确的数据形式展现出来，给交通管理部门的决策制定提供参考，同时，还能通过数字终端提供给用户，帮助他们制定出行路线，节省出行时间与精力。

现如今，智能手机的应用越来越普遍，地图应用的用户规模也非常庞大，地图提供商可以从用户使用的过程中提取相关的数据信息并进行深度处理，对当下的城市道路交通情况、出行流动趋势等进行把握，并预测其未来的变动趋势，然后将这些数据上传到应用程序中，为用户出行提供便利。

上文中就交通拥堵等问题提供了一些解决方案，比如通过在交通领域应用云计算、大数据、互联网技术等缓解城市的交通问题。如今，包括政府部门及企业在内，都在积极利用先进的技术手段促进城市智能交通系统的建设与完善。

(二) 大数据在交通行业应用现状

经过长时间的探索与实践，我国在大数据、云计算应用方面已经积累了丰富的经验，但在具体操作过程中仍然存在许多问题。具体体现为，不同地区的智慧城市及智慧交通的建设及发展程度不同，有些地区尚处于早期探索阶段，还无法充分发挥智慧交通的潜在价值。另外，交通管理部门获取的交通信息不足，不同管理系统相互独立，彼此之间缺乏有效的信息交流，无法准确预测交通态势的未来发展方向，只能为公众提供有限的交通信息服务。

如今，很多城市已经完成了数字化建设，但数字化并不等同于数据化，数字化无非是在某些方面实现了高效的信息获取、存储及应用，但本质上与传统模式并无明显区别。城市交通应该抓住大数据时代下的机遇，转变传统的思维方式，不要过于追求数据的精确性，而是应该提高总体运行的灵活性。

二 大数据在我国交通领域的应用价值

从 2005 年开始，我国政府部门在智能交通领域投入了大量资源与精力，在积极引入海外先进技术及设备的同时，也在引导并鼓励相关企业培养优秀人才，研发各种智能交通应用系统，在某些方面甚至已经在国际市场中建立了一定的竞争壁垒。

与此同时，我们也应该认识到我国智能交通产业在发展过程中出现的各种问题，比如，交通数据的搜集深度相对有限；各交通管理系统之间无法实现数据共享；对交通状况预测缺乏精准性；难以为广大民众提供优质的交通信息服务等。这反映出了我国存在交通数据割裂、智能化水平相对较低、运营效率低下等方面的痛点，此时，政府部门花费巨额资金从海外引入的先进技术及设备很难发挥其价值，从而带来了严重的资源浪费。

公共交通作为支撑一个国家稳定发展的关键基础设施，其在人们的生活及工作中扮演着极为关键的角色。发展并完善公共交通，对解决当前我国日益突出的交通拥堵、环境污染等问题，具有十分积极的影响。而以大数据为代表的新一代信息技术的崛起，为处理海量离散、繁杂的交通数据提供了落地基础，为实现便捷、高效、智能化的现代化公共交通管理打下了坚实的基础。

(一) 提高车辆运行效率

公共交通涉及的领域非常之多，而且车辆的种类及包含的信息又十分复杂，会不可避免地给管理工作带来极大的挑战。利用大数据对海量交通数据的实时处理能力，能够有效提升公共交通通行效率，更加合理地配置相关资源。通过大数据技术对人们的出行数据进行分析，可以帮助交管部门更加科学地进行交通管理，提升公路、铁路等路网的通行能力，更为高效地配置交通资源。

(二) 促进公共交通管理智能化

随着智能交通建设进程的日渐加快，公共交通管理智能化将成为主流趋势，而大数据对促进公共交通管理智能化方面的推动效果，在以下两个方面将得到充分发挥：

(1) 在遇到交通拥堵、交通管制等方面的问题时，通过大数据技术对交通信息进行实时、高效处理，能够有效提升交通流畅性。

(2) 通过大数据对海量交通数据进行处理，可以建立交通路况预测模型，有效减少交通拥堵、交通事故等问题的发生，引导民众合理出行、安全出行。

(三) 降低公共交通运营成本

公共交通无疑是一种十分重要的民众出行方式，长期以来，该领域存在着严重的资源浪费问题，建设及维护成本更是高居不下。而大数据技术的应用，将使公共交通管理更为精细化、科学化，有效降低公共交通运营成本。

表面上，在公共交通中引入大数据技术需要购买大量新设备，打造交通数据库系统等，从而使投入成本大幅度增加。但大数据技术能够有效提升公共交通的管理水平及服务质量，在创造更高经济价值的同时，降低人力成本。

快速崛起的大数据技术为打破上述痛点提供了有效途径，它能够对各类交通数据进行搜集并处理，引导人们安全、高效、低成本出行。当然，要想确保数据分析结果的精准性，必须搜集足够多的交通数据，并且保证数据来源的广泛性。

近几年，交通大数据市场保持快速增长，它在交通管理优化、交通安全保障、出行智能化服务等方面的巨大发展前景得到了广泛认可。为了推进全国公共交通数据库的快速落地，百度地图将其所掌握的交通数据等优质资源和交通部进行了共享。

据公布的数据显示，目前百度地图日均用户请求人次高达70亿，经过多年的沉淀，百度地图积累了丰富的用户出行数据资源，交通部可以充分借助这些用户数据来提升预测精准性；2017年4月24日，滴滴出行宣布对交通部开放"滴滴交通信息平台"，各地交通部门可以实时获取滴滴在各大城市的交通运行数据，从而更加科学合理地制定城市交通管理决策。

三 大数据助力我国迈向智慧交通时代

随着城镇化的快速建设与发展，城市的车辆规模不断扩大，许多城市面临严重的交通供需问题，交通拥堵现象频发，交通安全系数降低，并增加了城市的环境负担。根据中新网的数据统计结果，到2017年年底，我国机动车保有量达3.10亿辆，其中汽车2.17亿辆；机动车驾驶人达3.85亿人，其中汽车驾驶人3.42亿人，在地域分布方面，国内汽车保有量超过100万辆以上的城市数量为53个，汽车保有量达200万以上的城市数量为24个，汽车保有量达300万辆以上的城市包括北京、苏州、上海、深圳、郑州、重庆、成都。与此同时，各大城市的卡口点位数量不断增加，信息技术与互联网技术也逐渐在交通领域得到普遍的应用，交通数据将会持续上升。

要想发展智能交通，就要大力发展交通信号控制、卡口管理、视频监控、交通流量统计与分析，并在行业展开布局。传统模式下，交通管理部门主要依据自身经验及基础性数据建设交通项目，但最终都难以取得理想的效果。针对这个问题，应该提高信息收集效率，并在此基础上打造专业的交通数据平台，综合处理各类交通数据，具体如车辆信息、交通信号、交通流量数据等，提高信息分析的精准度，对数据中潜藏的价值进行挖掘，并根据实际需求进行信息呈现。

对近十年来智能交通领域的发展历程进行分析可知，该领域的发展是城市信息化发展的集中体现。从总体上而言，智能交通行业的发展要经历以下三个时期。

（一）基础建设阶段

在智能交通领域进行布局时，第一步要做的就是建设相关的基础设施。如果是在市中心的交通道路上，则需建设干线协调系统，在各个关键节点安装交通信号自动控制设备；实现交通视频监控系统的全方位覆盖；完善关键十字路口、路段的交通设施建设，并做好相关后台运营支持工作；对电子警察系统、道路监控等各个系统打通，实现集成化应用。

进行基础设施建设的目的是形成完善的城市路网体系，加速城市交通运行，降低城市中心的交通压力。

（二）提升管理阶段

完成第一个阶段的工作后，要应对快速增加的城市交通需求，就要努力提升相关部门的交通管理能力。在这个时期，要进一步加强基础设施建设，具体包括建设各个地区的交通信号网络系统、交通信号协调控制系统；维持各个信息集成子系统的正常运行；在此基础上完善交通综合系统的建设，实现各个子系统之间的信息共享，从整体上提高相关部门的管理能力。这个时期着眼于子系统的建设，旨在借助先进技术手段提升交通管理部门的工作效率，提高城市道路交通的畅达性。

（三）发展服务阶段

在提高交通部门管理能力、提升城市交通安全性的基础上，要大力建设交通信息服务，通过发展相关工程为民众提供优质的服务。在这个环节中，要对优势资源进行整合应用，打造智能交通大数据平台，对海量的交通数据进行深度分析，实现其价值的充分利用，据此完善交通服务体系，促使相关部门提高服务质量。

在这个时期，企业要基于此前建设的智能交通系统，借助先进技术手段，利用大数据、云计算、互联网技术等，帮助广大群众解决日常生活中的交通出行问题。

很多因素都会对国内智能交通行业的发展产生影响，使其同时呈现出各个阶段的特征。目前，我国交通管理部门还无法利用大数据分析技术对交通数据的内在价值进行充分发掘，无法对多元化交通数据进行深度处理，不能利用智能分析技术快速有效地分析交通流量、交通事故信息等，无法利用智能交通大数据提高交通管理的水平。

四 大数据对我国智慧交通建设的影响

大数据具有大量（Volume）、高速（Velocity）、多样（Variety）、低价值密度（Value）、真实性（Veracity）的特征，合称为"大数据的'5V'特征"。这是从数据本身的特征对大数据进行的定义，而没有立足于应用层面进行大数据分析。只从数据集合角度来解读大数据是远远不够的，还应将大数据视为重要的信息资产，充分发挥先进技术的作用对数据价值进行挖掘，提高决策的科学性。

大数据怎样作用于智能交通的发展？

近年来各大城市普遍面临如下交通问题：在建设交通管控系统的基础上，许多地区的交通违法现象发生频率明显降低，但交通拥堵问题依然很严重。对城市交通发展的历程进行分析可知，这是由于相关部门忽视管理应用导致的。从这个角度来说，应该加强管理应用，在具体实施过程中，要尤其注重对交通大数据的应用。

随着城市交通的发展，特别是智能交通系统的广泛覆盖，交通数据的规模急剧扩张，数据信息采集工作的任务量不断加大。相关部门需要从全球定位系统、卡口、线圈、视频监控系统等各项设备及系统中进行数据获取并进行综合分析。国内一线城市的卡口多达数千个，每日产生海量的通行数据，还有许多图片、视频等多种形式的交通信息，为了获取精准的数据资源，需要对其进行二次识别，处理通行车辆的图片和视频信息。

利用云计算技术，交通管理部门能够提高其信息检索能力，给后期的数据处理与分析提供充足的信息资源支持。利用智能分析算法中的深度学习技术，提高数据分析的效率。通过对交通大数据进行深度处理，为交通控制、规划布局、拒测制定、事故处理、交通服务等提供精准、科学的参考。

依托大数据技术，搭配使用监控视频数据、卡口数据等，并利用智能研判技术，加快城市道路重点路口的交通运行，优化其信号配时系统。利用大数据分析技术，对各个路口的通行能力进行计算，为当地的红绿灯配时提供参考方案，加速某个路口或整个区域的车辆通行。可以根据具体情况对其配时方案进行调节，比如在白天与夜间、平日与节假日采用不同的配时方案，更好地实现城市道路交通管理。

利用大数据智能研判技术，管理部门能够对获取自监控设备、重点卡口的信息进行二次识别，准确提取车辆信息，并结合大数据分析技术，对其相关信息进行深入挖掘，追踪车辆轨迹，实施系统化监督，并准确识别出涉案车辆。此前，不少涉案车辆通过套牌或使用假牌等方式躲避排查，大数据智能研判的应用则能够有效解决这些问题，帮助有关部门快速定位相关车辆,并对车主进行相应的处罚。

利用大数据分析技术,搭配使用二次识别、智能算法技术等,能够对车辆的颜色、标志、款式等信息进行分析与鉴定,还能用于检测司机是否在开车过程中使用了移动通信设备,是否系好了安全带等。

在大数据时代下,智能交通能够给司机和相关管理部门提供附近停车场、天气、不同路段的交通流量等重要参考信息,在司机进入事故频发地区及路段后予以提示,按照其出行目的地,为其制定高效合理的路线方案提供有效参考。

第二节 大数据在交通领域的应用、挑战与对策

一 大数据在智慧交通领域的应用实践

在物联网、移动互联网、云计算等先进技术的助推下,大数据快速向各个行业领域渗透融合,应用范围不断拓展,展现出越发强劲的生命力和巨大的价值想象空间。大数据是对海量、多类型的复杂信息进行筛选、记录、存储、整合、分析与处理的技术,是应对互联网时代不断增多的复杂多样信息的一种算法变革。

就交通领域而言,传统交通管理模式越来越无力应对不断增大的交通压力和复杂的交通运行问题,需要借助大数据技术重塑交通管理与运行模式,通过交通大数据的收集、整理与分析建立智能交通系统,从而有效解决传统交通管理中的各种困境与痛点。从全球范围来看,依托大数据等先进技术构建智能交通系统,已成为"互联网+"时代各国交通业发展的主要方向和路径。

当前,我国机动车保有量呈持续快速增长态势,同时跨地域交通日益增多,从而加剧了本就十分严重的交通拥堵问题,也对交通管理工作提出了新的挑战:传统交通管理模式越来越无力应对互联网信息化时代的交通管理与服务诉求,依托大数据技术的智能化交通系统成为交通业发展转型的主要方向,也推动了交通管理与运行模式的变革升级。

第三章　我国大数据交通人才培养模式探索与研究

我国拥有34个省级行政区，各省级行政区又进一步划分为众多的市、县行政区，由此形成了中央政府统一领导、各行政区具有一定自主权的国家管理架构。这种行政区划的管理模式虽然有效激发了各级政府发展本地区经济的热情，但也容易造成对行政区域边界地带的忽视。从交通领域来看，主要表现为地方政府对区域连接边界处特别是跨区域地带的交通基础设施建设支持力度较弱。

将大数据技术应用到交通管理，则有助于打破行政区域限制，推动不同区域交通数据信息的开放共享与互联互通，进而实现跨区域的交通协同。

虽然我国城市交通管理部门较多，且各部门也都建立了自己的信息化管理平台，但部门之间却处于"信息孤岛"状态，对数据信息的应用局限于部门内部，没有实现交通数据的互联互通与共享协同。如此，多数城市的交通管理大都呈现出各部门"独自奋战"、互不沟通、管理分散的状态。

大数据技术则可以将不同部门、不同领域、不同范围的交通数据聚集整合起来形成综合性的交通信息大数据库，获得信息集成优势与组合效率。如此，各领域交通数据便实现了互联互通和综合应用，进而推动不同交通管理主体打破部门壁垒和"信息孤岛"，从提高交通管理效率与质量的角度出发加强部门协同和整体管理水平。

传统人工规划和管理的方式，难以实现交通资源的最优化配置和对交通运行的动态化管理。大数据则为交通管理部门制定相关决策提供了更加科学有效的数据支撑，从而降低交通管理成本，提高决策的智能化水平，实现交通资源的动态合理配置与高效利用。比如，基于对相关交通大数据的分析结果，实现地面公交网络资源的合理配置、多层次地面公交主干网络绿波通行控制以及交通信号自适应控制等。

以往在解决交通拥堵问题时，相关部门多采用拓宽道路、增加里程等方法增强道路流通运营能力。然而，这种方法不仅需要大量的人力、物力与财力投入，还常常受到土地资源、道路周边基础设施建设规划等因素的制约。

大数据技术则能改变这种"粗放式"提高交通运营能力的方法，通过对现有交通资源的更合理配置和更高效利用解决各种交通困境。比如，对不同部门的交通数据进行筛选整合，依托大数据技术构建合适的交通预测模型，通过模拟未来交通运行状态，对各种交通运行技术方案进行可行性、合理性验证。

再如，大数据技术对各类信息的快速处理能力，有助于提高车辆碰撞、车辆换道、驾驶员行为状态检测等实时交通预测的精准性和可靠性，从而在交通管理与运行中及时预防、预警和规避各种可能的风险，提高交通安全防护水平。

我国最早引入智能交通，设立智能交通中心的城市就是深圳，针对交通运输问题，深圳开展了信息化建设。2000年，深圳设立了智能交通指挥中心，该中心以多系统（这些系统包括智能交通信号控制系统、智能交通违章管理系统、闭路电视监控系统等）的交通管理网络为依托，汇聚信息、监控与指挥等功能，形成了一个交通管理中枢。

在交通信息化方面，智能交通指挥中心及智能交通处两大部门承担着交通运输信息化建设工作，统筹整个深圳的智能交通建设，对城市交通信息进行汇总，推动这些信息实现共享，对公共交通进行动态化管理。除此之外，为了更好地推动智能交通的发展，2007年，8家企业联合成立了深圳市智能交通行业协会，以期建立一个良好的沟通发展平台推动智能交通行业更好地发展。

智能交通指挥中心可通过两大渠道对信息进行采集：一是借助闭路电视监控、车辆检测器等公共交通基础设施采集信息；二是借人为补充的方式采集信息，比如"110"交通报警信息、市民反馈的交通信息、路面民警反馈的交通信息等。

为了整合交通信息，推动交通信息实现共享，2010年，深圳市投资10亿元开展了一个名为"智能交通1+6"的项目，其中"1"指的是构建一个资源共享平台，对交通、规划、交警等部门的交通运输信息进行整合；"6"指的是以资源共享平台为交通检测信息、管理信息、公共出行信息、道路交通调控信息、交通管理决策信息及指挥应急信息等信息服务提供有效支撑。

另外，为了对大数据进行更好的利用，深圳市也在综合交通运行指挥中心分中心建设方面投入了巨大的人力、物力，将海量公共交通数据聚合在一起，以多种方式共享交通信息，为"智慧交通城市"的构建提供了有效的支持。

二 大数据在智慧交通领域的应用挑战

随着智慧交通建设进程的不断加快,大数据技术作为打造交通数据平台、构建智慧交通系统的重要手段,受到社会各界的广泛关注。在智慧交通中,通过运用大数据技术,可以实现跨区域、跨平台的数据资源共享,充分发挥其组合效率及信息集成优势,打造出综合而完善的交通信息服务体系。

此外,通过大数据技术强大的数据处理能力,能够更加高效地配置交通资源,灵活应对各种突发性交通问题。在我们为大数据在交通领域的价值得到全面释放而感到兴奋的同时,也应该充分认识到大数据技术应用过程中所面临的一些挑战。

(一)行业标准不统一

各地区在推进智慧交通系统项目落地过程中,缺乏可以参照的行业统一标准,各城市智慧交通系统无法对接,难以协同配合。要想将大数据应用到智慧交通领域,需要采用大量前端传感器来搜集各种交通数据,但这些前端传感器通常是由多个企业提供的,而且各企业间并没有统一的行业标准,从而使数据获取及处理的成本大幅度增加,对大数据技术在智慧交通领域的应用带来了巨大阻力。

大数据技术所具有的秒级数据处理能力,是建立在信息可以自由高效流通的基础之上,但如今的公共交通管理,各部门之间存在严重的沟通壁垒,交通数据被割裂,没有实现数据共享,甚至为了确保数据安全性与隐秘性,还要安排专业人员负责对交通系统进行严格控制。

这种背景下,即便政府部门投入大量资源引入先进的技术与设备,也无法使其价值得到充分体现,海量交通数据资源没有得到充分利用。由于公共交通数据管理封闭所带来的资源浪费问题尤为突出。

(二)难以确保智慧交通系统基础设施的稳定性与可靠性

目前,智慧交通系统所包含的子模块越来越多,复杂程度越来越高,但其稳定性与可靠性却没有得到有效提升,整个系统面临着较高的信息安全风险。智慧交通系统主要由卡口、交通诱导、信号控制、电子警察、交通流量采集等子系统构成,并且需要海量前端设备及服务器提供支持,还要与上下级交通管理平台、公安业务集成平台等系统实现数据共享。

从实际情况来看，智慧交通系统具有客户端分散、业务系统众多、流程复杂等特征，对于交通系统这种国家级基础设施而言，保证其稳定性与可靠性无疑具有十分关键的作用。但由于智慧交通系统越来越复杂，前端设备及服务器大幅度增加，出现故障的概率自然会明显提高，从而给交通管理工作带来较大的负面影响。

此外，在智慧交通系统传输数据过程中，硬件设备落后或老化问题会导致数据传输效率明显下滑，而且很容易出现数据丢失甚至是泄露的风险。

（三）难以确保数据源的质量

数据质量主要体现在数据真实性及有效性方面。智慧交通中所使用的海量交通数据主要是通过前端传感器搜集而来，确保数据质量是大数据技术能够充分发挥其价值的基础，而目前的前端传感器等设备尚不具备较高的稳定性与可靠性，从而使大数据在智慧交通领域的应用受到明显限制。

以交通诱导和交通信号控制子系统为例，为了能够精准判断交通运行状态，并进行交通预测，必须能够实时提供高质量的交通流量数据，但因为前端设备缺乏稳定与可靠性，导致交通诱导及信号控制子系统很难充分发挥其价值，从而造成了严重的资源浪费。

（四）面临信息安全与隐私风险

随着信息技术及产品的快速崛起，大数据技术的商业化应用迎来了前所未有的重大发展机遇，但这也带来了一系列的信息安全问题，近几年，个人隐私被泄露问题更是频繁出现。由于大数据在各行各业应用中不断深入，人们的各种行为都成为企业想要获取的数据资源，在商业利益的诱惑下，个人隐私很难得到充分保障。

大数据技术应用到智慧交通领域，主要是通过安装在道路及车辆等载体中的前端传感器设备搜集交通数据，然后对这些数据进行分析及处理，筛选出具有较高价值的信息。而数据的搜集、传输、存储、分析及应用，都需要借助互联网及云端平台实现，在这些环节中容易发生信息安全问题。

由于交通数据较为敏感，具有较高的价值，对不法分子会有较高的诱惑。与此同时，智慧交通系统中的数据涉及的人数众多，当黑客成功截取后，会引发大规模数据泄露问题，带来严重的负面影响。更为关键的是，智慧交通系统对数据的过度集中，导致黑客成功入侵后，会同时获得大量数据，与入侵普通系统相比，明显更具性价比。

由于智慧交通系统需要借助大量服务器及前端传感器设备搜集相关数

据，当不法分子在某个设备中安装搜集数据的病毒后，很容易掌握大量的个人隐私数据，从而对个人位置进行实时追踪，分析出个人的生活规律等，这对广大民众的人身安全以及社会稳定性十分不利。

（五）威胁现有的存储和安防措施

和智能交通所提倡的交通数据云端存储所不同的是，传统交通信息更多的是以 PDF 等文档形式被静态存储，这使信息检索成本变得异常之高，而且难以实现数据共享，给大数据技术在公共交通领域的应用带来了极大的挑战。

智慧交通系统在应用大数据的过程中，需要对前端设备搜集到的海量交通数据进行存储，而为了充分确保数据的安全性，必须对交通系统中的数据中心进行改造升级。但目前各部门对数据中心的重视程度相对较低，对数据中心的改造升级方面缺乏积极性。

庞大的数据规模，对安防系统提出了较高的挑战，随着交通数据规模的不断扩大，安防系统也需要进行不断优化完善，从而与不断增长的数据规模相匹配。但目前的实际情况是，安防系统的性能升级远滞后于数据规模的增长。也就是说，智慧交通系统中存在较高的数据安防漏洞。

智慧交通系统的复杂性，决定了在应用大数据技术的过程中要考虑到各子系统的协同配合能力，这需要政府部门、科研组织及相关企业开展深入合作。大数据使用的海量交通数据中存在着非结构化数据，为了确保敏感信息的安全性，较为理想的方案是让每位用户仅能访问特定的信息子集，当然，为此必须设计出全新的数据加密方案。

三 大数据在智慧交通领域的实践对策

（一）开放公共交通数据管理体系

云技术的出现，为大数据的商业化应用提供了强有力支撑，它使数据流通更为高效、低成本，能够在短时间内同时对多源数据进行分析及处理，为广大用户提供更为精准、个性化的信息服务。更为关键的是，大数据能够将枯燥无味的交通数据转变为人性化的图标、图形等信息，在充分发挥交通数据资源潜在价值的同时，极大地提升用户体验。

在公共交通管理及运营过程中，一方面要充分利用海量的交通数据资源，采用有效的算法对数据进行筛选，充分确保敏感数据的安全性与隐私性；另一方面要推动各部门打破沟通壁垒，开放交通数据资源，加强相关部门和企业之间的交流合作，充分借助大数据所带来的技术红利，有效提升公共交通管理水平及服务能力。

（二）保护个人信息安全

大数据在公共交通领域的应用，应该建立在充分确保个人信息安全的基础之上，要想充分保障个人隐私安全，减少因为数据泄露而带来的财产损失甚至是人身安全事件，需要在信息传播环节进行严格规范。

（1）政府要积极出台个人隐私保护相关政策，对个人数据的使用范围、获取权限进行明确，对于不法商家为了商业利益而侵犯个人隐私的行为给予严厉打击，确保交通数据能够被科学、合理地应用到商业领域。

（2）提高网民网络安全意识。利用公益宣传片、网络安全知识讲座等提高网民的个人隐私保护意识，引导人们重视保护个人隐私数据，在遇到不法侵害事件时，采用有效的应对策略将其危害性降至最低。

（3）公共交通管理及运营有关部门需要把握交通数据资源经济效益与社会效益之间的平衡，在充分保障他人隐私安全的基础上利用交通数据，最终使智能交通能够平稳落地。

（三）促进数据存储的多样性

在对交通数据进行静态存储的同时，更要实现交通数据的数字化存储，这能够大幅度提升交通数据的访问效率，促进交通数据资源的实时共享。为了提升广大民众通过大数据挖掘数据价值的能力，美国政府于2012年出台了大数据研究计划。2015年，我国教育部新增"数据科学与大数据技术专业"，北京大学、清华大学、复旦大学、中南大学等都开设了相关专业，为大数据技术的商业化应用培养并输出优秀人才。

随着大数据技术在公共交通领域的应用不断走向成熟，未来利用大数据技术可以对路况信息进行精准预测，帮助人们制定更为科学合理的出行方案。

以智能手机、iPad、可穿戴设备为代表的便携式移动终端的推广普及，使数据信息规模迎来质的飞跃。通过对海量交通数据资源的充分利用，能够创造巨大的商业价值及社会价值。在公共交通领域中引入大数据技术将成为世界主流发展趋势，也是我国公共交通管理及运营走向成熟的必然选择。

第三节 我国大数据交通人才培养的对策与建议

一 我国交通数据分析人才培养的思考

近年来，大数据产业迅猛发展，催生了大量新的人才需求，其中一种新的职位"数据科学家"兼具统计学家、软件程序员、图形设计师、作家等多重身份，成为大数据人才需求热点。据麦肯锡预测，到2018年，美国大数据分析师与管理者的人口缺口将达到150万。在国内，大数据在电信、制造、零售、金融等行业得到了广泛应用，企业对大数据人才的需求呈现出了迅猛增长之势。在这种情况下，IBM提出了"IBM U-100"的合作计划，计划与中国100所高校合作培养大数据分析人才。

传统交通工程专业主要培养三类人才，一是交通规划师，二是交通设计师，三是交通模型师。其中，交通规划师的职责主要是辅助城市规划师进行交通规划，对交通设施体系、交通运输发展政策、交通近期建设进行规划；交通设计师的职责主要是对道路空间、交通组织与控制方案、公交系统与慢性交通系统进行设计；交通模型师的职责主要是对交通规划与管理进行定量分析，利用抽样调查数据打造城市交通仿真模型，对交通规划方案、管理方案、政策进行测评。

随着交通数据分析与信息服务产业的不断发展，社会对交通大数据人才的需求持续递增，在此情况下，交通工程专业亟须培养更多交通数据分析师来采集、整理、分析、展示交通数据，以数据提炼的事实和关联关系为依据对交通系统发展现状与趋势进行判断，为交通规划与管理决策提供支持。

交通模型师与交通数据分析师都从事定量分析工作以辅助决策，但两者的工作内容差异较大。交通模型师是定期抽取调查数据，在交通网络均衡理论和微观交通流理论的支持下构建仿真模型，利用先验的因果关系还原城市交通系统，其经验会在很大程度上影响到模型精度。交通数据分析则是通过对数据的连续观测和统计分析发现客观事实，对数据之间的关联关系进行深入挖掘，打破原有的经验局限，发现新问题，找到新规律。

交通数据分析师需要具备多方面的知识和技能，比如交通工程、统计分析、计算机编程、可视化表达等，不仅要精通数据分析，还要深入理解交通业务，利用数据对交通系统进行还原，发现其中潜在的问题，制定交通战略调控方案，推动交通系统实现可持续发展。

为了培养更多交通数据分析师，国内各大高校都在紧锣密鼓地开设相关专业，安排相关课程。以同济大学为例，在卓越工程师教育培养计划的指导下，根据交通数据分析师培养需求，同济大学交通工程专业从以下六个方面着手构建实践教学体系，培养学生的交通数据分析思维与能力。

（1）课程教学。同济大学将《交通调查与分析》和《交通统计分析》两门课程融合在一起形成了一门新课程《交通调查与统计分析》。之前，《交通调查与分析》的教学内容主要是交通调查方法与数据初步分析，调查方法主要是人工调查法，数据分析主要是根据调查数据对交通现象和问题进行科学分析。《交通统计分析》的教学内容主要是数据统计方法和各大统计分析软件的使用方法。

《交通调查与统计分析》课程将数据采集、处理、分析融合在一起，加入新的大数据采集与分析技术。在教学模式方面，该课程倡导将理论与实践结合在一起开展教学，课程试验有两种方法：一种是现场调查；另一种是上机实验；在课程作业安排方面，该课程提倡使用实测的感应线圈、公交 IC 卡、GPS、车牌照识别等数据指导学生利用统计分析软件自行完成作业；在考核方式方面，该课程考试分为两部分：一是课程实验与作业；二是期末考试，两者各占 50%，强调让学生通过实践掌握数据分析能力。

除此之外，同济大学还邀请相关企业的专家、高级工程师进入课程授课，讲授实际工程项目开展过程中遇到的问题、解决方法等，以切实增强学生的数据分析能力。

（2）课程设计。同济大学新增《交通数据与统计分析》课程，以培养学生分析问题、大规模处理数据、设计算法的能力。该课程会为学生提供大量实测数据，数据涵盖整个城市或者某个区域，时长超过 1 星期。比如，利用出租车 GPS 数据对城市道路交通状态进行分析，要求学生独立计算车速、对路网拥堵状况进行分析、进行地图匹配等。

（3）实验平台。让学生在交通仿真实验室进行上机实验；构建"海量数据存储与挖掘平台"，引入高性能刀片服务器和 40TB 容量的磁盘列阵，

第三章 我国大数据交通人才培养模式探索与研究

以处理、分析海量数据;与专业交通数据调查分析公司达成合作,创建数据采集与分析实验体系,满足多门核心专业课程的开展需求;与企业合作获取实测交通数据。

(4)创新实践。通过"交通科技大赛""上海大学生创新训练计划"等活动调动学生参与交通大数据研究项目的积极性,让学生分组合作创新课题,学校推荐优秀作品参加全国比赛。一般情况下,创新实践活动会持续6—12个月,学生参与这些活动,不仅能增强自己的创新思维,还能提升自己解决问题的能力,培养团队合作精神。

(5)专业实习。与交通数据企业合作创建实习基地,为学生提供专业实习的机会,让学生参与到实际的工程项目中去,通过实践活动培养学生分析城市交通问题的能力,学习企业的交通数据分析方法,培养学生的实际工作能力。

(6)毕业设计。利用交通大数据的研究课题或实际交通问题命题,培养学生独立分析、解决问题的能力,为之后从事相关领域的研究奠定良好的基础。

二 校企合作:构建创产教融合生态圈

随着大数据研究与应用的持续深入,其在零售、交通、医疗等诸多行业的价值创造能力已经得到了初步体现,作为一项基础性技术,它将对人类生产生活的方方面面产生深远影响。大数据时代,培养优秀的大数据人才是重中之重,而人才培养向来不是一件简单的事情,不仅要建立完善的人才培养体系,更要有一定的培养周期,在结合国内外一系列大数据人才培养实践案例的基础上,可以发现,产教融合将会是大数据人才培养的必然选择。

下面以慧科教育科技集团有限公司(以下简称慧科教育)为例,对其产教融合的大数据人才培养模式进行深入分析。

数据的工具性作用,决定了大数据专业具有较强的应用性,因此,应用性人才将是大数据人才培养的重点。目前,我国高校教育过度重视理论教育,忽略了实践技能培养,虽然很多高校已经向应用型高校转型,但转型效果并不理想,其中最为关键的一项因素就是高校和企业互动不足,无法精准把握企业实际需要。

而慧科教育探索大数据人才培养策略过程中，高度重视校企合作，和北京航空航天大学、贵州大学、北京城市学院、成都信息工程学院、福州职业技术学院等高校合作培养大数据人才。

比如，2013 年，慧科教育和北京航空航天大学计算机学院及软件学院合作，共同推出了"大数据技术与应用"软件工程硕士项目；2015 年 6 月 15 日，阿里云携手慧科教育集团启动阿里云大学合作计划 AUCP，北京航空航天大学、浙江大学、复旦大学、上海交通大学、西安交通大学、南京大学、武汉大学、华南理工大学 8 所国内知名高校成为该计划首批合作高校。2017 年，慧科教育引进微软公司大数据与人工智能认证培训项目，2018 年 5 月，双方合作的微软—慧科"AI +"计划正式启动，双方将共同打造大数据与人工智能人才培养体系。

校企合作培养大数据人才，必须加强资源整合力度，对合作模式进行探索创新。加快实现产业化，将使大数据技术研究及行业应用迈向新高度，高校设置大数据专业时，必须充分结合产业因素，这样才能将大数据产业中不断涌现出的新技术、模式、理念、应用需求等及时引入高校，显著提高高校的人才培养与技术创新能力。

大数据作为一门交叉型学科，离不开多个基础学科的有力支持，统计学、计算机、数据库等学科都是典型代表。所以，在培养大数据人才的过程中，必须重视整合相关基础学科涉及的各种优质资源，对校企合作培养模式进行持续优化完善。这提醒我们，高校设置大数据专业应该是基于现有学科基础，充分利用高校在现有学科教育方面积累的丰富经验，建立特色专业，而不是孤立建设与发展。

在校企合作、产教融合培养大数据人才过程中，必须让学校和企业的作用都能得到充分发挥，才能达到预期效果，然而学校和企业的本质差异，决定了两者融合培养人才是一件相当困难的事情。体制机制方面的阻力是一大痛点，确实我国推出了支持企业和高校合作的政策，但企业的目标是盈利，是要实现利益最大化，而学校的目标是育人，是公益性组织，要解决这种体制机制层面的矛盾还有很长的一段路要走。

同时，企业希望培养适合自身岗位需要的专才，但学校则希望学生能够掌握更多的知识与技能，迎合开放、多元的时代趋势，能够适应不同企业的人才需要。

想要解决校企合作的矛盾，需要双方在大数据专业建设过程中共创、共建，实现双主体运作，建立校企合作"共赢"机制，保持学校主观能动性的同时，充分激发企业的活力与创造力，探索产学融合2.0模式。

三 精准研发：培养新工科复合型人才

慧科集团在制定数据科学与大数据技术人才培养方案过程中，更加注重应用型人才培养，并为之设置了更具针对性的专业课程体系，将人才培养划分为大数据技术与大数据分析两个培养方向，同时，运用在线教育、混合式学习等新兴教育教学模式，激发学员学习热情，提高教学效率与质量。

大数据人才培养方案需要持续优化，与时俱进，对接国际标准。大数据作为新一代信息技术的典型代表，受到了世界各国的高度重视，技术更新速度较快，而且人才培养有一定的周期性，对专业教学与时俱进提出了较高的挑战。想要解决这一问题，需要将大数据技术领先企业的实践项目融入教学之中，确保教学进度能够紧跟产业发展。

分层设计、阶梯培养是大数据人才培养应该遵循的重要原则，大数据技术本身有明显的层次性。随着大数据技术研究与应用持续的深入，需要人才培养更为多元化、多样化。和几年前相比，大数据产业链的广度与深度已经得到了极大的拓展，低端、中端及高端人才皆有用武之地。不同领域对大数据人才的知识与技能需要存在较大差异，比如，大数据软件工程更加强调人才的架构能力，而大数据软件维护则更加强调人才的数据分析能力。

这种情况下，慧科集团通过对产、学、研等资源的充分整合，专业课程体系进行改造升级，结合专、本、硕学生对相关知识与技能的掌握程度，制定差异化的培养目标。兼容性是大数据技术的一个重要特征，通过和其他学科的有机融合，可以催生一系列的创新应用。

电商、金融、交通、营销等产业都需要应用大数据技术，而大数据技术渗透到这些产业后又会创造出各种新需求，此时，对人才培养方案进行定制设计及实时更新是很有必要的，慧科集团制定大数据互联网金融及大数据互联网管理人才培养方案，正是出于这种考虑。

此外，慧科集团培养大数据人才过程中还探索出了可持续发展的循环模式，基于技术发展环境对大数据人才培养进行评估及优化，实现面向专业本身的大循环的同时，结合学校特色设置专业课程体系及人才培养方案，实现面向具体学校的小循环。在此基数上，为大数据优秀人才提供出国深造、创业孵化、岗位推荐等多种服务，使其活力与创造力能够得到充分发挥。

数字化经济是不可阻挡的时代潮流，移动互联网、物联网、大数据、云计算等新一代信息技术和传统行业融合进程日渐加快，这就要求在培养大数据人才过程中，要培养更多的新工科复合型人才。新工科是我国教育部为适应新一轮科技与产业革命，服务"一带一路"、《中国制造2025》等重大国家级战略而提出的一种新型交叉型学科。

2017年2月以来，教育部积极推进新工科建设，相继达成复旦共识、天大行动、北京指南。为响应新工科复合型人才培养号召，慧科教育提出了"(Foundation，Application)×(Science，Technology)"的新人才技能矩阵FAST。

当然，按照FAST培养人才并不是一件简单的事情，但它是培养新工科复合型人才的必由之路。新工科复合型人才培养对各专业人才掌握的知识与技能提出了更高的要求，比如，它要求工程人才要具备结合实际场景灵活运用相应技术与工具解决实际问题的能力，并且能对模型进行持续优化完善，充分发挥工匠精神。

工匠精神并非仅是强调极致专注地解决某个问题，它要求人才具备系统观、数据观、全局观、科技观及文化观，能够在工程项目中发现、定义问题，并引领推动创新。

在慧科集团制定的大数据人才培养方案中，预计未来5年将通过与多个高校合作共同培养超过5000个专科、本科及硕士人才，当然，考虑到未来我国庞大的大数据人才缺口，这种规模是远远不够的，未来还需要更多类似慧科教育一般的探索者与先行者，为我国大数据人才培养提供有力支持。

第四章 我国大数据物流人才培养模式对策与建议

第一节 我国物流人才培养的现状、问题与策略

一 我国物流行业人才培养的基本现状

随着物流产业转型升级进程日渐加快，越来越多的物流企业开始认识到先进的技术、管理模式、服务理念在企业参与市场竞争中的重要价值，这种背景下，物流人才之争愈演愈烈，我国物流人才存在较大缺口，尤其是优秀的物流复合型人才更是严重不足，高薪挖墙脚案例层出不穷，但从物流业整体角度来看，想要解决人才缺失问题，关键在于培养更多的物流人才，扩大物流人才供给。

所以，如何培养一批优秀的物流人才，培养出更多精通物流业务、掌握现代信息技术、富有创新精神的复合型物流人才，对补足我国物流人才缺失短板，促使我国从物流大国迈向物流强国具有十分重要的现实意义。

（一）我国物流人才紧缺

我国物流人才需求量十分庞大，物流从业者整体受教育程度较低，物流时效性差、服务质量不佳等问题导致毕业生对物流岗位兴趣较低，物流人才缺失尤为严重。确实很多学校开设了物流专业，社会中也有很多物流培训机构，但教学水平与质量普遍不高，难以满足物流企业的人才需求。

（二）物流人才缺乏经验

我国物流业仍处于初级发展阶段，很多物流企业是从运输企业转型而来，物流人员仍在沿用传统的思维模式，无法适应现代物流业竞争。学校在培养物流人才时，更加偏向于理论知识教育，忽略了实践能力培养，导致学生实践经验严重不足，缺乏分析并解决实际问题的能力，进入工作岗位后，往往需要物流企业耗费较高的成本进行系统培训才能适应岗位需要。

（三）物流教育滞后于物流业发展

在消费升级、电商产业快速发展等利好因素影响下，我国物流业实现了快速增长，但物流教育发展严重滞后于物流业发展，高校及培训机构在教学内容、课程安排、实验室建设等方面存在诸多问题，对物流人才需要缺乏足够认识，教学内容脱离实际，师资队伍质量参差不齐，难以培养出优秀的物流管理及专业人才，给物流业发展带来了重大阻力。

（四）物流宏观环境不健全

我国物流业体制机制不完善，物流管理系统及信息平台标准不统一，难以让物流信息实现低成本的实时共享，限制了物流人才的能力发挥。同时，大部分物流企业仍采用传统管理模式，环节众多、山头主义盛行，优秀人才难以获得公平、公正的发展平台，从而引发了严重的人才流失问题。

二 我国物流行业人才培养存在的问题

我国物流人才培养方面的问题主要表现在以下几个方面：

（一）培养目标不明确

很多高校培养物流人才时，往往局限于现代物流理论中的某个环节，导致培养出的人才对物流业整体认识不足，给物流作业项目制定与实施带来诸多阻碍。没有对物流市场进行充分调研，不了解物流企业的人才需要，物流人才培养目标不明确，专业设置细分程度较低，更多的只是普及型教育，没有培养出满足物流企业个性化需求的应用型人才，进一步加剧了就业难问题。

（二）观念落后

学校未能及时转变思维模式，仍用传统的教育模式培养人才，将重点放在理论知识培养方面，而忽略了学生掌握专业技能、参与实践活动、提高综合素质等，给物流人才培养带来诸多负面影响。

（三）培养物流人才教学条件落后

师资力量不足，教师实践经验缺失，物流专业课程设置不合理。物流专业教育教材杂乱，存在重复性问题，高质量教材严重不足。教学内容不合理，理论知识占据了较大的比重，无法培养学生解决实际问题的能力。实验室建设滞后，资金不足，落后的设备与系统限制了学生实践能力的提高。

（四）物流人员继续教育缺乏规范

物流企业对员工进行培训教育时，为了使员工学习新知识与技术，往往是让专业教师到企业中对员工进行培训教育，或者是鼓励员工参加社会培训。但这种培训方式往往为了控制成本，缩减课时，再加上教师质量参差不齐，导致培训的实际效果并不理想。物流人员继续教育渠道受阻、质量不佳等问题，对我国物流业的长期稳定发展十分不利。

三 我国物流行业人才培养的对策建议

（一）人才培养目标定位

结合现代物流业的基本特性，未来应该培养出创新型、应用型、复合型的优秀人才，但考虑到物流业务和物流技术之间存在较大跨度问题，在对物流人才培养目标进行定位时，应该在明确培养层次的前提下，选择某一专业领域实现精准定位。

（二）提高物流人才的培养质量

1. 建设合理的课程体系

物流专业是一门涉及管理学、经济学、社会学、工程技术学、信息科学等领域的交叉性学科，覆盖范围广泛，物流人才需要综合运用多学科知识与技能，才能有效解决复杂多样的实际问题。

为此，需要教育机构建设合理的课程体系，使库存计划、配送管理、物流体系建设等和企业的经营实践相结合，将物流管理纳入供应链管理之中。与此同时，将物流管理和企业的成本控制相结合，让物流人才能够在控制企业成本的同时，提高物流效率与服务质量。

2. 加强实习基地的建设

通过校企联合方式，扩大实习基地投入，打造现代化的物流仿真模拟实验室，让学生能够在一个近乎真实的物流作业场景中锻炼实践能力，同时，为学生提供足够的到企业实习的机会，组织学生利用寒暑假时间前往物流企业实习，锻炼学生分析并解决实际问题的能力，更为深入地了解物流企业人才需要。同时，根据物流市场需求变化及时对教材内容、课程设置、结业考核等进行优化调整。

3. 加强师资队伍建设

建设高水平的师资队伍是物流人才培养的重要保障，对教学质量与成果有十分关键的影响。对教师进行考核的指标主要包括知识素质、能力素质及师德素质，在提高教师知识素质方面，通过引导教师自学、进修等方式完善教师知识体系；在提高教师能力素质方面，通过支教、公开课、课堂观摩等方式，提高教师的创新能力、实践技能及教学质量；在提高教师的师德素质方面，通过加强师德师风建设、树立师德榜样等方式提高教师整体师德素质。

(三) 加强物流人员继续教育

1. 校企合作

解决物流人才缺失问题，需要长期持续投入大量资源，仅靠高校自身的力量是远远不够的，还需要物流企业充分参与进来，通过校企合作的方式，让学生学习到丰富的理论知识同时，还能到企业中实习，将理论知识应用到实际工作中，虽然企业需要付出额外成本，但也可以为自身定制培养优秀人才，构建强大的核心竞争力，确保自身从日益激烈的市场竞争中成功突围。

2. 强化在职培训

目前，我国物流从业者普遍缺乏系统性的物流教育，虽然在工作中掌握了丰富的实践技能与经验，但理论知识不完善，不了解先进的物流发展理念、管理模式等，给企业发展带来了诸多阻碍。所以，未来我国必须强化物流人员在职培训，完善物流从业人员资格认证制度，提高物流从业者的专业技能和综合素质。物流在职培训要更具针对性，切忌急功近利，提高学员的自主学习能力，使物流从业者能够在日常工作中不断进步。

3. 引进国外优秀物流人才

日本、德国、美国等物流强国在多年的探索实践中，逐渐形成了完善的物流人才培养模式，储备了相当多的物流专业人才、物流管理人才及复合型人才。而我国的物流人才培养模式尚未完善，短时间内培养出足够的优秀人才来解决物流人口缺失问题，几乎是不可能也是不现实的事情。较为可行的方案，是从国外引进优秀人才，虽然短时间内会造成成本显著提高，但这能加快先进物流技术、经验、管理模式、发展理念在我国的推广普及，推动物流企业提质增效，促使我国物流业不断走向成熟。

（四）创造良好社会环境

物流业的长期稳定发展，离不开国家从顶层设计方面提供的强力支持。为物流人才培养创造优良的社会环境，能够激发高校及培训机构的活力与创造力，提高学生及物流从业者学习主动性。未来，我国政府需要积极出台支持物流教育发展的政策，放宽行业准入门槛，加快物流业监管政策的研究、制定及实施，引导物流企业重视人才培养。

完善物流人才培训体系，深化教育体制改革，扩大物流教育投入，对社会培训机构进行规范，重视物流教育师资团队建设，为物流人才培养提供保障。

我国物流业正处于快速发展阶段，但发展理念落后、同质竞争问题也尤为严重，想要加快我国物流业的转型升级，使我国迈向物流强国之列，必须重视物流人才培养。现阶段，高校及社会培训机构在物流人才培养方面存在的诸多问题，是多种因素综合作用造成的结果，解决这些问题不能一蹴而就，需要充分结合实际情况，积极进行探索创新，在不断试错中找到行之有效的物流人才培养模式，逐步完善物流人才培养体系，使物流业在国民经济发展中的基础性、引领性、战略性作用得到充分体现。

第二节 大数据背景下物流专业教育探索与实践

一 大数据对我国物流专业教育的影响

国际顶级咨询机构麦肯锡率先提出了大数据的概念并指出，大数据将会成为创新、竞争与生产力的前沿阵地。大数据在物流业的应用已经成为不可阻挡的主流趋势，UPS、FedEx、顺丰等知名物流巨头都在积极推进大数据在物流业的应用。

菜鸟网络成立之初，首期计划投资1000亿元，用5—8年的时间，建立一张能支撑日均300亿元、年度约10万亿元的网络零售额的智能骨干网络,订单做到24小时内送货必达。如今,基于大数据技术的菜鸟网络已经成长为估值超过500亿元的物流服务巨头,给国内物流行业带来了深远影响。推进大数据在物流行业应用,必然要有足够的人才提供支撑,但目前我国物流从业者受教育程度普遍不高,人才缺失问题尤为严重。

业内人士指出,未来5年,国内大数据人才缺口将达到150万人。大数据人才不仅需要掌握统计和计算机科学技术、机器学习技术,还需要灵活运用数据分析工具与技巧,从海量离散数据中发掘出有价值的商业信息,从而为企业制定战略决策提供有力支持。

物流大数据尤为庞大、复杂,在物流的分拣、包装、存储、运输等诸多环节都会产生海量数据,而且对数据时效性、精准性要求极高。优秀的物流大数据人才能够对数据进行分类、整合及分析,对物流网络运行状态进行实时监测,帮助物流企业改善业务流程、降低物流成本、提高物流作业效率及用户体验。但我国的物流本科教育主要是培养物流系统运营管理、物流体系建立及运行等方面的人才,在物流大数据人才培养方面尚属空白。

随着大数据在物流领域应用的不断深入,对物流大数据人才的依赖程度会越来越高,这就要求物流专业教育能够及时做出调整,为大数据在物流业应用,以及物流业转型升级源源不断地输送优秀人才。

二 我国物流专业教育面临的主要问题

我国物流教育起步时间相对较短,虽然经过20多年的探索和实践,在部分领域取得了颇为良好的成绩,但以下问题的存在给物流人才培养带来了诸多阻碍:

(1)学科建设不完善。未能形成统一完善的物流知识体系,教学体系冗余、课程安排重复等问题在高校中普遍存在。

(2)教育模式滞后。现阶段,我国物流教育模式仍偏向于传播知识,忽略了实践能力培养,导致学生创新能力,分析并解决实际问题的能力不足,就业后需要物流企业耗费较高的成本进行培训。

(3)教材杂乱,不能做到因材施教。教材质量参差不齐,知识重叠问题尤为严重,教材编写过程中忽略了物流实践经验与技能。

(4)课程结业考察模式陈旧。偏向于教材知识考察,很多学生仅是临近期末考试时突击学习,对提高实践能力并没有明显效果。

(5) 配套实验室建设滞后。用于教学和科研的物流实验室相对较少,设备陈旧问题也尤为严重。

(6) 具备较强学术和实践能力的物流教师人才不足。高校教师对学历要求较高,教师普遍缺乏物流企业实践经历,从而对物流人才培养带来负面影响。

(7) 教学缺乏互动性,学生动手实践机会较少。物流业是一个对实践能力要求较高的行业,但目前高校培养人才时,不注重互动教学,没有给学生提供足够的动手实践机会,无法满足物流企业实际需要。

三 大数据背景下物流专业教育模式

大数据在物流业的发展及应用,给物流专业教育提出了一系列新的挑战。物流业对分析并解决实际问题的能力尤为重视,同时,应用大数据技术,需要转变思维模式,积极创新,所以,物流专业教育应该对实践和创新给予高度重视。在分析适合我国的物流专业教育模式前,我们不妨先了解海外的物流专业教育模式,以便从中借鉴经验。

(一) 德国模式

德国物流教育模式尤其重视培养应用型人才,通过对课程体系、实践环节、师资队伍、培养目标的规划设计,让学生掌握系统的物流知识的同时,具备较强的实践能力,学生毕业后,可以迅速适应物流企业的技术骨干、运营管理等岗位。比如,设置课程体系时,与企业合作,将企业的实际案例作为教学内容,培养学生分析并解决实际问题的能力。

(二) 英国"工读交替,实践教学"模式

英国物流专业教育模式让学生先到企业中实习,使其了解市场需要及自身不足,然后到学校中学习相关知识与技能,之后再到企业中动手实践。这种工读交替的教育模式,让学生可以将在课堂上学习到的理论知识充分应用到日常工作之中,学生毕业后不需要专业培训就能上岗。

英国很多高校机构和当地物流企业达成密切合作关系,根据企业实际需要安排教学内容,学校招生时,也会充分结合劳动市场的实际需要,不仅培养出了优秀的应用型人才,而且能缓解就业压力。

(三) 美国"生计教育"模式

美国物流专业教育模式将高校教育和社会职业密切关联起来,学生要同时接受专业知识和技能的培训,教学方式十分多元化,政府及企业为高校人才培养提供支持。

不难发现,上述三种物流专业教育模式,都注重对接企业岗位需要和社会需求,强调同时培养学生的专业知识与技能,通过校企合作,为物流企业输送优秀人才。

四 大数据时代我国物流专业教育实践

未来我国的物流专业模式可以从以下几个方面做出调整,从而满足大数据在物流业的应用需要:

1. 明确就业定位

高校可以结合自身的优质资源对人才培养进行细分,通过人才培养差异化满足不同企业的个性化需求。很多高校都有自身的优势专业,可以据此明确人才就业定位,并设置相应的人才培养计划。

2. 加强校企合作

高校可以充分结合自身的实际情况,和物流企业进行深度合作,根据企业实际需要定向培养人才。而企业可以为人才培养提供资金、实习岗位等方面的支持,学生毕业后又可以"反哺"企业,从而实现合作共赢。

3. 加强学生实践

建立产学研基地,为物流企业进行相关研究的同时,注重培养学生的实践能力,鼓励学生将理论知识应用到实践之中。需要明确的是,物流业大数据人才培养仅靠学校的力量是远远不够的,必须让企业充分参与其中,让学生在企业的实践项目中搜集并分析数据,帮助企业制定科学合理决策。

高校可以尝试设置两段实习期,一是大一暑假的1—2个月,该阶段注重让学生了解自身不足及企业实际需要;二是大四上学期,该阶段注重培养学生分析并解决实际问题的能力,比如进行物流网络运行状态监测、供应链协同管理等。

第四章 我国大数据物流人才培养模式对策与建议

4. 开展校企合作的科研训练计划

组织学生参与企业举办的物流设计赛事活动,企业根据自身实际需求及行业未来趋势设置题目,并要求学生以组队形式参加,培养学生的实践能力、创新能力、团队协作能力。同时,为企业提供创意及灵感。要求学生的毕业设计尽可能地在企业中完成,邀请物流企业专业人才作为学生的实践导师,从而培养更多的应用型人才。

5. 鼓励教师到企业践习

鼓励教师前往企业实践,参与更多的物流大数据分析项目。当教师积累了足够的实践经验后,会有效提高课堂的教学效率,更加注重互动教学,为学生分享实践经验与技能,同时,教师到企业实践也能够帮助企业解决实际问题,促进企业产品及服务创新,提高企业盈利能力。

6. 加强实验室、专业图书馆建设

建立现代化的高水平实验室,是培养学生实践能力,提高高校科研与教学实力的重要保障。在实验室中,学生可以通过仿真模拟系统了解物流运营流程,解决物流作业中的各种问题。而专业图书馆建设能够为科研和教学提供支持。

7. 培养个性化学习

大数据时代背景下,高校在培养学生学习方式方面也应该做出调整,让学生能够根据自身的特性找到适合自己的学习方式。鼓励学生在数据知识平台上分享自己的学习心得与体会,和业内人士进行沟通交流,从而帮助学生快速成长。培养个性化的学习方式,在提高学生学习主动性的同时,还有助于激发学生的活力与创造力,使其从学习中获得更多的满足感、成就感。

大数据在物流业的应用,在推动物流业不断走向成熟的同时,也带来了物流大数据人才缺口问题,想要解决这一问题,必须对物流专业教育模式进行优化调整,根据实际需要和学生实际情况进行人才培养,满足企业人才需求的同时,还将在一定程度上缓解我国日益增长的就业压力。

第三节　校企合作：培养创新型物流人才新思路

一　我国创新型物流人才培养存在的问题

得益于中国经济的迅猛发展，我国物流业以较高的增速实现快速崛起，2017年我国社会物流总费用高达12.1万亿元，同比增长9.2%。物流业在推动区域经济发展方面的重要价值得到了各个地方政府的高度重视，很多地区都在积极打造现代综合性物流园区，助力物流业提质增效，但物流人才培养发展尤为滞后，人才缺失已经成为限制我国物流业进一步增长的巨大阻力。

所以，培养优秀物流人才，尤其是创新型物流人才，为物流业转型升级提供强大推力，是未来我国亟须解决的重点问题。

美国、德国等物流强国在物流人才培养方面起步时间较早，以美国为例，20世纪60年代，美国高校就设立了物流管理专业来培养物流人才，经过几十年的摸索，其物流人才培养模式已经相当成熟。而我国的物流人才培养却尚处于起步阶段，在培养理念、培养方式等方面较为落后，难以培养出支撑现代物流业发展的创新型物流人才。跨境电商产业的快速崛起、众包物流等新兴物流模式涌现，导致物流业人才缺口问题越发严重。整体来看，我国物流人才培养模式在以下几个方面的问题尤为突出。

（一）缺乏清晰明确的培养目标

培养目标不明确、培养方向同质化是我国高校存在的普遍问题，比如，很多高校设置的物流工程和物流管理两大学科没有对培养方向进行细化，培养目标不明确，很难培养出优秀的创新型物流人才，无法满足物流企业人才需求的同时，影响了学生就业。

（二）培养渠道单一

我国物流人才培养渠道主要包括学历教育和非学历教育，前者周期较长，再加上高校缺乏物流人才培养的经验，导致物流人才培养质量不佳，难以为快速发展的物流业输送足够的优秀人才。在非学历教育方面，虽然近几年出现了大量的社会物流职业培训机构，但由于监管体系不完善，培训机构教育质量参差不齐，对学员进行培训时，更偏向于理论知识，忽略了提高学生的实践技能，更不用说提高学生的创新能力。

（三）培养体系不完善

由于对物流人才培养方面认知不足，1998年，我国教育部撤销了物流专业本科，直到2003年才恢复招生，至今也未能建立完善的物流人才培养体系，导致低层次物流人才过剩，应用型物流人才及复合型物流人才严重不足。

（四）物流师资力量薄弱

缺乏优秀的物流教师成为限制我国创新型物流人才培养的重大阻碍，没有优秀的师资团队，即便投入大量的资源，物流人才培养也很难取得预期效果，教师水平对教学效果和质量有直接影响。我国物流教师大部分是从管理学、运输学、经济学、营销学等领域转型而来，本身缺乏完善的知识体系与物流实操经验。

二　校企合作培养创新型物流人才的意义

解决创新型物流人才缺失问题，需要高校和企业进行深入合作，美国、日本等发达国家的实践经验充分证明了校企合作培养物流人才能够实现高校、企业、学生的三方共赢。毋庸置疑的是，培育创新型人才需要重点提高人才的创新意识与创新能力，为此，不但要丰富学生的物流理论知识，更要让其动手实践，在物流作业项目中提高学生的创新能力。

通过校企合作，可以让高校基于市场需求，为企业定向培养人才，而且物流市场处于动态变化之中，企业可以将前沿技术、管理模式等反馈给学校，为学校设置课程、编写教材等提供支持。具体来看，校企合作培养创新型物流人才的意义主要体现在以下几个方面。

（一）完善了物流课程教学内容，提供了更为丰富多元的教学方式和手段

深厚的知识储备是创意不断涌现的重要基础，而校企合作为物流人才培养提供了更为丰富的内容，尤其是物流企业实践案例被引入到课堂中以后，可以让学生深入了解物流作业流程，学会从物流从业者的视角思考并解决问题。这将使课堂充满趣味性，提高学生学习主动性，对物流人才培

养产生事半功倍的效果。

我国物流从业者受教育水平普遍较低，虽然有丰富的实践经验，但专业知识较为匮乏。通过校企合作，可以让高校帮助企业对员工进行系统性的培训教育，提高员工的理论知识与专业素养，帮助员工学习先进技术、管理经验等，从而为物流企业的产品及服务创新提供有力的支持。

（二）为培养创新型物流人才提供了优良平台

提高学生的创新能力，需要让学生参与更多的实践活动，在当前高校物流教育投入资金匮乏的背景下，仅让学生从落后的实验室、实习基地中参与实践活动是远远不够的，而通过校企合作模式，充分借助物流企业的优质资源，为学生提供丰富多元的实践机会，可以有效解决这一问题。

校企合作为物流企业储备优秀人才的同时，让学生在企业实习过程中获得更多的专业技能，提高其在实践中分析并解决问题的能力，培养其创新思维与创新能力。而且物流信息系统设计、国际货运代理等课程，往往需要学生在企业实践中才能掌握相关知识与技能。

（三）为物流教师学习并掌握物流实践技能提供了有效途径

想要培养优秀的创新型物流人才，提高物流教师的综合素质显得尤为关键。目前，国内高校的物流教师大部分是从交通运输、经济学、管理学等学科转型而来，虽然他们可以在教学中不断丰富自身的理论知识，但无法掌握物流实践技能，从而给创新型物流人才培养带来了诸多阻碍。

所以，通过校企合作，让物流教师前往企业中调研、实习，打造出同时具备物流理论知识和实践经验的双师型教师团队，为创新型物流人才培养奠定坚实基础。

三 校企合作培养创新型物流人才的途径

创新能力的提高不是一蹴而就的，创新型物流人才的培养更需要长时间投入大量资源，政府、高校、企业、培训机构等都需要充分参与。通过校企合作，为创新型物流人才培养打造优良环境与长效机制，加强高校和企业之间的良性互动，促进双方优势互补，实现多方共赢，是解决我国创新型物流人才缺失的有效途径。

（一）制定科学合理的人才培养目标

在相当长的一段时间里，高校的教学计划、招生规模及培养目标制定

第四章　我国大数据物流人才培养模式对策与建议

等主要由学校主导，而学校对物流市场发展情况与未来趋势缺乏足够认识，使人才培养目标脱离实际需求，导致学生就业后无法快速适应岗位需求，工作积极性、主动性较差，缺乏创新能力，无法帮助物流企业解决实际问题。

所以，采用校企合作模式，高校根据企业提供的反馈信息，对专业设置、教学内容、教材编写、招生数量、培养目标、结业考核等方面进行持续优化调整，制定科学合理的本科生、研究生、博士生等层次的教学计划，建立培养创新型物流人才的长效机制，使高校的物流人才培养适应不断变化的物流企业人才需求，满足物流企业发展需要的同时，还有助于缓解就业压力。

（二）构建科学合理的学科体系

培养创新型物流人才需要科学合理的学科体系提供强有力支持，在日本、美国等发达国家，物流学科体系十分完善，物流被分为物流管理和物流工程两大类，学校根据实际情况和市场需求对这两大类进行细分，并设置相应的专业课程。对我国高校而言，未来需要充分借鉴发达国家的实践经验，基于企业实际需求，建立完善的物流学科体系与课程体系，从而为培养创新型物流人才奠定坚实基础。

物流是一门覆盖范围广泛，同时包括经济学、管理学、营销学、交通运输学等多门学科，所以，高校在设置物流学科体系和课程体系时，可以结合学校掌握的优质资源，并让企业充分参与。

从实践来看，交通院校的物流工程专业更具优势，物流工程包括物流系统设计、物流信息系统规划、物流计量模型等。而财经院校则擅长于物流管理专业，物流管理包括供应链管理、人力资源管理等。在设置学科体系时，可以通过由学校教师与物流企业专家组成的专家委员会进行合理构建。

（三）打造专业的实践育人平台

让学生参与实践活动是提高其创新能力的关键所在，没有进行丰富的实践活动，创新将举步维艰，而且脱离实际需求的创新也毫无意义。物流对实践能力要求极高，在发达国家高校的物流课程中，实践活动几乎和理论知识占据同等比重，学生毕业后，企业不需要耗费大量的成本进行专业培训。

所以，通过校企合作，打造一批综合完善的现代化物流实训基地，让学生和教师能够参与到物流运作流程之中，增强教学趣味性，让学生在实践中获得更多的满足感、体验感，激发其学习主动性与创造力，为创新型物流人才培养提供重要保障。

(四) 促进企业文化和校园文化的渗透融合

人格操守对人的生活及工作具有十分关键的影响，很多企业招聘时，会首先考虑应聘者的价值观、道德素养等，然后才是知识、技能等。所以，在通过校企合作培养创新型物流人才时，促进企业文化和校园文化的渗透融合，培养学生艰苦奋斗、诚实守信、爱岗就业、追求卓越的优良品质，让学生树立独立性、合作精神、自信心与责任心，从而在工作岗位中和团队成员充分合作，通过积极创新攻坚克难，使企业在激烈而残酷的市场竞争中脱颖而出。

培养一批满足我国物流业发展需要的创新型物流人才，是一项长期而复杂的系统工程，需要政府、高校、物流企业、培训机构、资本方等多方参与共建。在经济全球化背景下，培养创新型物流人才，提高物流服务质量，降低物流成本，助力我国物流业转型升级，具有十分重要的现实意义。校企合作为培养创新型物流人才提供了一条行之有效的探索路径，也为补齐我国物流业人才缺失"短板"，促进物流业提质增效指明了方向。

第五章 我国物联网交通人才培养模式的路径选择

第一节 我国物联网交通人才培养的探索与实践

一 物联网在智慧交通领域的技术应用

发展智能交通离不开物联网技术的强力支持,具体而言,智能交通中的物联网技术主要包括以下几种。

(一)视频监控与采集技术

本质上,视频监控和采集技术是一种将视频图像识别和模式识别有机融合的全新采集技术,在交通领域有着极为广阔的应用前景。其实现逻辑为,由摄像头等视频采集设备对交通数据进行实时采集,采集到的连续模拟图像经过视频监测系统处理后成为离散数字图像,然后再应用图像识别等技术从数字图像中提取车型、车牌号信息,对这些信息进一步处理后,可以得到车速、车流量等关键数据。同时,视频监测系统还具备动态追踪能力,从而让交通管理者获取车辆转向、变车道等细节数据,这使交通事故处理效率与精准性得到显著提升。

和其他感知技术不同的是,视频监测系统不需要在路面或路基中安装各种设备,而是由在车道附近的柱子或建筑物上安装摄像机,后台处理器对摄像机拍摄的视频内容进行处理与分析,为交通管理提供决策支持,是一种低成本的"非植入式"交通监控系统。

(二) GPS 技术

在车载导航系统中，GPS 是一项核心技术，通过安装在车辆上的专业 GPS 接收器设备获取多个卫星提供的信号，并得出车辆实时位置，误差仅为几米。不过，车辆 GPS 接收器接收卫星信号时，对视野要求相对较高，然而城市中心街道建筑物密集，会影响信号质量，这是未来 GPS 技术及其设备研究要重点解决的问题。

(三) 专用短程通信技术

专用短程通信（Dedicated Short – Range Communication，DSRC）技术能够支持智能交通系统中的车辆与道路进行无线通信，它为路侧单元和车载单元提供了标准化的通信接口协议。我国现行 DSRC 技术标准相关数据为：在 ISM58GHz 频段工作，下行链路为 5.83GHz/5.84GHz，传输速率为 500kb/s，上行链路为 5.79GHz/5.80GHz，传输速率为 250kb/s。

DSRC 技术能够实现信息的双向网络状传播，车辆和道路被密切连接起来，传播速度与质量具有明显优势，不过其覆盖范围相对有限，在停车场管理，车辆事故预警，道路、桥梁及隧道收费，车载出行信息服务等领域得到了广泛应用。

(四) 位置感知技术

智能交通领域的位置感知技术包括以下两种：

（1）以美国 GPS 及中国 BDS（北斗导航定位系统）为代表的基于卫星通信定位的位置感知技术，该技术可以通过接收器接收 4 颗及以上的卫星发射的基准信号，运用三角测量原理确定地理位置。在车辆上安装接收器设备，就可以实现对车辆位置的实时感知，并获取其速度等运行状态信息，比如，通过对不同时间的汽车位置及时间信息进行监测，结合电子地图提供的距离数据，可以计算出车速。

（2）以蜂窝网基站为基础的位置感知技术。该技术应用了移动通信网络的蜂窝结构特性，对移动终端进行定位，从而得到位置等交通信息。其实现方法有以下两种：

第一，通过清晰明确的蜂窝基站位置实现对移动终端的绝对定位，通过电波到达时间及时间差、A – GPS（辅助 GPS）技术进行位置定位就是典型代表。

第二，通过移动终端的基站切换特性进行定位，为了实现网络通信质量最佳化，移动终端被设计成位置发生变化时自动切换到更近的基站，所以，汽车在城市道路上驾驶时，通过分析移动终端的基站切换记录，可以实现对车辆的精准定位。

RFID 可以在无人干预状态下利用射频信号对物体进行自动化精准识别，在极端天气等特殊场景中也能高效便捷地完成工作，而且它支持同时识别多个处于运动状态中的物体。

RFID 系统包括标签、阅读器、天线三大组成部分，可以对车辆进行识别、定位、通信、远程监测，是交通管理人员对高速运动状态中的车辆进行管理的重要工具。不仅是交通领域，RFID 技术在零售、医疗、物流仓储、制造业等领域也有广阔应用空间，此外，凭借读取速率高、伪造难度高等优势，RFID 技术也被应用到了电子护照领域。

二 借助物联网技术治理汽车拥堵问题

随着城镇化进程的日渐加快，交通拥堵问题越发严重，给居民生活水平与质量带来了一系列负面影响。虽然各地方政府为解决交通拥堵问题推出了各种措施，以北京为例，北京市政府为了解决交通拥堵问题曾经推出摇号限购、车牌尾号单双号限行、工作日尾号轮换限行等措施，但交通拥堵仍未得到有效改善，而汽车物联网的出现为解决城市交通拥堵问题提供了新的思路。

在建设中国特色社会主义道路中，农村农业、能源、环境、交通等是我国面临的重大"瓶颈"，而解决交通问题尤为关键，发达国家的实践经验告诉我们，交通是解决农村农业、能源等问题的重要着力点。

我国存在公路、铁路、水运、航空等多种交通运输方式，其中，公路客运量及货运量远超过其他运输方式，2017 年，我国公路全年完成营业性客运量 145.68 亿人，完成货运量 368.69 亿吨，而铁路的这一两个数字分别为 30.84 亿人、36.89 亿吨。然而我国公路交通安全问题较为严重。

我国汽车保有量已经超过了 3.1 亿（截至 2017 年年底），而且仍保持快速增长。面对人民日益增长的美好生活需要，限号限行绝非长久之计，建设汽车物联网，不但有助于解决交通拥堵、交通安全等问题，对提高人们出行体验也有十分积极的影响。事实上，除北京、上海、广州、南京、重庆等交通拥堵较为严重的城市外，在我国 660 多个城市中，高峰拥堵城市占比达 2/3，如果不能及时制定行之有效的应对措施，随着其人口及经济逐渐增长，进入全面拥堵阶段仅是时间问题。

解决交通拥堵问题对环境治理也有十分积极的影响，提高通行效率，有助于节能减排，研究数据显示，拥堵情况下的能量消耗及废弃排放，比非拥堵或自由巡航时高出1倍。交通拥堵造成的温室排放在交通运输温室气体排放中占比17%。

和行政治堵管理政策相比，科技治堵更为人性化，更具灵活性、针对性，是科技创造美好生活的直接体现。而发展汽车物联网是实现科技治堵的有效途径，它强调对现有交通道路资源的高效利用，提高交通路网极限通行能力，给居民带来更为良好的出行体验。

需要指出的是，汽车物联网并非仅针对私家车，公交、轻轨、地铁等也将被纳入统一的智能交通系统中，这为高效协调配置交通资源，推广公交先行等提供了诸多便利。

在建设汽车物联网过程中，车辆安全自主感知技术、可视与非可视短距V2V通信技术等协同智能交通技术的应用尤为关键。和传统车联网不同的是，汽车物联网整合了计算技术、网络技术、通信技术、传感技术、智能技术等，能够实现对车辆、道路及周边环境的全面精准感知，实现人车路无缝对接，推动交通管理精细化、个性化、智能化，其在治理交通拥堵、治理交通污染、提高出行体验等方面有巨大潜在价值，吸引了包括美国、日本在内的多个发达国家投入大量资源重点布局。

三　为发展物联网制定综合性战略规划

作为一项涉及范围广泛的交叉技术，物联网有着极为广阔的应用前景，得到了世界各国的高度重视，是第四次工业革命的重要支撑技术。未来，万物互联的物联网时代，人类的生产生活将会发生极大改变，在激烈复杂的全球化竞争中，能够充分利用物联网技术的企业将会建立强大领先优势。物联网是典型的智力密集型行业，对人才有极高的依赖性。

物联网并不是一种新生事物，早在1990年时就有相关的实践项目，只不过到1999年Kevin Ashton才正式提出了"物联网"这一概念，最初的物联网研究与应用主要是围绕RFID技术展开，经过多年的发展，其理论知识与应用实践得到了极大的拓展。物联网技术将赋予联网物体感知、思考及决策能力。

万物互联背景下，人们的日常生活与工作将会发生颠覆性变革，思科在其发布的年度可视化网络指数报告中预测，预计到2021年，全球联网设备将达到271亿台，其中物联网设备将达到137亿台。

物联网的发展及应用，将会有力地推动全球数字化转型，网络建设及其安全性将成为物联网发展的重要指标。美国、日本、欧盟等发达经济体都出台了支持物联网发展的相关政策，创业者、科技企业及资本方也积极响应，从而为物联网技术的发展及应用提供了强大推力。我国政府对发展物联网也高度重视，出台了一系列利好政策，在资金、技术等方面给予了大力支持，使我国物联网产业步入高速发展"快车道"。

国家从顶层设计高度为发展物联网制定综合战略规划，全面推广物联网概念，建立系统完善的人才培养体系，为万物互联带来的海量数据处理、分析及应用提供人才支持，是很有必要的。

我国物联网人才存在较大的缺口，尤其是掌握技术、管理、多国语言、跨行业应用的复合型人才更是稀缺资源，为了解决这一问题，越来越多的高校开设网络安全、大数据、云计算、人工智能、物联网工程等物联网研究与应用相关专业，为发展物联网输送优秀人才。

四　机智云：物联网人才培养实践策略

国内最大的物联网开发平台机智云于2014年正式上线，研发中心位于广州，在北京、上海、深圳及纽约均设立了分公司，建立了强大的技术研发团队、安全运维团队、人工智能团队和技术服务团队，为了培养更多的物联网人才，机智云采用了以下策略。

（一）校企结合

机智云和北京大学、清华大学、北京理工大学等高等教育机构达成战略合作，为高校科研项目提供资金、技术指导等方面的大力支持，提高高校科技创新能力、促进其科研成果转化的同时，更培养了一批优秀的物联网人才。

在与高校合作过程中，机智云在综合考量高校特色专业、市场需求、行业趋势等诸多因素的基础上，建立全方位、多层次的人才评测体系，为相关企业招聘物联网人才提供有效指导与帮助。

(二）专业培训，认证考试

在北京产学研信息技术中心的指导下，2017年6月6日，机智云和中盛君安达成战略合作。双方的战略合作，将实现互惠互利、优势互补，机智云作为我国物联网行业领军者，牵头制定了智能家居创新课程体系，依托丰富完善的物联网开发工具实现量产级开发。中盛君安作为工业和信息化部电子通信行业职业技能鉴定指导中心委托专项技术培训机构，在业内已经建立了较强的领先优势，在人才培训方面具有丰富的实践经验。

双方将物联网技术、企业发展状况及实际需要、行业应用案例等相结合，对人才进行集中培训，重视理论知识教育的同时，使其充分动手实践，对物联网人才教学方式及课程体系进行不断丰富完善，有效提高物联网教育水平。

2017年7月，在工业和信息化部电子通信行业职业职能鉴定指导中心、北京产学研信息技术中心等有关部门指导下，中盛君安联合机智云开展"智能设计（智能家居的研发实战实操）专项技能培训与考试"工作。此次培训充分结合了物联网行业热点技术及智能家居市场需求，邀请资深讲师为学生授课，使学生能够掌握智能家居开发重点、物联网行业全景，培养其基于市场需求进行研发创新的能力。

此次培训包括理论和实践两个部分，让学生进行充分的理论学习和实操训练后，安排统一考试，为合格学生颁发《智能设计专项技术证书》。该证书由工业和信息化部电子通信行业职业技能鉴定指导中心颁发，全国通用，能够为个人求职、评级、晋升等提供有效帮助，更为关键的是，获得证书的学员将会被添加到机智云人才库中，有人才需要的企业可以根据人才库提供的数据招募合适人才。

（三）软硬结合，降低物联网开发门槛

机智云和开源电子网正点原子也达成了战略合作，开发者可以借助机智云自主开发平台以及正点原子STM32开发平台提供的技术服务及开发工具，高效低成本开发各类智能产品。正点原子不但可以提供性能强大而稳定的开发板，而且为高校物联网课程设计提供有力支持，为创业团队在技术、研发方向等方面提供指导，机智云通过与之合作，可以为更多的物联网开发者及培训机构创造价值。

（四）培养符合产业需求的物联网人才

即便在发达国家，物联网人才也是稀缺资源，而培养符合产业需求的物联网人才更是一大难点，为此，机智云开展了一系列的深度合作，比如，和国际 iCAN 联盟合作，推出物联网技术人才孵化平台，和微软、ST、Arduino、Qualcomm、英特尔等物联网巨头共同开展研发项目等，以创新创业大赛、物联网开发实训培训活动等形式，为培养满足产业实际需要的物联网人才提供有力支持。

目前，机智云自助开发平台积累了数万名活跃智能硬件工程师，为超过1万款智能硬件产品开发提供了技术服务与工具支持，平台在线设备总量达 700 万台以上，为我国物联网产业的发展带来了十分积极的影响。

机智云不但积极推进各类设备的互联互通，而且基于云平台开发适合差异化应用场景的技术服务与开发工具，以便更好地满足客户的差异化需求，同时，力争实现物联网复杂算法的工具化、模块化，降低开发门槛，使更多的创业者及企业能够投身物联网领域。

百度、阿里、谷歌、微软等国内国际巨头都在积极布局物联网，物联网的强大价值创造能力虽然仅展现出了冰山一角，但已经令我们相当惊艳。考虑到物联网行业应用实际需要，我们不仅要培养人才的理论知识，更要增强其项目实操与创新实践能力。

第二节　我国人工智能交通人才培养的对策建议

一　我国人工智能战略及人才培养问题

交通的构成要素非常复杂，包含了人、车、环境等。在人工智能进入交通领域之后，交通变得更加智慧。在异常检测、视频分析、图像识别等人工智能技术的作用下，交通管理机构的监控能力有了大幅提升，交通监测的准确度更高，在很大程度上降低了交通事故的发生概率，对交通驾驶行为起到了有效的规范作用，使交通行为变得更加文明。

借助人工智能技术，交通管理部门可实时监测交通路况，比如某区域是否发生交通拥堵、交通事故等。利用人工智能技术对历史交通数据进行深入挖掘，构建综合交通管理应急智慧预案，可使交通效率得以大幅提升。

借助人工智能算法，交通管理部门可以城市民众的生活习惯、出行习惯等要素为依据对城市人流、车流的迁移进行有效分析，得到一些有效数据，为城市规划决策提供科学支撑，为公共交通基础设施建设提供有效指导。

除此之外，在人工智能的作用下，各方资源都可实现有效联结。然后利用大数据平台对资源进行科学调度、合理分配，降低出租车、公交车等交通工具的空载率，减少道路上行驶的汽车数量，真正实现节能减排、环境保护。

党的十九大报告明确表示要建设制造强国，推动先进制造业发展，让互联网、人工智能、大数据、实体经济实现深度融合。2017年7月，为了进一步推动人工智能发展，国务院印发了《新一代人工智能发展规划的通知》，明确了"三步走"的发展目标：

第一步：到2020年，我国的人工智能技术与应用水平要达到世界先进水平，核心产业规模要突破1500亿元，相关产业规模要突破1万亿元。

第二步：到2025年，部分人工智能技术要达到世界领先水平，核心产业规模要突破4000亿元，相关产业规模要突破5万亿元。

第三步：到2030年，我国人工智能技术与应用都要达到世界领先水平，核心产业规模要突破1万亿元，相关产业规模要突破10万亿元。

在新一轮产业变革中，人工智能是核心驱动力，将使之前几轮科技革命与产业革命积累的能量充分释放出来，打造新动能。正因如此，人工智能吸引了世界各国的关注。目前全世界都将人工智能视为驱动经济发展的新引擎。

人工智能的发展离不开人工智能人才。目前，人工智能人才培养存在以下问题：

（1）国家、行业、企业没有制定全面的人工智能发展战略，社会大众对"人工智能"没有太多认知，没有形成良好的推动人工智能发展的氛围，无法吸引人才、留住人才。

（2）人工智能高端人才缺乏，但企业、行业没有建立人工智能人才培养机制，无法培养更多该领域的高端人才。

（3）人工智能人才的配套设施不健全，在吸引人才方面的竞争力较差。

二　人工智能产业高端人才的培养路径

《新一代人工智能发展规划》明确提出人工智能的发展要将高端人才队伍建设作为重点，要加快培养人工智能领域的高端人才，满足我国企业对人工智能高端人才的需求。具体来看，人工智能高端人才的培养要做到以下几点：

（1）在国家层面，政府要针对人工智能发展成立人工智能发展战略办公室，从国内外选拔领域顶级专家、学者组建首席专家团，对人工智能产业发展形势进行研究，制定科学的发展战略，以国内的自主创新示范区、《中国制造2025》试点示范城市为依托建设国家级的人工智能产业园，对人工智能产业的发展进行规划，将其与国家人工智能战略相结合，将国家发布的人工智能发展任务予以落实执行，积极申报国家级的重大科研项目，向政府申请资金支持，为制造业的转型升级提供有效支持与助力。

另外，人工智能发展战略办公室要根据企业对人工智能人才的需求制定人才需求目录，高层次人才认定可对人工智能人才予以一定的政策倾斜，甚至可以对其开放绿色通道，在省级、国家级人才申报方面优先推荐人工智能人才。

（2）在人工智能人才培养方面，企业要积极发挥其创新主体的作用，积极建设技术研发中心，设立首席科学家职位，创建首席科学家评估奖励机制，积极组织开展重大科技攻关专项、重大科技基础研究专项，通过财政资金引入更多社会资本，通过多元化的项目与充足的资金吸引更多拥有自主知识产权的人才，开创人工智能与制造业成功融合的案例，推动人工智能尽快实现商业化。

（3）改革开放以来，华人走出国门遍布世界各地，利用这些商协会、华人华侨民间组织在世界各地的名校聚集区设立联络点，通过不定期地举办创新创业竞赛、开展交流论坛构建产学研沟通渠道。另外，我国还可以在海外建立"人工智能海外博士远程工作站""人工智能海外创新创业科技孵化器"，借经济、人才、科研等方面的优势吸引当地的人工智能人才，实现"全球孵化，中国创造"，推动产业承接—技术转移—成果转化这一链条的发展进程进一步加快。

（4）财政部门要对人工智能人才的引进与培养设立专项资金，颁发相关的扶持政策，鼓励企业、高校、行业协会、社会团体与国外在人工智能领域取得显著成就的高校、科研机构建立合作关系，拨款建设人工智能研究院，对新型人工智能技术的引进、创新予以重点关注，比如计算机识别技术、人机交互技术、智能控制技术等，然后利用我国制造业市场规模大、成本低等优势，提升我国制造业在全球人工智能产业制造链条中的地位。

三 探索建立"任务导向制"学科模式

我国重点院校要积极开设人工智能专业或学科，传授相关的专业知识和技能，创新人工智能人才培养模式，比如"人工智能+"的复合学科培养模式等。同时，企业要积极与在人工智能领域取得成就的高校建立合作关系，探索建立"任务导向制"的学科模式。积极创建企业、院校、科研机构之间的人员交流共享机制，鼓励人工智能领域的高端人才走进课堂传授实践知识与技能，鼓励院校或者科研机构的人工智能人才进入企业，参与企业发起的人工智能项目的研究与合作。

创建数据资源共享机制，让人工智能及相关领域可以共享公共数据资源，以各数据中心的云计算资源为依托，创建公共数据资源共享平台，促使交通、医疗、教育等行业的数据资源实现共享，鼓励行业领先企业带动中小企业创建公共技术开发联盟，以市场需求为依据创建产业或行业的数据平台，支持人工智能研究，吸引、留住人工智能人才。

针对人工智能人才与团队创建项目绩效评价指标体系，对经济效益、科技成果论文著作、社会效益、项目推进成效、政府及用人单位保障成效等指标进行评价，根据评价结果奖励成绩优秀的人才，对成绩不好的人才予以警示，督促其寻找原因，解决问题，不断进步。借此，人工智能人才的积极性可以得到充分发挥，人才创新创业动态才能全面展示出来，人工智能人才相关的政策措施才能得到及时调整，服务保障能力才能得到有效提升。

我国要积极组织举办全球性的人工智能领域的学术论坛及赛事活动，积极争取举办"世界人工智能大会"的资格，将人工智能产业的多种要素积极聚合在一起。加强舆论引导，增进社会公众对人工智能的认知，积极推动人工智能在公共服务、产业发展等领域应用，并创造典型案例，积极宣传人工智能人才培养领域出现的新模式、新事迹，为人工智能的发展、人工智能人才的培养创建一个良好的社会环境。通过举办国际性赛事、区域性竞赛论坛让国内外人工智能领域的人才看到我国引进人才的诚意,看到我国人工智能领域广阔的发展前景。

除此之外,我国还要定期举办人工智能领域的人才表彰大会、展示最新的成果、开展资产研交流,邀请海内外人工智能领域知名专家学者参与交流,实时关注人工智能领域最新技术和人工智能产业最新的发展动态,创建人工智能高端人才交流圈,为其提供更多更好的学习、成长机会。

第六章 我国网约车运营监管困境与人才培养对策

第一节 我国网约车概念内涵及存在的监管困境

一 我国网约车的概念内涵与兴起原因

信息与通信技术的快速发展，使分享经济落地成为可能，给各行业现有市场格局带来了强烈冲击。具体到交通领域，网约车是分享经济模式在交通领域应用的典型代表，它颠覆了传统的市场交易形式，显著降低了交易成本，丰富了广大民众的出行方式，但与此同时，我们也应该认识到网约车作为一种新生事物，与之相关的监管体系尚未完善，庞大的交易规模与互联网的虚拟性，给其监管工作带来了诸多阻碍。

我国政府为了更好地引导网约车发展，出台了一系列政策，比如，2016年7月27日，交通运输部、工信部七部委联合发布《网络预约出租汽车经营服务管理暂行办法》（以下简称网约车暂行办法）。截至2017年12月14日，除直辖市外，全国有28个省出台了网约车实施意见，北京、上海、天津等175个城市的出租车改革落地实施细则已经落地，还有62个城市则处于正在或刚完成征求公开意见阶段。

然而在上述政策落地执行过程中遇到了各种问题，因此，对网约车的概念与内涵进行精准把握，探索与之相匹配的运营模式，明确监管难点、痛点，从而提出更具针对性的管理策略，对促进网约车的持续稳定发展具

第六章　我国网约车运营监管困境与人才培养对策

有十分重要的现实意义。

（一）网约车的概念与内涵

网约车是一种基于互联网等现代信息技术对海量的闲置车辆资源进行整合、分享，从而高效、低成本满足人们个性化、多元化出行需求的经济活动。在网约车暂行办法中，七部委进一步明确了网约车经营服务的概念，网约车经营服务是利用互联网技术打造开放、共享服务平台，对供给和需求信息进行整合与匹配，使符合一定标准的车辆和驾驶员为用户提供非巡游预约出租车服务。网约车的内涵可以概括为以下三点：

（1）借助互联网等现代信息技术实现对海量离散、无序供给与需求信息的高效整合，并使供需双方精准对接。

（2）提供服务的车辆与驾驶员有一定的准入门槛。

（3）服务是有别于传统出租车的非巡游预约式服务。

（二）网约车兴起的原因

网约车在国内市场的出现，很好地顺应了消费者特别是年轻人的需求，除了价格低廉、打车方便、服务优质的表层原因外，其迅速兴起更有其深层次原因。

1. 交通供需平衡问题

近年来，我国的城市化速度加快，无论是城市人口还是城市用地迅速增长，第三产业即服务业占产业结构比重迅速增长。在这样的城市化大背景下，大量人群在一个集中时段工作，形成出行高峰期，而相对应地，公共交通余力不足，形成交通的供需失衡，这在新兴城镇尤其明显，有一些路段，像北上广深的城乡接合部，黑车的存在是不可或缺的，因而政府屡禁不止。而网约车的出现，很好地填补了公共交通的空白并有力地打击了黑车。

2. 传统巡游出租车的弊端

从大背景看，传统巡游出租车的管制政策僵化、利益格局调整困难，导致大中城市出租车供给存在普遍不足。从本身来看，传统巡游出租车因行业分配机制不合理，服务质量难以有效提升，缺乏个性化、差异化的约租车服务，不能及时跟进城市居民日益提升的多样化出行需求。

3. "互联网"为网约车提供了平台

随着互联网新业态的出现，对传统巡游出租车造成了很大的压力，相应地，网约车有了一个很好的线上平台，使司机与乘客信息不对称的问题得以很好地解决。在滴滴 CEO 程维看来，买一辆车，3% 的时间在使用，97% 的时间都只能闲置；城市要建大量停车场放闲置车辆，车位比车都贵；路上跑的车大多数只坐一两人，低效的模式使城市交通难以为继。依靠分享经济，这些问题都可以得到很好的解决。通过互联网平台，乘客只需在出门之前，打开手机上的打车软件，定位起点，输入终点，几分钟时间就可以约到专车。有车一族可以找到生财之道，乘客也能享受到打车方便——费用降低、服务提升。

二　网约车的困境

（一）困境1——网约车的监管缺乏时效性

为了能够明确权责、分担风险等，监管部门公布的网约车政策意欲将司机和平台之间的关系归属为传统用人单位和劳动者之间的雇佣关系，然而网约车作为分享经济模式在交通领域的落地应用，存在较强的创新型、颠覆性，简单地套用传统出租车监管模式，在阻碍网约车充分发挥缓解交通压力、提高居民出行体验作用的同时，也与我国政府倡导的鼓励创新创业、包容新生事物的理念相矛盾。

各地方政府网约车管理实施细则对网约车准入门槛进行了限制，比如，北京要求司机拥有本市户籍、车辆有本市牌照等，这在一定程度上确保了用户出行体验，再加上分享经济模式带来的成本优势，使其价格明显低于传统出租车，如果对网约车和出租车采用同样的监管策略，会削弱出租车的市场竞争力，对出租车行业的长期发展存在较大不利影响。

从网约车和出租车服务本身的特性来看，在未来相当长的一段时间里，网约车应该是出租车巡游式服务的有益补充者，不能彻底取代出租车，网约车驾驶员以兼职为主，存在较大的不确定性，而人们的日常出行需求却是相对固定的，出租车的存在有其必要性，为了促进两者的协同发展，对网约车和出租车实施差异化监管是必然选择。

现行网约车监管政策明确了政府在网约车监管中的主体责任，但网约车平台是网约车直接管理者，它们直面司机与用户，可以实时把握用户需求、司机动态，并解决双方的矛盾等。政府在对网约车进行监管过程中，要投入大量的资源和精力，而且因为缺乏相关经验，需要不断试错，目前，监管效果远未能达到预期水平。

网约车平台想要通过为用户提供高质量服务来刺激消费，使自身实现利润最大化，政府想要推动网约车行业的健康稳定有序发展，协调利益分配，促进社会公平和谐，双方诉求并不矛盾，所以，为了提高监管质量与水平，有效降低监管成本，将平台作为管理主体之一，加强行业自律是更为可行的方案。

（二）困境2——网约车运营中存在的风险

网约车和传统出租车之间的矛盾冲突是阻碍网约车发展的一项重要因素，这种问题并非是我国特有的，很多国家甚至出台法律禁止网约车进入，Uber在意大利、西班牙等地被视作为违法出租车服务。在国内市场中，虽然滴滴等网约车平台得到了政府的认可与肯定，但很多传统出租车司机对网约车存在较为严重的抵触心理。

尤其是几年前，网约车平台掀起补贴大战时，显著的价格差异使很多乘客放弃传统出租车服务，成为网约车用户，导致传统出租车司机收入严重下滑，对网约车出现抵触心理就成为很自然的事情，甚至部分城市传统出租者司机到网约车公司办公场所抗议，在全国范围内引发了热烈讨论。想要实现网约车的可持续发展，必须找到有效应对策略，化解行业矛盾冲突。此外，网约车行业发展还存在以下风险。

1. 违法犯罪风险

近几年，国内出现多起网约车司机服务过程中损害乘客财产与人身安全事件，比如，2016年5月2日，深圳发生了一起滴滴网约车司机抢劫并致女乘客死亡案件；2016年5月9日，天津市一女子在乘坐"专车"途中发现该车司机下身赤裸，大腿上仅覆盖一件男式运动短裤；2018年5月6日，一位空姐在乘坐顺风车过程中被害等，这些事件虽然是个例，但造成的社会影响较为恶劣，降低了人们乘坐网约车的信心。

2. 社会稳定风险

网约车出现后，传统出租车公司遭受了较大冲击，传统出租车司机集群性显著提升，给社会和谐稳定带来了不利影响。传统出租车司机罢工罢运，给人们的日常出行造成了诸多不便，部分传统出租车司机甚至对网约车司机人身攻击，产生了较大的负面影响。

3. 移动互联网信息技术的应用加大了传统交通安全风险

为了抢到更具性价比的订单，很多网约车司机载客过程中将大部分精力放在网约车客户端上，成功抢单后，还会和下单用户打电话确认其具体位置，显然，这会提高交通事故风险，我国《道路交通安全法实施条例》明确规定，驾驶人在驾驶机动车途中拨打手机等妨碍驾驶行为属于违法行为。

禁止司机驾车途中拨打电话可以有效降低交通事故风险，网约车客户端确实在一定程度上诱导司机分散精力、拨打电话，对该条款造成了较大冲击。此外，网约车对司机与车辆较为宽松的审核机制，使存在安全隐患的车辆与驾驶技能不合格的司机为用户服务，也提高了网约车交通安全风险。

4. 信息安全风险

在互联网信息技术向各行业不断渗透过程中，信息安全风险是普遍存在的，在网约车领域也是如此，只不过我国大部分民众对信息安全缺乏足够重视，再加上维权成本高、流程复杂等，使信息安全风险被掩盖。

极光大数据发布的《2018年5月专车市场研究报告》指出，截至2018年5月最后一周，网约车用户规模达到1.85亿。网约车平台能够获取用户个人身份、联系方式、出行记录等数据。如果这些数据被不法分子利用，将会损害用户财产及人身安全，甚至威胁社会经济稳定发展。

社交媒体上质疑网约车信息安全的声音越来越多，尤其是大数据技术的发展，使不法分子信息犯罪造成的危害性进一步提升，如果这种风险得不到有效控制，为了保护自身合法权益，人们使用网约车服务的积极性会越来越低。长此以往，网约车用户将大规模流失，给网约车行业带来毁灭性打击。

5. 责任分担风险

传统出租车发生交通事故时，得益于存在相对完善的救济制度，司机、乘客及其他事故相关者的权益可以得到一定程度上的保障。但目前网约车无法做到这一点，由于其参与主体多元化，给发生交通事故后的权责界定带来了诸多困扰。

(三) 困境3——网约车服务考核机制缺失

通过对全国各地网约车管理实施细则进行对比分析，不难发现，各地往往都会对驾驶员户籍、驾龄、无犯罪记录，网约车车型、排量、技术装置等设置门槛，但在具体细节方面存在一定差异，这种差异性体现了各地网约车乘客安全保障水平的差异性，和出租车相比，大部分城市的网约车乘客安全并不能得到充分保障。

第六章 我国网约车运营监管困境与人才培养对策

以对乘客安全存在直接影响的"驾驶员身体健康"这一条款为例,广州市细则的描述为"驾驶员未达到国家法定退休年龄,拥有初中毕业以上文化程度且身体健康的公民";成都市细则的描述为"驾驶员必须身体健康";德阳市细则的描述为"驾驶员身体健康,且男性驾驶员年龄在60岁以下,女性驾驶员年龄在55岁以下"等。

虽然准入门槛中要求了驾驶员身体健康,但如何才算身体健康,由谁负责驾驶员身体健康认定等并不明确,这种情况下,要求"驾驶员身体健康"成为一项口号。

网约车平台对司机的考核较为简单,这与平台为了鼓励更多的私家车主成为网约车驾驶员存在直接关联,驾驶员受教育水平相对较低,平台也没有对其进行系统培训,服务水平有较大提升空间。针对网约车主流用户群体之一的白领群体进行的用户调查表明,用户和司机都被网约车平台赋予了取消订单的权利,司机取消订单占比达31.58%,有62.11%的受访对象曾遇到网约车司机主动要求为其五星好评的情况。

用户评价应该是对司机服务水平的客观呈现,被司机强制要求好评后,有些用户无奈之下给予好评,会导致其他用户难以获得客观、真实信息。此外,网约车司机载客途中让其他乘客"搭便车"、用户被言语侮辱、恶意骚扰等问题时有发生,这反映出平台对司机管理水平较低,司机服务意识缺失等诸多问题。

网约车的优势是显而易见的,但由于其发展迅猛、发展时间较短,监管部门很难在短时间内为其制定系统完善的监管机制。在消费升级背景下,网约车服务"短板"愈加突出。

1. 营运资质缺失

自网约车出现至今,其营运资质始终是各界关注的焦点,从实际情况来看,网约车平台的车辆来源可以分为三类:平台自有车辆、租赁公司车辆、私家车挂靠,其中,平台自有车辆是符合当前法律规定的,而租赁公司车辆的合法性有一定争议,但私家车挂靠是一种违法行为。

我国法律规定,私家车不能提供商业化营运和载客服务,然而私家车挂靠是网约车平台车辆的主力军,这就给出租车和私家车带来了矛盾,对网约车发展造成了阻碍。

2. 安全隐患堪忧

以安全为前提发展网约车服务是各界共识。从保障乘客安全角度上,在乘坐网约车过程中，很难完全避免出现交通事故，由于相关法律法规尚未完善，网约车遇到交通事故时，是由司机还是平台承担责任并不明确，乘客合法权益可能无法得到充分保障。

网约车安全隐患不仅在乘客方面，车辆本身与驾驶员安全问题也应该得到重视，车辆本性性能、维修保养情况等存在一定差异，监管部门和网约车平台又不能实时监测车辆运行状态，从而给车辆事故埋下一定隐患；和传统出租车相比，网约车驾驶员人身安全往往被忽略，既没有防护栏，也没有独立电台，不像传统出租车司机遇到突发状况时，可以在电台中呼救。

第二节　我国网约车的治理路径及人才培养对策

一　对策1——监管部门和产业政策协调

网约车作为一种基于分享经济的新兴业态，它丰富了人们的出行选择，和传统巡游式出租车存在本质上的差异，不能盲目照搬传统监管模式，监管部门需要在监管方法与模式方面进行创新，推动网约车产业的长期稳定发展。

现行网约车政策赋予了网约车合法地位，但在其内涵和市场角色定位方面有待进一步提升。对于网约车的市场角色定位，美国加州、科罗拉多州等地以新型出行服务者的身份对其重新定义，并出台了全新的管理政策，我国政府可以从中借鉴经验，对传统出租车和网约车进行差异化市场定位，创新监管体系与模式，促进两者协调发展，共同服务出行需求日益个性化、多元化的广大民众，为其他新兴业态发展树立榜样。

我国经济正处于增长速度换挡期、结构调整阵痛期、前期刺激政策消化期的"三期叠加"阶段，对产业机构优化、经济发展模式转型创新提出了更高的要求。网约车作为创新创业的焦点领域，是创业者与企业积极响应国家双创号召的直接体现，起到了十分积极的示范作用。

在滴滴出行、神州租车、易道用车等各路玩家的积极探索下，网约车

第六章 我国网约车运营监管困境与人才培养对策

已经从小范围的北上广等一线城市试点发展为向大规模的二、三线城市快速扩张，成为当地居民日常生活与工作中的高频消费场景，同时，也对交通管理部门的监管提出了更高的挑战。

网约车暂行办法的出台，使网约车拥有了合法地位，也表明了国家对这种新兴业态的鼓励扶持态度。不过从各城市公布的网约车管理实施细则来看，各地普遍对户籍、牌照、车型、次数（比如杭州规定每个网约车驾驶员每日顺风车服务不得超过 4 单）进行限制，这种做法确实有助于提高服务质量，降低交通事故风险。

但如果我们结合不同城市的实际情况分析，会发现很多城市的网约车管理实施细则并不符合当地城市的实际情况。在限号、限行的北京、上海等一线城市，为了控制车辆规模，发展公交优先，对户籍、牌照进行限制无可厚非，但很多二、三线城市并没有这种情况，却跟风似的在户籍、牌照方面设置门槛。

显然，这种做法对网约车在当地的健康稳定发展会带来较大的阻碍，不利于"互联网+交通"模式落地，以及建设智能交通、智慧城市。各地监管部门在对网约车进行监管过程中，应该更为灵活，敢于创新，迎合技术与市场发展主流趋势，充分考虑民众的日常出行需要及产业的长期稳定发展，打破传统思维模式与监管框架的束缚，避免对网约车等造福社会的新兴业态过度打压，为其营造相对宽松的发展环境。

二 对策2——监管政策要贴近本土实际

网约车暂行办法提倡因地制宜，坚持"一城一策"原则，确实为各地政府制定更加适合当地网约车发展实际需要的监管政策带来了诸多便利，但这也容易引发公众对监管政策的质疑。

（1）网约车行业本身就具有地方特色性，不同国家不同城市的网约车行业发展环境存在明显差异，网约车监管政策也应该有所不同。如同上面所提到的北京、上海等一线城市对网约车车辆与驾驶员设置较高门槛，有助于缓解交通压力，减少交通事故，但二、三线城市没必要生搬硬套。

二、三线城市虽然也存在交通拥堵问题，但拥堵程度远没有达到一线城市的情况，盲目对网约车进行过多的限制，会抑制人们的网约车出行消费，减少网约车车辆与驾驶员数量。二、三线城市的公交、轨道交通等基础设施与一线城市存在较大差距，人们的出行需求难以得到充分满足，网约车的出现，可以在一定程度上解决这种问题，但如果监管部门对其过度限制，不但无法达成预期效果，还会让民众产生抵触情绪，削弱政府公信力。

（2）从实际效果来看，对户籍、车牌等进行限制并非是网约车监管问题的有效答案。行为监管应该是网约车司机管理的基本原则，而不是户籍管理，事实上，户籍管理策略饱受诟病，很多城市外来人口占据较高的比重。

比如，深圳外来常住人口占比67.7%，上海这一数字为40.5%，东莞这一数字甚至高达75.7%。也就是说，在城市建设过程中，外来人口做出了巨大贡献，然而很多户籍限制政策却使他们享受不到应有的权利，违背了社会公平正义，目前，我国政府正在加快研究制定户籍制度改革政策，部分城市试点的租售同权、积分落户等就是典型代表。具体到网约车领域，对网约车司机户籍进行限制会产生以下两个方面的不利影响：一方面，阻碍了外来人口就业，难以发挥创业创新带动就业的作用；另一方面，那些不符合户籍条件的司机可能会成为"黑车"司机，不但不能解决监管问题，还会进一步加剧监管难度。

因此，对于为网约车设置准入门槛，各地政府要充分结合当地实际情况与居民出行需要灵活设置，比如，北京、上海等交通拥堵严重的一线城市可以充分借助大数据分析、人工智能等新兴技术手段，对网约车车辆规模、服务时间段等进行科学合理规划，而人口密度较低、交通基础设施不完善的城市，可以放宽网约车限制，使人们的出行需求得到充分满足。

三 对策3——健全网约车安全保障机制

加快建立健全网约车安全保障机制，对保险理赔模式进行创新，使网约车乘客、司机等相关者的合法权益得到充分保障。

（1）在和网约车服务安全直接关联的司机身体健康方面，应该设定较高标准，这不仅是对乘客负责，也是对司机本身负责。当司机提交网约车司机申请时，不但要求其出具医院体检报告，并且要定期向网约车平台提交健康证明，有效降低因为突发疾病等司机身体问题造成的交通事故。

（2）坚持以司机行为为核心指标对网约车服务质量进行评价。当网约

第六章 我国网约车运营监管困境与人才培养对策

车司机载客期间出现骚扰乘客等违法犯罪行为时，取消其网约车司机资格，并交由司法部门追究其法律责任。对于那些违反法律规定被取消从业资格的非当地网约车司机，为了避免其到其他城市成为网约车司机，可以建立全国性网约车司机数据库，监管部门对网约车司机资格进行审核时，可以结合数据库中相关数据，发现其存在严重违规记录时，不予通过。

（3）政府职能部门可以引导网约车平台和保险公司进行合作，创新保险理赔模式，使网约车出现交通事故时，可以分担风险，让因事故而受伤的乘客、司机及第三人能够重返健康。近几年，网约车出现交通事故后，由于没有与之匹配的保险险种，部分司机、乘客及第三人因为经济问题得不到及时救治，造成身体残疾甚至因此死亡。

在和网约车平台合作过程中，保险公司可以利用平台或监管部门提供的车辆运营数据，制定差异化的保险费用和费率，当出现交通事故时，可以为司机、乘客及第三人减轻经济负担。考虑到网约车平台与司机可能会出于成本考虑，不愿意为用户和第三人购买足够保额的保险，监管部门可以出台相关政策，强制要求网约车平台与司机按照一定比例购买，从而使乘客和第三人的合法权益能够得到保障。

上面所提到的确保司机身体健康、审核司机违法犯罪行为、创新保险险种等，更多的是防范交通事故以及出现交通事故后的补救措施，而没有涉及对司机取消订单、辱骂乘客、中途甩客等影响用户体验行为的监测与惩罚，而网约车平台建立系统完善的网约车服务考核机制，以及司机信用分值机制，并将司机信用值和信用资金关联起来，可以有效解决这些问题。

虽然，用户可以对网约车司机服务打分、评论，并通过投诉热线进行投诉，但网约车平台为了避免司机流失，并不会对造成用户体验不佳的司机进行严格的实质性惩罚，更多的是口头批评教育、象征性罚款等，这将会给平台的长期稳定发展埋下隐患，在用户主导的新消费时代，以牺牲用户体验为代价追求短期的经营业绩是不可持续的。

网约车平台需要高度重视司机服务考核与评价，对司机信用考核指标进行精细化，以周、月、季度等为单位设置分值，不同行为将会扣除不同分值，同时，要求司机向平台缴纳信用资金，当确认司机出现辱骂乘客、中途甩客等行为后，扣除相应信用值，并拿出其缴纳的部分信用资金来补偿乘车体验不佳的用户。当一定周期内，司机的信用分值降低到合格线以下时，禁止其在一定时间内从事网约车服务。进入新的周期后，上期被扣

· 97 ·

除信用资金的司机必须补足差额后，才能继续提供网约车服务。

四 对策4——我国网约车规制创新思路

在规制理论中，规制权力的干预应该满足市场失灵等特定条件，并不是一种天然的正当性行为。判断政策是否科学合理，要结合政策落地可行性、政府规制成本等因素。行政资源是相对有限的，对行业过度规制或规制政策成本过高，都无法达成促进行业长期稳定发展的预期目标。

具体到网约车领域，在对我国网约车行业发展现状、痛点进行深入分析，并结合欧洲国家网约车发展实践案例的基础上，可以充分认识到我国网约车规制创新的必要性与迫切性。具体而言，我国政府部门在开展网约车规制创新过程中，可以从以下几个方面着手。

1. 网约车和传统出租车双轨供给，平稳融合发展

网约车是一种基于互联网的交通出行新业态，和传统巡游式出租车存在本质差异，但它仍属于出租车的范畴，两者相互补充，共同服务广大民众的出行需要，政府应该推动两者平稳融合发展。

分享经济的市场竞争优势是显而易见的，基于分享经济模式的网约车是"互联网+交通"落地的垂直应用，在创业者、资本方及政府的积极推动下展现出了强大的活力与生命力，可以满足用户个性化的出行需要，对降低空载率，缓解交通拥堵、停车难等痛点具有十分积极的影响。和网约车相比，传统出租车在出行安全、权益保障、服务体验等方面有比较优势，是交通行业的重要组成部分。

政府在开展网约车规制创新时，不能主观性地根据传统经验对网约车进行限制，应该让网约车和传统出租车优势都能得到充分发挥，结合市场需要制定相关政策，引导两者开展错位经营、良性竞争，共同推动出租车市场不断走向成熟。

2. 国家规制明确方向，地方法规补充完善

网约车的出现迎合了移动互联网时代开放、共享的主流趋势，然而作为一种新生事物，其在发展过程中必然会出现各种问题，政府用传统手段解决这些问题是不现实的，规制创新就成为必然选择。不容忽视的是，我国各地出租车行业发展水平参差不齐，对网约车服务需求有所不同，我国政府进行的规制创新是从宏观角度上对网约车进行顶层设计，作用主要体

现在为其构建整体框架，明确其总体发展方向方面，落地实施环节还要地方政府在"一城一策"原则下进行具体规划。

各地方政府在制定网约车管理实施细则时，必须协调利益分配，积极创新求变，控制规制成本的同时，确保规制实操性。从国内多个城市已经发布的网约车管理实施细则，或征求意见稿来看，大部分地方政府太过保守谨慎，未能深刻领会到中央文件精神，想要解决这一问题，不但要求地方政府创新变革，积极借鉴国内国际成功经验，更要搭建监督举报通道，完善公众意见征集机制与听证会制度，让公众建言献策，倾听民声、集中民智。

地方政府在网约车规制创新过程中，发挥着不可替代的关键作用，就像国家标准制定时，要顾及广大中小企业的生存发展而放宽限制一般，国家层面的网约车规制创新也要顾及网约车发展环境较差地区的实际情况，此时，地方政府对国家网约车规制政策进一步创新，使其更具适应性、针对性，就显得尤为关键。

地方政府在开展规制创新过程中，需要充分结合网约车行业实际发展情况，为网约车平台创造优良的营商环境，同时，高度重视当地网约车发展过程中出现的问题，引导矛盾双方积极沟通交流，争取在第一时间解决问题，避免造成严重的社会负面影响。

3. 政企联动，实现大数据"互联网+"监管

分享经济模式的独特优势赋予了网约车平台较强的市场竞争力，再加上移动互联网、物联网、人工智能等新一代信息技术的有力支持，使其步入高速发展快车道。但需要指出的是，网约车平台不应该试图以创新的名义掩盖违规违法行为，更不应该消极配合政府部门的监管工作，而是应该充分发挥平台在了解用户需求、市场动态，掌握海量数据资源等方面的优势，通过政企联动，帮助政府部门降低工作负担，提高监管有效性。

通过政府和企业的密切合作，实现基于大数据的"互联网+"监管，同时，网约车平台还要积极参与到监管部门的行业标准研究制定中来，为监管部门出谋划策，并提供必要的数据支持。

4. 充分发挥行业协会作用，完善行业监管和自我监管

美国、德国、英国等发达国家的发展实践已经充分证明了行业协会在完善行业监管方面的重要价值。网约车行业通过成立行业协会加强行业自律，有助于增强公众对相关平台和企业的信任，能够对政府监管形成有益

补充，催生出政府监管和行业自律监管相结合的混合监管模式。

混合监管模式迎合了简政放权、激活市场活力的政治体制改革要求，在对行业发展进行引导规范的同时，也有助于充分发挥企业的能动性。因此，网约车行业协会不应该简单地将自身职能局限在技术培训、权益维护方面，应该对平台与企业的经营管理进行有效指导，研究制定行业标准，对平台和企业行为进行有效规范，显然，这能够有效降低政府的规制成本。

目前，在乘客权益保障和责任分配方面，网约车平台的工作还远远不够，下单时，乘客难以对为自己服务的车辆运行状态、驾驶员驾驶技能等进行精准评估，给交通事故风险埋下隐患。同时，网约车市场监管机制不完善，准入门槛较低，不符合传统出租车要求的车辆和司机却能够轻易从事网约车服务，司机服务意识缺失、法律意识淡薄，再加上保险理赔机制不完善，发生交通事故时，难以保障乘客及第三人的合法权益。未来，网约车平台需要提高经营管理水平，定期对司机进行线上线下培训，有效控制安全风险的同时，给用户带来良好的体验。

五　对策5——网约车司机的考核及规范

自2016年7月以来，随着《网络预约出租汽车经营服务管理暂行办法》的颁布与逐步实施，对网约车司机的考核以及规范也越来越严格，那么怎样才能成为一个高薪又合法的网约车司机呢？

1. 如何成为网约车司机

（1）取得相应准驾车型机动车驾驶证并具有3年以上驾驶经历。

（2）无交通肇事犯罪、危险驾驶罪记录，无吸毒记录，无饮酒后驾驶记录，最近连续3个记分周期内没有记满12分记录。

（3）无暴力犯罪记录。

（4）城市人民政府规定的其他条件。

（5）部分城市会严格要求司机和车辆必须是本地籍贯。

（6）在满足以上条件的情况下，需个人考核取得《网络预约出租汽车驾驶员证》。

2. 车辆有何要求

由网约车新政和各地陆续出台的细则规定，对从事网约车的车辆做出了具体的要求，要求如下：

（1）7 座及以下乘用车，车辆已使用年限不超过 4 年。

（2）燃油、燃气车辆轴距不小于 2650 毫米，且计税价格不低于 10 万元，车辆计税价格在 15 万元以上的不受限。新能源车辆轴距不小于 2600 毫米。

（3）安装具有行驶记录功能的车辆卫星定位装置、应急报警装置。

（4）车辆技术性能符合环保和运营安全相关标准要求。

（5）部分城市要求车辆必须是本地牌照且使用性质登记为"预约出租客运"。

3. 网约车合法经营权

2017 年年底，国内一些城市运管联合交警，严查网约车。一经查实，当即扣车并处以高额罚款，搞得人心惶惶。都说网约车已经合法化，其实网约车想要合法经营，必须要有三证，即营运许可证、从业资格证、运输证。

营运许可证将牌照申请材料分别整理汇总，提交给相关交通主管部门、通信主管部门、公安机关、税务机关、人民银行、网信部门。材料内容繁多，申请流程复杂冗长，一般为行业相关企业进行办理，网约车司机挂靠入驻相关企业即可。从业资格证即《网络预约出租汽车驾驶员证》，可由行业企业组织网约车司机集体办理或个人进行申请。

申请人（企业或个人）需要提供的证件：

（1）车辆所有者为企业的：应当提交经办人的身份证明复印件、企业法人营业执照复印件。

（2）车辆所有者为个人的：应当提交车辆所有者的身份证明复印件、本市核发的《网络预约出租汽车驾驶员证》复印件。

4. 运输证如何办理

（1）提交资料：

①《网络预约出租汽车运输证申请表》；

②本市核发的《机动车行驶证》《机动车登记证书》复印件；

③安装配置符合条件的技术装置的证明；

④车辆彩色照片及照片电子文档；

⑤申请者应当提供相关证件的原件供核查。

（2）初审证明。由交通运输主管部门，对材料进行审核，对通过的车辆发放《出租汽车车辆初审证明》，证明有效期为 60 日。随后：

①向交警部门申请车辆使用性质变更。

②安装相关装置，交通运输部门发放《网约车运输证》。

至此，三证齐全！才不会被运管和交警部门当作"黑车"处理。

5. 网约车司机行为规范

网约车是以营利为目的的商业行为，同样需要遵守以下规范：

（1）途中甩客或者故意绕道行驶。

（2）不按照规定携带道路运输证、从业资格证。

（3）不按照规定使用网约车相关设备。

（4）不按照规定使用文明用语，车容车貌不符合要求。

（5）未经乘客同意搭载其他乘客。

（6）不按照规定出具相应车费票据。

（7）违反规定巡游揽客、站点候客。

（8）无正当理由未按承诺到达约定地点提供预约服务。

（9）违规收费。

（10）对举报、投诉其服务质量或者对其服务做出不满意评价的乘客实施报复。

以上行为都不能有，若是违反，需要接受教育，情节严重的，更有可能会被出租车行政主管部门强制延期注册。

第七章 我国交通运输各行业人才战略存在的问题

第一节 我国交通运输人才强国战略面临的问题

一 交通运输人才队伍结构性矛盾突出

研究发现，目前交通运输人才战略存在的突出问题，在铁路、公路、水路、民航、管道和邮政等行业，既有共性也有个性。其中，共性的问题是：人才队伍的结构性矛盾突出；高层次人才配置与使用不合理；人才资源开发管理存在体制机制障碍。

（一）高层次专业技术人才严重短缺

高层次人才主要是指具有较强创新能力和丰富实践经验的高层级技术、技能人才。在具体考察指标上，主要指具有较高技术职称和技术等级的专门人才，也包括高学历人才。

1. 创新型科技研发领军人才严重缺乏

主要体现在交通运输行业非常缺乏在国内外有重大影响的创新型交通科技领军人才，包括设计大师和两院院士，尤其是两院院士。近年来，交通运输业正处于大力推进现代化的黄金时期，年度投资总额已接近1万亿元，建设了大量科技含量高、技术难度大，在国内外有重大影响的铁路、公路、水运等基础设施，但在国内外有重大影响的高级专家却很少。

目前公路、水运交通运输行业仅有5名两院院士，且年龄偏大，已有

10年没出院士。铁路行业稍好，但民航和管道运输行业更为缺乏。这与交通运输业在经济社会发展中的重要地位及取得的巨大成就极不相称。究其原因，毫无疑问是多方面的，既与我国自主创新的意识和能力整体不足有关，但同时也反映出交通运输行业的人才培养与使用机制、科技研发与人才推选的组织工作存在欠缺。

2. 经验丰富的专业技术骨干人才相对缺乏

整个交通运输行业具有高级技术职称人员约44.4万人，约占从业人员总量的1.2%。但是，相对于我国每年近万亿元的交通建设投资，相对于每年数以千计的高速铁路、高速公路、大型管道、特大型桥梁、长大型隧道、高等级航道、专业化码头和现代化机场等重大工程建设项目不断上马，相对于交通建设、养护、管理和运输服务等各个领域以及前期决策、工程建养、安全保障、资源节约、环境保护和信息化等各个方面不断出现的大量科技和管理难题需要解决，相对于交通科技研发从基础研究、应用研究、成果转化到推广应用从而最终形成现实生产力对人才需求的普遍性，相对于全国各地交通改革与发展中各种问题和矛盾的特殊性，现有专业技术骨干人才在数量上仍显得捉襟见肘，在解决各种复杂问题的实践能力与创新能力上仍显不足，还不适应现代交通运输业发展的更高要求。

（二）技能人才尤其是高技能人才严重短缺

交通运输行业是一个劳动力密集型行业，从业人员总量大、专业多、工种全，吸纳了大量的就业人员，从而使交通运输行业成为吸纳就业人员最多的行业之一，这些专业中，又以铁路、公路、水运基础设施工程建养和客货运输服务等专业就业容量最大。

但是，这些专业和工种都普遍缺乏技能人才，人才供需缺口在30%—50%。其中，具有技师及以上技术等级的高技能人才短缺问题最为严重。据调查，整个交通运输行业具有技师及以上技术等级人员约为53.3万人，约占从业人员总量的1.4%，远低于国家提出的5%的要求。

（三）人才的专业构成与地区分布不够合理

1. 人才的专业构成不够合理，重点领域和新兴领域人才紧缺

在专业技术人才方面，专业构成不合理主要体现在综合运输、现代物流、智能交通、交通安全、节能环保等现代交通发展的新兴领域和薄弱环节高层次专业人才十分缺乏，而科技研发、勘察设计、工程建设和运输经济等领域则聚集了80%以上的高层次人才。

具体来说，铁路方面主要缺乏掌握新技术、新装备的高速铁路专业技术人才；交通运输行业主要缺少道路工程、桥梁与隧道工程、交通安全等专业技术人才，尤其是公路与桥梁设计大师；水运行业主要缺乏高级船员和高级验船师、救助、打捞等专业人才；民航方面，专业人才数量与发达国家相比差距很大，飞行员、管制员和飞机维修人员等特有专业技术人才十分紧缺；管道运输业务急需和紧缺设备专业、电气专业、仪表自动化专业及综合油气调度专业的技术人员，尤其机械设备中的压缩机专业技术人员最为紧缺；邮政行业最急需和紧缺快递服务、物流管理、信息技术、企业管理等高层次专业人才，尤其是快递服务人才。

在专业技能人才方面，铁路行业主要缺乏高速铁路发展所需的动车司机和动车随车机械师等方面的技能人才；公路行业主要缺乏高等级公路建设与养护、汽车维修、工程造价、工程机械等专业技能人才；水运行业普遍缺乏港口与航道建设与运营维护、船舶驾驶和轮机管理专业技能人才；民航行业主要缺乏安全检查员和乘务员；管道运输主要缺乏管道维抢修人员；邮政行业主要缺乏最急需和紧缺快递业务员、邮政物品配送员、邮政业务营销员、通信信息业务员等专业技能人才，尤其紧缺业务师以及高级业务师等高技能人才。

2. 人才的地区分布不够合理，西部地区人才紧缺

从人才区域分布来看，主要向经济相对发达的东部地区集中，中西部地区尤其是西部地区人才普遍不足。例如，在公路水路行业，西部地区高层次人才总量不到东部的10%。西部地区也普遍反映，交通发展的最大制约因素是人才资源匮乏，其中高级和中级技术、技能人才尤其匮乏。以新疆维吾尔自治区为例，全区交通系统4891名专业技术人员中，具有正高职称的仅16人，具有博士学历的仅2人，这种高职称、高学历人才尚不及东部地区一个单位的人数。

3. 人才的单位分布不够合理，基层单位人才紧缺

人才资源在单位间的分布也比较集中，主要表现为：人才向事业单位、大型企业集中；基层单位和小型企业深感人才匮乏，人才总量不足、素质偏低，人才引不来、留不住的问题十分普遍，极大地影响了基层部门工程建设和运输服务的质量。

二 高层次人才配置与使用不合理问题

目前，现有高层次人才在配置与使用上还存在诸多问题，突出体现在人才使用不当和使用过度，人才队伍建设总体效能较低。

（一）高层次人才"隐性流失"严重，使用效能较低

因受"官本位"价值导向影响，许多正处于出成果、上水平从而极有潜力向更高层次发展的专业技术人才，纷纷走上行政管理岗位，大大弱化了专业技术工作，造成大量高层次人才的"隐性流失"。

据对公路水路行业650位高层次人才（以45岁以下的正高级职称人员为主）的抽样调查，仅35%的人一直从事专业技术工作，65%的人一般在从事专业技术工作十多年后开始担任行政管理职务，两者用于专业技术性工作的时间分别为80%和35%。这就是说，交通运输行业经过多年锻炼和精心培养起来的顶级人才在专业技术方面仅发挥了50%的效能，在多出成果、出好成果方面还存在巨大的潜能，未能真正体现人尽其才、才尽其用。

（二）高层次人才工作强度过大，身体状况堪忧

多数高层次人才在日益凸显的市场化冲击下，工作事务繁杂、工作强度过大、身体状况堪忧，专业技术工作时间少，技术质量难以保障。对前述650位高层次人才的调查表明：80%的专业技术人员在同时主持和参与10个左右的项目；工作非常忙的占50%，比较忙的占45%，即近95%的人感觉到工作满负荷甚至超负荷；工作日平均加班2小时以上的人占43%；休息日经常加班的占49%，基本都在加班的占22%；身体处于不健康状态的近4%，处于亚健康状态的占68%，处于健康状态的只占28%。由此可见，人才可持续发展问题十分突出。

三 人才资源开发存在的体制机制障碍

（一）人才引进受到政策性限制

（1）专业技术人才引进受到限制。事业单位受编制、户籍等的限制，难以引进急需的人才。在实际操作中，人才引进的标准主要侧重于学历、职称、资历和身份，存在难以逾越的地方性政策限制。

（2）专业技能人才引进存在政策缺失。由于国家对使用技能人才或持

证上岗缺乏硬性规定和鼓励政策，用人单位对技能人才的重要性也认识不足，宁可使用民工，也不用高职、中专、中技毕业生，导致技能人才的就业环境极为恶劣，结构性失业问题严重。

(3) 社会保障制度不健全，事业单位大都没有参加社会保险，单位富余人员一般只能以"待岗、提前退休、内部退养"等方式作为人才的出口，人员退出效果有限，出口不畅，对加大人才引进力度、优化人才队伍结构造成很大的影响。

(二) 人才培养缺乏长效机制

(1) 一些单位职工培训缺乏科学系统规划，没有形成一种机制，培训的目的性、针对性不强，培训效果不理想。有的甚至存在"忙者少训、闲者多训"的现象，一些工作任务重、发展潜力大的职工反而长期得不到培训，不利于单位和个人的持续性发展。

(2) 在人才经费上缺乏充足的法律依据或良好的经济基础。比如，按国家规定，企事业单位要严格按不低于职工工资总额的1.5%的比例提取职工教育经费，但受经济效益影响，并非所有单位都能做到，经济效益不好的单位职工教育经费普遍缺乏保障和长效机制。

(3) 特有专业技术人才培养成本较高、市场存量有限。以民航飞行员为例，飞行员培养具有周期较长、训练费用较高等特点。目前国内能进行飞行技术专业本科教学和飞行训练全过程培养的院校只有中国民航飞行学院一家，据测算，该院年办学成本在6亿元以上，远远超过一般院校。国内航空公司飞行员多采用"订单式"培养模式，缺乏必要的市场储备，飞行员市场存量几乎为零。影响飞行员培养制约因素主要包括训练空域受限。由于中低空尚未开放，飞行训练空域需向军方申请，审批手续繁杂；飞行教员缺乏。由于院校飞行教师与航空公司飞行人员待遇差距较大，飞行教师队伍不够稳定；招生生源质量有待提高，英语能力已成为影响飞行员合格率的重要因素之一；投资大，风险高，安全责任重。在整体紧缺的情况下，有些新成立的航空公司只能以高薪挖人的方式从其他航空公司获得飞行员，从而给飞行员队伍整体稳定带来影响，飞行人才市场化流动和内部管理机制有待进一步完善。

(三) 人才评价政策还不够科学

虽然人才定期考核制度已经建立，但绩效管理还处于探索阶段，科学化、社会化的人才评价机制还远未完善。职位分类不够明细、不够规范，评价标准比较宏观、不够具体，难以针对不同职位的能力要求与业绩特点，准确地考评人才的核心能力与实际贡献，而且一评定终身，缺少动态管理和退出机制。现行激励政策主要是面向极少数精英人才，论资排辈依然明显，奖励面过于狭窄，向一线人才和青年人才倾斜的力度还不够。

（四）相关人才政策之间还有失公平

主要是指专业技能、技术人才相关政策之间有失公平，造成了现实的"双轨制"人才政策。一是投入上的"不对等"，即各级政府对技能人才的投入远不如对技术人才的投入，导致人才培养的不协调，资源配置的不优化。培养上的"不接轨"，即专业技能教育与专业技术教育，在教材、学制、学位等方面，不能实现衔接，影响技能人才的发展空间。使用上的"不等价"，即技能鉴定属于由劳动部门鉴定，认可度不高，不与工资、身份挂钩；而技术人才由人事部门评价，与工资、身份挂钩，两者不等价。

第二节　我国公路水路行业人才战略面临的问题

一　高层次、高技能人才短缺问题严重

近些年来，尽管公路水路交通运输人才资源保障与智力支持能力不断增强，但仍存在着一些突出问题。主要是人才结构性矛盾明显、体制性障碍严重，人才成长的环境与效能欠佳，其表现既有行业的个性，也有全国的共性，可以说是由来已久、错综复杂，需在行业层面乃至整个国家层面制定需求一体化的政策性和机制性解决方案。

公路水路交通领域高层次、高技能人才短缺，在国内外有较高知名度的领军人才严重短缺、高层次专业技术人才和高技能人才总量不足等方面，这与公路水路交通事业的大发展及其社会影响和地位极不相称。

（一）有影响力的领军人才相对不足

主要体现在交通运输行业非常缺乏在国内外有重大影响的高层次专业技术人才，尤其是交通科技领军人才、顶级人才、高端人才、大师级人才不足，能在某一领域独树一帜、领先世界、能带领团队奋勇争先、勇攀科

第七章 我国交通运输各行业人才战略存在的问题

学高峰,在某些方面取得突破性进展,具有号召力、向心力、凝聚力的领军人才严重不足,这在很大程度上制约着公路水路交通自主创新,影响着建设创新型交通运输行业的进程。

近年来,公路水路交通事业正处在历史上发展的黄金时期,年度交通投资达到 7000 亿元以上。高速公路总里程已跃居世界第二位,建设了大量科技含量高、技术难度大,在国内外有重大影响的桥梁、隧道和公路,完成了以长江口航道建设为代表的水路建设项目,为我国的经济建设做出了巨大贡献,交通事业和交通人的地位都有了很大提高。但目前公路水路交通领域在国内外有重大影响的高级专家和领军人物却很少。目前整个行业仅有 5 名两院院士,已有 10 年没出院士,公路方面的院士仅有 2 名,水路方面的院士也仅有 3 名,且年龄偏大,面临着后继乏人的状况,与交通运输行业在经济社会发展中的重要地位以及交通发展所取得的巨大成就极不相称,其中尽管有种种客观因素的影响,但同时也反映出我们的人才培养与使用机制、科技研发与人才推选的组织工作还存在欠缺。

(二)高层次专业技术人才缺乏

高层次专业技术人才是指具有副高以上专业技术职称或具有博士学历的人才,他们是交通运输人才的精粹,是实现交通快速、持续、健康发展的关键力量和引领者。而公路水路交通行业这方面的拔尖人才明显不足。整个行业具有高级技术职称人员比例偏低,分别仅占从业人员的 1.1% 和专业技术人员的 9.7%。相对于我们每年数千亿元的交通建设投资,相对于每年数以千计的高等级公路、特大型桥梁、长大型隧道、高等级航道和专业化码头等重大工程建设项目不断上马,相对于交通建设、养护、管理和运输服务等各个领域以及前期决策、工程建养、安全保障、资源节约、环境保护和信息化等各个方面不断出现的大量科技和管理难题需要解决,相对于交通科技研发从基础研究、应用研究、成果转化到推广应用从而最终形成现实生产力对人才需求的普遍性,相对于全国各地交通改革与发展中各种问题和矛盾的特殊性,现有高层次人才在数量上仍然显得捉襟见肘,在解决各种复杂问题的实践能力与创新能力上仍显不足,还不适应现代交通运输业发展的更高要求。

通过对全国 31 个省、自治区、直辖市交通系统各部门以及新疆生产建设兵团交通运输部门、交通运输部直属单位、中国交通建设股份有限公司所选取的近 200 个单位进行问卷调查,多数单位都反映高层次人才极度短缺。数据分析显示，具有博士学位的技术人才平均数量为4人，具有硕士学位的技术人才平均数量为49人，学士及其他学位技术人才平均数量为404人，具有高级职称的技术人才平均数量为97人，具有中级职称的技术人才平均数量为163人，具有初级职称的技术人才平均数量为188人。需要说明的是，所选取的近200个单位在行业中均为发展迅速、人才聚集度较高的单位。由此可见，目前公路水路交通领域的高层次专业技术人才极为缺乏，应成为下一步培养的重点。

在实地调研和个人访谈中发现，目前在咨询设计业方面对高级设计、金融、财会、法律等专业领域的高层次专业技术人才的大量需求，在科研开发方面对创新型科研开发人才的大量需求，在交通规划方面对高层次战略型规划人才的大量需求，以及在交通运输企业管理方面对懂管理、懂技术、懂市场的高层次复合型人才的大量需求等，都是目前的高层次专业技术人才供给状况所不能满足的。

高层次专业技术人才缺乏，说到底是现有人才解决重大问题和复杂问题的学习能力、实践能力与创新能力存在欠缺。究其原因，一是刚进入行业的部分毕业生所具有的知识、能力与学历和学位不符，高学历、低能力的现象比较明显；二是许多学生参加工作之后，不注重经验的积累和能力的提高，观察问题、分析问题和解决问题的经验和能力难以达到应有的或期望的水平；三是对现有的人才队伍培训培养力度不够，有的单位只顾用人，不顾培养，人才队伍的实践能力很强，而学习能力和创新能力不够，离开了学习和创新，这些人的实践能力也会慢慢减弱，最后导致不能适应社会需求。

（三）高技能人才严重短缺

高技能人才是在生产、运输和服务等领域岗位一线的从业者中，具备精湛专业技能，关键环节发挥作用，能够解决生产操作难题的人员。主要包括技能劳动者中取得高级技工、技师和高级技师职业资格及相应职级的人员，可分为技术技能型、复合技能型、知识技能型三类人员。交通运输行业是一个劳动力密集型行业，从业人员总量大、专业多、工种全。按照《交通运输行业工种目录》，交通运输行业技能人才共有9个专业183个工种，这些专业吸纳了大量的就业人员，从而使交通运输行业成为吸纳就业人员最多的行业之一，这些专业中，又以公路运输与公路养护、水上运输、港口、公路工程与航务工程等专业就业容量最大。但是，这些专业和工种都普遍缺乏技能人才，人才供需缺口在30%—50%。根据抽样调查，交通运输行业具有技师及以上技术等级的约47万人，约占从业人员总量的1.42%，70%的交通运输企业其技师和高级技师占技术工人总数的比重在1%左右，远远低于劳动和社会保障部提出的5%的要求。二是在公路建设市场所吸纳的就业人员中，农民工占了较大的比例。另外，在公路运输、公路养护、水上运输等领域也存在大量的农民工。

从交通运输行业的整体情况来看，目前我国交通运输行业技能人才尤其是高技能人才工作基础薄弱，培养体系不完善，评价、激励、保障机制不健全，轻视技能劳动和技能劳动者的传统观念仍然存在。当前，交通运输行业高技能人才的总量、结构和素质还不能适应经济社会发展的需要，特别是在路桥工程（公路建设与养护）、汽车维修、工程造价、工程机械、港口与航道建设、船员驾驶、轮机管理、现代物流以及现代交通信息服务等领域，高技能人才严重短缺。例如，在汽车售后服务环节，缺乏高层次技能人才，能达到诊断师的人才不到该专业的10%，而国外达到80%以上。

另外，职业教育师资力量与实训条件也非常薄弱，不能满足需求，这是技能教育最需要的关键条件。比如上述路桥工程、汽车维修、工程造价、工程机械等最急需、最紧缺的专业，缺乏"双师型"教师。而企业不愿介入技能人才培养，不愿派经验丰富的技师、高级技师到学校任教，也不愿让高职学生到企业实习。急需国家对此予以引导、规定，如对作为技能人才培养基地的企业予以某些政策优惠。

二 专业技术人才结构性矛盾比较突出

（一）人才的专业构成不够合理

目前在专业技术人才方面，专业构成不合理主要体现在综合运输、现代物流、智能交通、交通安全、节能环保等现代交通发展的新兴领域和薄弱环节高层次专业人才十分缺乏，而科技研发、勘察设计、工程建设和运输经济等领域则聚集了80%以上的高层次人才。具体来说，目前主要缺少道路工程专业、桥梁与隧道工程专业、信息与计算机技术专业、交通安全工程专业、管理科学与工程专业等人才。从人才所具备的能力和水平来看，目前最为缺乏三类高层次专业技术人才，分别是科技领军人才、学科带头人才、科研（工程）业务骨干。这与长期以建设为主的行业特色关系密切。

随着交通运输行业由传统行业向现代服务业转型，交通由传统的基础设施建设转向建、管、养、运服务协调发展，由单纯依靠物资消耗转向资源节约、环境友好型模式发展，由单一的运输方式向多种运输方式综合协调发展。这种转变对交通运输人才发展提出了新的需求。表现在专业上，需要适应发展需求的新型专业人才。

在专业技能人才方面，路桥工程（公路建设与养护）、汽车维修、工程造价、工程机械、港口与航道建设、海运人才（船员驾驶、轮机管理）、现代物流以及现代交通信息服务等领域，高技能人才严重短缺。例如，在汽车售后服务环节，缺乏高层次技能人才，能达到诊断师的人才不到该专业的10%左右，而国外达到80%以上。

（二）人才的地区分布不够合理

从人才区域分布来看，主要向经济相对发达的东部地区集中，中西部地区尤其是西部地区人才普遍不足。西部地区高层次人才总量不到东部的10%。西部地区有关省市区普遍反映，交通发展的最大制约因素是人才资源匮乏，其中高级和中级技术、技能人才尤其匮乏。

以新疆维吾尔自治区为例，全区交通系统4891名专业技术人员中，具有正高职称的仅16人，具有博士学历的仅2人，这种高职称、高学历人才尚不及东部地区一个单位的人数；从获得的国家和地方各类荣誉来看，截至2007年，全区交通系统仅有10人获得政府特殊津贴，其他代表技术人员较高荣誉的技术称号如新世纪十百千人才工程第一层次人选、交通青年科技英才、国家设计大师等目前尚无一人，且现有专业技术人员主要集中在交通运输厅直属单位，在各地州专业技术人才严重匮乏，高层次人才更是奇缺。

目前新疆公路交通发展在勘测、设计、施工、监理、质检、管理、养护、运输等环节，普遍感到人才不足。一些工程项目，由于勘测设计和施工监理力量不足，刚开始在工程图纸上就存在明显的质量缺陷，到最后竣工验收质量问题就更大。有些新开工项目连项目班子都难以成立，项目管理和工程质量自然难以保证。新疆高等级公路建设项目由疆外单位承担勘测设计任务的占50%，承担工程施工任务的占60%—70%，承担工程监理工作的占70%。由疆外单位来承担新疆公路项目建设任务自然有利有弊，但不利因素也十分明显，如设备的运输跟不上、对新疆情况不了解、在新疆施工不适应等。因此，除资金约束外，保障人才供给、提高建设能力已成为加快新疆公路交通发展的重要决定因素之一。

(三) 人才的单位分布不够合理

人才资源在单位间的分布也比较集中,主要表现为:人才向事业单位、大型企业集中;基层单位和小型企业尤其是效益较差的单位和企业大都深感人才匮乏,人才总量不足、结构不合理、素质低下的现象十分普遍。据调查反映,基层单位人才引不来、留不住,干部提拔选择余地小,业务拓展无门路、市场开发无能人,是单位发展的主要制约,是许多中小型国有单位纷纷倒闭、职工生活困难的主要原因。同时,基层单位人才匮乏,也极大地影响了基层部门的工程建设质量和运输服务的质量。

以安徽省为例,省厅及厅直单位大学以上学历人员的比例高于市局及局直单位,而市局及其直属单位的比例又高于县局。在全省所有市、县局级交通事业单位中无一名具有正高职称的专业技术人员,副高的比例也远远低于厅直属事业单位,广大市、县局级交通事业单位共有副高职称人员200人,仅占干部队伍总数的0.7%,而厅直单位具有副高职称的人员为222人,占干部队伍总数的5.5%。安徽省基层单位没有一名正高职称的技术人员,而基层单位又是交通发展技术需求的主要产生地,现实的技术需求和无人能解决的矛盾成为很多类似安徽地市级基层单位面临的主要难题。

在安徽省,对研究院所(含事业单位)、大专院校以及企业进行抽样调查中,尚无具有博士学位的人员;具有硕士学位的人员21人,占总有效样本的25%;具有学士及以下学位的人员63人,占有效样本总数的75%。由此看出,安徽交通运输行业生产建设及技术研究一线的专业技术人员普遍具有大学本科学历,而具有硕士和博士学历的人才比例偏低,尤其是缺乏具有博士学历的技术人才。由于交通运输行业专业技术人员学历水平普遍偏低,影响了整个专业技术队伍专业水平的不断提高。同样,在技能人才队伍方面也存在类似问题。

再以重庆市为例,目前重庆交通运输行业从业人员531882人。从学历结构来看,取得硕士研究生及以上学历359人,本科学历15466人,大专学历65153人,高中、中专学历194902人,初中及以下学历256002人。本科及以上学历人员占从业人员总数的15.2%,初中及以下学历占从业人员的48.1%。由此可见,重庆市公路水路交通运输人才总量占从业人员总量的比例还比较低,尤其是高层次人才的份额较低。

再以湖南省为例,湖南省海事部门在2006年拟招收30位大专院校毕业生，主要是船上专业毕业生，以补充新鲜血液，改善人才结构，为今后的长期发展夯实人才基础。但由于基层工作条件较差、待遇较低，远不及发达地区、沿海省份，结果一个毕业生也没招到。

三 高层次人才的使用存在不合理现象

目前，交通运输行业现有高层次人才在配置与使用上还存在诸多问题。一些地区、部门和单位领导对人才队伍建设的现状与需求缺乏深入了解，用人观念落后，人才可持续发展问题突出，多数高层次人才在日益凸显的市场化冲击下，工作事务繁杂、工作强度过大、身体状况堪忧，专业技术工作时间少等使用不当和使用过度问题，导致人才队伍建设总体效能偏低。

（一）专业技术人才效能发挥不够

现有的人才成长道路中，"官本位"的思想导向严重，导致许多正处于出成果、上水平，极有潜力向更高层次人才发展的专业技术人才，却纷纷走上行政管理岗位，大大弱化了专业技术工作。究其原因，一方面是目前整个社会的价值取向仍普遍存在"官本位"倾向；另一方面是现行制度中对人才的认可和对人才的激励措施和引导方式出现偏差。这种选人用人机制其实并不科学、并不合理，而且调查表明也有违人才本意。当然，技术人才走上行政岗位也是工作需要，但从培养高层次的专业技术人才而言，特别是对有可能迈上技术巅峰的专业技术人才而言不失为一种损失。

据对全国31个省、直辖市、自治区和新疆生产建设兵团交通运输厅（局、委）直属单位、科研院所、交通运输企业和大专院校650位高层次人才（其中正高级、副高级技术职称人员分别占72%和28%，年龄45岁以下和45岁以上人员分别占69%和31%）的抽样调查显示，仅35%的人一直从事专业技术工作，65%的人才一般在从事专业技术工作10—15年后开始担任行政管理职务；专门从事专业技术工作的人员中，用于科学实验、现场施工、调查研究等专业技术性工作的时间达到80%以上，而担任行政管理职务的专业技术人员用于市场开发、工作应酬等非专业技术性工作的时间达到了65%以上。这就是说，交通运输行业经过多年锻炼和精心培养起来的顶级人才在专业技术方面仅发挥了50%的效能，在多出成果、出好成果方面还存在巨大的潜能。这种人才资源配置与使用存在的不合理现象，说到底就是一个树立和落实科学发展观和人才观的问题，是一个如何真正做到人尽其才、才尽其用的问题。

调查表明，这种"官本位"的激励方式，其实有违人才本意。上述对650个高层次人才调查中，相较而言，在对技术人才更愿意从事的工作的调查中发现，有507人更愿意从事专业技术工作，占总人数的78.2%；而更愿意从事行政工作的技术人员仅有141人，所占比例为21.8%。从个人发展意愿上表现出两者比例基本是4∶1。

还应看到，这种"官本位"的激励方式和工作时间的分配，与日益凸显的市场化冲击及需求密切相关。这种冲击，在高层次人才密集的科研机构尤其突出，这与我们的体制机制有关。科研机构最重视的是承揽项目，而且一般是由具有一定知名度和影响力的科研骨干去承揽项目。这样一来，科研人员经过十多年的锻炼成长，在40岁上下这样一个最能多出成果、出好成果的黄金时段，就会去担任市场经理、部门主管、科研骨干等多种角色，而在学术建树上、能力提升上就再也难有时间、有精力向更高层次冲刺了。在这样一个发展环境中，领军人才、科技英才辈出的可能性自然会大打折扣。

另外，关于市场化对高层次专业技术人才队伍建设带来了巨大的冲击，主要体现在以下几个方面：

（1）"经营型"科研难以确保优秀科研人员矢志于科研、潜心于科研，并向更高层次发展。科研就是创新，需要朝思暮想、冥思苦想，需要十年磨一剑、方成正果。科研是一种苦其心志的职业，既需有志、更要安心，这样才可能出好成果、出好人才。但是，目前的情况是，科研人员经过十多年的锻炼与成长，一旦具备较强的科研能力和丰富的科研经验，就不再以科研为主了，其放在第一位的是市场开拓，第二位的是行政管理，第三位才是科研工作。这与我们的体制机制有关。按照目前的科研体制，科研院所一般都是自收自支、独立核算，是一种"经营型"科研，第一要务是拓展科研市场，如果没有项目，引进人才、培养人才、留住人才都将是一句空话。因此，科研机构最重视的是承揽项目，而且一般是由具有一定知名度和影响力的科研骨干去承揽项目。这样一来，科研人员经过十多年的锻炼成长，在40岁上下这样一个最能多出成果、出好成果的黄金时段，就会去担任多种角色：一是市场经理，二是部门主管，三是科研骨干。其结果往往是：这些骨干在学术建树上、能力提升上就再也难有时间、有精力向更高层次冲刺了，而疲于各种商务应酬和内部管理。就这样一个状况，领军人才、科技英才辈出的可能性自然会大大降低。

（2）"吃饭型"科研难以确保科研人员将提高科研质量、提升人才效能作为优先目标。科研部门的价值取向与价值排序应该是质量与效能，"吃饭"不应成其为一个问题。但是，目前我国许多行业的科研市场已如同柴米油盐日杂店，已基本处于完全竞争与平均利润状态，多数科研项目对于实行全成本核算的专门科研机构来说，在支付必需的管理费、试验费、调研费、会议费后，所剩经费就不多了，"吃饭"成了首要问题。这样一来，科研部门不得不按照"薄利多销"的模式去承揽更多项目，去调整项目组织方式，以控制成本、增加收益，确保能够先"有饭吃"。一是对于一个项目尽量少配人员或一人兼做多个项目，以降低人员成本；二是确保项目质量能够过关，创新次之，尽量少作广泛、深入调研，少做实验、试验，以降低研发成本；三是对于每位科研人员，在研项目、新上项目、拟立项目，马不停蹄一个接着一个安排，科研部门成了产品车间，今天应付这个渠道的立项，明天应付那个项目的开题，后天应付另一个项目的中间汇报。此外还有这样那样的检查、考核、登记，而计划内的调研、讨论和沟通时常落空，等到项目快要结题了，对项目研究的核心质量仍然发虚，更不用说有时间和经费去安排研究人员参加学习、交流，以开阔思路、更新知识。这样一来，深化研究、力求创新就失去了必需的保障，出好成果、出好人才的可能性就会又打一个折扣。这就是社会上评价我国科研工作浮躁、科研效能较低的真实写照，也是我国科研人员因工作强度过大、不堪重负，人到中年就不再坚持科研工作，有机会就走上行政管理岗位的重要原因。

（3）"割据型"科研资金管理导致资源分散，难以形成合力和协同效应，难以保障谋大项目、出大成果，高层次人才成长缺乏平台。依托重大建设工程，上一批重大科研项目、出一批重大科研成果，同时促进高层次人才的锻炼和成长，是科技发展和人才培养应遵循的客观规律和重要途径。总体上讲，这些年来交通运输行业这方面的认识和行动都有了很大变化。但是，从所获得的国家级重大科研成果和科技人才奖励情况看，交通运输行业仍然比较逊色，仍然留有许多缺憾，这与交通运输行业科研资金和科研项目的管理体制关系十分密切。目前，公共财政科研资金的使用一般由业务管理部门、科教管理部门和工程建设部门等不同的部门支配，难以在项目计划上，围绕成套技术、重大技术、关键技术，通过整合与协调，来系统地、连续地安排相关的基础研究、应用研究、试验开发等大型科研项目,并由著名专家牵头挂帅,组织梯级团队,开展研究开发,形成极具分量的重大科研成果。另外,重大工程科研资金一般由承建单位来投入并实施,一般也未列入省部级乃至国家级重大科研计划序列,难以直接申报国家级科技成果奖。在这种科研项目管理模式形成的科研平台上,出大师、出院士等高层次领军人才的可能性就会再打一个折扣。

(4)"诸侯型"科研难以培育并强化科研机构的优势与特色,极不利于造就高层次、创新型领军人才。这种格局和困境与上述问题一脉相承,是处于完全竞争、平均利润状态下的科研市场使科研机构不得不趋附于利益所致。其基本表现是:在前期决策、工程建养、安全保障、资源节约、环境保护和信息化等各个领域,全行业从事其中多个领域、多个方向研究的科研机构都非常之多,而在某一领域真正具有明显优势和区域特色的研究机构非常之少。据对行业科研资源的调研,最深切的感受是,交通运输行业的优势科研资源和特色科研资源太少了,哪个领域的研发效益稍好一些,科研机构就趋之若鹜。甚至在一个单位内部也出现多个部门在从事同一领域、同一方向的研究,都去抢占有限的市场份额。其结果:一是科研机构得不到滚动发展、不断壮大,逐步形成自己的优势与特色,并造就一批行业认可的高层次、领军型人才;二是科研机构的质量水平良莠不齐、鱼龙混杂,导致科研项目委托单位做出"逆向选择",既然难辨良莠不如选择低价,甚至即使能辨良莠也要大幅压价,结果是经过多年努力、刚刚略具优势的科研机构深受其害,市场份额锐减、合理利润流失,多年精心培养的骨干人才大量外流或另立山头。在这样一个无序的市场格局与竞争态势下,在科研机构非理性的发展思路和市场策略下,出好成果、出好人才的可能性同样也会大打折扣。

(二)高层次专业技术人才工作强度过大

公路水路行业的用人观念落后,人才可持续发展问题突出,多数高层次人才在日益凸显的市场化冲击下,工作事务繁杂、工作强度过大、身体状况堪忧,专业技术工作时间少,技术质量难以保障。对前述650位高层次人才的调查表明:80%的专业技术人员在同时主持和参与10个左右的项目;自己感觉工作非常忙的占50%,比较忙的占45%,近95%的人感觉到工作满负荷甚至超负荷;工作日平均加班2小时以上的人占43%;休息日经常加班的占49%,基本都在加班的占22%;身体处于不健康状态的近4%,处于亚健康状态的占68%,处于健康状态的占28%。由此可见,人才可持续发展问题十分突出。

四 人才资源开发管理存在体制性障碍

(一) 人才引进受到政策性限制

（1）专业技术人才，由于政府部门和事业单位都有人员编制等的限制，这样，如果编制已满，即便是急需的人才一般也难及时引进。同时，用人单位引进人才还需有地方政府人事部门按计划分配的户籍指标，而且对人才引进有条件限制，标准主要侧重于学历、职称、资历和身份，因此，在实际操作中，公路水路行业存在着按照中央关于人才工作"不唯学历、不唯职称、不唯资历、不唯身份"引进人才的精神与需要继续遵循"重学历、职称、资历和身份"相关规定的矛盾，难以逾越地方性政策。

（2）专业技能人才引进存在政策性缺失。由于国家对持证上岗缺乏硬性约束，对某些工种使用技能人才也没有硬性规定或鼓励性优惠，公路水路行业的用人单位对技能人才的价值与重要性认识不足，宁可用民工，宁可缺乏工程质量、服务质量的保障，也不用高职院学生，导致就业的政策环境不佳甚至恶劣，结构性失业问题严重。企业用人短视，无长远规划，不注重在实践中培养人才，不用人而不培养人，担心人才流失替别人培养。当然，执业资格考试证书质量不高，也影响了学生的就业。某些部委滥发执业资格证书，甚至高级证书，需要国家对证书发放通过统一、严格的要求，予以筛选。

但是，某些单位和部门技能人才的用人政策也存在自相矛盾之处。学生毕业一般只发双证（毕业证、技能鉴定证），没有上岗证，上岗证必须上岗就业工作3年左右以后才能获得。但是，有些用人单位、专业领域要求有上岗证才允许上岗就业，这就自相矛盾了。因此，公路水路行业必须允许学校可以严格考试颁发上岗证，否则就业是大难题，只能通过"造假上岗证"或"打黑工"才能就业。

（3）社会保障制度不健全，部直属事业单位绝大部分没有参加社会保险，单位富余人员一般只能以"待岗、提前退休、内部退养"三种方式作为人才的出口，人员退出效果有限，出口不畅，对人才引进的力度造成很大的影响。

(二) 人才培养缺乏长效机制

(1) 一些单位职工培训缺乏科学系统规划，没有形成一种机制，培训的目的性、针对性不强，培训效果不理想。有的甚至存在"忙则少训、闲则多训"的现象，一些工作任务重、发展潜力大的职工反而长期得不到培训，不利于单位和个人的持续性发展。

(2) 在人才经费上缺乏充足的法律依据或良好的经济基础。按照国家规定，企事业单位要严格按不低于职工工资总额的1.5%的比例提取职工教育经费，但受经济效益影响，并非所有单位都能做到，经济效益不好的单位职工教育经费一般缺乏保障。原交通部在1995年提出要从交通规费中提取1%左右的经费用于交通教育，对此各地交通运输部门都在认真贯彻落实，但实际提取比例大多不足，而且地方审计部门对此项资金的使用持有异议，每年都要求省厅做出解释。总的来说，地方部门普遍反映职工教育经费渠道不畅、总额不足，而且缺乏长效保障机制。

(3) 技能人才培养缺乏系统化、规范化、标准化。尤其是教学教材与证书考试教材缺乏较好的衔接，需要国家把教材的建设与衔接作为重点抓紧抓好，这是涉及面很大的重要问题。

五 公路水路行业人才政策有待于完善

(一) 公路水路行业人才政策的总体满意度偏低

自20世纪90年代以来，交通部作为行业主管部门，针对行业专业技术人才现状，结合人才工作涉及的各个环节，出台了一系列政策文件，对交通运输行业专业技术人才队伍建设起到了巨大的推动作用。具体看来，这些政策可以划分为战略性的人才规划和专项的专业技术人才培养、激励、管理政策，以及与专业技术人才队伍建设紧密相关的科研管理、职称评审等方面的政策。

根据调查统计分析，对现行交通运输行业人才政策整体表示满意及基本满意的人数比例分别为9.2%和60.9%，合计达到70.1%。根据分项政策的调查，对人才引进、培养、培训政策的满意度基本都达到50%以上，其中，人才激励政策满意度最低，表示满意和基本满意的两项加起来仅达到38.9%，表明目前在人才激励方面还很不够，未来在这方面有很大的政策提升空间。另外，对现有政策表示不了解的人员占到样本总量的20%，说明现行政策的宣讲和落实力度欠缺，需要大力加强。

（二）公路水路行业人才评价政策还不够科学

虽然人才定期考核制度已经建立，但绩效管理还处于探索阶段，科学化、社会化的人才评价机制还远未完善。职位分类不够明细、不够规范，评价标准比较宏观、不够具体，难以针对不同职位的能力要求与业绩特点，准确地考评人才的核心能力与实际贡献，而且一评定终身，缺少动态考核和退出机制。一些单位没有真正建立以能力和业绩为导向的人才考评、选拔机制，论资排辈依然明显，难以激发高层次人才的积极性和创造性。对高层次人才缺乏更合理、更有效的激励手段，对许多专业技术水平较高、成绩突出的领军人才，安排他们走上从事行政岗位，未能真正体现人尽其才、才尽其用，造成大量精英人才的"隐性流失"，降低了人才队伍建设的整体效能。而且现行人才评价、激励政策主要是面向极少数精英人才，奖励面过于狭窄，向一线人才和青年人才倾斜的力度还不够。

在中央下达"四不唯"的人才评价标准以来，各地在执行这一标准过程中效果并不理想。在人才衡量中"重学历轻能力"倾向仍比较严重，该问题应引起我们的高度重视。虽然现在干部职工定期考评制度已经建立，但绩效管理还处于初步探索阶段，科学化、社会化的人才评价机制还远未完善。评价标准较模糊、不明确，评价指标难以量化，难以客观、准确、全面地衡量他们的德、能、勤、绩、廉，为进一步培养使用提供依据。有的评价主体不够明确，评价方式没有特色。在专业技术人才的职称评定上，评定条件缺乏科学性，评价主体没有社会化，在公开、公正、公平和群众监督方面还有差距。

尤其在涉及面很广的职称评定方面，公路水路行业普遍反映问题较多。现行职称制度作为公路水路交通领域人才评价和聘用的一项基本制度，取得了很大成绩，发挥了很好的作用。但是，也显露出评价手段单一，评价标准不能全面反映专业技术人员实际水平的矛盾和问题。目前在高层次人才评价过程中，奖励、荣誉、论文往往作为硬性条件，成为评价的第一元素，由此并不能全面反映专业技术人员能力水平的实际情况，特别是对于长期处于生产一线的专业技术人员。交通不同领域采用同一的评价标准也不利于调动各类人才的积极性。

例如，职业教育的师资评价标准上的"不合理"。教师职称评定，未能按职业分类来确定相应的评价标准，而是像大学教师、科研人员一样，强调"五个一"(一部专著、一个课题、一个成果、一篇论文、一门课程),没有强调"一手拿钳子、一手拿粉笔"这样的"双师型"素质与业绩评价标准。建议国家尽快分类制定评价标准。

完善这些政策,关键是增强政策的合理性与可操作性。在高层次人才政策的改进方面,有29.7%的人认为要增加政策的合理性,54%的人认为要增加政策可操作性,12.6%的人认为要提高政策延续性。这一结果反映出现行政策的操作性较差,完善政策的合理性与可操作性成为下一步政策改进的方向。

另外,还要健全人才评价政策的后续管理与动态管理。在行业高层次人才政策执行上,虽然在政策上有持续关注、定期联系、组织出国培训等内容,但是在实际操作中,并没有针对这些选出的人才进行持续性跟踪管理与服务。总体而言,公路水路行业对评选出的交通高层次人才缺乏持续性的动态管理,很多的人才评选,选完了也就结束了,主管部门没有后续管理,具体单位也没有实质性的鼓励、奖励措施,对于人才积极性没有起到保护作用,对于就此倡导的人才榜样作用也没有良好的促进作用。

(三)公路水路行业相关人才政策之间还有失公平

这主要是指技能人才与技术人才,明显地存在投入上"不对等"、培养上的"不接轨"、使用上的"不等价"等政策的差异性与不公平的成分。

投入上的"不对等",即中央与地方各级政府对技能人才的投入远不如对技术人才的投入,而两者的学生培养人数是相当的。而且,技能人才处于将技术转化为现实生产力的终端,同样重要。中央和地方对本科院校、中专和技校都投入有"生均经费",唯独对职业院校仅经济相对发达的沿海省份投入有"生均经费",如浙江省为人均8000元,湖南省没有。这种不对等投入,会导致人才培养的不协调,资源配置的不优化,影响公路水路行业整体配置效率。

培养上的"不接轨",即专业技能教育与专业技术教育,在教材、学制、学位等方面,不能实现衔接,影响技能人才的发展空间。但在国外,如英国、加拿大、澳大利亚等,两者都是接轨的。

使用上的"不等价",即技能鉴定属于职业资格,由劳动部门鉴定,认可度不高,取得了执业资格也可能不与工资、身份挂钩;而技术人才属于职业资格,由人事部门评价,一旦取得职业资格就会与工资、身份挂钩,两者不等价,需要国家统一解决。而且,技能人才在最基层工作,晋级空间是有限的，到技师最多到高级技师就到头了，缺乏像日本汽车维修行业设置的技师、高级技师、诊断技师、总技师等这样的系列。

第三节 我国铁路行业人才战略存在的主要问题

从整体来看，我国铁路行业人才战略存在的问题主要包括以下几点：

一 铁路建设管理人才输送渠道单一

在相当长的一段时间里，我国铁路建设管理机构采用单一的"指挥部"形式，人才流动限制在铁路建设系统内部，也就是各项目"指挥部"之间。"指挥部"在项目完工后就会被解散，然后基于新项目需要再对人才进行重新配置。

近年来，我国铁路建设进程日渐加快，再加上铁路公司和地方政府合资建立铁路模式（合资公司不但负责铁路建设，而且负责铁路运营管理，项目建设完成后，部分人才将留在合资公司中）在全国范围内得到大规模推广，现有铁路人才规模远无法满足实际需求。

在这种背景下，建设管理机构往往需要从铁路各站段等单位中引进人才。然而，因为铁路各站段本身就存在人力资源结构不合理、人才缺失等问题，从中引进人才，将导致这些问题进一步加剧，对其正常的运营管理工作带来较大的负面影响。

二 铁路建设管理对人才整体素质提出了更高的要求

本质上，建设管理机构对专业技术人才及复合型管理人才有较高依赖性，比如，在原铁道部的铁路建设管理机构规划中，绝大部分岗位对专业技术及项目管理工作经验往往设置了一定的门槛，部分岗位甚至只能由高级专业技术人才担任。

与此同时，高铁等现代铁路的发展及应用，对铁路建设管理人才的知识、技术、管理理念等提出了更高的要求。但目前我国铁路建设管理人才不但在数量上存在较大缺口，在质量上也有很长的一段路要走。

三　人才流失问题较为严重

综合来看，铁路建设管理人才流失的方向主要包括以下三个：
（1）各省级（地方）铁路投资公司。
（2）地铁等城市轨道交通建设机构。
（3）铁路建设参建机构，比如设计、施工、监理等。

此外，和铁路基层站段相比，铁路建设管理机构较为开放，相关人才和外部单位接触的机会较多，人才流失率相对较高。近年来，我国轨道交通建设及投资迅猛增长，地方铁路投资公司、地铁建设单位及参建单位开始积极培养并引进建设管理人才。而铁路管理机构在人才培养及引进方面未能制定行之有效的战略规划，激励机制及人力资源管理机制相对滞后，不但无法从外部引进足够人才，而且出现了较为严重的人才流失问题。

四　建设管理人才培养机制不健全

铁路建设项目建设周期通常在3—5年，建设管理人才需要根据项目需求，在全国范围内流动，所以，铁路建设管理单位未能建立完善的人才培养机制，更不用说帮助人才制定清晰合理的职业生涯规划。同时，在工期、安全、质量、投资回报等诸多影响因素的综合作用下，铁路建设管理单位往往更加注重具体工作，在培训方面投入的资源相当有限，很多培训项目根本得不到真正落地，从而极大地抑制了人才培养速度和质量。

第四节　我国民航行业人才战略存在的主要问题

从民航行业乃至国家的长远发展来看，民航强国战略的实现，民航行业的创新和发展都和高层次人才的培养存在密不可分的关系。而目前部分单位在对高层次人才的培养、吸引、使用、管理等方面，缺乏有效的机制，在培养队伍、发挥作用等方面还有待进一步完善。

一　专业人才缺口较大

随着民航的高速发展，民航飞行员、管制员和飞机维修人员等专业技术人才队伍总量有较大增长。由于飞行员培养具有周期较长、训练费用较高等特点，目前国内能进行飞行技术专业本科教学和飞行训练全过程培养的院校只有中国民航飞行学院，其年培养量达到1200人，大大超过其600人的设计训练能力，安全压力巨大。扩大飞行员培养量受到的制约因素较多。一是训练空域受限。由于中低空尚未开放，飞行训练空域须向军方申请，审批手续繁杂，时限控制较多。这在很大程度上影响了141学校的建设，对现有飞行院校本场及转场训练影响较大，可供初、中教机转场训练的机场较少。二是飞行教员缺乏。由于院校飞行教师与航空公司飞行人员待遇差距较大，飞行教师队伍不够稳定，这对保证教学质量、确保训练安全存在不利影响。三是招生生源质量有待提高。国际民航组织（ICAO）对飞行员英语语言能力要求不断提高，要求至少达到ICAO三级。民航院校招收飞行员由于身体条件的限制，部分学生的文化课成绩不高，英语基础相对较弱，目前飞行学院平均淘汰率为10%。英语能力已成为影响飞行员合格率的重要因素之一。四是投资大，风险高，安全责任重。飞行训练学校的建设须按照CCAR141部进行，投资大，运营成本高。对飞行学校的安全指标较严，要完成训练大纲中对转场训练、仪表训练、单发飞机夜航单飞训练等科目难度较大，安全压力较大。

其次，由于我国民航管制员培训设备设施水平参差不齐，因此对管制员的培养不能完全适应行业发展对高素质管制人才的需要。院校管制专业教学虽然配备雷达模拟机，但部分模拟机还相当落后，与实际工作所用设备存在一定差距，因此增加了学生毕业后的岗位适应期，不能即刻缓解管制员人手紧张的问题。

再次，飞机维修人员的增长发展速度跟不上飞机机队的发展速度是民航行业现存的一大问题。由于飞机维修培养所需要的设备设施投入巨大，受人们对飞机维修人员和维修行业不够重视的影响，民航在引进新机型和新飞机时，对航班因素的考虑远远大于对飞机维修人员的资源、技术和能力的配套考虑，加之飞机维修师资力量紧缺，能够承担飞机维修人员培养的学校还很少，现有学校在培养飞机维修人员时使用的设施设备大部分已经陈旧，造成飞机维修人员数量的严重不足和维修能力的下降，形成飞机维修人员与航空公司的机队发展没有同步增长，从而出现飞机维修人员跟不上现在航空公司不断引进新机型的发展现状。

二　结构性矛盾较为突出

在人才缺口较大的同时，民航专业人才的结构性矛盾也很突出。一是层次结构矛盾突出，飞行员中成熟的机长和大型机的机长由于培养周期长、素质要求高，在飞行员队伍中更为紧缺；高水平的飞机维修人员由于技能水平要求高，在飞机维修人才队伍中更为缺乏，如高级结构分析工程师和高级系统分析工程师。二是地区结构矛盾突出，管制员和飞机维修人员由于地区差异，西部地区专业人才的技术水平相对较低。三是单位结构矛盾突出，中小机场的管制员和飞机维修人员的技能水平较低，且培训机会少。

三　专业人才综合素质还需进一步提高

改革开放40年来，民航专业人才的综合素质有了较大的进步。比如，大部分飞行员的外语水平基本可以满足国际民航组织（ICAO）英语语言运用能力对飞行的要求。管制员的综合素质也有较大的提高。改革之初，我国民航人才队伍中的管制员以大专学历为主，改革开放以来，通过合资、引进、改造等途径，国内各大飞机维修、附件维修企业以设备能力、人员技术水平等为标志的综合维修能力也有了大幅度提高。据统计，我国国内民用飞机整机、发动机、部分附件维修项目送国外修理的比例由过去的90%以上下降到65%以下，从而培养了一大批高素质的飞机维修人员。

但与民航业快速发展的要求相比，民航专业人才的素质还需进一步提高。

1. 民航业的发展需要不断提高飞行员素质

随着民航业的发展和国际各航空公司之间的竞争日益加剧，提高航空飞行安全和服务质量是必然要求，根据《中国民用航空发展第十一个五年规划》，运输飞行每百万小时重大事故率要小于0.29，这对飞行员的业务技能提出了更高要求，要求飞行员既具备扎实的基本功，又要有敏锐的应变能力，能够合理处置各种突发事件。同时，我国民航业将大力发展国际航空运输，构建具有国际竞争能力的国内国际航线网络。

这就要求飞行员具有在不同国家、不同语言文化环境下执行任务的能力和素质，同时这也对飞行员的外语水平提出了更高的要求，在能够使用外语完成常规飞行任务的基础上，还应具备在复杂状况下使用外语进行交流和处理问题的能力。因此，进一步提高飞行员队伍素质，加强飞行员职业道德、职业技能和外语能力培养，是民航业发展和国际化的需要。

2. 民航管制员的现状需要尽快提高他们的适应能力

目前，我国管制员中30岁以下的占到56%，队伍非常年轻。虽然这些年轻管制员易于学习掌握新的知识、技能，外语水平相对较高。但毕竟他们的工作经验不足，尤其在工作中遇到突发事件时，由于缺乏经验积累，应变能力欠缺。此外，年龄过于集中，尚未形成人才梯队，不利于人才补充。因此，从中长期来看，需要逐步加强人才梯队的建设工作，以保证空管事业的平稳发展。

3. 飞机维修队伍缺乏技术带头人和技术骨干，没有形成专家型队伍，工程技术问题处理水平低是普遍存在的现象

与国外同类规模公司相比，工程技术人员数量只有他们的25%左右。随着新机型、新技术的引进和维修人员的不断增加，整体业务素质和水平欠缺，表现在故障判断不准、排故能力不强或排故不彻底等问题时有发生。而且各航空公司的工程技术人员严重不足，来源也缺乏，机务工程部门忙于应付生产，对维修技术的钻研和管理基本处于初级水平，管理程序写得复杂，贯彻实施流于形式。

第五节　我国管道运输行业人才战略存在的问题

一　人力资源现有规模不能满足未来业务发展需要

随着管道运输业务的快速发展，现有的人力资源规模已经不能满足管道运输业务未来发展的需要。而且，管道运输业务人力资源使用还存在不均衡问题，一方面，已经建成并运行的管线用工有一定富余；另一方面，

新建管道的用工却不足。加强管道运输企业间人力资源的协调使用成为人力资源合理均衡使用的一项措施。另外，管道平稳安全运行直接影响着国家能源的安全和稳定供应，责任重大。但近些年，打孔盗油和盗气的现象愈加猖獗，管道运输企业投入到管道安全保护上的人力也越来越多，在人力资源的使用上，一定程度上增加了管道运输企业的负担。

二 管道运输业务的核心骨干人才仍然短缺

随着管道运输业务的快速发展，技术水平的不断进步以及自动化水平的逐步扩大，管道运输业务对人力资源素质的要求也在不断提高。例如，随着管道运输进口设备的不断增加，对管道运营、维护抢修的专业技术人员水平以及技能操作人员的技能水平的要求也越来越高，但是虽然管道运输业务的人力资源的用工规模较大，但核心骨干人才仍然短缺。加大人才资源开发力度，引进和培养管道运输业务所需要的核心骨干人才，是今后管道运输业务人力资源发展的目标之一。

三 人力资源的内外部流动机制尚不健全

由于长距离管道运输业务运行跨越多个地区，人力资源跨地区调动成为必然，但人力资源的跨地区调动面临着一系列的实际困难。包括：一是户口较难解决，跨地区用工，户口指标很难解决，家属子女的安置也不能有效解决。二是跨地区保险不统一，不同地区的社会保险不统一，职工调动到另一个地区，不能办理当地的保险。这些涉及职工自身利益的实际问题给管道运输跨地区用工和人力资源流动带来了一定的障碍。但这一问题光靠企业自身不能有效解决，需要国家的政策扶持。

四 管道运输培训体系尚需进一步完善

对于管道运输业务需要的人才，一方面应从社会加大引进力度，但最关键的还是要立足于企业，从企业内部培养人才，加强企业内部的培训体系建设。

目前，管道运输企业都是采用自主培训的方式，根据管道运输业务发展需要建立自身的培训体系，但培训体系还不完善。在培训体系建设中，存在以下主要问题：

（1）培训费用不足。目前，中国石油按照工资总额的2.5%提取培训费用，大多数下属企业反映培训费用不足。培训费用标准较低，但实际工作要求的各种培训，包括上岗培训、继续教育、新技术培训等都使实际的培训支出往往超出预算。而且，对于一线员工，在用工紧张的情况下，往往需要一个员工承担多个岗位，每个岗位都需要进行上岗前培训，才能取得上岗证，这就势必会增加员工的培训支出。

（2）行业内缺乏统一的培训。目前，各个管道运输企业都是各自组织员工培训，每一个管道运输企业的培训资料通常都是由企业根据自身业务发展的实际需要自行编写，不同企业之间的培训材料不能够完全共享。各企业之间的新知识、管道运输的管理经验等都不能共享。行业内没有统一的、有计划的、储备性的培训，也没有形成一套统一的培训教材和可服务于管道运输系统的、有规模的培训基地。

（3）员工的培训时间不足。由于用工紧张，尤其是一线员工工作繁忙，员工的培训时间一定程度上受到限制。

（4）新知识、新技术培训有待加强。近年来，随着管道运输业务的发展，新管道的建成投产以及老管线的升级改造，新设备、新工艺的采用以及自动化水平的快速提高，管道运输的技能操作人员队伍的技能水平与业务发展的实际需要还存在一定差距。由于培训体系还不完善，员工无法与管道技术水平的发展同步进行有计划地提高培训。

（5）管道运输技能操作人员的劳动技能鉴定工作有待加强。近年来，随着管道建设与运行业务的快速发展，管道业务专业化重组的持续进行，管道运行操作技能鉴定工作与员工队伍建设存在一定差距。

由于管道运输点多线长，所属各单位地理位置分散以及管道运输连续运行的特点，操作岗位员工集中进行技能鉴定工作存在一定的困难，鉴定的周期相对较长。而且，随着新管道的建成投产和老管道的升级改造，鉴定教材和题库的更新跟不上技术的进步，特别是在运行操作、维抢修与检测、计量等专业上，鉴定内容与实际生产脱节，使技能鉴定工作不能完全达到真正检验员工技能水平的作用。此外，目前的管道职业技能鉴定中心专业设置的优势在工程建设方面，管道运行方面相对薄弱。管道运行的技能鉴定工作亟待加强。

第六节　邮政行业实施人才战略存在的主要问题

一　人才培养规模还不能很好地满足邮政行业发展的需要

随着邮政业的高速发展，国有邮政企业和社会快递企业将吸纳更多的人就业。但是，目前邮政行业人才培养体系还不健全，人才教育培养的能力不足，符合邮政业特点的专业化、技能型人才培养的专业、师资、基地缺乏，员工文化程度、专业技术和职业技能水平总体偏低。

二　人才能力结构不能适应邮政行业发展的需要

随着邮政从传统邮政业向现代邮政业的转型，产业结构的优化和升级，先进技术和机械化、自动化设备的广泛使用，我国邮政行业发展急需大批的信息化、复合创新型人才以及大量高素质劳动者。

三　高层次、高技能专业人才比例低，高层次人才短缺

培养造就更多的高层次专业技术人才和高技能人才是提升中国邮政行业竞争力的重要任务。目前，国有邮政企业中高层次专业技术人才与高技能人才比例不高。民营快递企业中管理和专业技术和技能型人才极度缺乏。高素质专业人才与技能型人才的拥有量少，高层次、高技能人才比例低使国有邮政企业，特别是民营快递企业在与外资企业的竞争中处于十分不利的地位。

四　专业人才缺口巨大

据调查，近70%的邮政、快递企业缺乏物流管理、邮政快递、信息技

术、企业管理等高层次专业人才。技能型人才中,由于业务师培养周期较长,业务师以及高级业务师成为目前最紧缺的人才。最急需、紧缺的职业(工种)主要为快递业务员、邮政物品配送员、邮政业务营销员、通信信息业务员等。

第七节 我国西部地区交通干部培训存在的问题

一 部分培训机构的培训服务不能够满足西部地区干部的需要

目前存在一些培训机构盲目向西部地区招揽干部培训的情况,不能够从西部地区干部培训的实际需要出发。一些培训机构对西部地区干部培训工作中的重点、难点问题缺乏研究,通用性课程较多,很多课程从一而终,几年不能更新,尚未开发出适应西部地区干部培训需要的一系列课程和教材。部分教师的培训资料以知识产权为由不对学员公开,连教师基本信息也不能通过西部地区干部培训办公室公开,讲完就走,没有留下一点培训资料。部分教师对交通发展和交通干部实际情况缺乏了解,没有交通实践作为支撑,缺乏干部培训经验,授课方式单调,理论与实践结合不够等。

二 部分培训机构存在重经济效益、轻社会效益的现象

培训机构大多数除了西培项目以外,还同时承担其他市场化运作的培训项目,有些培训机构减少授课天数,减少授课教师,减少培训内容,培训费表面上没减少,但培训效果却大打折扣,这其实就是重经济效益轻社会效益,违背了培训项目的初衷。此外,各培训机构之间的培训费用差距较大,有的培训机构不按标准执行,培训成本较高,一定程度上影响了整个培训资源的利用。

三 部分培训机构信息不对称，管理不够规范

目前各培训机构的管理体制均不相同，有的机构分成了几个部门在管，一个通知需要对同一个培训机构发几份，一个培训机构内部有几个单位联系，同一个培训机构内部不同单位上报的数据、信息口径不同。有的培训机构还要向承担西培项目的部门收取高额的管理费，把干部培训项目当成市场项目收管理费，使有限的培训经费不能跟着项目走，不能跟着培训学员走。在课程设置上，有的培训机构随便拼凑成几天的课程，既不做需求调查，也不向地方交通干部培训主管部门反馈，存在很大的随意性；在教学管理上，还没有形成一整套系统的、可操作性的考核惩罚制度，对培训效果缺乏有效评估。培训双方的权责关系不是很明确，即使培训质量不理想，省厅也难以制约培训机构。

四 部分培训机构存在培训需求量大与办学条件不足的矛盾

由于部分培训机构是以本科生和研究生教学为中心的，各种资源也围绕这一中心进行了配置，有限的资源不能满足大力开展西部地区干部培训的需要。有的培训机构由于教室、学院宿舍、食堂的承载力不够，一些培训班次不能体现培训机构的特色，所办的培训班与社会培训差异不大、可替代性强。另外，部分培训机构开展西部地区干部培训缺乏对应的政策支持。有的部门把做西部培训工作当成额外的工作量，经常抱怨负担很重，收益很小，在执行过程中以形式上完成任务为主；有的单位自行更改研究生培养模式，只要听课就算人数，只要参加研究生班就补助1万元培养经费；有的培训机构的教师与管理者缺少参加西部地区干部培训方针政策、制度和理论的培训，以及到地方基层调研、实践锻炼等机会，培训水平和培训管理水平难以提高；有的培训机构不愿意对地方交通干部培训进行需求调查，与地方交通主管部门的合作大多尚处于松散、临时状态，缺乏长期、相对稳定的合作机制，教师难以全身心投入到西部地区干部培训之中。

第八节　我国交通运输行业人才政策存在的问题

通过分析交通系统专业技术人才队伍存在的问题，可以发现，行业专业技术人才政策仍然存在许多不足之处：高层次技术人才缺乏，说明交通运输行业高层次人才的培养、选拔和使用政策存在不足；技术人才资源分布不均，说明人才吸引、流动和激励政策缺位或效力不足；发展快的领域技术人才不足、人才素质和能力不符合要求，说明人才培养政策不足、人才教育和培训政策滞后，不能满足行业发展的实际需求。

综合来说，交通运输行业专业技术人才政策体系主要存在以下问题：

一　政策体系不健全

完整的人才政策体系应该涵盖人才工作涉及的培养、吸引、选拔、使用、流动、激励、评价、监督、管理等各个政策范畴。交通运输行业现有人才政策体系不健全，专项政策缺位现象严重，如对人才的流动、评价、监督等方面的规定大都只在某一政策文件中的若干条文中提及，而没有单独的较为完整的政策出台。在人才培养、选拔、管理、激励、教育培训等方面都存在许多漏洞，还需要相应政策甚至法规的规范。特别需要指出的是，缺乏专项的人才评价和激励政策，对整个政策体系的建设、政策作用的发挥都有很大的不利影响。缺乏评价，就不能很好地衡量人才取得的成绩，不能很好地衡量就无法提供合理的激励，无法合理的激励就不能提高人才工作的积极性，降低工作绩效。人才政策体系是一个由各项政策紧密结合组成的有机整体，部分政策缺位会导致整体政策效果不理想，相应政策目标也难以实现。

二　政策缺乏连续性

政策缺乏连续性，在政策的修订完善方面还存在很大欠缺，以致出台的政策很难在实际工作中形成长效的政策机制。我国经济社会发展日新月异，交通事业快速发展，在这样的宏观背景中，由于政策制定的周期性和政策作用效果的滞后性，现行的很多政策在出台之后都面临着许多未曾考虑到的情况，进而不能很好地实现政策目标，使政策效果大打折扣。

三 政策规定不具操作性

政策规定太笼统，也是交通运输行业现行专业技术人才政策面临的突出问题，主要表现在两个方面：

第一，相关政策没有考虑对人才分类管理。交通运输行业涉及公路、水路交通多个专业，上百个工种，人才广泛分布于规划、勘测、设计、施工、管理、运营和服务等各个领域，而各专业、各领域人才的准入条件、技术要求、成长路线、业绩衡量等诸多方面都存在着很大的差异。不能进行有效的分类管理很可能会导致不公平不合理的政策倾斜，导致政策效果畸形，背离政策初衷。如在人才选拔过程中，在未经分类的政策指导下，就会出现学历、技术水平较高的设计领域人才辈出而技术要求比较低的施工领域人才成长受压制的不良现象。如目前交通运输行业的青年科技英才、十百千人才、国务院政府特殊津贴专家以及交通运输部专家委员会等各类评选政策采取不分专业、不分层次、一把尺子的评选标准不适合交通运输行业多专业的特性。尤其对于施工企业来说，原始创新较少，主要是引进、消化和吸收创新。对于评选条件中设定的论文、外语等要求，处于施工一线的专业技术人员很难达到。

第二，多数政策操作性比较差。从政策科学角度来讲，政策过度细化会增加政策成本，然而这一论断也是针对不同的政策而言的。着眼于整个行业，制定战略方针的"规划""指导意见"等政策文件，聚焦于人才选拔、激励、管理等工作的专项政策，其中对有关条件、要求和其他条款的表述仍然比较笼统，难以细化，不利于实际操作，降低了政策效果。

第八章 我国交通运输各行业人才战略的发展对策

第一节 我国交通运输行业人才战略的政策建议

一 我国交通运输人才战略指导思想与目标

(一) 指导思想与主要原则

1. 指导思想

以习近平新时代中国特色社会主义思想为指引,按照深入贯彻落实科学发展观的要求,面向现代交通运输业发展需要,着眼于最急需、最紧缺的人才以及高层次、高技能人才的培养与使用,重点解决人才队伍的专业结构和地区分布问题,以及人才队伍建设的环境与效能问题,为实现交通又快又好发展提供坚强有力的人才保障。

2. 主要原则

(1) 坚持以人为本。要按照深入学习实践习近平新时代中国特色社会主义思想的要求,牢固树立为了人、依靠人的交通运输人才观,把培养人、用好人,充分发挥人才的作用和努力实现人才的价值放在首要位置,在促进现代交通运输事业发展的同时,促进人才的健康成长与全面发展。

(2) 坚持促进发展。要紧密结合现代交通运输业发展的战略需要,着眼于促进交通事业的全面协调可持续发展,重点加强最急需、最紧缺以及高层次、高技能人才的培养与使用,着力解决人才队伍的专业结构和地区

第八章 我国交通运输各行业人才战略的发展对策

分布问题，以及人才队伍建设的环境与效能问题，促进交通运输行业人才队伍的整体建设。

（3）坚持分类指导。针对技术人才、技能人才和管理人才等各类人才的不同特点和成长规律，实行分类指导。抓住人才培养、引进和使用三个关键环节，创新人才工作机制，改善人才成长的环境和条件，使各类人才各得其所、各尽其能。

（4）坚持市场调节。适应市场经济特点，充分发挥市场机制在人才资源配置中的基础性作用。逐步发展和不断完善交通运输人才市场体系，强化人力资本观念，引导人才合理流动，推动人才资源的结构调整，实现人才资源优化和高效配置。

（二）发展目标

1. 总体目标

到2020年，加强交通运输人才开发与管理的机制保障体系、服务保障体系和安全保障体系建设，重点加强高层次、高技能和紧缺型人才培养，使人才队伍总量得到大幅增加，人才队伍结构得到不断改善，人才队伍素质得到显著提高，人才资源分布得到合理调整，目前存在的各新兴领域和特种专业人才紧缺状况得到明显缓解，人才资源保障能力基本适应现代交通运输业全面发展的需要。

2. 具体目标

（1）铁路行业人才战略目标。到2020年，中国高速铁路关键人才队伍建设的整体目标是：培养了解和掌握客运专线各个专业领域关键技术、具有很强的组织协调和驾驭能力、能够胜任客运专线运营管理的铁路局层面的高速铁路高级管理人才18名；培养具有精深的专业能力、了解客运专线技术体系、精通本系统专业、掌握关键技术、能够及时发现和处理本系统中的关键技术难题的铁路局层面的高速铁路高级技术管理人才235名；培养具有扎实的专业基础知识、较强的实践能力、能够快速判断和处置各种故障的站段层面的高速铁路技术骨干人才448名；培养具有较高作业技能、能够处理和解决客运专线运营维护中日常问题的车间层面的高速铁路技术技能人才690名；培养高速铁路调度骨干人才217名；培养动车基地人才67人；培养基础设施维修基地人才93人；培养动车组司机6000名。

（2）公路水路行业人才战略目标。到2020年，各类人才总量达到1500万人，人才密度提高到21%，实现人才总量增幅略快于从业人员的增幅。

总体上，实现高层次、高技能人才总量增幅略快于各类专门人员的增幅。与此同时，人才队伍素质得到显著提高，人才资源分布得到合理调整，尤其是交通发展重要领域、新兴领域和特种专业人才紧缺状况得到明显缓解。

（3）民航行业人才战略目标。民航行业到2020年，紧缺的专业人才和高技能人才队伍建设目标如表8-1所示。

表8-1　　　民航行业紧缺专业人才和高技能人才总量目标　　　单位：人

分类	年份	2010年	2015年	2020年
紧缺专业技术人才	合计	106000	189000	348000
	飞行员	21000	43000	92000
	管制员	9000	14000	26000
	飞机维修人员	76000	132000	230000
紧缺高技能人才	合计	24000	39000	62000
	民航安全检查员	14000	24000	42000
	空中乘务员	10000	15000	20000

（4）管道运输行业人才战略目标。到2020年，考虑到油气管道技术水平和人才素质不断提高等因素，管道运输业务人力资源需求总量能够控制在2.5万人以内。

二　政策建设

（一）加强高层次人才队伍建设

围绕高层次、高技能和紧缺型人才的培养，实施"三项"人才队伍建设工程，并力争突破现有框架，制定出台相应的政策和机制。这是现代交通运输人才队伍建设的关键和抓手。

高层次人才队伍建设，在总体思路上，要以人才创新能力建设为核心，以重大建设工程和重点科研项目为依托，以重点科研机构、重点实验室、工程中心、技术中心等为基地，以建立健全相应的人才引进、培养、使用、评价和激励政策与机制为保障，造就一批专业水平高、创新能力强、在各学科领域起核心作用的科技领军人才和起骨干作用的优秀青年人才，形成梯队结构合理的创新团队。

第八章　我国交通运输各行业人才战略的发展对策

1. 科技领军人才培养

科技领军人才培养，以设计大师、两院院士等科技领军人才后备人选的培养为重点，以建立健全相应的政策和机制为保障，以此带动创新团队建设。

（1）建立《交通运输行业高层次人才信息管理系统》。旨在摸清交通运输行业高层次人才资源状况，为培养人才、用好人才夯实基础。目前，交通运输部正着手系统开发该系统，下一步工作的重点是做好人才推选与信息入库工作；在此基础上，协调并整合交通运输行业其他主管部门的人才信息系统资源，力争建立起行业、专业覆盖面更加广泛的《交通运输行业高层次人才信息管理系统》。

（2）制定《交通科技领军人才后备人选遴选办法和培养政策》。重点是针对交通运输行业设计大师和两院院士培养，研究制定相应的后备人选遴选办法和培养政策。初步设想在整个交通运输行业遴选50位左右设计大师和两院院士的后备人选，并结合重大建设工程和重点科研项目的实施，在招投标环节，通过加分措施，保障每位人选年度科研经费平均不低于100万元，有计划地安排其牵头承担重大建设工程、重点科研项目的专业技术工作；在拟建立的"交通运输人才战略工作专项基金（资金）"中，通过政府资助，保障每位人选年度国内外学术交流和学术专著出版经费不低于10万元。与此同时，进一步注重做好向设计大师、两院院士的选拔推荐组织工作。

（3）建立健全分配激励机制。探索建立技术、专利等知识产权入股制度和技术创新人员持股制度，努力缩小领军人才的收入水平与国际同类岗位市场水平的差距。

2. 优秀青年人才培养

针对优秀青年人才培养，完善相关的政策和机制，以吸引和鼓励更多的青年人才在科研和工程一线从事专业技术工作，并为他们提供充分发挥才能、体现价值的机会和舞台。

（1）在引进机制上，打破户籍和身份界限，制定吸引国内外人才特别是优秀青年人才到交通运输行业服务的具体办法和配套政策，重点解决好其安家落户、子女上学、配偶安置等方面存在的实际困难。用人单位根据自身经济条件和当地生活水平，可为引进的每位优秀青年人才提供10万元以上安家补贴。同时，采取灵活的引进机制，既可以引进人才，也可以引进智力，还可以引进研究项目和成果。引进可以采用调动、聘用、借调、兼职、讲学、培训、科研等多种形式，壮大交通运输行业高层次优秀人才队伍，提高高层次优秀人才队伍实力。

（2）在培养与使用机制上，注重在重大建设工程和重点科研项目中对优秀青年人才委以重任，采取在重大建设工程和重点科研项目的招投标中适当加分的办法和机制，保障45岁以下享受政府特殊津贴专家、有突出贡献中青年专家、国家及行业人才培养工程第一层次人选、科技英才等年度人均科研经费不低于50万元；争取在拟建立的"交通运输人才战略工作专项基金（资金）"中，通过政府资助保障每位人选年度国内外学术交流和学术专著出版经费不低于5万元。与此同时，建立健全"传帮带"机制，帮助青年人才成长。

（3）在评价与激励机制上，完善各类高级专家的选拔推荐机制。重点针对向国家层面推选政府特殊津贴专家、有突出贡献中青年专家等工作，以及行业层面人才培养工程第一层次人选、科技英才等优秀青年人才评选等工作，修订现行的评选办法，完善相关的评价标准和选评机制。在评选标准方面，首先从规范职位分类与职业标准入手，研究并建立客观、公正、科学、合理、可行的，以业绩为依据，由品德、知识、能力等要素构成的，以量化指标为主的人才资源评价指标体系，并把是否有自主创新能力作为重要评价指标，为人才资源的科学管理提供依据。在选评机制方面，重点是进一步加大向一线人才、青年人才以及西部地区和少数民族适度倾斜的政策力度。原则上，在政府特殊津贴专家、有突出贡献中青年专家推选中，45岁以下的一线人才和青年人才所占推选人数的比例不低于50%，其中来自西部地区和少数民族的45岁以下的一线人才、青年人才不低于推选人数的10%；在行业层面人才培养工程第一层次人选、科技英才等优秀青年人才评选中，一线人才所占入选人数的比例不低于80%，其中来自西部地区和少数民族的一线人才不低于入选人数的20%；对实际上已走上行政领导岗位，以非专业技术工作为主的领导干部和管理人员参与上述各类人才评选要予以严格限制，原则上不超过推选或入选人数的20%。与此同时，针对交通运输发展很快、优秀人才快速成长的实际，考虑适当增加入选名额，如交通运输部可将"新世纪十百千人才培养工程"第一层次人选和交通青年科技英才，由目前每次均不到50人增加到每次各100名；要完善评选程序与评选方式，采取单位推荐与专家推荐相结合，增加人才评选的透明度，促进更多优秀青年人才脱颖而出。另外，要重视完善与人才评价和激励密切相关的交通科技成果的奖励制度，重点是做好与国家有关部门的沟通协调工作，提高交通运输行业科技成果奖励的层次与认可度。

（4）在优秀人才的动态管理和后续服务管理机制上，要建立健全各级各类专家津贴制度、考核制度和保健制度。各用人单位要针对各级各类专家，兑现专家津贴；要高度重视并有效解决高层次人才的不当使用和过度使用问题，采取有效的减压措施和保健措施，解除或缓解他们目前存在的工作任务重、工作强度大、健康状况差等现象。要提高高层次人才的保健待遇，同时严格执行国家法律，安排好高层次人才尤其是中青年专家的年度休假。要高度重视中青年专家的定期体检，将专家队伍的健康状况列入交通主管部门的人才管理信息系统之中。同时，加强对所评人员的定期考评，引入聘期制和淘汰制，促进高层次人才的良性发展。

（二）加强高技能人才队伍建设

高技能人才队伍建设，要贯彻落实中共中央办公厅、国务院办公厅《关于进一步加强高技能人才工作的意见》精神，根据交通运输行业和劳动力市场的实际需要，针对现代交通运输业高技能人才严重短缺的突出问题，以工程建养、汽车维修、工程机械、港口生产、船舶驾驶、轮机管理、铁路动车司机和动车随车机械师、民航安全检查员、乘务员、管道维抢修、邮政高级业务师等专业为重点，以职业能力建设为核心，紧紧抓住技能培养、考核评价、岗位使用、竞赛选拔、技术交流、表彰激励、合理流动、社会保障等环节，完善政策，创新机制，健全和完善企业培养、选拔、使用、激励高技能人才的工作体系，形成有利于高技能人才成长和发挥作用的制度环境和社会氛围，带动技能劳动者队伍整体素质的提高和发展壮大。

推进交通运输行业职业资格制度建设。职业资格制度建设既针对专业技术人次，也针对专业技能人才。要重点针对交通运输行业责任重大、专业性强，特别是关系国家和人民生命财产安全的关键岗位，组织制定《交通运输行业职业资格制度框架》，明确交通运输行业技术类岗位和技能类岗位需要，建立职业资格制度。在此基础上，要按照统筹规划、分步实施、急需先建的原则组织实施，使交通运输行业人才队伍素质不断提高，人才结构逐渐合理，适应交通事业发展的需要。

与此同时，各用人单位要注重用好高技能人才，必要时，可考虑建立健全高技能人才岗位管理制度，实行总技师、重点专业首席技师制，落实高技能人才尤其高级技师的津贴和待遇。

（三）加强紧缺型专业人才培养

专业技术人才培养方面，重点针对交通发展的重要领域、新兴领域和薄弱环节，研究制定"交通运输专业技术紧缺人才培养计划"，以及相应的配套政策。从人才培养环节入手，政府主管部门与人才培养机构，采取"共建"机制，有重点地支持行业内外高等院校交通类重点学科、主干专业和新兴专业，改善办学条件、提高教学质量，同时设立专项奖学金，吸引优秀的高中毕业生进入交通类专业学习、选择交通类职业工作。具体包括：铁路客运专线领域紧缺的运、机、工、电、辆、牵引供电等专业系统专业技术人才；公路交通领域紧缺的道路工程、桥梁与隧道工程、交通安全等专业技术人才；水运领域紧缺的高级船员、高级验船师、救助人才、打捞人才；民航领域紧缺的飞行、管制和飞机维修等专业技术人才；管道运输业务的设备、电气、仪表自动化和综合油气调度人才；邮政行业的快递服务、物流管理和信息技术等特种专业技术人才。

与此同时，要加强在职人员的培训。要根据各类人才的不同特点，制定各类人才能力建设的标准框架，完善教育培训的内容、方法和机制，建立面向全行业的以能力为基础的各类人才培训和开发体系。要树立大教育、大培训观念，倡导继续教育和终生教育，充分发挥交通运输行业各级培训机构的作用，实现资源共享、信息互通、优势互补，使培训教育资源最大限度地得到利用。要加强交通运输部门的上下联系与区域合作，支持西部地区交通运输人才参加中东部地区项目研究，鼓励中东部地区高层次人才以挂职西派形式参加西部交通建设和科研项目，帮助西部地区和少数民族培养人才。

专业技能人才培养方面，重点是针对铁路客运专线领域的工务、电务、动车司机和动车随车机械师，公路建养、汽车维修、工程造价、工程机械，港口与航道建设、港口装卸机械操作与维护、船舶驾驶和轮机管理，民航安全检查员、乘务员，管道维抢修，物流管理、邮政快递和信息技术等专业，尽快启动"交通运输专业技能紧缺人才培养计划"，重点建设一批技能人才示范性培训基地，组织建设大批技能人才的专业实训示范基地，争取国家和交通运输部门资金、政策等的重点支持。与此同时，加大农村劳动力转移培训力度，有计划地帮助农民兄弟掌握相关职业技能，使之成为交通运输发展所需要的技能型人才。

第八章 我国交通运输各行业人才战略的发展对策

要重点解决人才培养与培训经费问题。各交通运输主管部门可以继续沿用从交通规费中按1%比例足额提取教育经费；在重大建设和科研项目经费中，按规定要求提取教育培训经费；一般企业要按职工工资总额1.5%的比例足额提取教育培训经费，对从业人员要求高的企业可按2.5%的比例提取教育培训经费。同时，要积极引导和推动企业单位和社会组织加大对交通运输人才队伍建设的资金投入，努力创立具有交通运输行业特点的人才培养基金和优秀人才专项资助基金，为人才培养创造条件。

在加强紧缺人才培养问题的同时，进一步做好紧缺人才的引进工作，最终使培养出来的人才能够学以致用，充实调整人才的专业结构。各部门、各单位要制定"紧缺专业人才补充计划"，如针对铁路交通现代化的重点领域即铁路客运专线的发展，实施"铁路客运专线专业技术人才补充计划"等。在这方面，重点是做好以下三项工作：

1. **建立健全促进人才有效供给的信息平台与协作机制**

要完善人才信息系统，通过改造并整合现有交通运输人才信息系统，建立全国统一、多层次、分类型的交通运输人才资源信息网，扩充服务功能，定期发布交通运输人才的供求信息、政策信息和培训信息，使中国交通运输人才战略网成为全行业人才服务的共享平台。要进一步规范和完善全国航海类专业毕业生就业协作组、全国公路交通类专业毕业生就业协作组以及其他组织的活动，增强凝聚力，扩大影响力，为会员和社会提供更为有效的服务。要畅通人才供求信息，逐步建立人才培养机构和人才使用部门之间的人才供求联系机制，为培训机构和用人单位提供信息服务。

2. **消除不利于人才合理流动的体制性障碍**

要消除人才引进在编制、户籍等方面受到的限制，改变人才引进过于强调学历、职称、资历和身份等方面存在的障碍；要改革人事档案的管理制度，实行人才引进的柔性政策，制定人才流动的法律法规，保证人才流动的开放性和有序性。按照国家的统一部署，加快与社会保障制度衔接，尽快将交通事业单位全部纳入社会保障体系，完善交通运输企业单位参加社会保障制度，消除人才流动的后顾之忧，促进人才资源的合理配置。与此同时，要强化特有专业技术人才流动的规范化和健全的流动管理制度。

3. **解决技能人才引进与使用上的政策缺失与公平问题**

建议国家对有关单位使用技能人才或持证上岗制定引导性或鼓励性政策，同时解决专业技能人才在使用上的"不等价"问题，保障技能人才获得应有的认可与合理的待遇。

(四) 加强人才战略的保障措施

1. 高度重视人才工作,加强对人才工作的领导

交通运输各行业人才战略,在总量、结构、素质和分布等本体特征以及人才队伍建设的环境与效能等方面,共性问题和突出问题比较集中。但是,"大道至简,知易行难"。文献分析表明,这些问题在许多行业、许多领域早就存在,已被认识多年,只是"行动"少于"认知",或"答案"多于"问题"。解决问题,关键在于真想解决、真正重视。这种重视是指中央重视、领导重视,因为没有中央的重视,国家如不出台上下认可的上层政策,行业主管部门缺乏解决深层次体制性、政策性问题的条件;没有领导的重视,人才问题难以提上议事日程。各地、各部门对这次立项研究普遍寄予厚望,在接受访谈时,十分重视、积极准备、踊跃发言,热切盼望中央能够出台相关政策,上下联动、纵横互动、切实推动、逐步解决普遍关心的突出问题,盼望能够见到行动、看到进展。

在中央已经高度重视的同时,交通运输各行业的政府主管部门也要真正重视人才工作,将人才工作提到重要日程。建议政府交通运输主管部门成立人才工作领导小组,针对人才引进、培养、使用、评价和激励等各个方面需要解决的突出问题,建立人才工作跨部门的协调机制,重点加强交通主管部门内部的业务管理、科技管理和人事人才部门之间的沟通,建立起各部门相关资源整合利用的经常性协商渠道,实现各部门之间在重大工程实施、科技项目组织、优秀人才培养等方面政策的有效衔接,研究建立更加有利于出好人才、用好人才的一体化政策大平台。

2. 加强前期研究,强化人才管理决策的科学基础

近年来,交通运输行业对人才问题的研究也主要是战略和规划层面的研究,专题研究较少。而且既有研究表明,人才问题错综复杂,解决问题的根由更多地在于国家层面的体制、机制、政策等大环境。因此建议,在完成本次战略研究后,进一步在中央和行业层面同步深化专题研究,并仿国家科技部组织开展"重大专项"的模式,将人才问题研究列入"重大专项",统一制定整体方案,统一解决经费来源,提升研究工作的整体效果,并为研究工作提供及时、充足的经费保障。

3. 建立稳定的资金渠道,加大人才工作保障力度

加强人才资源的开发与管理,资金支持是基本保障。交通运输行业各

第八章 我国交通运输各行业人才战略的发展对策

部门、各单位要牢固树立人才投入是效益最大的投入的观念,逐步建立稳定的长效的资金渠道,不断加大对人才工作的投入力度。各级交通主管部门要根据人才工作实际需要,与国家有关部门积极汇报沟通,在政府公共财政预算中安排必要的资金,建立交通运输人才战略工作专项基金(资金),用于支持高层次、高技能人才以及紧缺型人才引进、培养计划的实施,用于人才问题的前期研究。同时,要加强对人才投入资金使用的监督管理,切实提高投入效益。

4. 加强自身建设,提高人才管理部门知人善用能力

鉴于目前人才评价与使用中,客观存在的"相马机制",相对地缺乏"赛马机制",人事人才部门发挥着重要作用,建议各级、各地交通运输人事人才部门要加强自身建设,提高知人善用的能力。

(1)要做到"知人"。要善于发现人才,特别是注意发现那些虽有一些缺点但确有专长的特殊人才。"金无足赤,人无完人",对于高层次创新型人才,不能求全责备,要鼓励他们在思想上"亮胆",在工作上"亮剑"。

(2)要做到"善用"。作为管人才的人,一定要率先更新观念,用解放思想的方法先解放自己的思想,用解放思想的方式来选拔思想解放的人才,不要把"陋习"当"原则",把"守旧"当"稳重"。各级人事部门、人事干部要把高层次人才工作放到更加重要的战略位置,冲破一切与习近平新时代中国特色社会主义思想不符的陈腐观念,抓住"知人"这个关键,做好"善用"这篇文章,增加主动性、把握规律性、富于创造性地开展好人才工作。

5. 完善人才统计调查制度,加强人才队伍建设的动态监测

各行业人才资源的统计基础非常薄弱,统计制度尚未建立,统计渠道还不畅通,反映人才总量、结构、分布和素质等本体特征的基础数据,统计范围与口径很不一致,统计数据不全面、不系统,可靠性和可比性不足。为此建议,要完善人才统计指标体系,要依照中组部全国人才资源综合指标,来制定符合交通运输行业实际的各行业、各部门、各类别、各层次人才统计指标。要改进人才统计调查方法,合理界定人才统计的范围和口径,逐步形成部门统计与行业统计相结合,以全面调查为基础、以经常性抽样调查和重点调查为补充的行业人才统计调查体系,同时要充分利用国家和行业现行的统计调查渠道,建立健全"交通运输人才战略统计调查制度"。要加强人才统计分析工作,加强人才队伍建设的动态监测。要强化人才统

计信息服务，要扩大服务对象，丰富服务内容，改进服务方式，为社会各界提供交通运输人才供需信息。

第二节　我国公路水路行业人才战略的政策建议

一　技术人才队伍建设计划

为实现公路水路行业人才资源保障和智力支持目标，适应公路水路交通发展，人才资源开发与管理工作应围绕管理人才、技术人才和技能人才队伍建设，重点加强高层次、高技能和紧缺型人才的培养；应围绕人才机制、人才服务和人才安全，重点加强人才机制保障体系、人才服务保障体系和人才安全保障体系建设。

专业技术人才是公路水路交通专门人才的主体，是公路水路行业人才战略的重点。加强专业技术人才队伍建设重点是抓好三方面工作：一是优秀人才的引进；二是自有人才的培养；三是高层次、创新型人才队伍的建设。

优秀人才的引进，首先，要从人才培养环节入手，针对紧缺型人才和战略性人才的需求，支持行业内外高等院校交通类重点学科、主干专业和新兴专业，改善办学条件、提高教学质量的同时，设立专项奖学金，吸引优秀的高中毕业生进入交通类专业学习、选择交通类职业工作，这是提高人才质量的源头。其次，要加强宣传力度，吸引大专院校优秀毕业生到交通运输行业工作，鼓励大批毕业生到中西部地区、基层单位、一线部门去工作，大量充实交通建设和运输服务的技术力量。要妥善解决医疗保险、配偶就业、子女上学等问题，制定和实施吸引优秀留学人才和海外科技人才回国服务交通发展的具体办法。

自有人才的培养，公路水路行业要加强做好本单位人才的职业发展规划，为人才发展提供技术支持和后勤保障服务。为有志于在技术领域发展的人才提供各类学习、交流、参与重大项目的机会，在发展通道上设立与行政级别享受同等待遇的技术岗位，解决技术人员的家庭、子女、健康等后顾之忧。在引进各类人才的同时，给自有人才以足够的重视，优先考虑本单位人才的各种发展机会，从感情上、待遇上、发展机会上留住自有人才，使其能够安心于本单位的工作。

高层次、创新型人才队伍建设，是交通运输人才队伍建设的重点和关键，具有战略意义。重点是加强高层次人才的培养与选拔，造就一批政治素质较高、综合素质较强、专业水平高和创新能力突出的具有国内领先水平的交通学科带头人，在各学科领域起骨干作用和具有发展潜力的中青年专家，形成一批优秀的创新团队。

首先公路水路行业要进一步实施交通运输部新世纪十百千人才培养工程，要以重大建设项目和重点科研项目为依托，以重点科研机构和交通运输行业重点实验室为基地，造就一批交通科技领军人才和优秀青年科技人才，形成一批优秀的创新团队。通过重点项目培养和锻炼，造就更多优秀的学术和学科带头人，形成一批在国内有较高知名度和影响力的专家。要以重大技术攻关等重大科研项目为舞台，以交通运输行业重点实验室和行业技术研发中心为基地，经过5年的努力，造就50名左右在国内外有重大影响的交通科技领军人才，100名青年拔尖人才，1000名有较高学术造诣的优秀青年科技人才，形成一批优秀的创新团队。

其次，要让优秀青年人才在重大建设和科研实践中得到充分锻炼和快速成长，大力提高青年人才的创新能力，充分发挥青年人才的创新潜力，让年轻人早出成果、多出成果。要营造有利于创新人才敢于探索和勇于创新的文化环境，要倡导拼搏进取、自觉奉献的爱国精神，求真务实、开拓创新的科学精神，团结协作、淡泊名利的团队精神，增强人才队伍协同解决各种重大难题和复杂问题的整体创新能力。要倡导学术自由和民主，尊重个性，宽容失败，努力营造宽松和谐、健康向上的创新文化氛围。对于那些想干事、能干好事的人要放心地使用；对那些能力强、有个性的人才要大胆地重用，对他们取得的成绩、做出的贡献要及时地予以肯定和表彰。

最后，要深化职称改革，完善专业技术职务聘任制度，丰富和发展人才评价方式，进一步探索考试、评审、考核、直接聘任等多种评价手段。

二　技能人才队伍建设计划

专业技能人才是交通专门人才的数量主体。要增加人才队伍规模、优化人才队伍结构、提高人才队伍素质，建设总量充足、结构合理、素质较高的交通运输人才队伍，其主要对象是数量庞大的技能人才。

实施技能人才队伍建设计划，贯彻落实中共中央办公厅、国务院办公厅《关于进一步加强高技能人才工作的意见》精神，针对交通技能型人才短缺的矛盾，尽快启动"交通运输行业技能型紧缺人才培养工程"，大力加强技能人才队伍建设。重点组织对交通事业发展有重要影响的主干专业技能型紧缺人员的培养。要充分发掘现有各类培训机构的潜力，经过强化培训和实践锻炼，造就更多的高技能人才，并重点建设一批技能人才示范性培训基地。具体来说，可优先在公路水路领域选择5—8个技能型培训项目，即汽车运用与维修、公路施工与养护、筑路机械操作与维护、港口装卸机械操作与维护、船舶驾驶（船舶操纵以及相关专业，工种）、轮机管理（船舶轮机工）等，有计划地实施该项工程，并重点建设一批示范性培训基地，争取国家和交通运输部门以资金、政策等的重点支持。同时根据技能人才的特点和成长规律，研究制定技能人才的评价标准、新的培养模式及方式、激励措施和管理办法。要通过评选行业技术能手等活动，树立先进典型，鼓励和推动更多的高技能人才快速成长。各地区、各单位可根据各自的人才需求情况，把公路水路行业技能型人才培养纳入交通教育培训发展规划之中，加大培养力度。以缓解目前全行业技能型人才紧缺状况。

公路水路行业用人单位应和教育机构加强联系和沟通，提供人才供需信息的调查与沟通。在此基础上，指导高等院校、职业院校和其他教育机构及时调整专业设置和招生规模，改革教学内容、教学手段和教学方法。

与此同时，要加大农村劳动力转移培训力度。随着交通事业的快速发展，大量农民工参与交通建设，交通运输行业已成为吸纳就业的重要产业。交通职业教育与培训机构要从保证交通建设质量和推动解决"三农"问题的高度，将农村劳动力转移培训列为工作重点，帮助转移到交通建设、工程养护和运输服务等领域的农民兄弟掌握相关职业技能，使之成为交通发展所需要的技能型人才。

三 管理人才队伍建设计划

公路水路行业要按照提高执政能力的要求，以及交通运输部党组提出

第八章 我国交通运输各行业人才战略的发展对策

要建设服务型政府和法治型政府的要求，提高领导干部和执法人员的公共管理能力和依法行政能力，建设一支适应政府职能转变和管理体制改革需要，政治上靠得住、工作上有本事、作风上过得硬，善于治党理政的高级公共管理人才队伍。要加大公务员队伍法律知识、管理知识、现代经济知识和交通专业知识的培训力度，增强管理干部的创新意识和开拓意识，提升管理干部依法行政、履行岗位职责、驾驭新生事物的能力。要按照"为民、务实、清廉"的要求，加强政府机关工作人员的作风建设，增强公务员的服务意识，改进工作作风和提高工作效率。

公路水路行业每个5年期间应保证全员培训一次。要继续按要求组织交通执法人员教育培训，确保先培训后上岗，增强领导干部科学判断形势、把握发展趋势、抓住工作重点的能力，以及发现问题、分析问题和处理问题的能力。

要按照中组部、人事部规定的培训要求，认真组织任职培训。积极组织多种形式的理论和业务知识学习，采取有效措施进一步鼓励公务员在做好岗位工作的同时，积极参加在职学历教育和继续教育。积极拓宽公务员培训渠道，选派优秀公务员出国进修，拓宽公务员的国际视野，培养公务员的创新能力。继续加大轮岗、交流、输送到重要岗位锻炼等方式，注重在艰苦、复杂环境和危难、险重工作中培养锻炼公务员队伍，在实践中增长才干。

要继续实施交通运输部支持西部地区干部培训计划，公路水路行业要积极筹措专项资金，采取请出来和派进去，对口支援和参与项目等多种形式，组织对西部地区交通领导干部、管理干部、专业技术人员和交通教育师资的培训，支持西部地区人才培养工作。要继续组织交通教育扶贫和支援老区、少数民族地区和边疆地区交通教育发展。

公路水路行业要建立一支数量充足、素质较高、结构合理的后备干部队伍，完善和落实后备干部培养计划和具体措施。建立制度化、规范化的干部交流制度。要结合日常管理、重大问题、重点项目等，采取"走出去，引进来"的方式，对有培养前途的年轻干部和后备干部，进行多个单位、多个岗位的交流锻炼，特别是到基层单位、到中西部地区、到公路、水路重点项目上去，在实践中锻炼提高干部的综合素质。

四　建设三项人才保障体系

（一）创新人才体制保障体系

不断创新人才体制机制，是促进新时期人事人才工作快速发展并取得成效的重要保障。创新人才体制机制，关键是要抓住人才培养、引进、使用三个环节，深化人事人才制度改革，加快人才资源开发与管理的法制化、制度化、规范化和科学化进程。

1. 创新人才培养机制

战略性人才资源开发的核心是交通运输人才的能力建设。加强人才的培训是能力建设的重要方式。要根据各类人才的不同特点，研究制定各类人才能力建设的标准框架，完善教育培训的内容、方法和机制，建立面向全行业的以能力为基础的各类人才培训和开发体系。要树立大教育、大培训观念，要在提高人才思想道德素质、科学文化素质和身体健康素质的基础上，重点培养公路水路行业人才的学习能力、实践能力，着力提高创新能力，促进各类人才的全面发展。

在创新人才培养机制方面，一是完善政府主导、市场引导、齐抓共管、多元开放的宏观管理机制；二是形成以人为本、围绕中心、有的放矢、按需施教的教育需求机制；三是建立对办学行为和教育质量监督和评价机制；四是实行学习培训考核和干部使用制度相结合的激励约束机制。

要充分发挥交通运输行业各级培训机构的作用，实现资源共享、信息互通、优势互补，使培训教育资源最大限度地得到利用。要以具有显著交通运输行业特色的职业教育院校为主干，建立结构合理、规模适度、质量可靠、协调发展、灵活开放、符合交通和社会发展实际的，并与市场需求和劳动就业紧密结合的技能型人才培养平台。

2. 创新人才吸引机制

根据公路水路行业高层次人才紧缺的问题，尽快出台新的吸引国内外人才到公路水路行业就业的政策措施，按照"不求所在，不求所有，但求所用"的原则，突破户籍、部门、身份及地域界限，不拘一格选人才，制定吸引国内外人才特别是高层次优秀人才到公路水路行业人才服务的具体办法和配套政策。既可以引进人才，也可以引进智力，还可以引进研究项目和成果。引进可以采用调动、聘用、借调、兼职、讲学、培训、科研等多种形式，壮大行业高层次优秀人才队伍，提高高层次优秀人才队伍实力。同时还要继续做好吸引高等院校优秀毕业生到交通领域工作。

3. 创新人才使用机制

要按照"人尽其才，才尽其用，用当其时"的原则，为更多的年轻优秀人才提供发挥才能、体现价值的机会和舞台，形成优秀年轻人才脱颖而出的选人用人机制，最大限度激发人才队伍的内在活力。要针对日益凸显的市场化冲击下，高层次人才工作事务繁杂、工作强度过大、身体状况堪忧、专业技术工作时间少、科技质量难以保障、人才队伍建设总体效能偏低等突出问题，高度重视高层次人才的科学使用和合理使用。

4. 创新人才评价机制

研究并建立客观、公正、科学、合理、可行的，以业绩为依据，由品德、知识、能力等要素构成的，以量化指标为主的人才评价指标体系，并把是否有自主创新能力作为重要评价指标，为人才的科学管理提供准确的依据。修订现行的人才评选办法。要进一步完善向一线人才、青年人才以及西部地区和少数民族适度倾斜的评价标准和选评机制，明确一定的数量或比例用于一线人才、青年人才以及西部地区和少数民族人才评选。完善评选程序与评选方式，采取单位推荐与专家推荐相结合，增加人才评选的透明度与奖励面。

5. 建立有效的人才激励机制

采取特殊政策和切实措施，对人才实行有效激励，着力完善分配激励机制，注重用待遇留人，进一步强化"尊重劳动、尊重知识、尊重创造、尊重人才"的良好环境。要在加强精神鼓励和事业激励的同时重视物质奖励，积极鼓励管理、技术、知识等要素参与分配，对自主创新成果显著，取得重大经济效益和社会效益的人才予以重奖，实现按劳分配、效率优先、兼顾公平，使政策向贡献大、业绩突出的一线骨干倾斜，鼓励人们踏踏实实地在本职岗位上为交通发展多做贡献。要在注重公平的情况下大幅度提高尖端人才的收入待遇，积极探索劳动、资本、技术和管理等生产要素合理参与分配的机制，逐步建立技术、专利等知识产权入股制度和技术创新人员持股制度，努力缩小高层次创新型人才的收入水平与国际同类岗位市场水平的差距。

6. 尽快推进交通运输行业职业资格制度建设

职业资格制度是劳动就业制度的一项重要内容，是我国人才资源开发的一项战略措施，是一种特殊的国家考试，也是一种国际上通行的对技术、技能人才的资格认证制度。针对交通运输行业中责任重大、专业性强，特别是关系国家和人民生命财产安全的关键岗位建立国家职业资格制度，是适应建设社会主义市场经济发展和实现交通新的发展的需要。建立和完善交通运输行业职业资格制度，对提高公路水路行业从业人员的业务水平和综合素质，加强国际交流，提高工程质量和服务水平，保障交通运输安全都具有重要意义。加强公路水路行业职业资格制度建设工作，首先要根据国家关于建立职业资格制度的规定，结合交通运输行业的实际，按照有利于交通发展、社会公认、国际可比、事关公共利益的原则，制定"交通运输行业职业资格制度框架"，明确交通运输行业技术类岗位和技能类岗位需要，建立职业资格制度。在此基础上，要按照统筹规划、分步实施、急需先建的原则组织实施，使交通运输行业人才队伍素质不断提高，人才结构逐渐合理，适应交通事业发展的需要。

7. 探索建立人才工作跨部门的协调机制

公路水路行业要加强交通主管部门内部业务管理、科技管理和人事人才部门之间的沟通，建立起各部门之间在人才培养、使用和评价等方面资源整合利用的经常性协商渠道，实现各部门之间在科技项目组织、培训计划安排、优秀人才评选等方面政策的有效衔接，建立起更有利于促进人才成长的一体化政策大平台。要加强交通运输部门的上下联系与区域合作，支持西部地区交通运输人才参加中东部地区项目研究，鼓励中东部地区高层次人才以挂职形式参加西部交通建设和科研项目，帮助西部地区和少数民族培养人才。

（二）完善人才服务保障体系

建立和完善交通运输人才市场服务体系，充分发挥市场机制在人才资源配置中的基础性作用，引导人才资源的合理流动，推动人才资源的结构调整，实现人才资源优化和高效配置。

1. 完善人才信息系统

不断规范和完善全国航海类专业毕业生就业协作组、全国公路交通类专业毕业生就业协作组的活动，增强凝聚力，扩大影响力。改造并整合现有交通运输人才信息系统，建立全国统一、多层次、分类型的公路水路行业人才信息网，定期发布交通运输人才的供求信息、政策信息和培训信息，使中国交通运输人才网成为全行业人才服务的共享平台。

第八章 我国交通运输各行业人才战略的发展对策

2. 畅通人才供求信息

逐步建立人才培养机构和人才使用部门之间的人才供求联系机制。充分利用交通运输行业现行的统计渠道，建立公路水路行业人才统计制度，加强人才统计信息分析，掌握交通运输人才资源在总量、结构和分布等方面的基本状况和变化趋势，为主管部门研究制定人才规划和人才政策提供科学依据。

3. 加快与社会保障制度衔接

要消除人才流动的体制性障碍，改革人事档案的管理制度，实行人才引进的柔性政策，制定人才流动和法律法规，保证人才流动的开放性和有序性。按照国家的统一部署，尽快将交通事业单位全部纳入社会保障体系，进一步完善交通运输企业单位参加社会保障制度，消除人才流动的后顾之忧，促进人才资源的合理配置。

(三) 建立人才安全保障体系

1. 建立人才身体健康保障体系

要采取有效的减压措施和保健措施，努力改善行业人才的工作环境和工作条件，解除或缓解他们目前存在的工作任务重、工作强度大、健康状况差等现象，使他们以强健的体魄、旺盛的精力投身工作，实现人才的可持续发展。要严格执行国家法律，安排好高层次人才尤其是中青年专家的年度休假。要高度重视中青年专家的定期体检，将专家队伍的健康状况列入交通主管部门的人才管理信息系统之中。

2. 完善人才思想安全保障体系

公路水路行业干部是本行业的主流人才，要从爱护人才、保护人才的角度出发，坚持以教育为主、预防为主、事前监督为主的原则，完善对干部的监督管理机制，使人才队伍思想过硬，在复杂的市场经济环境下，立得住、站得稳，真正成为交通运输行业领头人和骨干力量。

3. 健全人才流动安全保障体系

建立和健全人才流动的安全管理体制和安全管理办法，提高骨干人才待遇，保障骨干人才权益，高度重视和充分信任骨干人才，做到事业留人、感情留人、适当的待遇留人，特别要让行业人才安心交通、热爱交通、献身交通。

五 加强人才发展保障措施

时代呼唤人才，人才推动发展。未来5—15年是全面建成小康社会，实现公路水路交通全面协调可持续发展的重要时期。人才工作应以促进交通发展为根本出发点，进一步加强人才资源开发与管理工作，进一步增强人才资源保障与智力支持能力。

（一）高度重视人才工作，加强对人才工作的领导

公路水路交通是发展速度最快、人才需求最多的行业之一。近些年来，交通运输人才工作取得了重大成就，但调研反映对公路水路交通领域人才工作的重视还明显不够，人才工作还存在一些突出问题和薄弱环节，人才工作的环境和条件还需要进一步改善。各部门、各单位要牢固树立交通大业以人为本的发展理念和人才理念，高度重视人才工作。要针对人才工作存在的突出问题和薄弱环节，深入开展调查和研究，采取切实可行的政策和措施，要见行动、见成效。与此同时，人事人才工作部门要进一步转变观念和思路，真正做到人事与人才工作并重，管理与服务工作并重。

公路水路行业不仅是公路水路交通的生产运输组织，而且是学习型组织；不仅是用人的地方，而且是培养人的地方；不仅是发挥人们的才干的地方，而且是发展人的才干的地方。交通运输部门要坚定不移地把大力培养人才作为交通发展的关键环节来抓。没有人才就没有交通的发展，没有人才的高质量，就没有交通的高质量、高水平发展。

树立以人为本的理念，公路水路行业要实现人才工作职能重点的转型，由传统的部门人才管理向行业人才管理转型，由人事管理向人才资源开发转型，管理与服务工作并重转型。要破除一切束缚人才成长的陈规陋习，充分认识用好人才就是珍惜财富，开发人才就是创造财富。在识才观念方面，牢固树立人人可以成才的观念，不唯学历、职称、资历和身份，不拘一格选人才。在用才观念方面，坚持德、识、能、绩的衡量标准，全面辩证地看待人才，看主流、看大节，特别是要充分尊重高层次人才的特殊禀赋和个性，切实做到人尽其才、才尽其用、用当其时。

（二）加强前瞻性研究，制定科学可行的人才规划

公路水路行业要本着"立足当前、着眼长远、积极筹划、超前打算"的原则，从社会经济和交通事业发展出发，着眼于人才资源总量增长、素

质提高、结构优化、分布合理，特别是对关键领域和高层次、创新型人才需求，加强人才开发的前瞻性研究。通过完善政策、营造环境、整合力量、提供服务，为交通运输行业一切有志成才的人提供更多发展机遇和更大发展空间。

公路水路行业各部门、各单位要根据人才发展需要和人才队伍建设实际，做到谋划发展同时考虑人才保证，制订计划同时考虑人才需求，研究政策的同时考虑人才导向，部署工作同时考虑人才措施。及时制定本部门、本单位的五年人才规划和年度人才发展计划，使人才培养目标同交通事业发展相统一，工作措施同交通改革要求相一致，人才结构同交通结构调整相协调，要通过系统的人才规划整体推进新时期人才工作的发展，以适应交通事业持续快速健康发展需要。各级政府交通主管部门制定人才规划，要立足部门、面向行业，既抓直属部门的人才队伍建设，更要抓整个行业的人才队伍建设，要通过制定和实施行业人才规划来促进交通运输人才队伍的全面发展。

适应现代交通运输业发展要求，加快人才队伍建设，关键在于深入调研，科学规划，把握人才工作的针对性和侧重点。各地、各部门也要根据实际做出安排，重点围绕人才队伍建设的基本情况、存在的突出问题以及最紧缺、最急需的高层次、创新型人才队伍建设。各地在制定公路水路发展规划同时，要做好高层次人才队伍建设规划；在提出交通运输发展目标同时，要充分考虑高层次人才需求；在制定政策措施同时，要始终坚持正确的人才工作导向；在推进交通建设可持续发展的同时，要充分考虑高层次人才资源可持续利用。

（三）建立稳定的资金渠道，加大人才工作保障力度

加强人才资源的开发与管理，资金支持是基本保障。公路水路行业各部门、各单位要牢固树立人才投入是效益最大的投入的观念，逐步建立稳定的长效的资金渠道，不断加大对人才工作的投入力度。各级主管部门要根据人才工作实际需要，在财政预算中安排必要的资金，用于支持高层次管理人才、专业技术人才、紧缺型人才计划的实施，以及用于人才战略、规划、政策和相关技术方案的前期研究。要进一步解放思想，大胆改革，积极引导和推动企业单位和社会组织加大对人才队伍建设的资金投入，努力创立具有交通运输行业特点的人才培养基金和优秀人才专项资助基金，为人才培养创造条件。同时要加强对人才投入资金使用的监督管理，切实

提高投入效益。

(四) 提高人才管理部门知才善用的能力

孟子说:"行有不得者,皆反求诸己",意思是说任何行为得不到预期效果,都应反躬自问,好好检查自己。各级交通运输人才部门必须解放思想,从自我做起,通过"容"与"易",提高知"才"善"用"的能力。

(1) 要做到"容"人。人才管理部门要胸怀宽广。要通过"容人",做到"知人"。要以宽容之心,正确对待人才失误,对出现问题和错误的高层次人才,不能一棍子打死。要包容人才的缺点,"金无足赤,人无完人",高层次人才也不例外。对高层次创新人才,不能求全责备,要鼓励他们在思想上"亮胆",在工作上"亮剑"。人才部门要"反求诸己",多检查自身的用人问题,做到用人所长,避其所短。要兼容人才的优点和缺点,以优秀的人才为师,以人才的优点为师,不断提高自己"知人"的能力。叶公好龙,网罗不了人才;嫉贤妒能,成就不了人才,只有包容天下的胸怀,才能招揽四方的英才。

(2) 要注意"易"己。人才工作者要解放思想,改变自己。通过"易"己,做到"善用"。思想解放的程度有多深,工作理念的创新就有多深,人才的发展空间就有多大。作为管人才的人才,一定要率先更新观念,用解放思想的方法先解放自己的思想,用解放思想的方式来选拔思想解放的人才。不要把"陋习"当"原则",不要把"守旧"当"稳重";彻底消除那些"墨守成规"的观念、那些抱残守缺的做法。"水凝固而不流,物僵死而不生"。任何事都不敢越雷池一步,最后只会走进死胡同。很多工作上的落后,表现出来的往往只是问题的表象,背后都有着深刻的思想根源。从历史实践来看,改革的每一次突破,开放的每一次深化,发展的每一次提速,都是观念更新的结果,都是思想解放的结果。作为人才管理部门,思想问题解决不好,就很难履行工作职责。没有落后的人才,只有落后的"管人才的人才"。所以,各级人事部门、人事干部要研究新情况、应对新挑战,冲破一切与时代要求不适应的人才观念,革除一切与习近平新时代中国特色社会主义思想不符合的人才制度,改变一切与现代交通运输业发展不合拍的人才工作方法,充分调动公路水路行业人才的积极性。要更新用人理念,创新工作方法,提高自身的"善用"能力。要准确把握人才规律,一个是人才个体的成才规律,一个是人才使用规律,一个是人才辈出规律。当前,一些交通运输人才管理部门用计划经济的方法,管市场经济的人事,在人才选拔、引进方面,人为的条条框框不能太多;在人才引进方面不能有政策和体制上的障碍;有的纯粹以学历论英雄,结果录用了一批"空手道";有的以貌取人,结果"华而不实";有的单纯看工作履历,把挪动位置等同于经验丰富,结果让一些投机钻营之徒得利。公路水路行业各级人事部门要把人才工作放到重要的战略位置,抓住"知人"这个关键,做好"善用"这篇文章,增加主动性、把握规律性、富于创造性地开展好人才工作。

(五)加强人才统计工作,夯实人才工作的决策基础

加强人才资源的开发和管理,还有赖于掌握全面、系统、准确、及时的人才信息,以期把握人才规模、结构、环境和效能,依此做出科学的人才决策。为此,要完善人才统计指标体系,依照中组部全国人才资源综合指标,分解制定符合交通实际的各行业、各部门、各类别、各层次人才统计指标。要改进人才统计调查方法,合理界定人才统计的口径和范围,逐步形成部门统计与行业统计相结合,以全面调查为基础、以经常性抽样调查和重点调查为补充的行业人才统计调查体系,同时要充分利用行业现行的统计调查渠道,建立公路水路行业人才统计调查制度。要加强人才统计分析工作,在搜集和整理基础统计数据的基础上,进一步加工和提炼出更便于直接使用的决策信息。

第三节 我国铁路行业人才战略的主要政策建议

一 铁路人才建设的要求、目标与思路

(一)总体要求

铁路人才队伍建设的总体要求是:以党的十九大精神为指导,全面落实习近平新时代中国特色社会主义思想,以培养铁路人才为重点,强化人才战略,立足铁路自身,盘活人才存量,优化人才增量,在和谐铁路建设实践中培养和造就一支总量与铁路中长期规划目标相配套、结构与铁路管理体制和生产力布局相适应、素质与铁路生产力发展相协调的高级管理人

才、专业技术人才和高技能人才队伍。

（二）整体目标

为适应全面建成小康社会的目标要求，铁路网要扩大规模，完善结构，提高质量，快速扩充运输能力，迅速提高装备水平。到2020年，全国铁路营业里程达到12万千米以上（其中客运专线及城际铁路1.6万千米以上），复线率和电化率分别达到50%和60%以上，主要繁忙干线实现客货分线，基本形成布局合理、结构清晰、功能完善、衔接顺畅的铁路网络，运输能力满足国民经济和社会发展需要，主要技术装备达到或接近国际先进水平。

（三）工作思路

1. 高度重视人才战略

人才战略是铁路发展战略的重要组成部分，是一项基础性战略和应该先行的战略。我们提高人才规划研究的前瞻性，使人才战略与整体战略同步研究，同步配套，在和谐铁路建设中发挥先导性、基础性、决定性作用。

2. 坚持自主培养

中国铁路人才特有的核心价值观和极强的专业特性，决定了解决中国铁路人才短缺问题，必须依靠中国铁路自身培养。我们将进一步解放思想，按照"事得其人、人尽其才、人事相宜"的原则，做好短缺人才的选拔、培养和配备工作。既立足现状，盘活铁路现有人才存量，又着眼发展，不断优化铁路人才的增量，以高速铁路关键人才培养为抓手，带动铁路人才队伍建设的整体推进。

3. 积极创造条件，鼓励和引导各类人才在铁路建设和运营实践中成才

选派各类优秀人才放到即将开通运营的客运专线上，让他们参与客运专线的联调联试、运营管理和维护，培养一批高速铁路的高级管理人才、专业技术人才和高技能人才。选派一批中青年专家参与到对快速提升铁路整体技术水平具有带动作用的重点工程和重大项目中，培养造就具有原始创新、集成创新、引进消化吸收再创新能力、达到世界先进水平的一流团队。选派相对成熟的优秀青年人才，放到车间主任助理、站段长助理、局长助理等岗位进行实践锻炼并坚持能上能下，放到复杂、艰苦岗位和重点项目中去锤炼，促进他们尽快成为骨干人才。选派新接收的大学生到生产岗位去，按专业为大学生设计一条比较科学的工程实践路径，对其中有管理潜质的同志，帮助他们积累从班组、车间到站段机关不同类型、不同层次岗位的工程实践经历，促进他们早日成才。注重在实践中提高思想政治

第八章　我国交通运输各行业人才战略的发展对策

素质，帮助各类人才养成苦干实干拼命干的精神，认同中国铁路人的共同价值观。

4. 充分整合社会人才资源

对铁路急需的各类人才，特别是技术创新方面急需的高、精、尖人才，通过一流的铁路建设项目、科研开发项目的平台，吸引一流人才为这些项目服务，满足大规模铁路建设和技术装备现代化对人才的需求。加强与相关高校的合作，以铁路人才需求为导向，引导高校改善专业设置，培养适应铁路发展要求的各类专业人才。

（四）重点工作

从2009年起，我们将启动高速铁路关键人才培养工程，加快高速铁路人才培养，带动人才队伍建设整体推进。

1. 加快高速铁路关键人才培养

我们将依据客运专线开通运营的先后顺序，从相关铁路局抽调年龄适合、专业全面、素质优秀的人员，采取相应的培养方式，尽快培养一批路局高速铁路高级管理人才、路局高速铁路高级技术管理人才、站段高速铁路技术骨干人才、车间高速铁路技术技能人才。

培养方式包括参与客运专线联调联试、京津城际示范培训、客运专线提前介入、本单位客运专线岗位培养和客运专线专业理论培训五种方式。按照各类人才特点，根据不同专业领域要求，选取其中不同的培训方式组合，进行培养。

通过培养，确保路局高速铁路高级管理人才能够胜任本单位客运专线的联调联试、开通运营的牵头抓总工作；确保路局高速铁路高级技术管理人才能够胜任各专业子系统与整个系统的对接工作，提供有力的专业技术支撑；确保站段高速铁路技术骨干人才、车间高速铁路技术技能人才能够胜任高速铁路操作层面的日常工作，提供高速铁路运营维护的基础保证。

2. 加快培养高速铁路调度骨干人才

我们将通过强化理论培训和实践锻炼，使调度骨干人才达到对客运专线运营组织模式、各工种调度工作业务、运营调度信息系统、规章制度、应急处置的掌握及基础设施、通信信号、牵引供电、动车组知识的熟练掌握，确保调度骨干人员胜任客运专线指挥的要求，应对非正常情况的应急处置。

3. 加快培养高速铁路动车组司机

我们将根据动车组司机国家职业标准和选拔条件，在全路现有乘务员队伍中，通过组织专业理论考试、心理生理素质测试和结构化面试，选拔合格人员，采取集中理论培训、实作培训考核等方式，实现优中选优，确保每一名动车组司机的质量。

4. 促进高速铁路人才队伍建设的机制创新

培养造就胜任高速铁路岗位要求的人才队伍，最重要的是形成一个人才潜能不断激发、人才活力不断释放、具有旺盛生命力、充满勃勃生机的人才培养机制体系。我们将进一步完善铁路优秀人才培养机制，从大学生早期培养开始，建立从站段、路局到铁道部，从优秀大学毕业生、青年科技拔尖人才到专业技术带头人的培养体系。创新高技能人才培养体系与机制。健全大规模人才培训机制，健全以能力和业绩为取向的人才考核评价机制，健全以公开、平等、竞争、择优为导向的选拔任用机制，健全鼓励劳动和创造、体现贡献和价值的人才分配激励机制，健全人才引进机制，健全人才配置机制，完善铁路优秀人才培养体系，促进胜任高速铁路岗位要求的人才脱颖而出。

二 完善铁路建设，引领交通强国建设

2017年10月召开的党的十九大报告明确提出要建立"交通强国"的发展战略，为实现这个战略目标，进入2018年后，我国将加大铁路建设的投资力度，实施货运改革，进一步完善铁路运输货运体系。

2010年时，中国的国内生产总值就超过日本，成为世界第二大经济体。国家统计局的数据统计结果显示，2017年我国国内生产总值达82.7亿元人民币，呈快速增长趋势。加强铁路建设、发展铁路运输，不仅能够促进我国由"交通大国"迈向"交通强国"，还能为世界交通及全球物流的发展做出积极贡献，进一步提高我国的国际地位。社会主义现代化强国的发展离不开铁路行业的支持。与此同时，铁路行业的发展也能够体现出我国社会主义建设的成果。此外，铁路发展能够促进中国经济与世界经济的接轨，增强我国的综合国力。

中国铁路总公司工作会议于2018年1月2日在北京召开，此次会议总结了2017年的铁路建设工作，对2018年及未来铁路的工作重点进行了规

划,作了《交通强国,铁路先行——为促进经济社会持续健康发展作出更大贡献》专题报告,明确了未来几年铁路建设在规模、质量、技术装备、管理水平、机制体制改革等方面的发展目标,旨在充分发挥铁路在我国经济及社会发展过程中的推动作用。

党的十九大报告对"交通强国战略"与"科技强国战略"进行了明确阐述,体现出我国对铁路发展的重视程度。不仅如此,报告还对铁路发展提出了具体的要求,如完善铁路相关的基础设施网络建设。

中国铁路总公司于2018年年初对我国未来两年、七年、十七年的铁路建设进行了总体部署。国家发展委、交通部、国家铁路局、中国铁路总公司印发的《铁路"十三五"发展规划》指出,我国计划到2020年完成15万千米铁路营业里程,到2025年,铁路网规模达到17.5万千米。

从现阶段下的铁路建设能力来分析,我国是能够实现这个目标的。首先,我国在铁路科学技术方面积累了丰富的经验,能够为"交通强国"战略目标的实现提供足够的支持;其次,2016—2017年,我国完成了6000千米的高铁建设,剩下的高铁建设目标完全能够实现;最后,目前国内铁路的发展已进入到升级阶段,铁路建设质量明显提高,更加注重铁路经营与管理、铁路相关技术的发展、结构完善等。

传统模式下,铁路建设只注重规模与数量,现如今,除了规模之外,质量也成为不可忽视的因素,不仅如此,实现铁路运输与其他交通方式之间的无缝对接也成为相关部门的工作重点,体现出铁路建设与发展的升级;更加注重对先进技术的发展及应用,促进铁路行业向智能化、信息化方向发展;注重对铁路建设及发展的经营与管理,着眼于解决铁路运输过程中面临的各项风险;不断优化铁路机制体系,对传统结构模式进行改革。由此可见,我国将从2018年开始进入铁路建设与发展的新阶段,不断向"交通强国"迈进。

三 提升货运服务,深化铁路物流改革

对2017年我国货运情况进行综合考虑后,中国铁路总公司提出,2018年铁路工作的目标是,货物发送量达到30.2亿吨。之所以确定这个目标,是因为该部门对2017年总体货运情况进行分析后发现,虽然我国铁路货运量呈逐年递增趋势,但年末铁路货运量会出现下滑情况。与此同时,大宗

货物运输容易受到外界因素的影响而产生变化。尽管如此,无论是国内区域经济的发展,还是国家战略的实施,都离不开铁路运输服务的支持,不仅如此,随着时间的推移,铁路在经济发展、资源调度中发挥的作用越来越突出。所以,相关部门要提高对铁路建设及发展的重视程度,加大投资支持力度,并提供相应的资源。

交通运输部在工作会议中强调,2018年要进一步在交通运输领域实施供给侧结构性改革,对传统的结构组成方式进行调整,由铁路、水路承担长距离大宗货物运输任务,并将其作为运输部的工作重点。铁路运输、公路运输及水运的能源消耗量都比较低,也不会产生过多的碳排放,其中,铁路在多式联运中的优势尤其明显,因此比较适合发展中长距离运输。与此同时,在电商行业迅速崛起的今天,货运服务的运转持续加快,能够给铁路运输在快递方面的发展提供助推力量,在这个过程中,重点是要实现铁路与其他运输方式之间的有效对接。

中国铁路总公司于2017年实施了大刀阔斧的改革,用集团公司制取代了传统的铁路局,体现出铁路货运在我国市场经济中占据的主体地位。在后期发展过程中,铁路公司的内部结构及管理将逐步趋于完善,其运营也将更加规范,铁路货运的市场化特征将越来越明显。

由于铁路聚焦于运输业务,未向物流领域拓展,加上经济结构改革的影响,其市场份额呈下跌趋势。虽然我国的经济总量低于美国,但铁路货运量却将美国远远甩在身后,我国仅煤炭运输的规模就接近于美国的总体货运量。由此可见,我国铁路运输虽然规模庞大,但总体效益比较低,换句话说,大宗货物占据了我国运输货物的主体部分,却无法满足物流行业的发展需求。

进入2018年后,相关部门会进一步实施铁路行业的供给侧结构性改革,发挥铁路在社会经济发展过程中的推动作用。大宗货物仍然会是铁路运输的重点,铁路部门将建立快捷货运班列体系,促进铁路快运、商品汽车运输、集装箱运输业务的发展。

另外,相关部门将促进铁路与其他交通运输方式之间的对接,包括铁路与公路运输间的对接、铁路与水运之间的对接等,并扩大在物流领域中的业务经营范围,促进社会优质资源的整合,实现铁路运输与社会物流的共同发展。促进铁路运输的结构改革,实现货品存储、运输、包装、信息流通等各个环节之间的系统化发展,提高铁路物流企业发展的现代化水平。

第八章　我国交通运输各行业人才战略的发展对策

四　强化盈利能力，深化铁路运价改革

现阶段下，国内铁路客运定价具有明显的公益性特点，但不符合市场发展趋势。近年来，居民的经济收入水平不断提高，社会许多行业的成本消耗量也在持续攀升，虽然铁路客运量、周转量连年上升，但其效益增幅并不明显，这是因为铁路运输成本迅速增加，但运输收入的增长十分缓慢，客运价格有待提高。

随着高铁的稳定运营，人们对其运输服务的信赖度持续提高，也愿意接受高质量服务对应的消费成本。虽然客运与货运之间存在明显的区别，但相关部门应该在恰当的时机实施运价改革，提高客运服务的盈利能力，就能促使货运服务适当调价。

在铁路建设及发展过程中，路网布局将逐渐趋于成熟，随着快速铁路网、区际交通干线的开通，铁路的运营效率会更上一个台阶，铁路运输的盈利能力将随之提高，缓解成本增加给相关部门带来的巨大压力。国家出台的交通运输超载治理措施及严格污染治理对策，使铁路货运的优势体现出来。

但是，我国路网覆盖范围较大，不同地区的路网资源及运输需求存在明显的差异。在实施运价改革的过程中，不仅要注重改革对经济结构的影响，还要综合考虑各方利益。可以将铁路运输的价格变动控制在一定范围内，根据国家的规定，将原价适当上调或者下调。对货运来说，价格上调就意味着出现货运量降低的情况。

对此，国内主干发电企业共同向国家相关部门反映，上调铁路运价会带来诸多影响，要审慎对待。如果要下调铁路运价，也要考虑市场需求等相关因素，注重提高铁路运输的效益。

另外，由于民间资本在铁路资本中的参与有限，难以在铁路建设及发展过程中发挥社会资本的价值，也给铁路运价改革带来一定阻力。价格的变动能够影响供需关系，如果铁路运力得不到充分利用，即便提高运费，也无法提高铁路运输效益。

相关企业应该在考虑市场需求情况的基础上，依据国家的指导确立具体的运价。运价的调整关系到整个铁路货运改革的进度，能够促进铁路行业的市场化发展。在调整运价的同时，铁路运输企业还应该根据市场需求，

对当前的供需关系进行调整，充分发挥铁路货运的价值。

国家发改委于2017年年末颁布《关于深化铁路货运价格市场化改革等有关问题的通知》，强调要发挥市场的调节作用，降低运价结构的复杂性，补齐运价体系中存在的"短板"，并要求铁路企业按照公家规定的基准价进行运价调整，上调范围需在15%以内，下调范围不设限。

五　整合资源优势，打造国家外交名片

经过长时间的运营，铁路形成了相对完善而又独立的系统，但也逐渐脱离了其他经济体系。从宏观角度来分析，基础设施、集疏运体系的缺乏导致多式联运的发展面临重重阻力，铁路运输的价值也难以充分体现出来，在这种情况下，总体运输效率只能维持在低水平上。要想提高多式联运的整体效率，既要做好硬件建设，又要提供软件支持。经过相关部门的努力，我国在运输体系整合方面获得了初步的成就，在后续发展过程中，仍要积极拥抱互联网，提高社会优质资源的利用率，促进市场供给与需求之间的对接，解决传统货运组织方式中存在的问题。铁路运输在参与市场竞争的过程中，应该注重相关配套设施的建设，采用协同发展方式，在实现成本控制的基础上，进一步发挥铁路在综合交通运输体系中的主导作用。

实施制度性改革之后，中国铁路总公司的业务类型更加多元化了，除了客运、货运、设备制造、工程承包之外，还在物流领域、信息咨询、旅游领域、贸易领域等有所涉足，其经营范围大大拓宽。相比于其他交通运输方式，铁路的资产优势更加明显，可对土地资源进行开发，拥有广阔的市场发展前景。在城市化迅速发展的今天，相关部门逐渐认识到了铁路沿线土地资源蕴藏的巨大开发价值，并着手实施开发项目。

2017年中国铁路总公司工作会议提出，到2018年要实现多元化经营，营收达到3200亿元的目标，致力于在现代物流、旅游服务、建筑施工等领域进行产业化发展，大力发展车站商圈，在壮大规模的同时树立良好的品牌形象。在这些政策的指导下，未来铁路企业将加强与物流企业的合作，形成共赢局面。在这个过程中，铁路运输的优势将得到进一步的发挥，通过与第三方企业联合开展运营，创新其发展模式。

铁路的建设与发展涉及多个产业领域，具体如勘探、轨道设计、建设施工、装备配置、后期维护、零件维修等，这些环节能够与多个行业的运

营发生关联,由此可见,铁路的建设与发展能够展现国家产业的总体竞争实力,体现国家现代化发展的水平。所以,在外交领域,铁路建设能够代表一个国家的形象。

现阶段下,我国所承担的所有海外项目中,居于首位的便是铁路。中国同时跟进的海外高速铁路项目达十多个,其工程造价超过1400亿美元。经过长期的发展及运营,我国在铁路建设及运营方面都积累了更多的经验,取得了显著的成就。由此可推测,随着"一带一路"倡议的实施,中国将进一步加大铁路输出,为海外国家的经济发展提供有力的支撑。与此同时,中国的综合国力及国际影响力也将不断提高。

第四节 我国民航行业人才战略发展的政策建议

一 我国民航行业人才战略指导思想与目标

(一)民航行业人才战略的指导思想

以习近平新时代中国特色社会主义思想为指引,全面落实科学发展观,贯彻落实党的十七大和全国人才工作会议精神,把促进民航事业和人的全面发展作为人才工作的根本出发点。坚持党管人才原则,紧紧抓住培养、吸引、用好人才三个关键环节,创新和健全有利于优秀人才脱颖而出和充分发挥作用的体制、机制和环境。以高层次人才、紧缺专业技术人才和高技能人才为重点,以创新能力建设为核心,加强人才资源能力建设,推进人才结构调整,优化人才资源配置,促进人才合理分布,充分开发国内国际两种人才资源,推进人才资源整体性开发,为建设民航强国提供强大的人才保障。

(二)民航行业人才战略的基本原则

1. 发展的原则

要适应民航行业发展的需要,解决民航发展过程中各类专业人才制约问题,促进民航各类专业技术人才结构向合理方向转化。

2. 整体性原则

人才队伍建设是民航发展的根本性问题，应从民航发展全局角度统筹规划。要符合行业整体规划要求，同时要与航空公司、机场、空管等规划相协调一致。

3. 开放性原则

解放思想，集思广益，积极吸取国内外同行在人才队伍建设方面的宝贵经验，结合民航实际，提出切实有效的战略措施。

4. 市场化原则

建立人才流动的市场机制，合理引导人才市场化流动。对于紧缺型人才培养引入市场化培养机制。

5. 国际化原则

积极探讨国际航空运输自由化、联盟化对我国民航运输以及各类人才开发与管理的影响，借鉴国外先进经验，制定符合中国民航发展情况的人才战略。

二 我国民航行业人才战略发展的政策建议

（一）加强高层次人才队伍建设

1. 加大对高层次人才培养的政策和资金支持

结合民航行业高投入、高风险、高科技的特点，重点加强对民航行业特有专业的高层次人才、民航特聘专家和中青年学术技术带头人队伍建设，争取到2010年，选拔聘任30名民航特聘专家和100名中青年学术技术带头人，给予相应的资金支持，完善高层次人才培养的评价及激励等保障机制，争取为民航发展打造一批专业技术过硬和具有创新能力的高层次人才。

2. 完善高层次人才队伍建设机制

通过规范完善高级职称评审等机制，引导专业技术人员钻研业务、不断提高专业技术水平。改进专家管理和工作机制，完善民航特聘专家制度，调动专家参与民航发展的积极性，更好地发挥专家的参谋咨询和引领作用。

（二）提高紧缺专业人才素质

随着我国向民航强国目标迈进的步伐，必然对民航专业人才队伍素质提出更高水平的要求，不仅要求专业人才有过硬的业务素质，还要求其要具有国际化的视野。提高专业人才素质总的来讲要创新在职人员培训机制，着重加强培训机构建设，整合行业培训资源，促进企业与院校在培训资源方面的优势互补。面向行业，突出对技术骨干、管理骨干和师资骨干的培训。加强培训课程建设，培育一批行业"培训品牌课程"，切实提高培训质量。

具体来说，飞行员队伍素质建设宜于从以下四个方面入手：一是应该建立切实可行的飞行员培训机制，使飞行员的职业生涯既是工作的过程，也是学习的过程；二是深入研究包括劳动报酬方式在内的飞行员激励模式，促使其自觉地将个人发展与企业发展紧密联系在一起；三是提高飞行员培养院校和机构的教学质量，尤其是要增加文化的内容，从飞行员职业生涯起步阶段就高标准、严要求；四是要加强与国际先进航空公司的交流，让飞行员队伍在相互交流中不断提高。

管制员队伍素质建设宜于从以下三个方面入手：一是根据管制应急方案要求对管制员进行应急培训和应急心理能力训练；二是制定管制员职业生涯发展规划，尽可能延长其管制职业生涯；三是加强中外管制员交流力度。

飞机维修人才队伍建设宜于从以下三个方面入手：一是注重岗位在职培训，既要注重维修理论培训，又要注重基本技能培训和案例培训；既要注重基础执照培训，又要注重机型专业培训；既要注重规章制度培训，又要注重工卡工艺培训；既要注重良好职业道德培训，又要注重严谨维修作风养成，与此同时建立起严格的复训制度。二是注重飞机维修工作的标准化和规范化建设。三是与国际接轨，加强中外维修企业和飞机制造厂家的交流。

（三）加强西部地区民航特有专业人才队伍建设

民航行业是一个安全和服务质量要求非常高的行业，大量高素质的人才集中在东中部地区和大型企事业单位，西部地区尤其是西部地区的中小单位由于发展空间、薪资待遇等方面的原因很难吸引和留住紧缺专业技术人才，这成为民航保障安全和提高服务质量的薄弱环节，必须采取措施予以充实。

1. 创新西部紧缺专业人才培养机制

结合西部民航发展实际和岗位需要，加强课程建设，创新培训手段，增强培训实效。探索建立网络学习和远程教育，促进优质培训资源的共享。创建培训交流和信息交流平台，促进培训成果共享。

2. 通过区域合作加强西部人才队伍开发

支持西部地区民航紧缺专业人才参加中东部地区项目研究和管理工作，鼓励中东部地区高层次人才以挂职西派形式参加西部民航建设、科研和管理工作，帮助西部地区培养民航紧缺专业人才。

三　全面加强民航紧缺专业人才队伍建设

(一) 对飞行院校给予资金支持和政策倾斜

目前，在我国设立飞行技术专业的院校中，只有中国民航飞行学院的培养设施最为完善，而其他院校由于缺少独立进行飞行驾驶技术训练的条件，一般仅能对飞行学员进行理论培养，飞行技术训练需要与国外取得中国民用航空局CCAR-141部认证的商用驾驶员执照的培训机构以合作的方式进行培养。飞行学院年培养量已达到1200人，大大超过年设计培养量600人的能力，这些学员两年后进入飞行训练，飞机、教员等承受能力将达到极限，考虑到训练安全，经考察比较，计划在国内机场选址或在澳大利亚机场选址新建一个飞行训练基地。中国民航大学也着手在朝阳机场建设飞行训练基地。新建飞行训练基地及配套设施需协调发改委等部门予以支持。

(二) 大力发展通用航空为航空运输业的飞行人才队伍建设提供人才储备

航空运输业的飞行人才队伍建设的重要措施和基础之一，就是大力发展通用航空。从国外大量实践来看，通用航空飞行员相对于航空运输飞行员而言，能发挥重要的余缺调节的作用。据我国的统计显示，航线运输飞行人才约占全部持照飞行人才的93%，通用航空飞行员仅占7%，因而当运输航空大发展时，我国的通用航空难以为其提供所需的飞行人才。因此，建议国家大力发展通用航空，一方面是国家的战略需要，另一方面也为民航运输飞行员提供重要来源。

(三) 实施"飞行员人才储备战略"

目前飞行员的培养完全是"订单式"培养，市场没有储备量。建议在飞行员培养"订单式"基础上，由国家统筹行业发展需求，有关部门考虑实施"飞行员人才储备战略"。由国家出资培养一定数量的飞行人员，用于飞行员人才储备，以保持相应的市场存量，用于市场调剂，从根本上缓解因飞行员紧缺而引起的流动矛盾。

（四）加大管制员培养投入力度

目前我国管制员培养主要来源于民航院校的管制专业毕业生，但民航院校管制专业培养设施设备紧缺，如模拟机训练是培养管制员的重要环节，然而目前为民航院校管制专业教学所配备的模拟训练设备与实际管制工作所用设备之间存在一定的技术差距。这种差距导致管制员在校期间学习训练的内容、训练形式与今后实际工作所需存在差距，增加了管制员的工作适应期。建议国家有关部门增加对民航管制专业教育经费的支持力度，及时更新管制专业培养的设施设备。

（五）适应管制行业的发展趋势，改革管制专业培养政策

目前我国法规规定，我国管制专业学生在校学习期间必须先学程序管制，再学雷达管制。但我国部分地区的管制已全部是雷达管制，从实际工作出发，可以考虑设立定向培训班，部分班级的管制学生只需学习雷达管制，提高培训的进度，增强学员的专业化程度和毕业后工作的适应性。

（六）在管制员养成教育的基础上，探索管制员职业教育模式

国外一些国家管制员职业教育模式已经非常成熟，但我国目前管制员的培养几乎全部是养成教育。培养周期长、技能水平低、岗位适应期长是养成教育的主要问题。同时未来管制员供需缺口巨大，急需增加管制员供给，缩短岗位适应期的情况下，探索管制员职业教育模式，并重点探索采取校企合作培养管制员的模式来增强管制员实际工作技能，缩短适应期。

（七）借鉴民航发达国家飞机维修人才培养模式，加大院校建设支持力度

从飞机维修人员的来源角度来看，飞机维修人员供给的社会化程度是较高的，民航院校培养的飞机维修人员在飞机维修队伍中所占比例并不占压倒性多数；从培养层次角度来看，飞机维修人员的学历分布较为广泛，有研究生、大学本科、大学专科、高职中专等；从培养专业角度看，飞机维修人员培养专业有机械专业、电子电气专业、自动化专业、飞机设计专业、飞机发动机专业及机电维修等相关专业。鉴于以上飞机维修人才的特点和规划期内飞机维修人才短缺的情况，建议国家有关部门借鉴民航航空发达国家培养飞机维修人才的模式，选择一些基础较好的院校，加大资金扶持力度，改善教学条件，尤其要鼓励飞机维修人才培养院校通过职业教育来培养飞机维修人才，通过校企合作来提高飞机维修人才的专业技能和

岗位适应性。

第五节　管道运输行业人才战略的政策建议

一　管道运输行业人才队伍的指导思想与目标

（一）指导思想

根据管道运输业务未来的发展需要，重点引进和培养管道运输业务的高层次人才、急需人才和紧缺人才，突出管道运输业务人才队伍的能力建设和素质建设，完善人才队伍建设的各项保障措施，创造良好的人才队伍建设环境，为实现管道运输业务的快速发展提供人力资源保障。

（二）基本原则

1. 控制总量和优化结构的原则

紧密结合管道运输业务发展的战略需要，综合考虑管道运输业务的用工现状、配置标准、业务发展和技术进步等多方面的因素，适度控制用工规模，努力优化队伍结构，实现人才队伍的资源优化和高效配置。

2. 突出能力建设的原则

随着管道运输业务技术水平和管理水平的不断提高，对人才队伍的能力要求也越来越高，要加强管道运输业务人才队伍在管道运输新技术、新工艺和新知识方面的培训，不断提高人才队伍的能力和素质，使人才队伍建设能够更好地适应未来业务发展的需要。

3. 加强核心骨干人才队伍建设的原则

在人才队伍建设中，重点加强三支队伍中高层次人才和急需人才、紧缺人才的引进和培养，提升人才队伍的综合实力和整体素质。

（三）建设目标

总体目标是在满足管道运输业务发展战略的前提下，合理地控制用工规模，优化三支队伍结构，突出人才队伍的能力建设和素质建设，完善人才引进机制、人才流动机制和人才培养机制，重点加强高层次人才、急需人才和紧缺人才的引进和培养，使管道运输业务人力资源建设存在的核心骨干人才紧缺的问题得到缓解,全面保障管道运输业务未来发展的需要。

到2020年,考虑到油气管道技术水平和人才素质不断提高等因素,管道运输业务人力资源需求总量能够控制在2.5万人以内。

二 管道运输业务人才队伍建设战略措施

(一)加大内部挖潜,盘活现有人力资源

加大内部挖潜,盘活现有人力资源是管道运输业务人力资源补充的一条重要途径。有些比较成熟的管道运输企业,经过几十年的发展,培养出了一批技术成熟和经验丰富的专业队伍。而且,老管道的用工相对于新建管道要富余,因此,在企业统一管理的新老管道之间,进行人力资源的统一调配,也是补充新建管道人力资源缺乏的主要途径之一。

转岗培训也是内部挖潜的重要手段。通过转岗培训,将其他领域岗位的富余人员转移至管道运营上来,以充实管道运营的人才队伍。

此外,在企业内部,加大核心骨干人才的选聘考核机制。定期举行核心骨干人才的择优选拔制度,对选拔出来的核心骨干人才实行聘任制,建立岗位目标责任制,并对其进行年度考核和聘期考核。

(二)建立和完善培训体系,建设高素质员工队伍

1. 对于不同类型的人员要制定不同的培训计划和培训重点

对于管理人员,应以加强现代工商管理知识的培训为重点。管道运输业务的管理人员大部分从专业技术人员中选拔出来,他们已经具备了一定的专业技术知识,但现代经营管理知识相对缺乏。因此,加强管理人员的现代管理知识的培训,提高现代管理理念,将管理人员培养成为管道运输业务最需要的复合型的管理人才。

对于专业技术人员,要加强继续教育。尤其对于管道运输业务急需和紧缺的设备专业、电气专业、仪表自动化专业的技术人员,实行内部培训和外部培训相结合,以加强补充管道运输业务急需和紧缺的专业技术人才。同时,加强对专业技术人员新知识、新技术的培训,使专业技术人员能够及时了解和掌握新技术、新工艺的相关知识,提高技术水平,增加自我创新能力,拓宽知识领域,以适应技术水平不断升级的管道运营业务要求。

对于技能操作人才,有一些从高中毕业生和初中毕业生中招聘而来,对这部分人员必须加强上岗前和上岗后的培训,才使之能够完全胜任操作

岗位。有些管道运输企业存在用工紧张问题，一个技能操作人员可能同时承担多个岗位，这就需要加强这部分技能操作人员的多岗位的上岗培训，使之能够胜任不同岗位的工作需要。

进一步完善劳动技能鉴定工作。目前，管道运行的技能鉴定工作比较薄弱，不能完全达到检验岗位员工技能水平的作用，也不能及时跟上管道运输技术和工艺的更新步伐，应进一步加强管道运行的技能鉴定工作，发挥管道运输业整体的专业、人员的优势，及时更新和补充管道运行的鉴定教材和题库，使管道运行的技能鉴定工作能够满足实际管道运输业快速发展的需要。

2. 对于核心骨干人才要有针对性地制定培养计划

根据核心骨干人才不同岗位、不同专业的工作需要，以补充新知识，增强创新能力，提高综合素质为目标，有针对性地制定培养计划。

安排技术专家每年参加学术会议，进行学术交流和研讨，到国内外进行考察，使技术专家开阔视野，了解前沿技术，不断提高管理和技术水平。安排专业技术带头人和高级技师到大中专院校学习新知识、新工艺、新技能，使这些高级技术人才和高级技能操作人才及时了解新技术和新工艺，提高工作能力。安排技术和技能骨干每年进行一段时间的业务知识、专业技术、操作技能的培训，以进一步充实知识，提高技术（技能）水平。

三 完善激励约束机制，调动员工积极性

（一）建立合理的薪酬福利政策，促进跨地区流动

要制定合理的、规范的用工标准和薪酬福利政策，统筹考虑各地区的生活水平和生活环境的差异，为挖掘现有人力资源，促进人力资源的跨地区流动创造条件。

（二）薪酬福利政策向核心骨干人才和一线艰苦岗位员工倾斜

调整工资福利、岗位津贴、技术和技能津贴等方面，使薪酬福利政策向管道运输高层次管理人员、高级专业技术人员、高级技能操作人员、关键岗位人员以及艰苦地区的一线岗位人员倾斜，提高激励作用，以吸引人才，稳定人才，盘活人力资源，使管道运输的核心骨干人才充分发挥作用。

（三）完善绩效考核制度

制定对管道运输业务核心骨干人才的业绩考核制度和考核办法。建立

高级管理人员、高级专业技术人员和高级技能操作人员的业绩考核办法，对核心骨干人才按照岗位目标责任制进行年度和聘期的业绩考核，并将业绩考核结果与收入水平直接挂钩。

（四）完善人力资源社会保障机制，促进管道运输人才优化配置

长距离管道运输业务的运行经常遇到人才跨地区流动的问题。跨地区人才调动面临着一些实际的困难，包括户口解决有一定困难，家属子女安置也比较困难，跨地区保险不能办理等。这些涉及员工切身利益的问题如果不能得到很好解决，势必给管道运输企业的跨地区用工带来障碍。但这些问题并不是企业就能够解决的，需要国家政策的支持。只有国家对管道运输人力资源的保障方面给予政策的扶持，管道运输人才跨地区流动的困难才能得到解决。只有这些实际困难得到解决，才能促进管道运输业的人才跨地区流动，使管道运输业能够顺畅地统筹使用人力资源。

（五）加强对危害管输安全行为的打击力度，减轻企业的用人负担

原油、成品油和天然气管道的安全运行关系着整个国家能源的平稳安全供应，责任重大。但近些年，打孔盗油和盗气的问题愈加严重，管道运输企业为了确保管道的安全运行所投入的人力财力也越来越多，一定程度上增加了企业的负担。希望国家能够出台相应的政策，严厉打击这种危害国家能源安全稳定供应的行为，杜绝对这种破坏行为的地方保护主义，以减轻管道运输企业在维护管道安全运行上所面临的愈加沉重的人力资源负担。

（六）加强职业教育和高等教育，为管道运输业输送合格人才

由于技能教育针对性较强，中专、技校和职高毕业生一直是管道运输业务技能操作人才的主要来源之一。近些年，由于社会上重视程度不够以及就业率较低等各方面的原因，很多技校和职高陆续停止办学，管道运输业务的技能操作人员的来源面临困难。很多管道运输企业只能从高中和初中毕业生中选取所需要的技能操作人员，但这部分毕业生从没有得到职业教育，毕业参加工作后，不能马上胜任管道运输业务的技能操作岗位的要求，企业还得花费大量的时间对其进行培训，这无疑加大了企业的培训工作量。希望国家能够加强对社会上的职业院校的管理和扶持，为管道运输业输送合格的技能操作人才。

在高等教育方面，希望国家支持有关高校，加强石油储运等与管道运输业务密切相关的学科建设，适当扩大招生规模，为管道运输业输送合格

的专业技术人才和管理人才。

第六节　我国邮政行业人才战略发展的政策建议

一　邮政行业人才战略的指导思想与原则

(一) 指导思想

邮政行业人才战略，要以习近平新时代中国特色社会主义思想为指引，坚持党管人才原则，全面落实科学发展观和科学人才观，以实现邮政行业人才快速成长为目标，以提高自主创新能力为重点，优化人才结构，提升人才素质，健全人才机制，改善人才环境，造就一支素质较高、能力较强、数量合适、结构合理的邮政行业人才队伍，为实现邮政行业又快又好发展提供坚强有力的人才保障和智力支持。

围绕加快邮政行业人才战略这一主题，努力实现"三个突破"。

1. 实现邮政行业人才队伍制度化建设的突破

以制度建设为重点，不断深化干部人事制度改革，突破人才管理的制度"瓶颈"，形成较为科学、完善的人才制度体系和运行机制，促进邮政行业人才战略可持续发展。

2. 实现人才资源市场化配置的突破

在依法管理的前提下，以市场化配置为基础，强化服务功能，促进供需主体到位，优化邮政行业人才资源布局；鼓励引导人才向急需区域、紧缺岗位流动；以市场化运作作为手段，加快人才的引进、培养和使用，提高邮政行业人才管理的效率和水平。

3. 实现人才整体化开发的突破

统筹邮政行业人才开发工作，坚持管理人才、技术人才和技能人才三支队伍建设一起抓，注重三支人才队伍建设的整体推进，着重培养造就一大批适应现代邮政业发展的高层次和高技能人才，带动整个邮政行业人才队伍的建设。

第八章 我国交通运输各行业人才战略的发展对策

（二）基本原则

邮政行业人才战略坚持以下基本原则。

1. 坚持党管人才原则

邮政行业各级党政主要负责同志，要树立"人才是第一资源"的观念，善于发现人才、培养人才、集聚人才、服务人才，做到知人善任、唯才是举、广纳群贤，实行人才管理与人才服务并重。要立足当前、着眼长远、积极筹划、超前打算，抓好邮政行业人才战略。

2. 坚持以人为本原则

邮政行业要把以人为本的理念贯彻到人才培养的各项工作中去，既要注重人才的能力素质的培养，又要注重其思想道德素质的培养；既要注重高层次人才的培养，又要注重对广大基层人才的培养；既要注重人才的时效性培养，又要注重人才的可持续性培养；既要注重人才的知识积累，又要注重其能力、素质的提高。强化合理使用人才的意识，营造尊重知识、尊重人才的氛围，建立科学、合理的用人导向和机制，努力创造人才辈出、人尽其才的良好局面。

3. 坚持促进发展原则

发展离不开人才，人才决定发展。以加快邮政行业发展为第一要务，按照邮政行业发展规律和人才队伍建设规律，制定和实施邮政行业人才战略的规划，加强人才的培养和储备，满足邮政行业发展对人才的需要。充分发挥人才对邮政行业发展的基础性、战略性和决定性作用，促进邮政行业又好又快发展。

4. 坚持分类指导原则

针对邮政行业管理人才、技术人才和技能人才等各类人才的不同特点和成长规律，实行分类指导。抓住人才培养、引进和使用三个关键环节，创新人才工作机制，改善人才成长的环境和条件，使各类人才各得其所、各尽其能。

5. 坚持科学配置原则

紧密配合国家和邮政行业重大战略的实施，采取有力措施，促进人才在区域、部门和单位之间的合理分布。尤其要重视和支持中西部地区、民族地区和基层单位人才的引进和培养，实现邮政行业人才战略的协调发展。

二　邮政行业人才战略的总体目标与重大工程

(一) 总体目标

到 2015 年，加强邮政行业人才开发与管理的机制保障体系、服务保障体系和安全保障体系建设，重点加强高层次、高技能和紧缺型人才培养，使人才资源保障和智力支持能力基本适应邮政行业又快又好发展的需要。

邮政行业各类人才总量，预计 2015 年达到 60 万人；2020 年达到 80 万人；实现人才总量增长快于从业人员的增长。邮政行业人才队伍结构得到明显改善，人才队伍素质得到明显提高，人才资源分布得到合理调整，人才紧缺状况得到明显缓解。

完善邮政行业人才教育机制，逐步建立充分利用行业内外优质教育与培训资源的邮政行业人才培养体系，健全邮政行业与相关教育与培训机构之间的开放、合作机制，基本适应邮政行业发展需求。

深化干部人事制度改革，加强邮政行业人才管理机制研究，建立健全科学、规范、可行的人才培养、引进、评价和激励机制，优化人才工作和人才成长的环境及条件。

加强邮政人才服务体系建设，完善人才信息服务系统，丰富人才市场信息，扩充信息服务功能；建立邮政行业高层次、高技能人才信息服务系统，加强对高层次和高技能人才的信息服务；完善邮政行业国家职业资格证书制度，加强省（区、市）邮政行业职业技能鉴定机构建设，强化邮政行业职业技能鉴定工作。

(二) 重大工程

组织实施邮政行业专业化技能型人才培养工程，重点推动高技能人才公共实训基地建设、高技能人才培训基地建设和基础开发。

1. 专业化技能型人才公共实训基地建设

按照统筹规划、合理布局、技术先进、资源共享的原则，分别在东、中、西部有条件的城市，根据本地区邮政行业发展对高技能人才的需求，充分利用现有各类职业教育培训资源，建设技能含量高、体现邮政科技发展前沿技术的邮政行业公益性高技能人才公共实训基地，面向社会提供技能培训、职业技能鉴定服务。

2. 高技能人才培训基地建设

结合区域经济发展和邮政行业发展的趋势，整合优质教育培训资源，对高技能人才培训基地进行合理规划和布局。支持职业院校建设邮政行业高技能人才培训基地。在全国依托1—2所水平高、规模大、设施完善、特色鲜明、以高级技工为主要培养目标的高级技工学校等职业院校，建设邮政行业高技能人才（高级技工）培训基地。

3. 基础开发

推动邮政行业专业化技能型人才培训手段、培训内容、培训模式的现代化，为技能型人才培训提供技术支撑。根据邮政行业的发展，研究制定教学计划，开发培训课程和教材；修订完善国家职业标准和开发鉴定题库；开展师资培训，提升技能人才培训师资水平；利用现代培训技术，推动教学模式和教学手段的改革更新。完成80种以上高技能人才培训课程和教材开发，基本满足企业急需技能型人才培训需求；开展仿真模拟实习系统开发，建设高技能人才多媒体培训资源中心，建立高技能人才远程培训组织网络体系。

三　我国邮政行业人才战略发展主要任务

从现在起到2015年，邮政行业人才战略的主要任务是，全力建设"523"工程，即创新"五大机制"、构建"两大体系"、建设"三支队伍"。

（一）创新"五大机制"

创新人才培养机制。进一步完善邮政行业高等教育、职业教育和成人教育相衔接的教育体系；完善邮政行业人才培养统筹管理和宏观调控机制；按照各类人才成长规律，制定邮政人才培养规划，多渠道培养人才的学习能力、实践能力和创新能力；造就一大批符合现代邮政行业发展需要、具有创新精神和能力的高素质人才，实现人才资源的可持续发展。

创新人才使用机制。以公开、平等、竞争、择优为导向，建立有利于邮政行业优秀人才脱颖而出、充分施展才能的选任用人机制。深入贯彻执行《公务员法》和《党政领导干部选拔任用工作条例》，进一步落实中央关于干部人事制度改革的各项要求和规定，建立健全科学的党政干部选拔任用机制。

创新人才流动机制。进一步发挥市场在邮政行业人才资源配置中的基础性作用，以完善的服务，形成促进人才合理流动的机制。清理废除阻碍人才合理流动的体制性障碍，畅通各类人才在地区、所有制之间，在交通运输党政机关和企事业单位之间的合理、有序流动渠道，降低人才流动的机会成本和风险因素，促进人才有序流动。

创新人才激励机制。以业绩贡献为核心，探索劳动、资本、技术和管理等生产要素按贡献参与分配的办法，建立健全邮政行业鼓励人才创新创造的分配制度和激励机制。鼓励、支持和引导邮政行业国有、民营等各类市场主体创新人才激励机制，引导收入分配向关键岗位和优秀人才倾斜。

创新人才保障机制。坚持以人为本，优化邮政行业人才成长环境，完善社会保障体系，保护人才的经济社会权利。鼓励、支持和引导具备条件的国有企业为各类人才建立企业年金制度。督促和推进各类民营快递企业严格执行和落实国家相关法律法规，切实保障从业员工的利益。完善优秀公务员健康休假制度。

（二）构建"两大体系"

构建人才评价体系。研究改革邮政行业人才评价内容和方式，注重通过实践评价人才。适应职业企业家队伍建设的需要，探索职业经理人资质评价制度、经营管理业绩评价制度，构建以市场和出资人认可为重点的企业经营管理人才评价机制。积极推行专业技术人员职业（执业）资格制度，构建以能力和业绩为导向，重在社会和业内认可的科学的社会化的专业技术人才评价体系。积极探索技能人才职业技能鉴定办法，坚持国家标准与企业岗位需求相结合、专业评价与企业认可相结合，构建以能力为导向，以业绩为重点，注重职业知识水平和职业道德的技能人才评价体系。

构建人才服务体系。完善邮政行业人才资源统计指标体系，规范人才常规统计、抽样调查、定期普查工作。建立邮政行业党政人才、专业技术人才、企业经营管理人才、高技能人才数据库。建立国家邮政局系统公务员管理信息系统。开展邮政行业人才信息区域合作，建立跨区域的人才信息互通机制，完善邮政行业人才信息发布办法，构建统一规范的人才供求信息服务体系，实现邮政人才重要信息协助发布、数据库共享。充分发挥各类社团组织传递诉求、协调服务、参谋咨询、交流沟通等桥梁纽带作用，畅通民营经济人才联系沟通渠道。

（三）建设"三支队伍"

建设企业经营管理人才队伍。针对邮政行业的特点，探索实行职业经理人资质认证和市场准入制度。按照德才兼备原则和完善公司法人治理结构的要求,加快造就一批具有战略思维和全局意识、能够忠实代表和维护国有资产权益的出资人代表;加快培养一批具有职业素养、创新精神、市场意识和经营管理能力的职业经理人;加快企业经营管理人才职业化、市场化进程,努力造就一批适应现代邮政发展的优秀企业领军人才。

建设专业化技能型人才队伍。以积极推行快递业务员国家职业资格制度为起点,加快实施邮政行业"226"技能人才培养工程,即在邮政行业培养技师、高级技师2万人,培养高级技工20万人,组织各类职业培训60万人次。鼓励和推行企业培训师制度和名师带徒制度,建立技师研修制度,发挥高技能人才传帮带作用。以邮政行业龙头企业为主体,普遍组织开展职工广泛参与的多层次、多工种技能竞赛和岗位练兵、技术攻关等活动,促进岗位成才。大力推进民营快递企业的员工职业资格考核鉴定,依托高级技工学校、高等职业院校和技师学院等培训基地,拓宽邮政行业高技能人才培养途径。

建设专业技术人才队伍。围绕加快邮政行业发展、经济增长方式转变和产业结构调整,以培养高层次专业技术人才为重点,实施邮政行业专业技术人才自主创新能力开发计划,形成梯次化专业技术人才骨干队伍,建立邮政行业重点企业、重大项目和重点项目人才论证制度,加大对学术和技术带头人后备人选的选拔、培养、资助力度。

四 我国邮政行业人才战略发展政策措施

(一) 加强对邮政行业人才工作的领导

认真贯彻落实党中央、国务院关于人才工作的精神,牢固树立以人为本的发展理念,牢固树立人才资源是第一资源的理念,高度重视邮政行业人才战略工作,把人才工作放到更加重要的战略位置。坚持"第一把手"抓"第一资源",健全邮政行业人才工作领导体制和工作机制。实现人才工作重点由从传统的部门人才管理向邮政行业人才管理,单一的人事管理向人才资源开发、管理与服务工作并重转变。主动整合有关资源,互相支持,互相配合,建立统分结合、齐抓共管的格局,形成抓人才工作的强大合力,全力抓好人才工作。积极探索人才工作新思路。加强宏观调控,建立人才与邮政行业发展的互动协调机制,最大限度减少人才资源的闲置和短缺。

(二) 优化邮政行业人才发展环境

紧紧围绕加快邮政行业发展中心工作，充分发挥政策的导向作用，及时制定能够有效服务行业发展、具有邮政业特色的人才培养、引进和使用政策，革除一切束缚人才创造活力的政策性壁垒。加快推进人才工作依法行政的进程，建立体系健全、层次到位、效力强劲的邮政行业人才政策法规体系，切实把人才工作纳入法制化、规范化轨道。

(三) 加强邮政行业人才资源研究和规划

以促进邮政行业发展为根本出发点，"立足当前、着眼长远、积极筹划、超前打算"，针对人才体制、机制、环境和政策等方面存在的主要问题和突出矛盾，开展前瞻性研究，为邮政行业人才工作提供科学的决策支撑。统筹邮政行业人才资源总量增长、素质提高、结构优化、合理分布，制定发布邮政行业人才工作规划并认真组织实施，努力开创邮政行业人才工作的新局面。

(四) 加大对邮政人才工作的投入力度

建立稳定长效的资金渠道，加大邮政行业人才工作保障力度。国家邮政局系统各级邮政主管部门要根据人才工作实际需要，在预算中安排必要的资金用于人才资源开发与管理工作，支持高层次管理人才、专业技术人才、紧缺型人才培养计划的实施。制定优惠政策，建立人才开发投入与回报的良性循环机制，广泛吸纳社会资金投入邮政行业人才开发事业。积极引导和推动企业单位和社会组织加大对邮政行业人才战略的资金投入，研究创立具有邮政行业特点的优秀人才专项资助基金，为加快人才培养创造更加有利的条件。

(五) 加强邮政行业职业技术教育

根据邮政行业和劳动力市场的实际需要，有计划地组织实施"邮政行业技能型紧缺人才教育培训工程"。选择3—5个技能型培训项目，积极开展快递业务员等邮政业特有国家职业资格培训，并逐步扩大范围。要争取国家和有关部门在资金、政策等方面支持，对推进邮政行业技能型紧缺人才教育培训工程予以重点支持。根据邮政行业技能人才的特点和成长规律，研究制定技能人才的评价标准、新的培养模式及方式、激励措施和管理办法等。国家邮政局系统各级邮政主管部门可根据各自的人才需求情况，把邮政行业技能型人才培养纳入到邮政行业教育培训发展规划之中，加大培养力度，缓解全行业技能型人才紧缺状况。

第八章　我国交通运输各行业人才战略的发展对策

（六）大力推进邮政行业职业资格制度建设

针对邮政行业中责任重大、专业性强的关键岗位，建立和完善国家职业资格制度。按照统筹规划、分步实施、急需先建的原则，建立和完善普遍服务和特殊服务人员从业资格制度，对关系到国家和人民生命财产安全的关键岗位实行准入控制，积极开展邮政行业各类特有职业技能鉴定工作。把各类市场主体从业人员统一纳入职业技能鉴定范围，鼓励引导企业积极参加国家有关部门组织的职业技能鉴定，实行从业人员持证上岗，提高邮政行业从业人员的职业技能水平。

（七）加强邮政行业人才统计工作

要全面、系统、准确、及时掌握邮政行业人才信息，把握人才总量、结构、素质和分布情况。完善邮政行业人才统计指标体系，制定符合邮政行业实际的人才统计指标。改进邮政行业人才统计调查方法，界定人才统计的合理范围，确定人才统计的有效渠道，建立科学、规范、可行的人才统计调查制度。加强邮政行业人才统计分析工作，为科学的人才决策提供保证。

（八）加强邮政行业文化建设

充分发挥先进文化的特有作用，继承邮政行业的优良传统，弘扬邮政行业的时代精神，构筑行业内部的和谐关系，激发邮政行业人才的积极性和创造性。邮政行业各部门、各单位要自觉开展文化建设，大力构建具有部门和单位特色并充分体现人本理念和人文关怀的人才管理文化和人才服务文化，增强邮政行业人才队伍的集体观念和团队精神，提高邮政行业人才队伍的凝聚力和战斗力，为邮政行业又好又快发展提供强大的精神动力和思想保证。

第九章　交通运输高层次创新型人才队伍建设的建议

第一节　高层次创新型人才队伍建设的具体建议

一　关于两院院士培养、推选工作的建议

交通运输部在对潜在人选的支持和培养力度和措施上，与铁道部、建设部等部委相比，有较大的差距。建议要建立交通运输行业两院院士后备人才库，并做好人才规划。

从国家层面来看，建议院士制度废除终身制，实施定期动态管理，改变行政官僚化。从交通运输行业自身角度来看，在院士的推选上，应该着重做好以下几个环节的工作：第一，找准对象，在行业内筛选与院士评选条件接近并且立志在专业技术领域取得更大发展的高层次人才，有针对性地采取相关的培养措施，利于人才在更高层面上脱颖而出。第二，搭建平台，找出交通运输行业的技术攻关难点，选定3—5个领域，确定3—5个项目，举全行业之力，为培养院士创造一个技术领域平台。第三，重点培养，应集中交通运输行业力量，确立好培养目标，在科研项目或重大工程项目中重点扶持。第四，积极推选，根据行业人才的特点进行特色推选，交通运输行业要全力支持，而且要建立相应的团队为之服务，在项目的评奖与工程实践中创造好的平台。

院士的产生关键要有尊重人才的氛围。没有万马奔腾，就不会有一马

当先。交通运输行业要以院士人才培养为抓手，重点形成尊重人才的氛围，形成人人都可成才的顺畅机制。关于院士的培养经验，例如，淮河水利建设委员会（副部级单位，水利部）20世纪50年代培养了很多人才，做了很多重大的项目。根据淮委会的经验，要培养院士、设计大师等高层次人才，需要提前锁定年龄适合、专业过硬、过往经历丰富、有天赋的人才，进行重点培养。通过提供私车、公务车等福利待遇，减少人才的后顾之忧，委以重大项目，提供首席专家等成长台阶。通过提供直接经济待遇、相对集中各项荣誉光环，委以重大科研设计项目。在组织机构、生活等各方面搭建良性发展架子。提供参加国际专题技术交流会、国际培训交流的机会，把大量的信息资源有意识地提供给培养对象。通过环境支持、经济支持、人力支持等，多方位、多角度地培养人才，专攻技术，不安排其参与社会市场工作。

同时，青年人才是未来交通事业的栋梁，是产生高端人才的后备力量。在注重高层次人才培养、选拔的过程中，要注重年轻队伍的建设。只有形成高、中、低层次相结合，老中青年龄相匹配的人才梯队，才是保证我们交通事业长久发展的智力源泉。

要加强各类年轻人才的实践锻炼，坚持把有发展潜力的年轻优秀人才放到关键性岗位锻炼，采取轮岗、上挂、下派等方式有计划、有步骤地抓紧培养，形成制度，长期坚持，并进行跟踪考察，定向培养。

二　关于交通运输高层次人才管理的建议

（一）引进

引进不应只偏重从外部引进，更应重视交通运输行业自身人才潜力的发掘培养，加大自身人才培训力度，提供专门人才的培养和发展空间（如参与工程项目管理、科研项目等）。人才引进方面应更体现领域特性，更注重引进人才的专业造诣、学术水平、个人业绩、创新奉献精神，同时加大引进人才方面的政策宣传，让德才兼备的人才能自愿乐意服务于用人单位和专业。引进人才后续服务与管理要跟上。

（二）培养

对于在工程实践中崭露头角的高层次人才，就要加紧培养，并提供相应的政策和措施帮助和促进人才成长。人才的成长发展受到个人价值观的影响，在高层次专业技术人才的培养上要注重考虑个人的发展倾向。由于整个社会的价值取向普遍而明显地存在"官本位"倾向，技术人员一般很难得到行政干部所能得到的平台和机会，我国特有的社会文化背景也决定了行政职务在开展工作时起到的举足轻重的作用。因此，在人才培养过程中要坚持动态培养，在选拔人才的时候就要看是哪个领域的人，不是有成绩就培养，更加重要的要看个人的发展意向。高层次专业人才在岗位安排上，要找准培养目标，重点培养那些立志在专业技术领域从事持续研究的人才，不应该把单位的行政领导作为院士等高层次人才的培养对象。

（三）使用

用人机制要灵活，加强人才流动。倡导高层次人才在企业担任技术顾问，促进科研与实践的结合，促进他们社会地位和经济收入的提高。调动积极性，对于有特殊贡献的人员要给予政府高级官员的待遇。使高层次人才能够专心研究和技术创新工作，少参与社会、行政工作，避免一旦成为拔尖技术人才就立即脱离技术工作转到行政管理岗位的问题。

鼓励技术人员在行业内部流转，不仅在单位的横向流转，更多地从技术角度在工程的不同环节，如科研、勘察、设计、施工等流转，从而丰富技术人员的经历，从全过程的角度进一步完善工作的实际需求。政府要从政策角度，提供纵横流转的保障机制，避免出现流动的单行道，打消技术人员流动的顾虑。

（四）评价

把科学人才观的理念有效地转化为政策和法规，建立以业绩为重点，由品质、知识、能力等要素构成的科学评价标准。针对基层一线人员，要解决惟学术论文、省部级项目等硬性要求的问题，给予更多的实践成绩的评价。

提高技术人员的各类待遇。目前，专业技术人员与行政干部之间存在以下在多方面的不平衡：

（1）生活医疗待遇有极大的差别。退休后的保障体系是最直接的差异。

（2）社会地位的不平等。

（3）资源分配的不对称。政府机关分配资源很大，造成求人办事。

（4）政策的支持力度差别。现有的各项政策都倾向于政府和事业单位。

（5）科研条件与可创造价值的保障体系的差别。

政府很快就能得到保证，而企业首先考虑盈利问题。政府要加大对专业技术人员的政策倾斜，为走技术成才道路的人员提供与行政道路基本平行的发展通道。提高技术人员的社会地位，引导行业人员形成正确的成才观。

（五）选拔

高级职称的聘任应赋予用人单位较大的自主权，打破岗位职数的限制。鼓励岗位聘用、项目聘用、任务聘用，专业技术要害、关键岗位建立职业资格证书制度，试行人员资质管理。

（六）激励

建立针对高层次人才需求的新型有效的激励机制。高层次人才所追求和关心的更多的是精神层面的而非物质奖励，如社会地位的提高、和谐的人际关系、受到尊重，自身才能得到发挥、个人事业上的愿望得到支持和实现等。要针对高层次人才这一特点，建立和完善向优秀高层次人才倾斜的政策制度。对有突出贡献者的待遇从优，给予更多的人性关怀。

要破除现有政策倾向于管理人员的局面，针对不同工作领域、不同工作性质和单位的人员进行区分，建立互有侧重的激励机制，提高专业技术人员的社会保障，促进传统观念的改变。

项目研究中，增加对科研人员研究成果的专利保护，帮助承担研究中遇到的风险，宽容失败，提高人才从事研究、不断上进的积极性。

三 关于交通运输高层次人才评选的建议

目前我国交通运输行业企业生产与科研还没有紧密结合起来。由于创新需要承担一定的风险，并且还要付出相应的成本，而企业所追求的核心价值是利益的最大化，因此，企业本身没有科技创新的动力，需要行业、地方政府层面出台相应的扶持政策，解决企业科技创新的成本和风险问题，促进企业投入科技创新中去。

从调研的情况来看，大多数企业还没有自己的研发中心，科技创新和一线生产没有形成有效的互动。而国外大型企业一般都有配套的研发中心，科技创新的成果可以直接运用到生产中去，如德国由行业工会统筹组织研发中心。国内其他行业在这方面也出台相关政策，如建设部通过了72号令，要求业内特大型企业必须拥有自己的科研中心。因此，建议交通运输部门也要出台类似的引导性政策，引导企业注重研发创新工作，重视自主创新。

我国当前的科研体制、科研风气也造成了科研工作并非来自工作的实际需求。当前很多荣誉称号的评选都要求承担类似于省部级以上项目等的条件，直接导致很多科研工作者为了荣誉、为了职称去申报所谓的科研项目，事实上，这些项目并非产生于工作需求，没有事实依托。科研人员急功近利，违背科学规律一味追求速度、效率，为了生存而科研，导致整个科研成果经不起推敲，科研根基不牢。建议政府部门要重视科研工作的严肃性、科学性，科研项目要依托于实际工程，由科研单位和应用性单位共同参与。

政府部门要加大对科研成果的宣传、推广和应用力度。对已开发成功的具有自主知识产权的产品要加大保护力度，防止被简单地复制，加大打击假冒、伪劣产品力度，保护投资者利益，保护发明创造的积极性。

综上所述，关于交通运输高层次人才评选提出以下5点建议：

第一，分专业领域设置评选条件，评选不同专业领域的高层次人才，确保评选的公平性。关注冷僻专业高层次专业技术人员的发展，加强对冷僻专业高层次人才的宣传和评选力度。

第二，根据行业特性，调整评选的硬性条件。现行的《青年科技英才》评选办法，带有明显的科研倾向，要调整评选条件，适当强调对实践应用的要求。对于众多评选条件对外语能力以及学历的要求，可以根据行业特性放宽要求，或者不作为必要条件。避免过分强调论文、获奖等条件，把焦点放在研究或工作的长远意义和影响上。

第三，增加评选的公开民主性。在操作程序、评选程序上应有一定的管理办法和细则，增强评选的透明度和民主性，提高评选的可操作性。建议实行网上公开申报和行业专家推荐相结合的评选办法，取消单位指标限制。增加评选条件的可量化指标。

第四，完善评选的后续管理，对获得称号后的人员定期检查与考评，不流于形式；实行聘期制和淘汰制；对所评人员提供参与行业重大项目的机会，通过政策倾斜、资金支持等方式使所评人员更好地发挥专业水平。

第五，一定要注重理论研究与实际应用相结合，改革现行各类高层次人才团队。对现有的各类高层次人才团队要吸纳一线具有实际经验的工作人员，向一线专业技术人员倾斜。要改革交通运输部现行专家委员会制度，吸纳各地基层单位具有实际操作经验的技术人员，应以技术专家为主，行政管理人员为辅，增加青年专家的比例。

四　对交通运输部人才培养与管理的建议

（一）整合优化利用人才培养、评价、使用与激励的资源

进一步整合交通运输部与国家层面、其他部委、部内以及部与下属事业单位之间的资源。比如部人劳司与科教司之间关于人才培养的资源要优化利用，共同推进高层次人才的成长。在勘察设计大师的推选上，针对渠道不畅、不宽的困难，建议交通运输部与建设部沟通协调，及时掌握勘察设计大师评选的信息，畅通、拓宽评选渠道，帮助交通运输行业增加评选机会。

（二）把握全局，实现高层次专业技术人才的动态管理

建立畅通的交通运输行业高层次专业技术人才信息系统，不但要掌握交通运输行业评选出的十百千、科技英才等基本情况，还需要掌握行业内评选出的国家级百千万人才、进入地方政府高层次专家库、科研及企业单位首席、领军等高层次人才状况，建立动态的管理制度，为交通运输行业高层次人才队伍的建设奠定基础，发挥主管部门行业指导的作用。

（三）提高现有奖励层次

建议交通运输部人才管理部在实际工作和政策制定中能与相关部委沟通，提升奖励层次，充分发挥国家级奖项评委的作用，增加交通运输行业高层次人才获取国家级奖项的机会，提高交通运输行业奖励在学界和社会的认可度。

（四）加大行业宣传力度

广大交通人在近几十年的辛苦劳作下取得了辉煌的成绩，但是为行业所知、为社会所知的业绩和人物很少。相反，更多的交通负面新闻经常曝光，给行业蒙上了不健康的阴影，也给交通运输行业从业人员带来了消极影响。建议交通运输部门要加大行业正面宣传力度，针对重点工程、有突出贡献的个人进行集中、广泛的宣传。建立行业的精英谱，营造行业健康

向上的文化氛围。

人才发展需要大环境的抚育,现实中人心浮躁,工人不愿做工、科研人员不愿搞科研,需要政府在价值观、道德观等方面积极引导,鼓励专业技术人才通过科学技术创造人生价值。

(五)建立各类人才的晋升平台

交通运输行业专业门类众多,各类人才带有明显的行业特色。而交通运输行业自身鲜有行业特色的奖项,建议由交通运输部联合其他部委,或者由交通运输部自身设立若干针对不同专业、不同级别的人才评奖,从行业自身为各类人才打造晋升的平台。

(六)搭建高层次专业技术人才交流与学习的平台

建议交通运输部出台鼓励高层次专业技术人才交流的指导意见。由部委托其他科研单位定期举行高层次专业技术人才的各种形式的技术研讨交流会;集中组织高层次专业技术人才进行高端的前沿知识的学习班等;为高层次人员提供一个学习与交流的平台。

第二节 高层次创新型人才队伍建设的战略措施

一 增强做好交通运输人才工作的使命感

人才问题是关系党和国家事业发展的关键问题,也是关系到交通事业发展的首要问题。人才不仅造就了交通的过去,而且深刻影响着现代交通运输业的今天和未来。人才的质量、层次和水平,决定着交通创新的质量、层次和水平。

(一)人才的新老交替尚未全面完成,交通事业发展呼唤新的人才快速涌现

目前,我们现正处于一个新老交替幅度较大的时期。老一辈科技专家陆续退居二线,高层次、拔尖的中青年科技带头人还没有完全弥补这个人才"真空"。位于我部人才金字塔塔尖的,仍然是20世纪五六十年代毕业的大学生。与我们辉煌的历史相比,与国内外、同行业相比,交通运输行

业呈现出高层次人才相对弱势。知识日新月异，技术瞬时更新，交通发展对交通运输人才提出了更新更高的要求，呼唤新的人才快速涌现。

（二）分工过细、复合型人才少，学科专业交叉融合不够

科学技术领域讲究"先博而后约"，意思是科技工作者应该先广泛地占有知识，然后再选择专业研究方向，他的视野就开阔一些，才能做到举一反三，触类旁通。但是，我们的专业技术队伍，是为了适应每年数以千计的高等级公路、特大型桥梁、大型隧道、高等级航道和专业码头等重大工程建设项目需要而发展起来的，虽然门类齐全、专业配套，但也存在着分工过细、复合型人才偏少、学科专业交叉融合不够等不利因素。随着交通运输的快速发展，综合运输、工程建养、安全应急、资源节约、环境优化以及信息化、法治化、市场化、国际化的现代管理手段等各个方面将不断出现新的难题，这些不利因素将进一步逐渐显现。比如，一份技术报告，有很多人参与，每个人对自己的专业、本职工作研究都很深，但综合在一起的时候，可能因为缺乏一位能够真正打通多个技术领域、环节，能够融会贯通各学科的"通才"，结果，虽然每个专业成果都堪称一流，但最终成果达不到"1+1>2"的效果。又如，同样参与一个市场项目，别人只要投入10个技术人员就可以了，我们可能要15个才行，无形中提升了成本，降低了竞争力。

（三）原始创新能力薄弱，技术储备不足，科技成果转化率不高

交通运输对全国经济社会可持续发展越来越重要，交通不仅仅是交通运输部的交通，而是全国人民的交通。交通基础设施的管理与养护面临严峻挑战，综合运输体系相对落后、现代物流整体运行效率较低、智能化交通技术体系尚不完善、节能环保技术有待加强、交通运输决策支持技术研究有待更新，这些都是各界高度关注的话题，这些话题与交通运输人才队伍建设密切相关。每年，中央、国家有关部委，大专院校，科研机构等，都有大量关于交通运输发展的重要研究会议、前沿课题以及相关学术交流等，作为中国最权威的交通运输管理机构，本应该是最有发言权的，然而在这些重大场合我们的声音却不够多，不够响。为什么？就因为我们缺乏显示原始创新的较强能力，没有很好地将一些科技成果转化为现实生产力，没有很好地满足相关产业对新技术的需求。随着国家综合交通运输体系建设，国家要统筹各种运输方式的有效衔接，建设现代化的交通综合枢纽，统筹城市、农村交通发展，支持西部和贫困地区交通建设，培育物流市场，

拓展交通运输服务新领域,这些对我们来说,很多研究才刚刚起步,任重而道远。因此,只有增强原创能力,增加技术储备,提高科技成果转化的效率,才能适应新时代交通运输发展的需要,促进科技、经济和社会的和谐发展。

(四)交通运输人才工作格局尚未成形,培育人才、集聚人才、造就人才的机制还没有真正建立

优秀人才难以脱颖而出,其中很重要的一个方面就是在人才评价标准、评价方式和评价内容上还缺乏针对性和科学性;高层次人才的选拔、使用、管理和激励机制尚未全面建立,人才工作格局尚未成形。多数高层次人才在日益凸显的市场化冲击下,工作事务繁杂、工作强度过大、身体状况堪忧,专业技术工作时间少等使用不当和使用过度问题,导致人才队伍建设总体效能偏低。这对交通高层次人才的使用、梯队建设、队伍的可持续发展显然是不利的,同时反映的是我们培养和造就人才的机制问题。

由此看来,面临着交通系统人才队伍的结构需求、构成、分布、流动和集聚形式发生的深刻变化,我们要以高层次创新型人才队伍建设为重点,带动整个交通运输人才队伍建设。大家知道,把交通运输行业建设成培育人才、集聚人才、造就人才的行业,是应对日益激烈的国际国内竞争环境,抓住和用好战略机遇期,实现交通运输快速发展、科学发展、安全发展、协调发展的必然选择。大家也知道,促进现代交通运输业的发展急需高层次人才,特别是高层次创新型人才,当然也包括方方面面的专业技术人才和复合型人才。所以促进交通运输人才的全面发展是一项既重要又紧迫的工作,我们要增强做好交通运输人才工作的紧迫感和使命感,努力创造鼓励人才干出事业,支持人才干成事业,帮助人才干好事业的氛围,努力建设适应交通运输事业发展需要的规模可观、结构合理、素质优良的人才队伍。

二 推动实现交通运输人才工作三个转变

把握人才成长与使用的规律是培育人才、集聚人才、造就人才的前提和基础,同时也是建设交通运输人才队伍的着力点。建设交通运输人才队伍,必须深入研究并系统把握不同人才的成长与使用规律。目前交通运输

第九章 交通运输高层次创新型人才队伍建设的建议

行业缺乏一流的科技领军人物，特别是大师级科学家和学者，存在人才质量总体不高的现象，其根本原因在于：没有严格遵从人才成长与使用规律。有一位留美学者，供职于哈佛大学物理系的尹希认为：印度无论在什么地方都比中国"破"得多，然而它却能吸引在美国最顶尖的印度学者回去。这些学者在印度的薪水要比美国少，在印度的生活环境与美国相比更是天壤之别。但他们为何愿意回国？主要原因是，他们的工作在回国后受到特别重视，他们的研究处所是真正做学问的地方，大家在一起的时间只讨论学问，不需要拍马屁或搞政治，也不用整天请人吃饭。可以想见，印度是遵循了学者做学问的规律，所以不断集聚人才，这值得借鉴。我们有些地方还没有把握人才成长与使用的规律。比方说行政主导渗透到了人才培养、使用、管理等各个方面，公共财政科研奖金难以落实到项目计划上。重大工程科研资金一般要求承建单位来投入并实施，很少列入国家重大科研计划序列，有些基础研究和试验开发项目难以申报科技成果奖项。如果我们忽视了人才成长与使用的规律，如果我们忽视了用3300万从业人员的因素去衡量交通运输行业在全国所处的地位，那么，交通运输行业出大师、出院士、造就高层次领军人才的可能性就会大打折扣。

交通运输事业为交通运输人才的发展提供了广阔天地，在全面把握人才成长与使用规律的基础上，我们要及时实现交通运输行业人才工作的三个转变：

（一）在人才结构调整上，要从增量为主转变为增量与存量并举

前一段时期，我们大举招揽人才，引进人才，偏重于增量人才，没有优先盘活存量人才。现在我们要适应新形势，在交通运输人才结构调整上，要从增量为主转变为增量与存量并举。

先说重视增量，要结合中央人才工作协调小组制定的"关于实施海外高层次人才引进计划的意见"，即千人计划，争取在较短时间突破我国交通运输事业发展的一些技术"瓶颈"。要强化对人才的柔性引进，不求所有，但求所用，更求所为。鼓励柔性流动，专兼结合，拓宽人才引进的思路。要采取优惠政策聘请国内外各类优秀人才尤其是高层次创新型人才来交通运输行业从事兼职、咨询、讲学、科研和技术合作。要抓住产、学、研、资的结合点，积极推动大专院校、科研院所的高层次人才参与国家、地方交通建设，开展技术攻关、项目开发、成果转化等方面的协商与合作，促

进人才、项目、资金等各种要素的有效对接,把科研开发、建设、管理、投资等不同领域不同层次的高层次人才集聚起来,形成有利于交通科技成果产业化的人才链,推动交通产业链的形成和发展。同时依托产业链探索人才集聚机制,更广泛、更有效地发现和吸纳高层次人才,不断丰富人才链的结构,促进人才链的延伸。

再说重视存量,要牢固树立人才资源浪费是最大浪费的观念。人才以用为本,选人和用人失误是过错,埋没、耽误甚至浪费人才更是罪过。人才资源同其他很多资源一样,有一定的"保质期",只有在"保质期"内开发使用,才能发挥最佳效能。人的一生的时间和精力是有限的,人才的价值,潜能的发挥也有其特定的生理、心理规律,错过了使用的黄金时期,宝贵的人才将难堪重用。因此,我们只有彻底革除一些不合时宜的做法,牢牢把握住人才成长和使用的规律,遵循科学的用人标准,把坚持党管人才与发挥市场对人才资源配置的基础性作用结合起来,才能实现交通运输人才使用战略视线的"三移",即"高移"——重点管好用好位于交通运输人才资源"塔尖"部分的高层次创新型人才;"前移"——重点管好用好位于人才争夺阵地"前沿"的效益型人才和紧缺型人才;"外移"——重点管好用好位于"部外"人才资源中的学科交叉、专业融合领域的复合型人才。

(二) 在人才评价上,要从重资历、重资格转变为重能力、重绩效

按照党政人才评价重在群众认可,企业经营管理人才评价重在市场和出资人认可,专业技术人才评价重在社会和业内认可的要求,从规范职业标准入手,打破学历、资历、职称、身份限制,制定以业绩为重点,由品德、知识、能力、绩效等要素构成的各类人才评价指标体系。要打破专业技术职务终身制,积极推行交通专业技术职业资格制度,加快交通职(执)业资格制度建设,探索资格考试、考核和同行评议相结合的交通专业技术人才评价方法。在此强调一点,对人才的评价与人才的培养,人文精神非常重要,交通运输行业需要功底深、能力强、对交通发展做出贡献的人,同时也希望我们交通高层次人才队伍有一种崇高的人文精神,能以献身科学为己任,能够引领和维护科学规范和道德规范。如果交通运输行业人才存在着追名逐利的倾向性问题,我们就在人才评价上加入人文精神这一条。一个人,无论本事有多大,能力有多强,如果没有坚定的政治思想作支撑,没有高尚的道德信念作保障,这个人就不能成为交通运输事业发展所需要

的人才。

（三）在人才管理上，要从单一管理转变为分类管理

交通党政领导人才、交通专业技术人才、交通经营管理人才、交通技能人才，都是交通运输事业发展所需的，不同类型人才有不同的成长规律和管理规律，在管理上，要从单一的单位管理转变为分类管理。对各类人才，想干事的给机会，能干事的给岗位，干成事的给地位。尽快形成一支门类齐全、梯次合理、素质优良、新老衔接、能充分满足交通事业发展需要的庞大人才队伍。

对于党政领导人才要体现德才兼备的方针，着力解决理想信念、政治方向、政治纪律、宗旨观念等根本问题。努力提高他们科学判断形势、应对复杂局面、依法治政和总揽全局的能力。可通过理论教育、选派到先进地区挂职锻炼，出国考察等途径，让他们开阔视野、开阔思路、开阔胸襟。

对于交通经营管理人才，要提高他们的战略开拓能力和现代化经营管理水平，注重在市场经济大环境下，在企业竞争发展过程中培养他们驾驭市场经济的能力和职业精神，提高企业家职业化水平，调动和保护交通经营管理人才勇于竞争和持续创业的热情，营造让他们放心、放手、放胆干事业的氛围，并积极探索与市场经济相适应的企业经营者的社会地位。

对于专业技术人才，要提高他们的核心竞争力，给他们提供良好的工作条件和环境。要依托重大科研项目，加大突出人才特别是具有国内外前沿水平的交通科技英才的培养力度，为他们提供国际交流平台，畅通固定的对外交流渠道。

对于交通技能人才，要以提高职业道德和职业知识技能为重点，通过岗位培训，技能攻关，技能竞赛等活动，着力提高他们的现代科学知识和实践操作技能。

三 建立健全交通运输人才工作的新格局

有非常之人，然后有非常之事；有非常之事，然后有非常之功。交通运输事业能否再创新的辉煌，关键在于培养人才、集聚人才，造就人才。交通高层次创新型人才是解决交通运输现实发展问题，增强交通运输国际竞争力，带动整个交通运输人才队伍建设的精英，是推动我国交通发展的中坚力量，是科技攻关战胜困难，取得成功的关键性因素。我们一定要牢

固树立科学技术是第一生产力,人才资源是第一资源,技术创新是第一推动力的观念,坚持以人为本,人才以岗为本,真正做到尊重劳动、尊重知识、尊重创造,从而开创有原则、有制度、有艺术、有智慧的人才工作新局面。

(一)做好交通运输人才队伍建设规划

欲成大事,谋而后动。做规划,既要客观判断,也要有科学性预见,而且还不能滞后。我们要按照科学发展观的要求,将交通运输人才工作纳入交通运输事业发展的总体布局。在制定交通运输发展规划的同时,做好交通运输人才队伍建设规划。这个规划,在推进交通资源的可持续利用的同时,要充分考虑人才资源的可持续利用,在提出交通运输发展目标的同时,要充分考虑对人才的需求目标,要把做好交通运输人才队伍建设工作作为促进现代交通运输发展的根本出发点。规划中,要全面分析交通运输行业人才队伍的现状及面临的形势,根据各类人才成长的特点和交通运输事业发展的需要找出人才工作中的薄弱环节。规划要始终坚持正确的人才工作导向,制定切实可行的人才政策。

(二)形成交通运输人才工作合力

一个部门人才工作搞得好不好,关键在于两条:一条是领导重不重视,另一条是领导小组的作用发挥得够不够。要抓紧筹建交通运输行业人才工作领导小组,采取一家牵头、大家参与的办法。交通运输部正在筹建人才工作领导小组,领导小组是统筹本系统人才工作的办事机构,作用非常重要。我们要在部党组的领导下,充分发挥领导小组协调各方的作用,形成高层次人才培养、吸引、凝聚、重用的气候。人才工作靠哪一家都不行,组织人事部门只能牵头抓总,不能包办代替,所以要形成齐抓共管、整体推进的合力。如果是单打独干,就形不成拳头。部里刚刚印发了交通运输部内设机构主要职责,当务之急就是要健全人才工作领导机构,要抓紧落实;同时要把机制、议事规则建立起来。高层次创新型人才工作的重要问题、重大活动、资金调度都要经过领导小组来决策、组织和实施。各单位主要领导要亲自抓人才工作,把人才工作摆在重要位置。要明确人才工作责任制,做到组织人事部门牵头,有关部门各司其职,密切配合,积极协调。

(三)营造交通运输人才工作环境

交通运输人才工作是一项打基础管长远的工作,交通运输人才的活力取决于机制和环境。如何建立和完善这个机制和环境，应该做好这样几件事：一是要建立和完善各类人才的评价体系，二是要建立和完善人才工作的制度体系，三是要再造并优化交通运输人才开发的管理流程。环境就是吸引力，机制就是凝聚力。要遵循人才成长规律，致力于营造有利于交通运输人才不断涌现，健康成长的良好氛围，破除一切阻碍高层次人才脱颖而出的体制性、机制性、制度性障碍，建立科学、合理、公正、透明的人才选拔、评价、使用机制。

（四）着眼交通运输发展战略培养人才

人才工作要树立大教育，大培训的观念，在提高交通运输人才的思想道德素质，科学文化素质和身心健康素质的基础上，重点培养创新能力、实践能力、学习能力，以便适应加快交通运输结构调整和发展方式转变的战略。要发挥交通运输部与教育部共建高等院校人才培养优势，把人才的需求与高校的资源有效对接。要加强国际交流与合作，以项目合作带动人才培养，充分发挥交通运输部专家的"传、帮、带"作用，培养更多的中青年科技英才。坚持学习与实践相结合，培养与使用相结合，促进人才在交通运输实践中不断增长知识，提高能力。各单位要加快形成和完善以部投入为引导，用人单位投入为主体的人才投入机制，加大交通运输人才资源的投入力度，努力畅通资金投入渠道，保证人才培养、使用和引进等环节对资金的需求。要鼓励广大从业人员通过多种形式和渠道进行终身学习，推进交通系统人力资源的能力建设。要利用现代教育技术手段，特别是远程网络教育技术，为西部地区、贫困地区、条件有限的地区输送交通讲师团、交通专家及技术、教材等，引导和支持创新要素向这些地区输入，使这些地区成为他们磨砺成长，开拓奋起，创造业绩的最好舞台。

（五）围绕提升交通运输竞争力集聚人才

高层次人才短缺是交通发展面临的一个突出问题，而高层次创新型人才又是形成交通运输核心竞争力的关键。事实证明，一两个尖子人才往往就决定一个团队甚至一个行业在该领域的国际地位。面对交通运输行业高层次创新型人才匮乏，创新绩效滞后，知识产权产出能力较弱的现状，我们要围绕提升交通运输竞争力这个关键，集聚一支思想过硬、作风过硬、技术过硬、业绩过硬的高层次创新型人才队伍。最近中央领导同志充分肯定了北京生命科学研究所的做法，有人提出要在全国推广。这个研究所没有任何隶属关系，从美国请来华人科学家王晓东（唯一出自大陆的美国科

· 193 ·

学院院士）担任所长，每个研究组长稳定地得到充裕的经费而不必到处申请、汇报。尽管这个科研所只有十几个实验室，自 2001 年组建以来，在国际著名科学杂志上发表的论文不亚于一所普通综合大学。我们应该对这种具有竞争力的新型研究所集聚人才的办法进行深入的调查了解，从中得到有益的启示，为建立有利于交通高层次人才成长、有利于交通高层次科研创新的管理体制提出切实可行的对策。要按照人才规划的要求，把在国内外有一定影响力的高层次创新型人才引进到交通运输行业。对具有良好发展潜质的交通青年科技英才，要积极创造条件，提供更多的竞争机会和必要的前提支持，对在国内或行业崭露头角的青年人才，要支持其申请和承担重大科技创新任务，主动为他们参与国际学术交流、跨学科学术研究与合作提供机会和条件，促进他们早日成才和更好地发展。对引进的高层次创新型人才，各单位要制定公平政策，力争引得来，留得住，干得好，保证他们的实效和示范、辐射带动作用。要坚持德才兼备，唯才是举，不拘一格选人用人，不要在少数人中选人，不要用少数人选人，要扩大优秀人才的选拔面，既提倡组织推荐，也提倡个人自荐，避免有真才实学的人因为复杂的人际关系而遗漏。要坚持走群众路线，增强选拔工作的透明度。对确有真才实学、有发展前途、群众公认的优秀青年人才，要打破论资排辈的观念，将他们选拔到交通运输一线上来。

（六）用服务创新助推造就人才

人才工作者要创新服务，遵循交通运输人才成长的规律来广辟渠道，探索新载体，搭建新舞台，为交通运输人才的成长提供更多的机会，创造更好的条件。我们要明白，人才从来都不是服务的被动接受者，他们具有相互帮助、参与服务的热情，也具有相互促进、共同提高的能力。我们要善于把握交通运输人才的群体特点，准确把握交通运输人才对服务的迫切需求，从交通运输人才在学习、生活和工作中遇到的具体问题入手，不断丰富服务项目，创新服务手段，提高服务能力。特别是对高层次创新型人才，要积极提供个性化服务，让他们不仅能得到待遇的温暖、事业的温暖，而且能得到服务的温暖、情意的温暖，保证他们专心专意地、心情舒畅地投入到交通科技创新创业中去。服务工作要尽可能周到、细致、全面。要努力创造用好人才的政策条件、工作条件、学术条件和生活条件，使一切有利于交通发展的创造愿望都得到尊重，创造活动都得到支持，创造才能都得到发挥。

总之，要制定培育人才、集聚人才、造就人才的政策制度，提升人才工作的能力，健全人才工作的格局，扎扎实实做好交通运输行业高层次创新型人才队伍建设工作。

四　交通运输专门人才队伍建设政策建议

（一）现代物流人才队伍建设

交通运输部门要把高层次的物流人才教育制度与多元化的物流职业资格认证制度有机结合，形成多层次物流人才教育培训体系，积极引进物流专业优秀人才，提高现代物流人才队伍的总体水平。

（1）增强软硬件配置，强化物流师资队伍建设。交通院校要改革传统的物流教学模式，把通信视频技术、网络技术、多媒体技术等现代化手段应用到教学中，突破传统的课堂教学，全面提高学生的理论水平与动手能力。通过选送物流教师出国培训、邀请外国专家来华讲学、物流教师定期下企业实习、聘请企业物流经理兼任教师等活动来提高高校的物流师资水平。

（2）健全现代物流人才培养体系。改变培养理念，以市场为导向，培养复合型物流人才。建立包括正规物流学历教育、物流职业教育、物流证书培训等互相结合、多种层次、互为补充的物流人才教育培养体系；搭建高等院校、培训机构与企业交流的互动平台，加大实施物流人才引进进度；积极利用新闻媒体开展物流论坛活动，普及物流理论知识，推广物流技术。

（3）强化行业认证的监管。完善物流行业认证培训市场，使物流行业认证培训市场不断规范化。对一些在市场上认可度比较高的认证应该加以宣传和推广，使物流行业的认证培训水平不断提高。

（二）航海人才队伍建设

（1）重视航海人才的培养方式。加强对高等航海教育的指导，探索航海人才培养的课程体系及区域协作机制，加强区域航海院校之间在教学内容、教学资源等方面的协调与合作，联合培养航海人才。加快教学内容现代化的步伐，注重信息技术及最新航海知识的引入。航海教育人才培养目标要向培养复合型人才转变，以满足我国航海事业发展的需要。

（2）加快建立一支能很好地适应高等航海教育的教师队伍。有计划地选派中青年教师到国内外航海院校学习交流；有计划地选择具备条件的教师到国内外船运公司担任高级船员，学习现代船舶先进的轮机技术以及先进的管理经验和经营理念；加快引进具有本科及以上学历且具有管理级船员任职资格的现职中青年船员充实教师队伍，使教师队伍能很好地适应高等航海教育的要求。

（3）做好远洋船员的针对性培养工作，力推"订单式"培养模式。有关院校要正确定位，大力推动技术应用型航海人才的培养，建立产学研相结合的长效机制，增强办学活力。

（4）贯彻执行《关于实施加快船员队伍发展十大措施的通知》，推进航海教育立法。建立由政府主管的航海教育制度，以加强航海教育的国防性、国际性、法律规范性；建立物资投入制度，形成主管部门的主动保障；建立依法治校制度，提升航海院校的办学水平；建立招生工作制度，提高航海院校的生源质量；建立师资建设制度，提高航海院校的教学水平；建立实践教学制度，保证航海教育的设备需求；建立半军事化管理制度，提高航海类学生军政素质；建立就业工作制度，增强航海类学生就业观念。

（三）救捞人才队伍建设

（1）加大救捞工作宣传力度，提高救捞人才薪酬水平。救捞系统要从多种途径提高人们对救捞工作的认识，要加强救捞人才对救捞历史、文化等的学习，强化救捞人才对救捞工作的认识，提高救捞人才工作忠诚度。救捞系统要丰富救捞人才收入组成，通过开源节流，开拓创新，增加救捞部门的合理收入，提高救捞人才薪酬水平。

（2）营造良好的工作氛围，满足救捞人才需求。通过提高救捞人才合理收入水平，提供职业生涯设计、鼓励创新、大胆授权及完善奖惩制度等方式完善激励机制，营造积极向上、团结一致的工作氛围，提高救捞人才的成就感和归属感，以及对工作的满意度和忠诚度。

（3）完善救捞人才培养机制。联合相关院校开设救捞专业，组织专家和救捞人才到部分院校举行救捞专题讲座。加大对救捞人才培养教育的投入力度，设立救捞专门院校，从国内外引进救捞师资。鼓励救捞人才借鉴和学习国外先进的技术和经验。

（四）综合运输人才队伍建设

（1）引导交通院校构建"大交通"课程平台，实现交通运输类专业宽口径教学，以"大交通"为平台，进行模块化课程设计。根据交通运输类专业人才的知识结构要求以及知识更新的速度和相关课程的性质，按交通运输类专业对课程体系进行调整。在调整课程体系的基础上，按交通运输类专业设置公共基础课、学科基础课、专业课和公共选修课等。

（2）促进交通院校培养交通运输类专业学生的综合素质。积极开展学术讲座和第二课堂活动，同时鼓励学有余力的学生辅修第二专业。通过多种渠道组织学生开展人文素质教育和国防知识教育活动，以陶冶学生情操，增强国防意识，提高学生的人际交往能力、团结合作能力、组织协调能力和应变能力。

（3）注重综合运输人才的培养、培训工作。坚持脱产培训与在职学习相结合的办法，打破按运输方式培养的模式，突出"大交通"的培养要求，把培养既懂工程技术又懂经济管理的综合运输人才作为培养的战略重点，充分发挥各类培训平台的作用，积极整合培训资源，既要提高公路水路交通运输人才解决交通运输中某一特定领域工程技术问题的知识和能力，又要提高其从事运输规划决策、运输行政管理、运输组织以及经营管理的能力。

（五）交通法律人才队伍建设

（1）明确交通法学教育定位，加强交通法律人才的培养。针对交通运输行业对交通法律人才的需求，严格规范交通院校多层次法学办学体制，努力提高法律人才的培养质量。对交通法学教育予以大力扶持并给予政策上的倾斜，加大人才交流力度，培养具有科研能力、实践能力和法律素质的复合型法律人才。

（2）创造良好的人文环境，造就法律职业共同体的制度氛围。切实建立和提供各种必要的保障，以消除法律人才的后顾之忧，增强职业认同感、归宿感和忠诚心，对交通基层引进法律人才予以适当照顾，制定措施鼓励法律人才向基层流动。加强对外交往与合作，努力提升法律人才自身业务能力和水平。

第三节 我国交通运输中长期人才规划政策建议

一 推动交通运输行业人才管理体制改革

（1）围绕发挥市场基础性作用和落实用人单位自主权，推动政府人才管理职能向创造良好发展环境、提供优质服务转变，运行机制和管理方式向规范有序、公开透明、便捷高效转变，建立健全政府宏观调控、市场配置资源、用人单位自主管理的人才发展管理体制。推动人才发展职能部门进一步简政放权，清理人才发展的各项政策法规，取消不利于发展的行政性限制和干预，减少人才评价、流动和使用等环节中的行政审批事项。

（2）建立跨部门协调制度。要加强交通运输部各司局之间的联系会议制度，交通主管部门内部业务管理、科技管理和人事人才部门之间的沟通。建立起各部门之间在人才培养、使用和评价等方面资源整合利用的经常性协商渠道，实现各部门之间在科技项目组织、培训计划安排、优秀人才评选等方面政策的有效衔接，建立起更有利于促进人才成长的一体化政策大平台。要加强交通运输部各部门的上下联系与区域合作，支持西部地区公路水路交通运输人才参加中东部地区项目研究，鼓励中部、东部地区高层次人才以挂职委派形式参加西部交通建设和科研项目，帮助西部地区和少数民族培养人才。

（3）要贯彻党管人才原则。贯彻落实党管人才原则，制定完善交通运输业党管人才格局的意见，进一步强化组织部门牵头抓总的职能，理顺人才职能部门工作职责，完善党委统一领导，组织部门牵头抓总，有关部门各司其职、密切配合，社会力量广泛参与的人才工作新格局。健全各级党委抓人才工作的领导机构，完善重大政策、重要工作部署的决策机制和督促落实机制。建立健全交通运输部党组人才工作领导小组成员单位、各级党委部门以及"一把手"抓"第一资源"的目标责任制，把落实中央和交通运输部党组对人才工作的要求作为考核领导干部的重要内容，定期严格考核，大力表彰奖励人才工作先进单位和个人。建立各级交通行政主管部门党组（党委）听取人才工作专项报告制度，定期检查评估人才工作成绩，研究分析问题，提出政策措施，确保人才工作主体到位、责任落实。

（4）要建立规划实施督办机制。根据交通运输人才队伍建设中长期发展规划，指导各地各部门编制各地区、部门及重点领域人才发展规划，形成科学完整、互相衔接的人才发展规划体系。各级人才工作领导小组办公室负责对规划纲要进行分解落实，明确工作任务、责任要求和时间进度，并纳入年度工作计划，加强指导、协调、评估和监督检查。建立"人才强交"评估指标体系，开展人才资源开发中长期战略规划实施的评估。制定

第九章 交通运输高层次创新型人才队伍建设的建议

重大人才工程实施意见和管理办法,保证人才项目建设的规范运作。建立人才规划实施情况反馈调整和通报制度,有计划、分阶段对规划纲要实施情况进行跟踪督促检查,重点抓好中期评估和年度评估,研究分析实施过程中的新情况、新问题,及时进行动态调整,并在一定范围内进行通报,确保人才规划顺利实施。

（5）设立交通运输行业人才专项基金。人才工程和人才基金的实施是推进交通运输行业人才战略的重要保证,与现代交通运输业发展战略相适应,应将交通运输人才规划纳入交通运输发展规划中,设立交通公路水路人才专项基金。这也是公路水路人才规划能否取得实效的关键。因此,交通运输行业在继续做好院士、"有突出贡献的中青年科学技术、管理专家""享受政府特殊津贴人员"和"新世纪百千万人才工程""长江学者奖励计划"人选的推荐、选拔工作,切实抓好交通运输行业人才工程落实的同时,要实施公路水路交通运输人才专项基金。作为科学基金,基本职能是发现交通运输人才和培养交通运输人才。有效地运用公路水路交通运输人才专项基金,能够指导、协调和资助一批重大基础研究和部分重大应用研究工作,促进交通运输行业科学发展。

制定优惠政策,建立人才开发投入与回报的良性循环机制,广泛吸纳社会资金投入公路水路交通运输人才开发事业。积极引导和推动交通运输企业单位和社会组织加大对公路水路行业人才战略的资金投入,研究创立具有交通运输行业特点的优秀人才专项资助基金,为加快人才培养创造更加有利的条件。

要围绕交通运输行业重大项目建设对人才的需求,编制项目需求目录,创新以项目人才培养引进招投标为重点的公路水路交通运输人才开发模式,制定并实施公路水路交通运输人才培养开发经费占项目经费1%的规定,明确重大交通项目人才开发责任主体,对重点交通项目实行人才重点扶持、开展"一对一"服务,确保重大交通项目人才需要,推进重大交通项目顺利建设。

应当配合交通运输人才专项建设工程,设立交通运输行业人才工程办公室。由有关部门组织领导小组,专项基金由领导小组专管,办公室挂靠人事劳动部门。

二　加快完善交通运输行业人才管理政策

（一）交通运输部特聘专家政策

为千方百计集聚和引进国内外顶尖专家，为现代交通运输业的发展提供高层次人才智力，应建立交通运输部特聘专家制度。根据现代交通运输业发展的需要，特聘专家主要从两院院士中产生，同时，国家级交通学术、技术委员会和国家级学术团体中的交通领域著名专家以及在某一交通学科领域被同行公认的国家级顶尖人才，也可受聘担任特聘专家。引进特聘专家的基本途径主要包括5个方面：在交通运输行业工作，或有在交通运输行业学习、工作经历的；与交通运输有科研、技术协作或其他项目合作关系的；在交通运输行业领办、创办企业的；受聘于交通运输行业用人单位担任科技顾问或者专家组成员的；其他愿意为交通运输行业服务的专家。

特聘专家应当具有以下职责：一是为交通运输建设和发展提供决策咨询服务；二是对交通运输的重点学科建设、重点行业发展、重点工程项目的立项、论证、评估和实施进行指导；三是为交通运输行业高层领导举办专题讲座；四是对交通运输尖子人才进行重点指导和培养。特聘专家在推进交通运输的科学决策和民主决策方面也发挥着重要作用，要让特聘专家有名有实。

（二）交通科技资源优化政策

科技基础条件平台是交通运输高层次人才发展的必备舞台。除加强国家重点实验室建设之外，还要加强交通运输行业重点实验室、重点学科基地、交通工程研究中心的建设。在这方面要突出重点，确保资金到位、管理到位，要确立明确目标，将交通实验室建设成世界或国内一流的科技基础平台。实现交通科技资源与公路水路交通运输人才资源的对接与共享。重点交通实验室都要建成开放式实验室，全方位对外开放，使研究成果得以在最短时间内投产。仪器设备对社会进行开放，实行有偿服务，提高交通科技资源的利用率和在人才培养方面的作用。开放实验室要扩大对外开放与学术交流，围绕研究工作的重点，加强与其他科研机构、大学、企业间的合作，参与国际研究计划，建立联合实验室，共同申请重大交通科技项目，联合培养公路水路交通运输人才，开放、联合，务求实效。

第九章 交通运输高层次创新型人才队伍建设的建议

（三）交通运输人才教育培训政策

一是完善各类公路水路交通运输人才参与培训教育的激励支持政策，探索与考核、评价和使用相联系的培训教育成果使用制度。二是实施优秀公路水路交通运输人才国际化素质培训工程，加强与国（境）外人才培训机构的合作与交流，依托国（境）外培训机构和高等院校，提高培训质量和效率。三是依托全国专业技术人才知识更新"653"工程，大力实施交通运输行业专业技术人才继续教育工程。四是鼓励和支持企业经营管理人才、工程技术人才等生产一线公路水路交通运输人才到高校进修学习。

（四）产学研合作培养创新人才的政策

一是制定推动高等学校与科研院所、企业合作培养公路水路交通运输人才的激励政策，如对产学研结合的科技成果转化运用和接纳高等学校和职业技术院校（含技工院校）学生实习的企业实行财税优惠等，支持和鼓励用人主体参与创新公路水路交通运输人才培养。二是建立高等学校、科研院所、企业高层次公路水路交通运输人才双向流动制度，鼓励学术界、产业界优秀公路水路交通运输人才到高校从事教学兼职，推行研究生培养"双导师制"。三是建立产学研战略联盟，支持高等学校、科研院所、企业建立联合实验室或研发中心。鼓励企业、高校和科研机构设立博士后科研工作站、产业基地和技术中心。四是制定鼓励交通领域"两院"院士与企业联合开展项目攻关、培养公路水路交通运输人才的支持政策。五是加强对全国公路水路交通运输人才研究进展信息的发布，经常举办公路水路交通运输人才论坛，鼓励其他信息交流的方式，通过各地公路水路交通运输人才经验的交流，从整体上推动交通运输行业人才战略。

（五）开放的人才交流合作政策

一是建立交通运输行业各类人才流动导向机制、柔性流动机制、流动激励机制，突破体制性障碍，促进公路水路交通运输人才合理有序流动。二是制定引进海外高层次公路水路交通运输人才政策。建立公路水路交通运输人才和智力引进"绿色通道"，研究团队成批引进、核心人才带动引进、高新技术项目引进等措施，完善政府引导、市场配置、社会参与、协调运作的海外人才引进机制。三是完善吸引海外人才的政策法制环境、工作创业环境、生活学习环境、人际学术环境。四是推进本土公路水路交通运输人才国际化，完善加强人才交流合作政策，加强与国外公路水路交通运输人才交流与合作。

(六) 促进人才向西部地区和基层流动的引导政策

一是依据国家有关政策,建立和完善艰苦边远地区津贴制度,实行岗位津贴、补贴性工资、医疗保险等特殊优惠政策,引导各类公路水路交通运输人才向基层流动。二是建立健全城市优秀公路水路交通运输人才支持基层公路水路交通运输人才政策,每年引导一批优秀教师、技术人才等到边远贫困地区交通一线工作或服务。三是建立交通运输部门公职人员到基层服务、锻炼的派遣和轮调制度。制定县级以上交通运输部门新录用公务员下基层锻炼制度。完善交通科技特派员派出办法。

(七) 交通运输行业人才信息发布政策

一是加强人才资源统计工作,及时准确反映交通运输行业人才发展状况,为交通运输部科学决策提供依据。要完善人才统计指标体系,改进人才统计调查方法,合理界定人才统计的口径和范围,逐步形成部门统计与行业统计相结合,以全面调查为基础、以经常性抽样调查和重点调查为补充的行业人才统计调查体系,同时要充分利用交通运输行业现行的统计调查渠道,建立公路水路交通运输人才统计调查制度。要加强人才统计分析工作,在搜集和整理基础统计数据的基础上,进一步加工和提炼出更便于直接使用的决策信息。要强化人才统计信息服务,要扩大服务对象、丰富服务内容、改进服务方式,为社会各界提供公路水路交通运输人才供需信息。二是整合交通运输行业人才信息资源,构建以各类人才信息库为主体、行业统一的人才供求信息系统。组建网上公路水路交通运输人才市场,构建全行业统一的交通人力资源市场体系,强化各级交通人力资源市场功能。加强公路水路交通运输人才信息发布,定期发布公路水路交通运输人才工作白皮书和公路水路交通运输人才资源开发指导目录,提高公路水路交通运输人才工作服务经济社会发展的水平。

三 建立健全交通运输行业人才服务体系

(一) 健全交通运输行业人才市场服务体系

充分发挥市场机制在人才资源配置中的基础性作用,引导人才资源的合理流动,推动人才资源的结构调整,实现人才资源优化和高效配置。建设统一开放的交通人力资源市场,建立健全公路水路交通运输人才市场行业组织,充分发挥行业组织的自律协调作用。建立高层次人才共享机制,

第九章　交通运输高层次创新型人才队伍建设的建议

鼓励支持高层次人才跨区域开展各种智力服务。

（二）健全交通运输行业人才信息服务系统

改造并整合现有公路水路交通运输人才信息系统，建立全国统一、多层次、分类型的公路水路交通运输人才资源信息网，扩充服务功能，定期发布公路水路交通运输人才的供求信息、政策信息和培训信息，使中国公路水路交通运输人才网成为全行业人才服务的共享平台。此外，逐步建立人才培养机构和人才使用部门之间的人才供求联系机制，为培训机构和用人单位提供信息服务。

（三）健全交通运输行业人才安全服务机制

建立人才身体健康服务机制。要采取有效的减压措施和保健措施，努力改善高级人才的工作环境和工作条件，解除或缓解他们目前存在的工作任务重、工作强度大、健康状况差等现象，实现人才的可持续发展。要严格执行国家法律，安排好高层次人才尤其是中青年专家的年度休假。要高度重视中青年专家的定期体检，将专家队伍的健康状况列入交通主管部门的人才管理信息系统。

完善人才思想安全服务机制。从爱护人才、保护人才的角度出发，坚持以教育为主、预防为主、事前监督为主的原则，使公路水路交通运输行业人才队伍思想过硬，在复杂的市场经济环境下，立得住、站得稳、行得正、做得好。

（四）健全交通运输行业人才跟踪服务制度

要了解公路水路顶尖、高层次交通运输行业人才的研究进展，关键要了解他们项目研究中的设备条件、文献资料、经费、团队等情况，看它们是否满足科研工作之需，是否能够保证科研工作的顺利进行。

要了解公路水路顶尖、高层次交通运输行业人才的教育培训情况。顶尖、高层次交通运输行业人才同样面临着知识更新的问题，他们在一定的时候需要适应形势去国内外著名大学深造、进修和培训，有关部门要为他们提供信息，沟通渠道，提供经费上的资助。

要了解公路水路顶尖、高层次人才的生活情况。包括收入水平、居住条件、配偶及子女的工作和教育情况，要落实有关知识分子政策，解决他们生活中的实际困难，保证他们的学术休假时间。

（五）营造交通运输行业人才工作服务环境

加强公路水路交通运输行业人才的表彰。有序开展各类优秀公路水路交通运输行业人才评选表彰。

实施对公路水路交通运输行业人才文化培育计划。要加强研究、提炼、充实交通文化的内涵和行业核心价值观,突出交通运输行业为国民经济和社会发展服务,为建设社会主义新农村服务,为人民群众安全便捷出行服务的特点。要大力构建具有行业特色的、充分体现人本理念和人文关怀的人才管理文化和人才服务文化,增强交通运输行业人才队伍的集体观念和团队精神,提高交通运输行业人才队伍的凝聚力、战斗力和创新能力。

公路水路交通运输人才工作管理部门要进一步转变观念和思路,树立以人为本的理念,真正做到人事与人才工作并重,管理与服务工作并重。各级党委组织部门要协调好组织、干部和人才工作,统筹安排人员配置,落实必要的工作经费,建立人才工作专职干部队伍,逐步设立人才工作的专门机构。以学习实践科学发展观活动为主题,以"增强素质、改变作风、树立形象"为目标,加大人才工作者的岗位培训力度,从而建设一支综合素质高、创新意识和开拓能力强的人才工作专职队伍。

第十章 我国交通运输行业人才培养的建议对策

第一节 我国交通运输人才培训评估的主要对策

一 我国交通运输行业人才培养主要模式

在经济发展的驱动作用下,国内交通行业也呈现蓬勃发展趋势。虽然该行业的人才数量在持续增加,但其供给仍然满足不了行业的发展需求。要想促进交通运输行业的发展,就要做好人才储备工作。现阶段下,交通运输行业在进行人才培养的过程中,要组织他们接受技术、服务、专业方面的培训,提高其职业能力及综合素养,为国内交通运输行业的发展提供人力资源方面的支撑。

人才培养及鉴定体系涉及多种因素,具体内容包括搜集人才培训资料、信息挖掘、评估等,这些信息工作有助于企业对人才评估结果进行科学、准确的评判。另外,受训人自身的心态、外界环境的变化等,都会使培训评估结果产生波动。

(一)交替型培训模式

近年来,我们在进行社会建设与发展的过程中越来越注重资源节约与环境保护,而交通运输行业采用的传统发展模式已跟不上时代的发展需求。具体表现为:人才结构不完善、交通运输体系的运行会增加环境负担。为了扭转这种局面,跟上时代发展的步伐,交通运输行业应该对当下的运行体制进行改革，进行资源整合、优化资源分配，推动交通运输行业向更加健康、稳定的方向发展。在交通运输行业人才培养方面，相关部门、机构、高校等，要对行业的需求进行把握，并了解当地的经济及资源条件，着力提高行业人才的应用能力、创新能力，采用交替型培训模式进行人才培养，为国内交通运输行业输送优秀人才。

（二）产学研相结合的培训模式

对于行业人才，要合理进行岗位安排。在这个环节中，要了解他们的特长及工作能力，将其安排到合适的工作岗位上，为研究型人才提供深造机会，进一步提高他们的职业能力，壮大教育运输行业的人才储备。教学实践方面，要将产、学、研融为一体，根据行业的发展需求进行人才培养，提高他们的实践能力与工作能力。

（三）构建以就业为导向的教育模式体系

一方面，要根据行业发展方向，了解并掌握交通运输行业的人才需求，具体如行业所需的人才规模、人才密度、人才能力、学历要求、职业素养等；另一方面，在教学实践环节，要建立以就业为导向的教育模式体系，根据就业需求对学生进行培养，提高教学针对性，为学生提供更多的实践机会及相关平台，让他们在毕业之后能够快速适应工作环境。

在进行人才培训之后要对培训结果进行判断，这是培训管理体系中的重要组成部分。对交通运输行业来说，培训评估的对象是培训结果，其目的是对培训效果进行科学评判，对培训过程中的有益经验进行总结，据此优化企业的培训体系。在开展培训活动的过程中就要着手实施评估工作。企业进行人才培训评估是为了达到以下目的：首先，判断培训目标是否科学、合理；其次，发现培训体系中存在的问题；再次，分析培训后企业的经济效益变化；最后，提高人才培训工作的经济效益，发挥优势的同时补齐短板。

二 我国交通运输行业人才培训评估困境

（一）培训开发评估体系尚未形成

交通运输行业所涉类型众多，且不同专业的运作存在明显区别，因此，要根据具体情况、具体需求实施人才培训。现阶段下，人才类型包括管理人才、技术人才、技能人才三种。运输行业的人才包括海运类、公路运输类、内河运输类三种。虽然同属交通运输行业，但运输类型不同，对人才的需求及能力要求也不同，为此，要采取相符的人才培训评估机制。但现实情况是，管理者为节省时间与精力，往往不会对人才评估方式进行细分，其评估结果也难以客观体现人才质量及其职业能力。

近年来，国内交通运输行业对人才的重视程度有所提高，为促进人才培养体系的正常运转，交通运输部门应积极提供相应的资金、资源支持。

（二）现有评估方法的局限性

现阶段下国内企业使用频率较高的人才培训评估方法有问卷调查法、观察法、全方位评估法、定量评估法等。如果同时采用几种甚至多种不同的评估方法，则会增加企业的成本消耗，考虑到这一点，企业在实施人才评估时，为了节省自身成本，会降低对人才评估工作的重视程度，甚至将其从整个人力资源规划中剔除，而选择单一、成本消耗低的评估方法，这种模式下得出的人才评估结果往往与企业实际需求不符，也难以得出科学、准确的评估结果，无法发挥人才培训评估的价值。

（三）评估者主观因素对结果的影响

评估人员本身会对最终的评估结果产生重要影响。对国内的人才培训评估进行分析可知，培训管理人员或部门负责人承担着人才培训的主要工作，其中，部门负责人的行为操作与最终评估结果的准确性及客观性直接相关。这是因为部门负责人能够深入把握岗位需求和人才培训计划的相关内容，对培训内容与工作岗位之间的关系了解得比较到位，在确立培训评估标准时，能够把理论与实际融为一体，据此得出更加客观、准确的培训评估结果。由此可见，在人才培训评估实施过程中，人才培训评估人员的主观想法能够产生很大影响。部门负责人员实施人才评估过程中，往往需要用到其管理经验、个人知识等，从而影响到最终的人才培训评估结果。所以，企业要注重对人才评估人员的培训。

（四）评估过程的不标准化和不规范化

专业的培训评估能够促进人才培训体系的优化与完善，解决之前培训体系中存在的结构性问题。但从现阶段来看，国内很多企业都缺乏人才评估体系的相关标准，无法给评估人员的工作开展提供有效的参考，仅依据个人经验对人才培训结果进行判断，以这种方式得出的培训结果很难推动企业后期的人才培训发展。企业实施培训评估，是为了促进既有人才培训计划的执行，并对其落实进度进行跟进分析，而要促进人才培训计划的实现，就要建立统一的标准，并提高评估工作的规范化程度。企业要明白，评估人员的主观因素事关培训评估结果的客观性与准确性，从这个角度来说，企业应该提高评估过程的标准化与规范化。

（五）评估投入有待加强

国内很多企业都忽略了培训评估，其中一个重要原因是企业需要在这个环节投入大量资金。目前，企业还无法对培训评估的成本投入，及其投资回报的经济价值进行量化。企业在开展人才培训时，需要在人员培训、设备购置、资源配置方面进行投资，但投资回报并非以有形方式直接体现出来，在这种情况下，企业无法计算其实际的投资回报率，这导致很多管理者不愿意在培训评估环节消耗太多成本，无法为人才培训计划的实施提供足够的资金支持。

三 我国交通运输行业人才培训评估对策

想要切实提高人才质量，缓解交通运输行业的人才短缺现象，就要综合考虑人才培训评估情况，建立完善的行业人才培训体系。在这里，通过分析交通运输行业人才评估过程中存在的问题，针对性地给企业提供几点参考。

（一）高度重视人才培训评估工作

在整个人才培训体系中，人才培训评估是不可缺少的一环。高效的人才培训评估有助于企业不断优化其人才培训体系，提高人才培训的效益。所以，要从意识层面提高交通运输行业对人才培训评估的重视程度。一方面，企业需要建立自己的人才培训机制，为人力资源部门开展人才培训评估提供机制保障；另一方面，要清晰划定各个部门在人才培训过程中承担的具体责任；此外，在实施培训评估时，要采用符合培训内容的评估方法，确保整个评估过程正常进行。

（二）结合交通运输行业特点合理地选择评估方法

在选择具体的评估方法时，要对交通运输行业的性质和特点进行分析，但前提是企业要采用符合其发展需求的人才培训评估体系。评估者应该对企业当下的人才培训情况进行全面把握，在此基础上选择恰当的评估方案。

（1）制定培训评估目标，这个任务可以交给经验丰富的专业人士来完成，目标确立后，应该对其可行性进行分析，为企业实施培训评估提供有效的参考。

（2）采用恰当的评估方法，评估方法的选择直接关系到最终的培训评估结果。现如今，国内交通运输行业采用比较普遍的是柯氏四级评估法。这种评估模式的主要内容包括反应评估、学习评估、行为评估与结果评估。第一阶段考察的是学员反应，要在学员接受完培训之后立即展开；第二阶段考察的是学习效果，需要采用口头提问、书面调查等方式来进行；第三阶段考察的是行为改变，要求参与者一同工作的人员参加；第四阶段考察的是产生的效果，着重分析培训给企业带来哪些影响。培训评估过程通常需要消耗大量时间，且需做很多准备工作，评估人员的实际操作往往只停留在前两个阶段，在这种模式下得出的培训评估结果对企业的参考价值也比较有限。

所以，在实施培训评估的过程中，要采用恰当的评估方法，综合考虑行业性质及特点提高评估结果的准确性，帮助企业完善现有的人才培训体系。另外，从评估者的角度来分析，要减少评估者本身对评估结果的影响，为了实现这一点，不妨创办专业的评估团队，在所有团队成员的参与下得出最终的评估结果，避免评估者独断专行，通过这种方式保证评估结果更加客观、科学，帮助企业在发展过程中不断优化其人才培训体系。

（三）加强对培训管理人员的培训工作，提高评估水平

在培训评估实际操作过程中，从评估计划制定、资料搜集与整理、计划实施到结果分析，全部由培训管理者承担。所以，培训管理者本身的能力能够对人才培训评估工作的结果产生很大的影响。现阶段下，国内交通运输行业尚未形成完善的人才评估机制，很多培训评估人员的能力及职业素养都有所欠缺。从这个角度来说，企业应该重视对培训管理人员的培养，促进培训评估的顺利开展。

（四）完善交通运输行业人才培训评估体系

交通运输管理部门及相关机构要对交通运输行业的发展需求进行把握，在平日运营中就注重对人才的培养及鉴定，缓解交通运输行业面临的人才问题。与此同时，注重开展人才培训评估，将其作为行业发展规划的重要组成部分，为人才培训工作的实施提供各个方面的支持。

交通运输行业的发展离不开人才的支持，人才培训是行业不能忽视的重要工作内容。在经济发展的驱动作用下，产业结构已不同于以往，传统的人才培训模式已经无法满足行业的发展需求，需要通过人才培训评估机

制对现有的人才培训体系进行改革,从而发挥人才培训的价值,提高交通运输行业发展的持续性。这篇文章立足于国内交通运输行业人才培训评估的目的,对行业人才培训过程中存在的问题进行了梳理,针对性地给企业提供了参考。相关部门应该提高对人才培训及人才培训评估的重视程度,对其发展规律进行分析,据此提高人才培训评估结果的真实性,推动交通运输行业的发展。

四 我国交通行业就业培训和鉴定的关键

近年来,国内交通业面临的人才短缺问题越来越突出。虽然行业人才的规模在不断扩大,但交通行业对人才的需求增长更为迅速。要促进交通运输业的发展,就要做好人才储备工作,为其提供人力资源支撑。国家相关部门及教育机构会组织学员参与交通运输行业的职业培训,却因为国内缺乏完善的交通行业就业培训和鉴定机制,难以对学员的职业能力及素质进行科学有效的评估,也就无法保证人才与岗位之间的匹配。从这个角度来分析,要促进交通行业的发展,就要采用恰当的行业就业培训和鉴定模式。

(一)交通行业就业培训和鉴定的目的

实施行业就业培训,是为了在行业发展过程中做好人才储备工作,为交通行业输送优秀人才,从而提高我国交通运输行业发展的持续性。相关培训机构会在把握行业发展需求的基础上,对交通运输业的发展方向进行科学判定,建立完善的就业培训体系。另外,要实施鉴定,对培训成果进行检验和评估,分析结果出来之后,可以将其相关数据进行归纳,提交给就业培训部门,为培训部门的机制改革提供有效的参考,使培训部门的运营更符合企业的发展需求,这是必备的一个环节。

(二)当前我国交通运输业就业培训和鉴定方面的关键

现如今,中国已经成为"交通大国",我国的交通运输发展在全球范围内占据优势地位。尽管如此,我国却忽视了交通行业就业培训与鉴定。身处瞬息万变的国际环境中,这种情况显然会使我国的交通运输行业在后期发展过程中面临一定的风险。虽然近年来我国开始注重行业就业培训及鉴定机制的建设,但因为在时间方面不占优势,国内交通运输行业就业培训和鉴定制度的发展仍然不完善,需要在后期进行调整及优化。

1. 重点是打破当前就业培训和鉴定机制的束缚

现阶段下，国内的交通运输行业就业培训和鉴定机制还存在很多问题，企业可采用的培训和鉴定方法也并非十全十美。从就业培训的角度来分析，之所以会出现这种情况，是由于国内交通运输业包含多个专业，其运输方式包括水运、公路运输、铁路运输，这三种运输方式又可细分为多种。在这种情况下只能实施个性化培训，但在实际操作过程中却很难实现。从鉴定的角度来分析，人才类型包括很多，具体如管理人才、技术型人才、理论研究型人才等。所以，很难推行统一的鉴定标准，在实际操作过程中，多数鉴定人员只是笼统地加以评估，其最终结果的可靠性通常较低。

2. 提高就业培训和鉴定系统的规范化程度

现阶段下，国内很多交通运输业都缺乏规范的就业培训和鉴定系统。在这种情况下，在实施人才培训、人才评估时，相关负责人的态度往往不够端正，只是抱着完成任务的心态组织企业员工接受培训，最终的评估结果也不够准确。另外，个人因素能够在很大程度上决定培训和鉴定工作的质量，因为缺乏统一的行业规范，整个就业培训和鉴定工作都依靠工作人员来完成。

（三）建立科学先进的培养模式

通过分析目前的交通运输业就业培训及鉴定体系可知，培训是鉴定的前提，从这个角度来说，首先要根据企业发展建立高效的就业培训机制，当然也不能忽视鉴定体系的建设及实施，而是应该"两手抓"，并促进两者之间的协同发展。

1. 高度重视人才培养工作

无论是哪个行业，都要认识到人才的重要性。优秀的人才能够为行业的发展提供支撑，交通运输业的发展对人才的依赖性更为明显。因此，要提高整个行业对优秀人才的重视程度，并将其落实到实际行动中，建立行业人才培养机制，并在后续运营过程中进行持续调整及优化。交通运输部门应该对企业的发展进行引导，开展推广工作，从意识层面提高企业对人才的重视程度，促使企业建立人才培养体系。另外，还要发挥监管作用，对培养及鉴定过程中的各个环节进行梳理，明确相关人员的具体职责，实施监管政策，提高人才培养及鉴定工作的运营效率。

2. 根据行业特点确定人才培养模式

要全面、深入地了解行业特点，才能保证最终建立的人才培养模式符合企业的发展需求。交通行业所需人才多种多样,更要根据行业特点进行人才培养。为此,应该先对企业进行实地评估,在把握企业实际情况的基础上确立人才培养模式,之后还要对该模式的可行性进行分析,并在具体实施过程中不断进行调整与优化。

3. 提高培训管理人员的职业能力

在人才培训过程中,从搜集材料、设定方案、执行方案,直至结果鉴定,这些工作全部由培训管理人员来承担,从这个角度来分析,培训人员本身的能力能够对最终的培训结果产生至关重要的影响,但很多企业都没有认识到这一点。因此,要加强对培训管理人员的培养,建立相关的机制体系。

国内交通运输行业要通过建立科学、合理的人才培养模式,形成完善的行业就业培训和鉴定体系。这个模式的建立需要长期的过程,在建成之后还需进行持续的调整与完善,在这个过程中,能够不断输出符合企业需求的专业人才,促进交通运输业的发展。

第二节　我国城市轨道交通人才培养的对策研究

一　城市轨道交通人才培养的现状及问题

随着我国城镇化进程日渐加快,城市建设水平与管理理念的不断提升,服务于广大市民日常生活及工作的城市轨道交通建设受到了社会各界的广泛关注,政府、资本方、建设单位等投入了大量资源与精力,为城市轨道交通建设注入了源源不断的活力与发展动力。

城市轨道交通建设热潮下,人才缺失问题越发突出。城市轨道交通建设及运营人才,对人才的专业能力及综合素质有较高要求,而如今我国尚未建设完善的城市轨道交通人才培养体系,如何培养出一批符合城市发展需要、具备较强专业能力与综合素质的优秀人才,成为我国城市轨道交通行业亟须解决的重点问题。

第十章 我国交通运输行业人才培养的建议对策

（一）城市轨道交通发展现状

城市轨道交通对缓解城市交通压力、为国民经济增长增添新动能等方面的价值已经得到充分证明。目前，我国城市轨道交通建设进入快速增长期，我国是世界上在建地铁里程最多的国家，《中国交通运输发展》白皮书中强调，"十三五"期间，我国新增城市轨道交通运营里程约3000公里。

中国轨道交通网发布的数据显示，截至2017年12月10日，中国内地已经开通城市轨道交通的城市为43个，其中，有地铁运营的城市为29个，总里程超过3500公里，涉及线路134条。到2017年12月底，有18条新线路开通运营，城市轨道交通运营总里程将达到3900公里。

在我国各级政府发布的城市轨道交通建设规划中，到2020年年底，有一大批城市轨道交通建设项目将完成交付，比如，《珠江三角洲地区改革发展规划纲要（2008—2020年）》提出，打造开放的现代综合交通运输体系，在广州、深圳、东莞、佛山等建设一批重大城市轨道交通项目。2020年时，珠三角城市轨道交通运营里程将达到1593公里，其中，两大中心城市广州和深圳的城市轨道交通将达到1093.8公里。

随着我国城市轨道交通建设进程日渐加快，人才缺失成为一项摆在相关从业者面前的时代课题，城市轨道交通发展不仅需要大量的设计、施工人才，还需要大量的运营管理人才，对人才培养提出了极高的挑战。为了解决人才缺失问题，我国需要制定长期性的人才培养战略，明确市场需求、人才培养目标，并推出行之有效的人才培养实施方案。

（二）城市轨道交通发展中人才培养存在的问题及原因分析

1. 城市轨道交通人才供不应求

成都、杭州等一些新建城市轨道交通线路的城市，本身在该领域未能储备足够的优秀人才，再加上当地经济快速发展刺激下的多条线路同时施工及运营，导致人才出现了较大缺口。而北京、上海等城市轨道交通建设较早的城市，虽然培养了一批人才，但由于城市轨道交通领域涌现的大量新技术、新设备、新系统、新运营模式等，导致现有人才的知识和技能无法满足实际需求，还要对其进行培训。

事实上，我国城市轨道交通建设起步时间较晚，高校在专业课程设置方面尤为滞后，社会培训机构培训质量参差不齐，缺乏专业的教师团队等，导致城市轨道交通人才严重缺乏。

·213·

2. 专业要求有差距

很多开设城市轨道交通专业的高校仍采用传统的培养模式,未能针对城市轨道交通行业的具体要求制订差异化的教学计划及培养方案,而且培养学生时,重点向学生传授理论知识,对实践技能培训缺乏足够重视,导致学生工作后,企业仍要花费较长的时间对他们进行系统培训,显著提高了企业的人力成本。

3. 技能人才的争夺激烈

考虑到我国城市轨道交通建设增长势头十分迅猛,优秀的技能人才始终是稀缺资源,未来将会上演激烈的技能人才争夺战。比如,地铁系统运营及维护中涉及的通信、消防、电子、信号、液压、机械、变电、计算机、接触网、电力机车、无线传输等对专业性要求极高,培养这类人才需要一定的周期,必然会导致人才争夺十分激烈。

技能人才为城市轨道交通建设及运营提供重要支撑,在技术攻关、工艺创新、设备维护等方面发挥着不可取代的关键作用。那些拥有丰富实践经验与专业技能的人才,将会成为企业间人才争夺的重点,铁路中可以满足部分轨道交通建设及运营需求的通用人才也会被"挖墙脚"。这种背景下,如果不能制定出有效的城市轨道人才培养方案,将会给我国的城市轨道交通建设带来严重的负面影响。

二 城市轨道交通人才培训的特征及意义

随着我国交通建设水平不断提升,城市轨道交通发展尤为迅猛,各地政府推出的多种工程项目相继施工。然而,人才缺失给交通建设尤其是城市轨道交通建设带来了诸多困扰,在设计、建设、运营、融资等方面存在较大的人才缺口。虽然让铁路、市政工程等领域的从业者参与城市轨道交通建设,在一定程度上缓解了人才缺失压力,但城市轨道交通系统对专业性要求极高,需要同时具备完善的理论知识体系和灵活高效解决各种实际问题的专业技能。

城市轨道交通领域涌现出的新技术、新工艺、新能源、新材料、新管理模式、新运营理念,对相关人才提出了更高的要求。想要推动城市轨道交通建设不断走向成熟,让广大民众享受便捷、高效、低成本的优质出行服务,必须解决人才缺失问题。

第十章 我国交通运输行业人才培养的建议对策

（一）城市轨道交通人才培训特征分析

城市轨道交通是一种采用轨道结构进行承重和导向的车辆运输系统，涵盖有轨电车、单轨系统、轻轨系统、地铁系统、磁悬浮系统、市域快速轨道系统等多种交通系统，涉及土建工程和机电设备两大类专业，前者包括车站建设、线路建设、车辆段建设等细分领域，后者包括信号系统、通信系统、车辆系统、供电系统、轨道系统、给排水系统、乘客信息系统、综合监控系统、自动售检票系统等。

城市轨道交通系统具有技术难度高、安全要求高、运营管理复杂等特性，对相关人才的知识、经验、技能等有较高的要求，也决定了该领域的人才培养和其他领域存在明显差异。

（1）培训主体需求有所不同。城市轨道交通领域的人才培养要求提供咨询培训一体化服务，在培养专业人才过程中，培训机构需要提高学员专业技能与综合素质，提供集教材、教师、实验室、实践基地为一体的综合培训解决方案。

（2）专业培训受众分散且规模较小。城市轨道交通人才的培训是由企业或各地政府主导，企业及单个城市负责实施，而不是像铁路行业人才培训一般由铁路总公司进行整体规划，这种情况下，即便全国有相当多的城市轨道交通从业者，但因为培训由企业及单个城市开展，导致专业培训受众分散且规模有限。

（3）培训内容有较强的针对性。例如，城市轨道交通安全门体包括半高门体和全高门体两种形式，供电系统受电装置包括接触网受电装置和三轨受电装置两种形式等，即便是相同的培训课程，也要根据具体项目，制定不同的培训内容。

（4）师资力量分散。城市轨道交通建设需求庞大，市场前景广阔，但在我国起步时间相对较晚，高质量的专业教材不足，而且专业人才分散在全国各地的各类建设机构中，给人才培养带来了诸多阻碍。

（二）加速开展城市轨道交通人才培训课程开发的意义

目前，城市轨道交通培训进入快速发展阶段，但因为培训监管体系不完善，导致培训机构质量参差不齐、人才培养目标和市场需求错位等问题。所以，深入分析城市轨道交通建设人才需求，加快开发相关人才培训课程具有十分重要的现实意义。

具体来看，结合我国城市轨道交通发展实际需要，有针对性地开发相关人才培训课程，将会在以下几个方面给我国的城市轨道交通建设带来十分积极的影响：

（1）完善城市轨道交通继续教育培养体系。

（2）打造城市轨道交通领域的优秀师资团队及立体化的培训方案。

（3）形成城市轨道交通领域核心人才选拔体系。

（4）针对那些对专业性要求较高且需要不断更新的专业领域，建立长效培养机制。

（5）结合城市轨道交通建设实际需要与人才职业发展规划，完善行业理论知识体系，提高其创新能力、实践能力、团队合作能力，增强其职业素养及综合素质。

三 城市轨道交通人才培养的模式与路径

（一）"订单"模式

"订单"模式强调通过校企合作，高校根据企业实际需求为其定制培养人才。培养目标、教学内容、教学方式等都会结合企业岗位的实际需要，当企业需要的人才有所变化时，也会及时向高校提供反馈信息，从而让高校及时对教学内容及教学方式做出优化调整。采用"订单"模式进行人才培养，可以借鉴以下步骤：

1. 公开选拔订单班学生

公司组建专业团队前往高校选拔订单班学生，在学校中对企业实际情况、相关岗位的具体要求、薪资待遇、"订单"模式的具体流程等进行宣传，吸引一批学生报名参加后，通过"笔试＋面试"的形式对学生进行筛选，同时，学生在学校中的表现也会占据一定的权重。考核完成后，对选拔结果进行公示，公示期过后由选拔出来的学生组成订单班。

2. 与学校签订订单式培养协议

企业和学校签订订单式培养协议，对订单班学生进行定制培养，在协议中明确双方的权利和责任，学校按照企业的实际需求培养人才，企业提供资金、实习岗位等方面的支持，学生毕业后接纳符合要求的学生。

3. 全面参与教学管理

企业可以安排专业人员参与学校的教学管理工作，和高校共同制定培养目标、教学内容及教学方案，参与教材的编写及修订等。同时，在师资团队建设及学生实习等方面为高校提供指导，以便培养出切实满足企业实际需求的优秀人才。

4. 精心安排学生实习

学生毕业前，企业和学校共同为学生设计实习方案，让学生接受完善的岗前培训。由实践经验丰富、业务能力强的企业专业人才，作为学生实习时的指导老师，要求实习学生按照正式员工的上岗制度完成实习工作，并对学生实习表现进行考核，学生取得上岗证后，才能毕业后到学校工作。这种做法可以有效降低企业的员工培训成本，同时，使学生快速适应工作岗位，帮助学生制订更为科学合理的职业发展规划。

5. 考核验收

订单班学生考核验收由学校考核验收和企业考核验收两部分组成，学生临近毕业前，公司安排专业考核验收团队前往学校对订单班学生进行考核验收。同时考核学生学习成绩、综合表现、实习成绩等多种指标，之后再经过学校的考核验收后，符合条件的学生便可前往企业工作。当然，这些学生会有一定的试用期，学生在试用期内的表现符合企业要求后，才会被转为正式员工。

（二）企业内部培养模式

1. 加强专业技术人才队伍建设

对中青年骨干人才进行重点培养，打造专业技术优秀带头人，加强专业技术骨干人才队伍建设，结合城市轨道交通前沿科技、设备及管理模式制定培训方案，加强其专业技术的同时，重视综合素质培养。定期对专业人才队伍建设成果进行考核，确保相关战略规划及方案得到真正落地。

2. 加强生产技术人才队伍建设

通过培训内容的不断优化、深度整合培训资源、完善培训考核体系等，为企业培养一批同时具备完善理论知识体系、实践技能、创新及团队协作能力的复合型职业技能人才，使其能够在日常工作中攻坚克难，为企业解决一系列经营管理难题，有效应对各种突发状况，为企业构建出强大的核心竞争力。

（三）优化技能人才晋升机制

人才是企业的一项核心资产，对轨道交通这种对专业性要求极高的行业，技能人才扮演的角色尤为关键，是轨道交通企业能否抓住时代发展机遇，使自身在激烈的市场竞争成功突围的关键所在。为此，城市轨道交通企业必须重视人才培养，为技能人才提供优良的工作环境，完善技能人才晋升机制，为其提供公平、公正、自由、广阔的发展平台，使其活力与创造力得到充分发挥。

通过提高技术等级来激励技能人才有着良好的实践效果，它使员工有了更多的活力与工作积极性，带给其更多的满足感、成就感，促进组织成员良性竞争的同时，给企业创造更多的价值。在优化技能人才晋升机制方面，城市轨道交通企业需要做好以下几点：

1. 成立晋升组织架构，明确分工

晋升组织结构中应该包括领导层、工作层、监督层，其中，领导层负责制定晋升方案、确定晋升人员名单、处理争议事件等，成员包括部门经理和高层领导者；工作层负责研究制定考核试题及考核体系，组织符合条件的员工进行考核，对晋升人员名单进行资格审核等，成员由人事部门、技术部门等部门员工组成；监督层负责对员工考核及晋升全流程进行实时监督，对举报内容进行调查，成员由党群工作部员工构成。

2. 公开晋升申报条件，进行考前摸底

晋升申报条件通常涉及员工年度考核结果、应知应会考试结果、是否受到行政处分等，不符合申报条件的员工禁止晋升。对和岗位说明书相关要求相一致，且考核结果合格的员工予以晋升，当然，如果员工特别优秀，可以越级晋升。

3. 岗位晋升评估项目设置

先进行工作业绩评估，再进行岗位技能评估，最后是拟晋升岗位理论考试评估，被考核人员任何一个环节不合格后，都将失去晋升资格。

四 基于FAST模型的城市轨道交通研究

（一）FAST模型理论分析

在对ADDIE模型进行不断优化完善，并对城市轨道交通领域大量培训实践案例进行深入总结的基础上，建立的以解决实际问题为导向的精品课程开发流程"FAST课程开发模型"，具有以下几个方面的明显优势：

（1）专注于解决企业出现的实际问题。

（2）将教学内容和教学方法相结合，提高课程开发质量。

（3）以流程式模块设计培训课程，培训师个体或团队都能完成课程

第十章 我国交通运输行业人才培养的建议对策

开发。

（4）和企业实际需求相结合，可以为企业输送满足企业发展需要的复合型人才。

具体到城市轨道交通人才培养方面，通过应用基于FAST理论模型的人才培养课程开发模式，明确人才培养目标，对培训课程实施情况进行全程追踪并提供反馈，为解决城市轨道交通领域的人才缺失问题提供了有效途径。

（二）FAST模型应用中常用的方法

应用FAST模型时，往往需要结合培训进程采用多种方法相结合的方式为课程开发提供支持，下面对几种比较常用的方法进行具体分析：

1. 访谈法

在调研活动中，访谈法应用十分广泛，随着通信技术的不断发展，近几年，线上访谈也开始被应用到调研活动中。一场成功的访谈活动包括访谈前的准备阶段、访谈实施阶段及访谈后的总结分析阶段。访谈法可以让访谈人员了解受访对象的实际需求，获取其提供的反馈建议，最为关键的是，它可以针对受访对象的实际表现对访谈内容及进程进行优化调整。

访谈法的短板在于需要耗费较高的人力及时间成本；收集的信息较为分散，给信息整合及处理带来阻碍；对访谈人员的沟通能力、应变能力有较高的要求。

在访谈准备阶段，需要搜集相关资料，了解受访对象特性，针对访谈目标设计访谈问题等。在访谈实施阶段，可以按照事实性问题、需求性问题、结果性问题、探索性问题的顺序向受访对象提问，同时针对其语气、动作变化对访谈方案进行优化调整。在访谈后的总结分析阶段，访谈人员需要对不同受访对象的访谈结果进行对比，得出更为科学、精准的结果，并分析受访对象提出的反馈意见，为后续的访谈工作提供指导与帮助。

2. 问卷调查法

和访谈法相比，问卷调查法应用更为广泛，通过将标准化的调查问卷发放给目标群体，目标群体填写完成后进行回收整理及分析，从而得出调查结论。

移动互联网的快速推广普及，使问卷调查法能够覆盖的用户规模迅速提升，调查时间成本显著降低。覆盖范围广、标准化、低成本是问卷调查法的几大优势，但在生活节奏越来越快的背景下，人们时间与精力被过度分散，导致问卷调查法的回收率持续降低，而且难以获得调查问卷没有涉及的内容。

3. 焦点小组法

焦点小组法又称小组座谈法，是一种由主持人采用小型座谈会形式对调查对象（小组中的代表性个体）进行自然交谈，从而获得相关信息的调查方法。焦点小组法有助于发挥群体智慧，促使目标用户达成统一意见。它尤其适用于获取目标用户偏好、需求、观点、态度等，在项目培训各个环节都可以采用，但对主持人的控场、沟通能力有较高要求，同时，需要做好访谈记录并进行深入分析。

除上述三种方法外，还有综合观察法、资料分析法等调研方法，实际应用中使用何种调研方法并没有统一标准，更多地需要调研人员结合实际情况进行灵活选择，有时甚至需要同时使用多种调研方法。

（三）FAST 理论模型在城市轨道交通人才培训中的应用实例

将 FAST 模型应用到城市轨道交通人才培训课程开发中时，在课程设计和实施的准备、实施、总结三个阶段应用访谈法和问卷调查法，分析专业人士、代表性群体、特殊性群体及协助性群体的相关情况，来为人才培养课程开发提供指导和帮助。

1. 准备阶段

该阶段分两步进行，首先在城市轨道交通建设单位尚未制定年度人才培训方案前，对该单位历史培训数据、培训总结、现阶段人才培养重点及面临的实际问题等进行深入总结与分析，并提出适合该单位的年度人才培养建议。

然后在学员尚未正式接受前，对培训学员进行访谈，了解他们对轨道交通建设的认识、实际工作中遇到的问题、想要通过培训提高哪些方面的知识与技能等，并将访谈结果整理后提供给授课教师，使其能够制定个性化的教学内容及教学方法。

2. 实施阶段

学员接受培训时，使用当面访谈法和问卷调查法，对学员培训时遇到的问题、需求等进行分析，对分析结果进行整理后提交给培训单位和授课教师，以便后者更好地开展培训课程优化。

3. 总结阶段

培训结束 3 个月后，通过访谈法或问卷调查法，对学员经过培训后在实际工作中的表现、学员对培训效果的反馈等进行分析,为培训单位下一阶段的培训工作提供借鉴经验。

第三节 我国城市轨道交通应用型人才培养模式

一 国内外城市轨道交通应用型人才培养

人才无疑是支撑城市轨道交通建设与完善的关键所在,不仅需要大量生产及服务型专业人才,还需要具备丰富知识、强大技术创新与开发能力、能够适应多种工作环境的高素质应用型人才。所以,探索行之有效的城市轨道交通应用型人才培养模式,是城市轨道交通行业亟须解决的重点问题。

英国、德国、日本等发达国家的城市轨道交通建设发展时间较早,比如,英国伦敦是世界上最早建成城市轨道交通的城市之一,伦敦地铁是全球首个地下铁路系统,在人才培养方面,英国已经形成了成熟的培训体系及模式。

德国在应用型人才培养方面处于世界领先水平,校企合作培养人才模式被普遍采用,很多大学往往都和企业达成战略合作,共同建立培训机构、技术研究所等,大学生及企业员工都会在培训机构中接受培养,而且教学内容及模式精准对接企业实际需要,能够为包括城市轨道交通在内的各行各业源源不断地输送优秀人才。

我国城市轨道交通行业人才缺失,一方面是因为培养体系与模式不完善,另一方面也是因为需求在短时间内的集中爆发,城镇化进程日渐加快,城市交通压力日益突出,不仅是一、二线城市,三、四线甚至五、六线城市都在积极发展轨道交通,从而导致了庞大的人才缺口。以天津市为例,在天津市发布的地铁规划中,天津地铁明确包含15条线路,预计在2024年前全部通车,想要完成这个庞大的工程,需要上万名优秀的城市轨道交通建设及运营人才。

城市轨道交通行业的快速发展,为相关行业的迅猛发展注入了强大动能,比如,车辆整车与零部件制造、信息系统开发、数据管理与维护等相关行业也步入高速发展快车道，对应用型工程技术人才规模与质量提出了更高的要求。

整体来看，我国城市轨道交通人才培养机构数量严重不足，现有培养机构基本就是原铁道部所属院校，比如，北京交通大学、西南交通大学、华东交通大学、大连铁道学院等。同时，轨道交通行业对企业特性、岗位需求，以及国内国际市场竞争环境等缺乏深入研究，而且国内缺乏成功案例可供借鉴经验，这就导致了人才培养机构输出的人才和市场脱轨，从而进一步加剧了人才缺失问题。

从诸多国内高校及培训机构的实践案例来看，我国城市轨道交通应用型人才培养模式探索与实践存在以下几个方面的问题：

（1）实验实训场地规模有待提高。城市轨道交通实验实训装备结构复杂、精密，模块众多，即便实验装备按照一定的比例缩小，也需要占用较大的空间。然而，我国的城市轨道交通实验实训场地规模普遍较小，给实验教学带来了诸多阻碍。

（2）教材建设有待加强。目前，国内城市轨道交通专业教材数量较少，以高职高专类教材为主，而且内容重复、缺乏系统性等问题尤为严重，未来想要解决城市轨道交通人才缺乏问题，必须进一步加强教材建设。

（3）师资团队建设亟须进一步完善。轨道交通行业作为一个高科技领域，其人才是稀缺资源，想要通过引进国际教师人才解决师资团队薄弱问题并不现实，更为可行的方案是加强内部培养，然而内部培养又需要一定的时间成本，短时间内很难取得预期效果。

二 城市轨道交通应用型人才的培养模式

和普通铁路及城际高速铁路所不同的是，城市轨道交通要满足广大市民方便快捷的日常出行需要，客运工作是其核心所在。本质上，客运是一种应用型、技能型的岗位，而城市轨道交通行业本身又是一种高科技行业，对高级技能型人才具有较高的依赖性。考虑到城市轨道交通相关企业日常工作的专业知识需要，培养大量本科及以上人才显得尤为关键。

城市轨道交通人才培养模式需要结合城市轨道交通运营企业的实际需要，在人才培养目标与专业定位、教学内容与课程体系完善、办学条件与师资团队建设等方面投入大量资源。

第十章 我国交通运输行业人才培养的建议对策

城市轨道交通作为一个典型的综合型产业,涵盖了经济、运输、电力、电子、通信、机械、土木、规划、计算机、自动化10多个领域的超过30个专业,理论与技术研究、建设及运营等都需要大量优秀人才。从发达国家的城市轨道交通人才培养成功案例来看,我国高校在人才培养模式方面应该做好以下几个方面的重要内容。

(一)出专业特色,明确应用型高级专业人才的培养目标

促进人才全面发展,采用"双证书"制,将实践技能纳入毕业成绩考核体系之中,毕业时不但要获得学历文凭证书,还要获得职业资格证书。突出专业特色,培养适应当地城市轨道交通建设需要的应用型高级人才,这要求高校不但要让学生学习并掌握丰富的城市轨道交通基本知识、理论及方法,更要提高学生的道德水平、社会责任感,加强其创新与实践能力,从而充分迎合日常运营管理、装备应用及维护工作的实际需要。

(二)围绕人才培养目标,构建以应用能力培养为核心的人才培养体系

实现高校理论教育和企业职业能力需要的有机融合,开展产学合作,让学生在学习过程中掌握系统完善的理论知识的同时,又能通过在企业中实习掌握职业技能,最终打造出具备基础性、技术性、应用性及实践性的课程体系教学平台。

一方面,高校要变革传统的"三段式"教育模式(文化基础课、专业基础课、专业课),从城市轨道交通行业岗位需要视角上设计教学内容,强化学生的实践技能、动手能力,并将其纳入学生考核评价体系之中,为符合条件的学生颁发职业资格证书。

另一方面,职业能力的获取需要学生在实习岗位上经过一定的实践与积累,填鸭式灌输根本不能达成预期效果,为此,高校必须引导学生树立正确的实习态度与价值观,在学生实习过程中,和企业合作帮助其制定清晰明确的职业生涯规划,避免浪费实习资源的同时,为企业输出优质人才。

此外,高校和企业还需要积极创新校企联合培养模式与方法,加强学校和企业的资源共享,充分把握城市轨道交通发展趋势,为学生的学习与成长搭建优良平台。

(三)基于人才培养体系,探索"2+1+1"(基础+专业+实践)的人才培养过程

对城市轨道交通人才培养进行精细化管理,将四年课程划分为"2+1+1"的人才培养流程,也就是学生用前两年的时间来掌握基础平台与学

科平台教学内容，第三年学习专业平台教学内容，第四年学习实践技能平台教学内容（前往企业一线在工作岗位上动手实践）。

（四）服务人才培养过程，健全与时俱进的创新型人才培养机制

实行"弹性学制"，打造学分制管理和学年制管理相结合的教学管理制度。对教学管理及考核评价体系进行创新，使高校、实习单位及用人单位共同参与到学生考核评价过程之中，对考核目标、内容、指标体系、方式方法等进行不断优化完善。为专业质量建设打造完善的管理制度，企业对高校专业建设提供资金、人才等资源支持，并对建设过程进行监督，切实保障人才培养和市场需要的精准对接。

三 城市轨道交通应用型人才的培养实践

以天津职业技术师范学院为例，天津职业技术师范学院于2010年6月在交通运输专业下设立城市轨道交通运营管理专业，2013年为了更好地服务城市轨道交通建设，将其变更为城市轨道交通专业。经过9年的发展与建设，初步建立起了将通识教育和专业教育、理论教育与实践教育相结合的人才培养模式。

（一）师资队伍建设

在师资队伍建设方面，天津市职业技术师范学院研究制定了极具特色的专业师资团队建设规划，在教师考核方面，提高工程实践能力指标占据的权重，同时，建立完善的教师引进及培养体系，从企业、研究机构中引进优秀教师人才的同时，加强对现有教师理论知识与实践能力的培养，组织教师前往企业参与实践，在帮助企业完成工程项目过程中，了解城市轨道交通企业的人才需要，设计出更加有利于学生就业乃至创业的教学内容及方式方法。

（二）培养方案修订

在对国内国际城市轨道交通市场及企业运营管理进行深入调研的前提下，组织专家、教授及企业人才开展研究讨论，对应用型人才培养方案进行持续优化完善。提高专业特色，开设城市轨道交通设施管理、城市轨道交通运营管理、城市轨道交通车辆结构与原理等特色专业的同时，和当地企业合作举办"车站值班员"培训课程。

第十章 我国交通运输行业人才培养的建议对策

（三）实验实训室建设

通过"中央财政支持地方高校发展专项资金"、国家级战略性新兴产业相关专业建设等资金及政策支持，对本科实验室实践教学体系进行系统设计。加强资源整合力度，使城市轨道车辆实训基地、城市轨道交通运行综合实验室等实践资源得到充分利用，同时，积极引进国际先进试验及设备，并组织优秀教师和企业人才研发新试验设备，为学生掌握实践技能及研究与创新能力奠定坚实基础。

（四）实践教学设计

对各类实践教学平台进行持续优化完善：

（1）参观类教学实践平台。通过参观类教学实践平台建设，培养学生的专业兴趣，使其了解城市轨道交通整体框架结构及未来规划，获得专业自信心，提高学习热情与效率。

（2）实验类教学实践平台。通过实验类教学实践平台，丰富学生的理论知识与实践技能，和其他高校开展合作，让学生获得更多的实验机会。

（3）实习类教学实践平台。通过实习类教学实践平台，让学生前往城市轨道交通生产及运营一线，使其熟悉并适应工作环境及岗位需要，巩固课堂理论知识，提高岗位责任感、使命感。学生的实习类教学实践完全在企业内部开展，学校和企业合作设计教学内容及方式方法，企业工程师为学生提供指导与帮助，并负责学生实习成绩考核。

（4）产学研平台。在加强学校城市轨道交通专业建设过程中，通过校企合作模式，提高科研及教学水平，联合打造国内乃至世界一流的城市轨道交通人才培养基地，为城市轨道交通人才培养提供强有力支持的同时，在全国范围内产生强大的示范作用，推动我国城市轨道交通人才培养质量与水平的持续提升。

第十一章 农村劳动力向交通运输业转移就业与培训

第一节 进一步改善交通运输业农民工就业环境

一 开放适合农村劳动力就业的工作岗位

农村劳动力向非农产业、城镇转移,是建设现代农业、解决"三农"问题、缩小城乡差别的重要途径,是经济社会发展的必然要求,是我国社会进步的重要标志。改革开放以来,我国通过发展乡镇企业和促进劳动力跨区域流动就业,加快了农村城镇化进程,促进了经济社会的发展。农村劳动力转移已成为推动城乡经济协调发展的重要途径。以提高我国产业工人特别是农民工的整体素质、促进农民就业增收为宗旨,着眼于增强培养技术工人的能力,是解决国民经济发展中技术工人严重短缺这一社会发展"瓶颈"问题、增强国民经济发展后劲和国际竞争力的重大举措。交通运输部李盛霖部长在建设创新型交通运输行业工作会议上《建设创新型交通运输行业推进交通事业又快又好发展》的讲话中指出:"交通作为经济社会发展的基础产业,主要表现在对国民经济发展的支撑和保障作用,对生产力布局的引导作用,以及对区域经济协调发展的促进作用。我国地区之间发展不平衡,城乡收入差距较大,交通条件的改善不仅可以推进社会主义新农村建设,提高欠发达地区人民群众生活水平,为农民增加收入带来机会,还可以带动产业结构调整,促进区域经济协调发展。交通发展不仅要着眼促进经济发展,还要体现维护社会公平,促进社会和谐发展。"正基于此,当交通人"跳出行业看行业""做负责任的政府部门和负责任的行业"的时候,随着公路水路交通由传统产业向现代服务业转型和现代交通业的加快发展,以及建设创新型交通运输行业步伐的加快,交通运输行业发展方式的转变和公路水路交通结构调整所依赖的并不是农民工的数量增加,而是包括了教育、健康水平和生活质量在内的农民工人口和生活质量的提升。因此,做好农民工向交通运输行业转移就业政策和培训机制研究已成为交通运输行业义不容辞的社会责任,也是促进交通运输行业快速发展的必然要求。

进入城镇的农民,最现实、最迫切、最直接的需求,就是找到工作,实现稳定就业。国家经济结构调整对运输服务提出新的更高要求,区域经济协调发展和城镇化进程加快给公路水路交通带来巨大的发展空间。交通运输行业的快速发展尤其是交通基础设施建设和养护、汽车运输与维修、物流企业等的发展可以为农村劳动力的转移提供大量的就业岗位。拿物流企业来说,物流涉及面广,主要包括运输、储存、包装、装卸、流通加工、配送、信息处理等方面。除信息处理要求从业人员具有良好的计算机专业素质外,其他岗位多为非专业的管理和技术岗位,农民工经过培训完全可以胜任。

交通运输行业应该结合自身发展的要求,在交通工程建设与养护、汽车运用与维修、船舶驾驶与轮机管理、工程潜水、工程设备管用养修及现代物流服务等专业领域,开放适合农村劳动力就业的岗位,比如船舶业务员、无线电航标操作工、筑路机械操作工、筑路养护工、中小型施工机械操作工、起重装卸机械操作工、船舶机舱设备操作工、航道航务施工、港口维护工等职业岗位。并通过各种方式,以促进就业和稳定就业为目标,加强农村劳动力的岗位知识和岗位技能培训,逐步形成"先培训后就业"的农村劳动力转移就业制度,帮助他们逐步转变为现代产业工人,从而促进农村经济社会发展。

二 建立多层次、多类型的社会保障体系

我国城乡二元结构及其相关的体制使农民工和市民在收入、保障权利等方面相差悬殊,这是农民工社会保障权力缺失的根本原因。而农民工流

动性强、其所从事的职业差异较大且变动性强、对社会保障需求差异性较大等特点，客观上造成难以推行农民工社会保障的事实。因此在构建面向农民工的社会保障制度时，绝不能采取"一刀切"的办法，而只能根据农民工的需求与制度建设的可能性来分类分层保障，优先解决突出的、基本的保障问题，并确保能与城乡社会保障接轨，最终建立城乡统一的、社会化、规范化的社会保障制度。

农村劳动力的转移问题，已经成为影响中国现代化进程的一个关键性问题，越来越受到社会各界的关注和重视。为了促进农村劳动力的转移，国家已经下决心推行户籍制度改革，逐步拆除城市面向农民高筑的户籍壁垒，为彻底打破城乡二元结构奠定了基础。针对农民工在城市就业遇到的一系列问题，党中央国务院《关于促进农民增加收入若干政策的意见》指出："进一步清理和取消针对农民进城就业的歧视性规定和不合理收费，简化农民跨地区就业和进城务工的各种手续，防止变换手法向进城就业农民及用工单位乱七八糟收费。进城就业的农民工已经成为产业工人的重要组成部分，为城市创造了财富、提供了税收。城市政府要切实把对进城农民工的职业培训、子女教育、劳动保障及其他服务和管理经费，纳入正常的财政预算，已经落实的要完善政策，没有落实的要加快落实。对及时兑现进城就业农民工资、改善劳动条件、解决子女入学等问题，国家已有明确政策，各地区和有关部门要采取更得力的措施，明确牵头部门，落实管理责任，加强督促检查。健全有关法律法规，依法保障进城就业农民的各项权益。推进大中城市户籍制度改革，放宽农民进城就业和定居的条件。"劳动和社会保障部要求各地采取措施，维护民工的合法权益；国家计委和财政部发出通知，取消所有面向农民工的种种不合理收费；北京市出台了"外地籍学龄儿童随父随母自愿"的政策，为农民工解决了孩子上学难的问题；南京市决定给予外地农民工"市民待遇"，公共职业介绍机构将敞开大门，免费为农民工提供中介服务；广西取消了"农转非"计划指标，废除了"农转非"许可证制度，大力鼓励和引导农民向城镇转移。

（一）工伤保险

工伤保险对农民工应该是最为重要和急需的。交通运输行业农民工大多从事危险性较高的职业或岗位，他们面临的第一风险就是职业伤害与意外事故，而在由此导致的各种劳资纠纷中更凸显了农民工的弱势地位。这都决定了针对农民工的工伤保险制度应当作为最基本的社会保障项目优先得到确立。这种保险项目不存在账户积累与保险关系转接问题，成本也不高，相对于养老保险的建立较为容易。交通运输行业主管部门应该尽快完善工伤保险在基金筹集、待遇支付等各方面的规定，扩大工伤保险的覆盖面。

（1）交通运输行业主管部门要协同劳动和社会保障部等部门，制定交通运输企业农民工参加工伤保险的有关规章制度，做好交通运输企业参加工伤保险的组织实施、工伤费用准备率的标准、工伤的认定、保险待遇等具体工作，使农民工参加工伤保险有法可依。

（2）建立健全交通运输企业安全施工的规章制度，加强制度的强制性。要求交通运输企业全面落实国务院《安全生产许可证条例》，将农民工参加工伤保险作为交通运输企业取得安全生产许可证的必备条件之一。

（3）要求所有雇主都为其包括农民工在内的所有雇员缴纳工伤保险费。交通运输企业要严格按照国务院《工伤保险条例》规定，及时为农民工办理参加工伤保险手续，并按时足额缴纳工伤保险费。根据"平安计划"，用人单位注册地与生产经营地不在同一统筹地区的，可在生产经营地为农民工参保。农民工受到事故伤害或者患职业病后，在参保地进行工伤认定、劳动能力鉴定，并按照参保地的规定依法享受工伤保险待遇。用人单位在注册地和生产经营地均未参加工伤保险的，农民工受到事故伤害或者患职业病后，在生产经营地进行工伤认定、劳动能力鉴定，并按生产经营地的规定依法由用人单位支付工伤保险待遇。

（4）加强工伤保险缴费与实际事故率的挂钩程度，防止工伤保险与劳动保护"此消彼长"的效应。要求雇主在为其雇员缴纳了工伤保险以后，仍然重视劳动保护，并按交通运输行业的工伤保险程度，或者企业上年实际事故率（或工伤保险赔付率）来调整工伤保险的缴纳率，以便在工伤保险的制度框架下继续加强企业在劳动保护和防止事故方面的投入。

（二）医疗保障

根据许多城市和地区所作的有益尝试，交通运输行业农民工的医疗保险可以有两种方式：一是对于就业比较稳定的农民工，应随用人单位的城镇职工一并参加城镇基本医疗保险，实行统账结合。二是对于流动性较大的农民工，按照"低费率、保大病、保当期、以用人单位缴费为主"的原则，建立农民工医疗保险，农民工医疗保险费率为用人单位所在统筹地区当年度平均工资的2%左右，农民工在务工期间因病住院发生的费用，按照基本医疗保险支付规定报销。

(三) 养老保险

农民工长期在外从事脏、累、险的工作，积劳成疾，养老保险对于农民工而言尤为重要。但农民工流动性强的特点又使他们在年老时到何处去领养老保险成了一个难题。建立全国统筹的养老保险制度能较好地解决这一问题。

(1) 实行农民工养老账户的全国统筹。建立随农民工流动而划转的个人账户，打破省市级统筹的局限，农民工在全国任何地方都可获得相应利益。这不仅为建立全国统一的劳动力市场奠定了基础，排除了农民工的后顾之忧，更有利于建立城乡统筹的社会养老保险制度。

(2) 交通运输企业和农民工个人共同负担保险金。由国家抽取交通运输企业缴纳养老保险金的一定比例，与农民工个人缴纳部分构成农民工养老保险的个人账户。彻底杜绝依靠个人账户补贴社会统筹账户的做法。

(3) 在全国统筹的基础上进行缴费年限累计，只要在农民工退休前累计或补齐15年，就应享受相应的保险待遇。累计缴纳年限或补齐的方法，切合农民工就业不稳定、流动性大的实际，能够大大提高农民工参保的积极性。

(四) 建立工资支付保障制度和社会救助制度

交通运输行业农民工工资支付保障制度应由交通行政主管部门协同社会劳动保障部门根据各地社会保障要求制定出合理的支付比例，由项目施工总承包企业在项目中标后缴纳到劳动保障部门开设的专门账户中。强制解决项目不足、工程款不到位以及施工单位层层转包、责任主体缺失导致的农民工工资拖欠问题，切实保障农民工的合法权益。

除了工资支付保障制度这样一种解决农民工基本生计的制度外，还应该建立社会救助制度。在农民工遭遇天灾人祸时，为其提供紧急救济；在农民工合法权益受损或遭遇不公待遇时，为其提供法律援助；在农民工寻求就业、创业时，减少相关条件限制或为他们减免行政性收费负担等特别援助。

另外，交通运输企业要为农民工提供人文关怀，如建立适宜的农民工宿舍、食堂等设施，定期组织农民工体检；采取与社区联合、提供一定资金等措施帮助农民工解决子女的教育问题；接受农民工档案，使农民工在职期间能够得到应得的相关社会福利。

(五)加强对农民工就业的服务和管理,建立和加强针对农民工的就业服务体系

一要建立农民工稳定的就业辅导和劳动力流动的宏观引导及微观管理机制,帮助农民工获得稳定的就业,并通过就业维持其稳定的生计,从而减少对福利的依赖。二要建立和加强针对农民工的就业服务体系,通过降低农民工的失业风险从而降低对社会保障的支出,通过帮助他们从临时就业到稳定就业、从流动过渡到定居,维持其在城市中就业和居住的稳定性。

三 建立和完善农民工劳动合同管理制度

通过劳动合同确立用人单位与农民工的劳动关系,是维护农民工合法权益的重要措施。交通运输行业行政主管部门和工会组织要协助劳动保障部门采取有力措施推进劳动合同制度的落实,不断完善劳动合同管理政策,推动各类用人单位依法与农民工签订劳动合同,提高劳动合同签订率。要指导和督促用人单位加强内部劳动合同管理,依据国家有关法律法规,建立健全劳动合同管理制度,实现劳动合同动态管理。

(一)规范签订劳动合同行为

用人单位使用农民工,应当依法与农民工签订书面劳动合同,劳动合同必须由具备用工主体资格的用人单位与农民工本人直接签订,并向劳动保障行政部门进行用工备案。签订劳动合同应当遵循平等自愿、协商一致的原则,用人单位不得采取欺骗、威胁等手段与农民工签订劳动合同,不得在签订劳动合同时收取抵押金、风险金。

(二)完善劳动合同内容

用人单位与农民工签订劳动合同,应当包括以下条款:

(1)劳动合同期限。经双方协商一致,可以采取有固定期限、无固定期限或以完成一定的工作任务为期限三种形式。无固定期限劳动合同要明确劳动合同的终止条件。有固定期限的劳动合同,应当明确起始和终止时间。双方在劳动合同中可以约定试用期。

(2)工作内容和工作时间。劳动合同中要明确农民工的工种、岗位和所从事工作的内容。工作时间要按照国家规定执行,法定节假日应安排农民工休息。如需安排农民工加班或延长工作时间的,必须按规定支付加班

工资。交通运输企业根据生产特点，按规定报劳动保障行政部门批准后，可对部分工种岗位实行综合计算工时工作制。

（3）劳动保护和劳动条件。包括用人单位按照安全生产有关规定，为农民工提供必要的劳动安全保护及劳动条件。

（4）劳动报酬。在劳动合同中要明确工资以货币形式按月支付，并约定支付的时间、标准和支付方式。用人单位根据行业特点，经过民主程序确定具体工资支付办法的，应在劳动合同中予以明确，但按月支付的工资不得低于当地政府规定的最低工资标准。已建立集体合同制度的单位，工资标准不得低于集体合同规定的工资标准。

（5）劳动纪律。在劳动合同中明确要求农民工遵守的用人单位有关规章制度，应当依法制定，并在签订劳动合同前告知农民工。

（6）违反劳动合同的责任。劳动合同中应当约定违约责任，一方违反劳动合同给对方造成经济损失的，要按《劳动法》等有关法律规定承担赔偿责任。根据不同岗位的特点，用人单位与农民工协商一致，还可以在劳动合同中约定其他条款。

（三）用人单位要依法建立健全内部劳动合同管理制度

用人单位要对劳动合同签订、续定、变更、终止和解除等各个环节制定具体管理规定，经职代会或职工大会讨论通过后执行。要指定专职或兼职人员负责劳动合同管理工作，建立劳动合同管理台账实行动态管理。对履行劳动合同情况，特别是工资支付、保险福利、加班加点等有关情况要有书面记录。对终止解除劳动合同的农民工，用人单位应当结清工资，并出具终止解除劳动合同证明。

（四）加强对农民工劳动合同管理的组织领导

要加强劳动保障法律、法规的宣传，增强用人单位和农民工的劳动合同意识，促进劳动合同制度全面实施。各级工会组织要积极指导、帮助农民工与用人单位签订劳动合同，加强对劳动合同履行情况的监督；要推进使用农民工的企业开展平等协商签订集体合同，切实维护广大农民工的合法权益。

第二节　构建交通运输业农民工的教育培训体系

一　构建农民工教育培训体系的基本原则

由于受自身文化、技能、经验等因素的制约，大多数农民工是在交通运输行业从事劳动密集型的工种，在交通运输行业第一线基层工作岗位上劳作。我国农村劳动力素质低是制约农村劳动力转移数量特别是转移层次提高的重要因素。培训是人力资本投资的重要途径。不仅国民经济各部门所需要的专业化人力资本要由教育部门来提供，而且大量的非专业化包括农民工在内的人力资本也要经由培训才得以形成。

构建交通运输行业农民工教育培训体系，要以中共十七届三中全会精神为指导，围绕全面建成小康社会的目标任务，坚持公平对待、合理引导、完善管理、搞好服务的原则，坚持多予、少取、放活的方针，坚持面向工业化、面向现代化、面向城镇化的方向，以转移就业前的引导性培训和转移就业后职业技能培训为重点，综合运用财政扶持政策和竞争、激励手段，进一步调动农民工个人、用人单位、教育培训机构、行业的积极性，多渠道、多层次、多形式地开展农民工培训工作，逐步形成政府统筹、交通运输行业组织、重点依托交通教育培训机构和用人单位开展培训的工作格局，逐渐建立培训—就业—权益保障一体化的农村劳动力转移就业制度。

（一）立足现状，注重实效

交通运输行业农民工职业技能培训有其自身的规律，建立技能培训机制一定要从交通运输行业的实际情况出发，立足于交通运输行业农民工的特点、用工单位和农民工对技能培训的需求情况，以及农民工职业技能培训的资源状况，做好劳动力市场需求预测，因地制宜地采取不同的培训内容和形式。以市场需求为导向，以提高就业能力和就业率为目标，坚持短期培训与学历教育相结合。培训与技能鉴定相结合、培训与就业相结合，增强培训的针对性和实效性。

（二）统筹计划与市场导向并重

在交通运输行业农民工职业技能培训中，既要统筹计划，把农民工培训作为就业准入制度的重要内容，突出重点，分步开展；又要充分发挥市场机制在教育培训资源配置中的基础性作用，坚持技能培训与就业相结合的原则，积极探索适应市场经济体制的培训方式、培训渠道。逐步形成一个交通行政主管部门主导、市场调节的交通运输行业农民工职业技能培训机制，充分动员社会培训资源服务于交通运输行业农民工技能培训工作。

（三）整合资源，创新机制

交通运输行业农民工职业技能培训工作，既要以现有交通教育培训机构为主渠道，有效整合多种教育培训资源；又要加强政府引导，制定和完善政策措施，优化配置培训资源，建立新的培训机制，从而实现从宏观政策到微观措施的机制创新。从交通运输行业劳务市场的管理到交通运输行业企业的资质、招标、验收备案管理办法，从培训的组织协调到农民工持证上岗的执法监察行为，逐步形成一套完整的交通运输行业农民工职业技能培训系统，努力创建适应新时期交通运输行业市场需要的农民工职业技能培训运行机制。

二 农民工教育培训组织体系与内容体系

（一）培训的组织体系

交通运输行业农民工职业技能培训组织系统可由决策系统、执行系统、培训系统三部分组成。

决策系统，可成立各级交通运输行业农民工职业技能培训工作领导小组，主要负责交通运输行业农民工上岗前、岗位上技能培训工作的领导、组织、协调职能；做好调查研究、制定政策、制定规划和计划、协调落实资金、监督检查指导等，可以考虑定期召开联席会议的方式，研究解决培训工作中遇到的问题。

执行系统，可依托交通运输行业协会等中介组织，在各级交通运输行业农民工职业技能培训工作领导小组的授权和领导下，统筹协调辖区内分管的各类培训资源，组织实施交通运输行业农民工职业技能培训，重点负责实施培训规划、培训设施建设、师资队伍建设、技术与信息等综合服务、组织经验交流和培训检查指导等。

培训系统，可依托交通运输行业职业学校、技工学校和培训机构，建立交通运输行业农民工职业技能培训基地，由其直接承担交通运输行业农民工职业技能培训的任务，并具体负责实施各项培训计划、跟踪服务和指导。

（二）培训的内容体系

根据目前农村劳动力转移就业的实际情况，培训应该分为两部分内容，一是以实现转移安置为目的的转移前的农村劳动力培训（以下简称转移前培训）；二是以提高技术能力、工作质效为目的的转移后的农村劳动力即农民工培训（以下简称转移后培训）。

交通运输行业转移前培训以培训初级工为方向，侧重于引导性培训及短期职业技能培训。引导性培训主要是通过集中办班、咨询服务、印发资料以及利用广播、电视、互联网等手段开展基本权益保护、法律知识、城市生活常识、寻找就业岗位等方面知识的培训，目的在于提高农民工遵守法律法规和依法维护自身权益的意识，树立新的就业观念。短期职业技能培训可以"订单培训"为主，根据企业需求确定培训内容。各地培训基地以企业需求为导向，合理设置培训课程，实行订单、定向、定岗培训，使培训更加贴近市场、贴近企业、贴近农民。

交通运输行业转移后培训着眼于农民工的可持续发展，以技能人员职业资格晋级为方向，以提高农民工岗位工作能力和增强农民工就业竞争力为宗旨。在内容上，以提高其工作技能、工作质效的培训为主，侧重于交通运输行业技能人员职业资格培训和鉴定；在形式上，以定点和定向培训为主，根据国家职业标准和交通运输行业的不同工种、不同岗位对从业人员基本技能和技术操作规程的要求，安排培训内容，设置培训课程。转移后培训不仅可以提高农民工岗位工作能力，也是提高整个交通运输行业从业者素质的有效途径。对于组织农村未能继续升学并准备进入交通运输行业务工的初高中毕业生可直接参加转移后培训，使其掌握一定的职业技能并取得相应的培训证书或职业资格证书。

三　交通运输业农民工教育培训模式体系

对农民工的培训应当根据农民工的工作特点采取多种形式进行，总的原则是紧密结合工作实际，达到"有用则学、立竿见影"的效果，真正有利于提高农民工的素质。对农民工的培训可借鉴下面的模式。

其中,一种方式是校企合作仅体现于培训教学过程,即校企教学任务各有侧重:院校侧重理论与校内实训教学,企业负责企业文化、专业综合技能顶岗实习等。

另一种方式即"订单式"培训,是由培训院校按照企业用工标准,招收农村劳动力,进行岗前技能培训后,直接输送到企业就业。学校分别与企业签订订单培训协议,以企业品牌命名订单班,校企共定计划、共同实施教学,为企业"量身定做"所需人才,企业按订单协议,安置农民工就业。

(一)"定点"培训模式

根据区域经济发展需要,在当地组织开展适合经济发展的培训项目。如在交通运输行业,可结合地区经济发展的现实需求,在当地组织开展汽车后服务市场的汽车维修、汽车钣金、汽车喷涂、汽车整形与装潢等培训项目;或路桥建设需要的施工工艺、工程测量、小型机械操作等工种的技能培训等。

(二)"双证书"模式

经过院校职业培训合格和职业技能机构鉴定合格,使农民工获得"双证书",即专业培训结业证书和职业资格等级证书。力争更多受训的农村劳动者获得职业资格证书。

(三)"企业委培"模式

为解决以体力性劳动居多的生产企业招工难的问题,对缴不起学费且有培训意向的贫困农村劳动力,由企业出资委托培训院校进行免费培训后直接输送企业转移就业。

(四)"工学结合"模式

理论培训与实习培训相结合,按照不同的培训模式,使学员在院校与企业间分阶段进行工学交替式的学习,校企理实比例可为5:5、4:6,或3:7。能够增强学员的动手能力,较好地解决学员结业后直接到企业就业不适应的问题。

(五)"政校企社联办"培训模式

政府、院校、企业、社会四者形成"分工合作、齐抓共管、整体推进"的有效工作机制。当地政府负责区域转移就业生源的输送,院校、企业负责提供教学场地和设备,学校选派骨干教师面授培训,进行岗前理论培训

（法律法规、职业道德、专业知识）、专业技能、企业文化等培训，社会劳动保障部门技能鉴定机构考核发证，社会职业中介机构负责推荐就业，形成"政府＋院校＋企业＋社会"的办学模式。

（六）"远程培训"模式

根据社会的信息网络化的发展，新生农村劳动力的低龄化，接受现代化的教学手段较快的特点，可开办针对他们的"远程职业培训"，使其不出家门就能接受优质的职业培训。

（七）"垫资培训"模式

是针对贫困地区学员的培训模式。培训期间先由企业垫资，培训合格企业聘用后，再由学员用工资支付企业垫资的培训费。

（八）"送教上门"模式

对农村劳动力转移就业区域地或企业、工地等，院校委派教学骨干"送教上门"，这种培训需由当地提供培训场地、实训条件等硬件条件，利于当地学员工作学习两不误。

（九）"互补交叉"模式

是由于当地农村或企业没有良好的实训条件，所以，理论培训在当地或企业，实训培训到院校，尽量减少学员的费用支出。针对农村劳动力的转移就业培训，还要考虑错开农忙时节或生产旺季，尽量利用冬闲时节或生产淡季进行，以解除他们的后顾之忧。

以上多元化的培训模式，其宗旨在于一切从农村劳动力的实际出发，以促进社会经济发展为前提，以提高农村劳动力的职业素质为根本，以职业技能实训教学为重点，加强与社会相关机构的合作，真正建立起农村劳动力的职业培训体系，打造高素质的新型农民工队伍。而真正建立起这一培训体系，不仅需要国家政策的指导、社会的支持，更需要发挥交通运输行业教育与培训优势，其重要作用是不可替代的。

交通运输行业教育与培训应树立"扶持农业，反哺农村，回报农民"的新型教育理念，积极探索适合农民工学习的培训模式，开拓农村劳动力的职业教育的巨大培训市场，以提升众多农村劳动力的职业素质为己任，促进和谐社会建设。

四 农民工教育培训教材体系与市场体系

（一）培训的教材体系

在对交通运输行业农民工进行技能培训中，使用规范、科学、实用的教材是提高农民工职业技能培训效果的重要因素。一套好的培训教材应当是科学的、先进的、实用的，也应当是受农民工欢迎的。应坚持"统一规范、实际适用、先进创新"的教材使用和编写原则，逐步完善培训教材体系。对交通运输行业农民工基本的职业道德、基本的读写算等文化知识、岗位工作的艰巨性、岗位工作的基本要求、用工单位的规章制度、各岗位工作的流程、岗位工种的一般理论知识等通用类内容的培训，应当使用交通运输行业统一教材。而各个岗位的职业技能要求及知识培训，则应当考虑岗位特色，根据不同岗位的实际情况组织编写农民工职业教育培训的系列教材，根据培训的专业要求，编写相关的培训教材，以统一规范的教材促进培训质量的提高。

（二）培训的市场体系

1. 推行交通运输行业职业资格制度，做好农民工转移后培训

推行交通运输行业职业资格制度，提高就业门槛，引导农民工特别是青壮年农民工接受职业技能培训，从动力机制上改变农民工接受职业培训的态度，通过就业能力的增强促进农民工就业质量和工资收入的提高，从而为更好地实现转移和在城市扎根、生存与发展打下基础。对行业企业来说，则有助于提高工程质量，减少安全事故，促进整个交通运输行业的和谐发展。

交通运输行业是一个劳动密集型行业，90%以上的从业人员在交通建设和运输领域第一线，许多岗位适合农村劳动力就业。对于交通运输行业4项国家职业资格制度和通行业特有职业24个（含74个特有工种），农民工职业技能培训与鉴定工作可直接与交通运输行业职业资格工作接轨。交通运输行业职业技能培训工作站可以将农民工的培训纳入到工作中，根据农民工的实际情况，突出培训的针对性和实用性，使他们掌握必备的技术技能。还可以帮助有条件的农民工通过鉴定考试，获得职业资格证书，真正实现从农民到产业工人的转变。对于劳动保障部已经颁布国家职业标准的，农民工职业技能培训与鉴定工作则按照国家职业技能标准要求进行培训、考

第十一章　农村劳动力向交通运输业转移就业与培训

核、颁发证书。

2. 构建农民工培训就业信息平台，并将其纳入交通信息化建设的计划中去

农民工培训就业信息平台是连接交通主管部门、培训基地和企业的桥梁，包括企业用工需求信息库、农村劳动力资源信息库和职业培训机构信息库。交通运输行业协会从企业获得劳动力需求信息，根据交通运输行业发展规模，制定企业"订单式"劳动力需求项目；农村劳动力资源信息库建立农民工的完整个人档案，跟踪记录其培训、就业经历与表现。农民工成为企业员工时，档案随员工移交到企业进行管理，离职后档案返回行业协会，保证记录的连续性和完整性。

交通运输行业协会通过这个培训就业信息平台，将企业需求信息提供给各职业培训学校，采用培训项目招投标的形式选定培训学校，帮助培训基地和交通运输企业签订合作协议，促使参加培训的农村劳动力有组织、高质量地输出。可以有效地解决企业一线操作人员技能水平不高的问题，保证工程质量和安全生产，提高企业的市场竞争实力，使农村劳动力、企业、培训机构都能获得好处，进而促进农村劳动力转移。招投标的形式同时也规范了职业培训学校，促使学校更注重教学质量及品牌信誉。订单式的培训项目减少了学校办学的盲目性，使教育资源得到更合理的使用。

3. 引导和鼓励教育培训机构与劳务输出（派遣）机构在自愿的基础上建立合作伙伴关系

通过签订培训订单或输出协议，约定双方责任和权益，实现培训与输出（派遣）的良性互动。对培训机构与输出（派遣）机构的合作，要制定鼓励措施，加强业务指导。

五　农民工教育培训评估体系与资金体系

（一）培训的评估体系

建立农民工培训效果评价制度。以实现高质量就业目标为导向，制定评价标准，定期对开展农民工培训的各类教育培训机构的专业设置、培训内容、课程安排、收费标准、招生情况、学员结业率、结业学员鉴定通过率、就业率、工资水平等状况进行调查统计，并及时向社会公布。

（二）培训的资金体系

本书认为，转移前农民工培训的费用应该由国家政府承担。转移后农民工培训的费用，要逐步形成以政府引导、多元投资的投入机制。

1. 农民工转移前培训资金

应该采取政府扶持政策，实行政府埋单。按照"三免费"（免费培训、免费鉴定发证、免费指导就业）的原则进行培训转移。

应该说，政府是农民工转移前培训的第一大投入主体。中央和各级财政要保证对农民工教育培训的投入力度，将对农民工培训纳入财政预算范围，保证农民工教育培训的基本经费，并提高农民工培训经费在教育经费中的比重。无论是输出地政府，还是输入地政府，都应把农民工教育视为政府职能的一部分，纳入公共服务的范围之中。

2. 农民工转移后培训资金

即在岗农民工的提高性培训要逐步形成以政府引导，培训机构、行业和企业、农民工个人以及其他社会力量共同负担的多元投入机制。

交通运输行业符合条件的教育培训机构，要积极争取国家和省级农民工培训扶持资金，进一步加大培训投入。获准使用农民工培训扶持资金的各类学校和培训机构，须相应降低农民工学员的培训收费标准。目前，六部委组织实施的阳光工程对交通运输行业吸纳农村劳动力转移培训是个极好的机遇。中央财政安排的专项资金、地方财政安排的配套资金，对于缓解培训资金短缺矛盾，顺利开展转移培训工作具有重要作用。

从长远和整体的角度看，提高农民工的技能和素质会给行业和企业带来更大的价值，交通运输行业和企业应该成为农民工转移后的重要主体。在《2003—2010年全国农民工培训规划》中，对农民工岗位培训的经费有明确的规定："用人单位负有培训本单位所用农民工的责任。用人单位开展农民工培训所需经费从职工培训经费中列支，职工培训经费按职工工资总额1.5%比例提取，计入成本在税前列支。"交通运输行业主管部门通过向企业征收一定比例的培训费，来保证农民工职业培训的有效实施。每个交通运输企业都承担培训义务并享受培训效果，保证交通运输行业拥有大批经过职业技能培训的中高级技工人才，有利于交通运输行业工人队伍整体素质的稳定提高。

农民工是培训主体和直接受益者，从"谁受益，谁投入"的角度来讲，理应是承担投入的重要主体。但考虑到目前农民工收入的实际水平，当前不宜承担过多的培训费用。但随着农民工技能的提高和城乡统筹发展的进一步深入，农民工应该承担逐渐增多的培训费用，最终成为承担投入的重要主体。

慈善机构、慈善家等社会力量也可以成为农民工培训投入机制的重要补充力量。

3. 借鉴农村信用社对农户发放小额信用贷款和联保贷款的经验

鼓励农村金融机构在先行试点的基础上，将农户发放小额信用贷款和联保贷款支持的范围，进一步扩大到受训农民及其转移和创业，或利用财政资金对受训农民的创业贷款提供部分贴息。

第三节 农村劳动力向交通运输业转移培训策略

一 建立交通业农民工转移培训政策机制

（一）充分发挥交通行政主管部门的宏观调控职能

交通行政主管部门要重点抓好农民转移培训规划和培训扶持政策的制定执行、建立对不同利益相关者的协调机制，建立对农民培训机构培训效果的评价机制和奖惩规则，加强对农民培训市场秩序的监管和对财政支持资金使用情况的检查监督，引导农民培训机构进行农民培训示范基地建设，引导劳动力输出地和输入地政府及相关企业、培训机构和劳动力市场中介服务机构之间加强合作等，从而建立约束和规范交通行业农民工技能培训的长效机制。

交通行政主管部门要根据国家政策法规，制定相关的农民工进入交通行业就业的法规、办法、意见等文件，以法律的形式规定农民工应该享有的权利和义务，从法律上确认农民工的产业工人地位、政治地位和应该享有的平等待遇，以维护其合法权益。

（二）建立交通行业农民工转移培训工作委员会

交通行业转移培训工作委员会应定期召集会议，对转移培训的重大问题，如培训管理、培训方向、专业设置、培训课程、培训教材、培训方法、培训效果评估、培训成绩考核、职业资格证书发放、培训后的就业等方面的问题进行讨论和研究，并提出指导性咨询意见，供行政主管部门和教育职业培训机构采用。

（三）发挥交通行业协会的中介作用

交通行业协会在交通行政主管部门制定的相关法律法规、政策方针的宏观指导下，统筹管理农村劳动力的转移就业工作。通过构建农民工转移培训就业信息平台，协调行业企业、培训学校及农民工的关系，形成"收集信息—技能培训—有序输出—跟踪服务"的良性循环。

交通行业协会还可以根据交通行业发展的需要，通过农民工转移培训就业信息平台，与劳务输出集中的地区建立协作关系，通过定点培训、定向输出的方式，以就业带培训，以培训促就业，吸引农村劳动力积极参加培训，有效解决农村劳动力的培训和输出问题。

（四）推行农民工劳动预备制度

推行农民工交通行业就业准入制度，一是加大就业准入制度的宣传，利用各种传播手段在农民工中进行广泛的宣传，让农民工感受到参与培训的紧迫性。二是有计划地推行就业准入制度，逐步做到：凡国家规定实行就业准入控制的职业（工种）和交通行业已公布实行就业准入的职业（工种），农民工必须接受岗前培训，取得相应的培训证书和职业资格证书才能上岗。三是积极推进交通行业职业资格制度与单位资质和信用等级评价制度相衔接。交通企业招收农民工，属于国家规定实行就业准入控制的职业（工种）和交通行业已公布实行就业准入的职业（工种），应从取得相应职业资格证书的人员中录用。若因特殊需要招用技术性较强，但当地培训机构尚未开展培训的技术工种人员，经劳动保障行政部门批准后，可先招收再培训，取得相应职业资格后再上岗。否则，应严格按照《招用技术工种从业人员规定》的相关条款予以处罚。

二 加强农村劳动力转移培训基地的建设

在充分发挥现有教育培训资源作用的基础上，改造和完善一批教育培训机构，加强基地建设，完善教学培训条件，建设一批能起示范和带动作用的农村劳动力转移培训基地。引导和鼓励各类教育培训机构在自愿的基础上进行联合，增加培训项目，扩大培训规模，提高培训的质量和效益。

第十一章 农村劳动力向交通运输业转移就业与培训

近年来,党中央、国务院高度重视农民工问题,制定了一系列保障农民工权益和改善农民工就业培训和就业环境的政策措施。交通技工学校和培训机构更应该抓住时机,改善办学条件,充分利用好"农民工培训示范基地建设工程"和"农村劳动力转移培训阳光工程",争取政府财政支持,打造品牌培训基地,为转移到交通行业的农民工提供优质职业技能培训。

(一)争取农民工培训示范基地建设工程项目

目前,人力资源和社会保障部与国家开发银行联合组织实施的"农民工培训示范基地建设工程"正处于全面推进阶段。该工程的目标任务是:一是从现有近3000所技工学校中,优选100所基础好、后劲足、社会认可度高的技工学校,运用国家开发银行政策性贷款给予重点扶持,使其充实培训设施、改善办学条件、扩大招生规模,在农民工职业培训中发挥示范作用。二是从现有300个地级以上城市中,优选100个人口规模大、产业密集、职业培训机构集中、劳动者职业培训需求旺的区域性中心城市,运用国家开发银行政策性贷款给予重点扶持,使其在较短时间内建立、完善公共实训基地,带动职业培训集约化。

(1)技工学校须具备以下基本条件:①国家级重点技工学校,资产和财务状况优良。②专业设置符合市场需求,毕业学员就业率在95%以上。③招生情况好,在校生超过3000人,农村生源超过60%。④地方政府积极支持,扶持政策明确、有力。⑤领导班子团结,主要领导能力强。

(2)公共实训基地须具备以下基本条件:①地(市)级以上政府批准设立的法人实体。②面向社会开放,具备实际操作训练和职业技能鉴定功能。③具备纳入省级公共实训基地建设规划的条件。④地方政府积极支持,扶持政策明确、有力。⑤领导班子团结,主要领导能力强。

对验收合格的工程项目单位,人力资源和社会保障部将授予其"农民工培训示范基地"称号,并将其认定为农民工培训定点机构;符合条件的,将其确定为国家高技能人才培训基地,承担相应培训任务,享受相应扶持政策。国家开发银行对纳入国家和省级农民工培训示范基地建设规划的项目自主进行贷款评审。对评审通过的项目给予期限最长不超过15年的中长期贷款。

各级交通主管部门应该加强对交通技工学校和教育培训机构的支持力度,力争从交通系统技工学校中,优选10所左右条件好、办学质量高、社会认可度高的作为基地建设项目。优选10个培训数量大的交通职业培训机构作为公共实训基地建设项目。

（二）争取建成农村劳动力转移培训阳光工程培训基地

申报培训项目的培训单位必须具备以下条件：

（1）具有独立法人资格和职业教育或技能培训资质。

（2）具备承担农村劳动力转移培训相应岗位必备的培训场所、教学设施设备、实训基地和师资等基本条件。

（3）有相对稳定的转移就业渠道，有较大规模的职业介绍能力。

（4）熟悉农民教育培训特点，具有较好的农民培训工作基础和业绩。

（5）培训场所和实训基地贴近农民，能够在输出地方便农民接受培训。

交通行业职业学校、技工学校、培训机构在长期的办学和培训过程中，拥有丰富的培训经验，能够满足认定条件的（1）、（2）、（3）、（5）条要求。应该采取措施改善办学培训条件，建成培训基地，争取阳光工程培训任务。阳光工程培训基地带来的中央财政专项资金和地方财政配套资金，对于交通系统培训资金短缺的问题也能起到缓解作用。

加强培训，提高农民工素质，是解决农民工转移就业的根本性措施。公路、汽车、水运和港航等交通系统职业学校、技工学校和培训机构数量众多，在多年的办学实践中积累了丰富的资源优势。对交通行业农民工职业技能培训的时间不作统一的规定，而是根据培训内容本身的难易程度来决定，还可根据农民工工作的时间特点实施弹性学制，学制灵活，长短不限。学员可以自己的实际情况参加不同期限的职业技能培训。并且考虑到大多数交通行业农民工经济状况的问题，职业技能方面可以实行以在职培训为主，适当延长培训时间。如学员可以参加全脱产或业余培训。业余培训是以企业或施工现场为单位，利用冬闲、晚上、雨天和节假日或停工待料等工余时间，派出教师到现场进行理论课辅导和操作要点讲授，方便交通行业农民工的学习培训。

三　构建农村劳动力转移就业的培训网络

有一支专兼职的从事农村劳动力转移就业培训和农民工技能提升培训工作的教师队伍。有一套符合交通行业实际需要的、适用的培训教材，按照"一个岗位、一本教材、一张光盘、一本证书"的模式打造交通行业农民工培训的特色品牌。

第十一章　农村劳动力向交通运输业转移就业与培训

建立健全的培训教学制度和考核制度，以实现高质量就业目标为导向，制定评价标准，定期对开展农民工培训的各类教育培训机构的专业设置、培训内容、课程安排、收费标准、招生情况、学员结业率、结业学员鉴定通过率、就业率、工资水平等状况进行调查统计，并及时向社会公布。

做好农民工培训的信息服务工作，定期调查并公布劳动力市场供求状况，定期对不同职业（工种）、不同等级的农民工职业供求和工资价位进行调查，调查分析结果及时向社会公布。做好跟踪服务和就业指导工作。各类教育培训机构和中介组织要主动参与农村劳动力就业市场体系建设并发挥积极作用，为学员就业创造条件并提供信息服务。

建立农民工培训人才资源库，为农村劳动力就业市场体系建设奠定基础。引入学分制和模块化培训课程，每一模块都有明确的目标、相对独立的内容和确定的考核标准，都可分解为若干单元，每通过一次学习培训，就可获得一定的学分，通过若干次的学习培训来完成一定系统的学习内容，最后通过统一考核，发给毕业证书或技能等级证书。对参加培训的农民工所具有的知识和工作技能，可以折算成一定的学分，缩短其培训周期，考试合格则颁发相应的职业资格证书。

做好农民工培训工作的督促检查。要督促检查农民工培训计划的落实，保证培训经费的及时到位，加强对政府扶持项目的评估。对各类教育培训机构和用工单位要加强监督和规范，防止借培训之名向农民工乱收费，损害农民工的合法权益。

目前，农民工转移以非正规就业为主，大多数是没有经过组织的，以亲友老乡介绍外出就业为主。由于法律意识淡薄和我国传统观念的束缚，很少有农民工与包工头或交通企业签订用工合同。因此，造成行业管理难、农民工维权难的普遍现象。所以，交通行业要通过大力培育交通劳务企业，完善农民工劳动组织形式，建立规范的农民工流入途径。

努力创造条件，鼓励现有包工头带领的施工队向劳务企业转换。要尽可能免除劳务企业各项行政管理费，避免对总承包企业与劳务分包企业双重征收营业税，调动劳务企业持续发展的积极性。同时还可以考虑通过兼并联合等方式，扩大劳务企业的规模，壮大劳务企业的实力。

强化劳务企业的法人地位，明确其法律责任主体地位。严格规范劳务分包行为，禁止包工头直接承揽分包工程业务；加大执法力度，严格限制包工头的挂靠，重点打击转包和将劳务作业分包给不具备相应资质包工头的违法分包行为；清查"私拉滥招"、不按规定与工人签订劳动用工合同的非法用工行为。推广劳动用工正式合同管理，大力提升劳务公司正规化管理水平。交通行业行政主管部门加大对农民工的劳动用工合同的抽查。通过强制推行劳动用工合同，推动劳务分包企业的内部管理水平提升，使劳务企业管理走向正规化。

用人单位负有培训本单位所用农民工的责任。用人单位开展农民工培训所需经费从职工培训经费中列支，职工培训经费按职工工资总额1.5%比例提取，计入成本在税前列支。

符合条件的教育培训机构，均可申请使用国家农民工培训扶持资金。获准使用农民工培训扶持资金的各类学校和培训机构，须相应降低农民工学员的培训收费标准。

对参加培训的农民工实行补贴或奖励。农民工自愿参加职业技能鉴定，鉴定合格者颁发国家统一的职业资格证书。任何单位不得强制农民工参加收费鉴定，鉴定机构要视情况适当降低鉴定收费标准。

四　总结与展望

加快发展现代交通运输业，是交通运输部党组按照国家总体部署，根据我国交通发展的阶段特征，遵循世界交通发展的一般规律，做出的新时期交通发展具有全局性、方向性的重大战略部署，是交通运输行业深入贯彻落实科学发展观的有效载体，是引领交通各项工作围绕中心、把握重点、狠抓落实的核心战略。发展现代交通运输业，人才是基础，是保障。发展现代交通运输业，实质是运用现代科学技术和管理技术提高交通现代化水平，关键是实现交通发展方式的根本转变，即交通发展由主要依靠基础设施投资建设拉动向建设、养护、管理和运输服务协调拉动转变，由主要依靠增加物质资源消耗向科技进步、行业创新、从业人员素质提高和资源节约环境友好转变，由主要依靠各运输方式单一分别发展向综合运输体系发展转变。要实现这"三个"转变，归根结底要靠人才，要靠一支数量充足、结构合理、素质优良的交通从业人员队伍。

发展现代交通运输业对交通运输人才战略提出了更高要求。发展现代交通运输业具有高要求、多目标的显著特点，其重要标志是：到2020年，交通发展的质量和效率显著提高，运输服务和管理显著改善，行业创新实

第十一章 农村劳动力向交通运输业转移就业与培训

力显著提升,资源节约、环境保护显著增强,基本建成一个更安全、更通畅、更便捷、更经济、更可靠、更和谐的交通运输服务体系。实现这些目标,要求切实加快创新型交通运输行业建设,强化理念创新、科技创新、体制机制创新和政策创新,有效地解决交通发展各个领域、各个方面不断出现的大量科技和管理难题。因此,发展现代交通运输业面临着前所未有的挑战与困难,对交通运输人才队伍建设提出了新的要求与目标。

全书正是立足于21世纪发展现代交通运输业的国家战略目标,通过对交通运输人才战略进行系统、全面的研究,为实现新的交通运输"跨越式"发展提供交通运输人才资源和智力保障。全书从剖析交通运输行业人才战略理论问题入手,通过调研的实际数据分析了交通运输人才战略的总现状和分现状,并对其还存在的问题进行了解析,最后针对我国当前交通运输的实际现状,提出了相应的政策建议。全书得出以下的政策性建议,其结论如下:

(1) 在对交通运输人才战略的保障措施上,应高度重视人才工作,加强对人才工作的领导;加强前期研究,强化人才管理决策的科学基础;建立稳定的资金渠道,加大人才工作保障力度;加强自身建设,提高人才管理部门知才善用能力;完善人才统计调查制度,加强人才队伍建设的动态监测。

(2) 针对交通运输各行业的政策建议。①铁路行业人才战略建议:加快高速铁路关键人才培养;加快培养高速铁路调度骨干人才;加快培养高速铁路动车组司机;促进高速铁路人才队伍建设的机制创新。②公路水路交通运输人才战略建议:高度重视人才工作,加强对交通运输人才工作的领导;加强前瞻性研究,制订科学可行的人才规划;建立稳定的资金渠道,加大人才工作保障力度;提高人才管理部门知才善用的能力;加强人才统计工作,夯实人才工作的决策基础。③民航行业人才战略建议:加强高层次人才队伍建设;加强民航紧缺专业人才队伍建设;提高紧缺专业人才素质;加强西部地区民航特有专业人才队伍建设;加强高技能人才队伍建设。④管道运输人才战略建议:加大人才引进力度,适应管道运输业务快速发展需要;加大内部挖潜,盘活现有人力资源;建立和完善培训体系,建设高素质员工队伍;完善激励约束机制,充分调动员工积极性和创造性;完善人力资源社会保障机制,促进管道运输人才优化配置;加强对危害管输安全行为的打击力度,减轻企业的用人负担;加强职业教育和高等教育,为管道运输业输送合格人才。⑤邮政行业人才战略建议：加强对邮政行业人才工作的领导；优化邮政行业人才发展环境；加强邮政行业人才资源研究和规划；加大对邮政人才工作的投入力度；加强邮政行业职业技术教育；大力推进邮政行业职业资格制度建设；加强邮政行业人才统计工作；加强邮政行业文化建设。

（3）交通运输行业高层次创新型人才战略建设的建议：充分认识交通运输行业高层次创新型人才队伍建设的重要性，进一步增强做好交通运输人才工作的紧迫感和使命感；切实把握人才成长与使用的规律，努力实现人才工作的三个转变；构建培育人才、集聚人才、造就人才的格局，扎扎实实做好交通运输行业高层次创新型人才队伍建设工作。

（4）西部地区交通运输人才战略政策建议：围绕科学发展，服务西部地区干部成长，建设特色更鲜明的西部地区干部培训机构；进一步加强培训机构的教学管理，提升培训机构的教学质量；进一步加强培训机构与地方交通干部培训主管部门之间的沟通协调，共同推进西部地区干部培训工作。

（5）交通运输专门人才战略建设的政策建议：现代物流人才队伍建设工程；航海人才队伍建设工程；救捞人才队伍建设工程；综合运输人才队伍建设工程；交通法律人才队伍建设工程。

（6）交通运输行业中长期人才战略规划政策建议：改革交通运输人才管理体制；设立交通运输人才专项基金；完善交通运输人才管理政策；健全交通运输人才服务体系；加强交通运输人才工作部门自身建设。

交通运输行业人才战略问题涉及面广、内容多，本书虽然作了较为深入系统的研究，取得了一定的研究成果，但由于时间和水平的限制，还有许多问题有待进一步解决。这些问题主要包括：

（1）关于交通运输行业人才战略与其他行业人才战略的异同。本书只是系统阐述了交通运输行业内的不同类型的交通运输人才战略情况，而并没有与其他行业人才战略展开比较研究，这样使研究有一定的局限性，还需在今后的研究工作中展开对比研究，切实为交通运输行业人才战略的实践提供有指导性的建议。

（2）关于国外交通运输行业的人才战略。由于受到研究条件的限制，本书并没有对国外交通运输行业针对人才培养方面的战略进行相关论述比较，特别是欧美发达国家交通运输行业人才战略实施情况。事实上，发达

第十一章　农村劳动力向交通运输业转移就业与培训

国家关于交通运输行业人才战略方面的措施与方案甚值得我国借鉴，特别是国外在综合交通运输体系人才战略建设方面的经验与启示，这点还需后来的研究者进一步展开系统性的对比研究。

（3）关于交通运输行业人才战略的实证研究。由于受到研究方法与手段的限制，本书并没有对交通运输行业人才战略进行定量实证研究。构建一套完整的交通运输行业人才的培养开发机制、人才评价发现机制、人才选拔任用机制、人才流动配置机制与人才机制保障机制等，当然，还需要后来的研究者加以挖掘，为我国交通运输行业人才战略的调整与实施提供科学的建议与指导。

附　录

交通强国建设框架

　　交通是人类最基本的生活需要之一，是经济社会发展的先决条件和国家强盛的重要支撑。综观全球大国崛起、民族复兴，几乎都以交通发达为基础。建设交通强国，是满足人民日益增长的美好生活需要的客观要求，是建设社会主义现代化强国和实现中华民族伟大复兴中国梦的内在要求。

　　党的十八大以来，以习近平同志为核心的党中央高瞻远瞩、统揽全局，在坚持和发展中国特色社会主义的伟大实践中，创立了习近平新时代中国特色社会主义思想，形成了以新发展理念为主要内容的习近平新时代中国特色社会主义经济思想。交通是国民经济重要的基础产业，是习近平新时代中国特色社会主义经济思想形成和实践的重要领域。认真学习习近平总书记关于交通发展的重要指示精神，必须深刻领会这一思想的丰富内涵和精神实质，全面掌握贯穿其中的马克思主义立场观点方法，为交通改革发展注入强大活力。一是坚持加强党对经济工作的集中统一领导。坚决维护好习近平同志这个党中央的核心和全党的核心，把思想和行动统一到中央关于形势的分析判断上来、统一到中央的决策部署上来，把智慧和力量凝聚到为人民谋幸福、为民族谋复兴的初心和使命上来，不断加强和改进交通工作，为全面建设社会主义现代化国家提供坚实支撑和保障。二是坚持以人民为中心的发展思想。人民对美好生活的向往就是我们的奋斗目标，必须坚持从解决人民群众普遍关心的突出问题入手，推进交通发展。习近平总书记指出，"交通基础设施具有很强的先导作用，在一些贫困地区，改一条溜索、修一段公路就能给群众打开一扇脱贫致富的大门"，"进一步把农村公路建好、管好、护好、运营好"，"在沿海地区要想富也要先建港"，"始终把安全放在首要位置"。必须坚持人民交通为人民的根本宗旨，把人民满意与否作为检验交通发展的唯一标准，不断增强人民的获得感、幸福感、安全感。三是坚持适应把握引领经济发展新常态。习近平总书记指出，"十三五"是交通运输基础设施发展、服务水平提高和转型发展的黄金时期，深刻阐释了新常态下交通发展的阶段性特征。必须抓住用好黄金时期，认识新常态、适应新常态、引领新常态，积极践行新发展理念，不断探索新常态下交通转型发展新路径，推动交通实现更高质量、更有效率、更加公平、更可持续的发展。四是坚持使市场在资源配置中起决定性作用，更好地发挥政府作用。习近平总书记指出，综合交通运输进入了新的发展阶段，在体制机制上、方式方法上、工作措施上要勇于创新、敢于创新、善于创新。必须坚持市场化导向，破除区域壁垒和行业垄断，加快建立健全统一开放、公平竞争的现代市场体系。加快转变政府职能，深化放管服改革，把工作重点放到创造良好发展环境、提供优质公共服务、维护社会公平正义上来，建设依法行政、遵法守法的政府部门和公务员队伍，更好发挥政府作用。五是坚持适应我国经济发展主要矛盾变化完善宏观调控。现阶段我国社会主要矛盾已经转化为人民日益增长的美好生活需要和不平衡不充分的发展之间的矛盾，必须及时调整宏观调控思路，把推进供给侧结构性改革作为经济工作的主线。习近平总书记指出，推进供给侧结构性改革，促进物流业降本增效，交通运输大有可为，在组织创新、管理创新等方面都要有所作为，特别是要把简政放权、提高效率放到重要的位置上。必须按照中央宏观调控的总体要求和政策导向，不断深化供给侧结构性改革，着力降成本、补短板、强服务、优环境、增动能，推动交通发展在"有"的基础上向"好"迈进，在"大"的基础上向"强"迈进。六是坚持问题导向部署经济发展新战略。习近平总书记多次就交通服务重大战略做出指示批示。他指出，京津冀协同发展，要推动交通一体化率先突破；长江经济带发展，要推进综合立体交通走廊建设，发挥长江黄金水道作用；"一带一路"建设，要"推动陆上、海上、天上、网上四位一体的联通，聚焦关键通道、关键城市、关键项目，联结陆上公路、铁路网络和海上港口网络"。他还指出，"从实施乡村振兴战略、打赢脱贫攻坚战的高度，进一步深化对建设农村公路重要意义的认识，聚焦突出问题，完善政策机制"。必须在要素配置上优先满足，在资源条件上优先保障，在公共服务上优先安排，加快形成国内国际通道连通、区域城乡覆盖广泛、枢纽节点功能完善、运输服务一体高效的现代综合交通体系，为国家重大战略实施提供先行引领和支撑保障。七是坚持正确工作策略和方法。党的十八大以来，以

交通人才助推交通强国战略研究

习近平同志为核心的党中央始终坚持稳中求进工作总基调，强调要保持战略定力，坚持底线思维，积小胜为大胜。必须把稳中求进作为交通发展的重要原则和方法论，在稳的前提下有所进取，在把握好度的前提下奋发有为；立足先行官的定位，坚持适度超前发展，在战略上更加主动，战术上更加精准，努力为经济社会发展当好先行；增强忧患意识，避免急功近利，充分估计困难和问题，做好应对防范各类风险的准备，推动交通健康可持续发展。

党的十九大提出建设交通强国，是以习近平为核心的党中央站在党和国家事业全局高度作出的重大战略部署，是新时代赋予交通行业的历史使命，为交通发展指明了方向。《交通强国建设纲要》是贯彻落实习近平新时代中国特色社会主义思想的具体举措，是指导我国由交通大国向交通强国迈进的行动纲领，其涵盖了基础设施、装备设备、运输服务、科技创新、安全发展、绿色发展、开放合作、治理体系等方面。

一 基本形势

国际形势发生复杂而深刻的变化。经济全球化、世界多极化深入发展，国际资本、技术、人才等要素加快流动，国际分工体系加速演变，发达国家制造业回流，贸易保护主义抬头，交通要提高国际竞争力，不断拓展对外开放新空间，为我国积极参与全球产业再分工、加快"一带一路"建设、构建人类命运共同体提供有力支撑。全球治理体系和国际秩序变革加速推进，地缘政治矛盾、局部冲突和动荡频发，传统和非传统安全威胁交织，海外维权、国际维和、人道主义救援等不确定性任务面临挑战，全球运输通道和枢纽节点的战略地位日益凸显，交通必须为国家安全提供坚实保障。

新一轮科技革命和产业变革方兴未艾。现代信息技术、智能制造技术、新材料和新能源技术等广泛应用到几乎所有领域，带动了以绿色、智能、泛在为特征的群体性重大技术变革。大数据、云计算、物联网、人工智能等技术与交通产业加速融合，自动驾驶、车路协同、共享经济、超级高铁等新技术、新业态、新产业、新模式不断涌现。交通必须抓住新一轮科技革命和产业变革重大机遇，全面提升科技创新能力，突破关键核心技术，在新一轮全球竞争中赢得战略主动。

我国经济社会发展呈现新特征。我国经济由高速增长阶段转向高质量发展阶段，供给侧结构性改革深入推进，产业结构、消费结构、能源结构等不断调整，创新驱动、乡村振兴、区域协调、可持续发展、军民融合等国家战略深入实施，经济社会发展的活力和动力进一步增强。人口结构、社会结构发生较大变化，城镇化进程加快，引起出行模式和流通方式发生结构性改变。大众出行呈现多层次多样化个性化特征，人民群众对出行的公平、安全、品质等方面要求不断增强，大宗货物运输需求降低，小批量多频次高附加值的货物运输需求增加，对运输成本、质量和效率都提出新要求。

我国已具备从交通大国向交通强国迈进的基础。党的十八大以来，在党中央坚强领导下，在各方共同努力下，我国交通实现了由"总体缓解"到"基本适应"的重大转变。基础设施规模位居世界前列，综合交通网总里程突破500万公里，高速铁路和高速公路里程、港口万吨级泊位、城市轨道交通运营里程等世界第一。运输装备数量快速增长，铁路机车数量世界第一，民用汽车保有量超过2亿辆，营运汽车、运输船舶和运输飞机数量居世界前列。我国是世界上运输最繁忙的国家之一，铁路货运量及旅客周转量、公路客货运输量及周转量、港口货物吞吐量及集装箱吞吐量、快递业务量均居世界第一，民航旅客及货邮周转量居世界第二。交通科技创新取得重大突破，高速铁路、高速公路、特大桥梁、特长隧道、深水筑港、大型机场工程等建设技术达到世界先进水平，"复兴号"动车组、C919大型客机等自主研制的高性能交通装备逐步应用。综合治理能力体系逐步完善，综合交通管理体制机制、法规标准体系初步形成，国际合作水平和国际影响力明显提升。

我国与世界交通强国相比仍有一定差距。当今世界交通强国均拥有强大的交通保障能力，能够有效满足国家经济社会发展和国家安全需要；运输生产效率和服务品质高；科技创新能力强，拥有全球领先的交通技术；具有较强的国际影响力和话语权，有一批全球排名靠前的交通企业。总体来看，我国在基础设施、运输装备规模能力等方面已进入世界第一梯队，但在交通供给质量效率等方面与世界交通强国存在一定差距，具体表现在：发展方式依旧粗放，质量效益不高，结构不尽合理，区域城乡交通发展不平衡，城市交通拥堵问题突出。科技创新能力不强，核心技术差距较大。交通管理体制急需完善，运输服务和物流业发展水平亟待提高，安全绿色发展能力不足。运输企业"大而不强""小散弱"并存，国际规则制定和话语权有限。

新时代我国社会主要矛盾在交通领域体现为：交通发展不平衡不充分，交通供给能力质量效率不能满足人民群众日益增长的美好生活需要。交通必须加快由高速度增长向高质量发展转变，由传统要素驱动向改革创新开放驱动转变，由注重提高供给能力向注重提升供给质量效率转变，实现更高质量、更有效率、更加公平、更可持续发展。

二 战略方针与目标

（一）指导思想

全面贯彻党的十九大精神，以习近平新时代中国特色社会主义思想为指导，紧紧围绕统筹推进"五位一体"总体布局和协调推进"四个全面"战略布局，坚持以人民为中心的发展思想，坚持稳中求进工作总基调，牢固树立和贯彻落实新发展理念，坚持质量第一、效益优先，以深化供给侧结构性改革为主线，着力推动交通发展质量变革、效率变革、动力变革，着力服务人民、服务大局、服务基层，以改革、创新、开放为动力，构建安全、便捷、高效、绿色、经济的现代化交通体系，实现人便于行、货畅其流，建成保障有力、世界领先、人民满意的交通强国，为全面建成社会主义现代化强国、实现中华民族伟大复兴的中国梦当好先行。

（二）基本原则

服务大局，协调联动。坚持党对交通工作的全面领导，强化大局意识，服务国家重大战略、建设现代化经济体系、保障和改善民生，充分发挥交通对经济社会发展的支撑和保障作用。强化交通强国建设与制造强国、科技强国、质量强国、贸易强国、海洋强国等建设的协调联动，推进交通与相关产业融合发展，统筹各方力量，形成强大合力。

质量第一，效率优先。以深化供给侧结构性改革为主线，深化质量发展改革，夯实质量发展基础，全面提升工程、产品和服务质量。优化并充分利用存量资源，合理扩大优质增量供给，实现供需动态平衡。构建现代综合交通体系，加强各种交通方式高效衔接，充分发挥各种交通方式的比较优势和组合效率，提升网络效应和规模效益。

改革创新，开放合作。全面深化交通运输改革，着力解决制约交通发展的体制性障碍、结构性矛盾、政策性问题，突破区域、行业、市场分割的藩篱。突出创新驱动核心地位，以数字化引领交通现代化，推动政策、技术、管理、服务和体制机制创新，积极培育新产业、新业态、新动能。以全球化视野谋划交通发展，坚持交通"引进来"与"走出去"并重，加强国际合作，服务打造陆海内外联动、东西双向互济开放新格局。

安全绿色，服务人民。牢固树立总体国家安全观，提高交通对国家安全的支撑保障能力。秉持生命至上、安全第一的思想，坚决守住交通安全生产红线，切实保障人民生命财产安全。将生态文明理念融入交通发展各方面和全过程，倡导绿色发展，实现交通与环境的和谐统一。坚持以人民为中心，着力解决人民最关心、最直接、最现实的交通问题，完善公共服务体系，保障特殊群体出行，增强人民的获得感、幸福感、安全感。

强化法治，公正文明。健全法律法规体系，严格规范公正文明执法，促进全民守法，充分发挥法治对交通强国建设的保障作用。转变政府职能，深化简政放权，创新监管方式，构建系统完备、科学规范、运行高效的制度体系，推动治理体系和治理能力现代化。培育和践行社会主义核心价值观，弘扬"两路"精神，倡导交通文明。

（三）战略目标

从现在到2020年，是服务决胜全面建成小康社会的攻坚期，也是新时代交通强国建设新征程的启动期。交通发展要突出抓重点、补短板、强弱项，推动持续健康发展，特别是要坚决完成"打好防范化解重大风险、精准脱贫、污染防治的攻坚战"等交通相关任务，加快构建现代综合交通体系，部分地区和领域率先基本实现交通现代化，为交通强国建设奠定坚实的基础。

从2021年到21世纪中叶，交通强国建设分两个阶段推进。

第一阶段（2021年到2035年）为整体提升期。

到2035年，基本实现交通现代化，跻身世界交通强国行列。我国交通综合实力大幅跃升，建成一流的设施、一流的技术、一流的管理、一流的服务，有力支撑基本建成社会主义现代化，人民满意度明显提高。

——交通质量效率较高、能力充分，基础设施网络完善，装备设备较为先进，运输结构合理，交通科技水平在更多领域保持领先，信息化服务全覆盖，可持续发展能力较强，全要素生产率高。

——基本实现交通治理体系和治理能力现代化，综合交通管理体制机制完善，法律法规体系完备，标准规范体系健全，人才队伍素质优良。

——全球连接度高，在国际运输规则、标准规范制定等方面有较强的话语权，拥有一批全球排名靠前、竞争力强的交通企业。

——交通对国民经济的贡献率高，物流成本明显下降，有力支撑经济社会发展、保障国家安全，交通的基础性、战略性、先导性、服务性作用有效发挥。

——交通能源消耗、污染排放、碳排放水平和事故率、死亡率大幅降低，居民出行便捷舒适，交通成本可接受，城市交通拥堵明显缓解，人民群众对交通发展的获得感、幸福感、安全感明显提高。

第二阶段（2036年到21世纪中叶）为全面超越期。

到21世纪中叶，全面实现交通现代化，建成保障有力、世界领先、人民满意的交通强国，为全面建成社会主义现代化强国当好先行。交通综合实力、创新能力、治理能力、可持续发展能力、国际竞争力领跑全球，实现网络化、数字化、法治化、全球化，实现人便于行、货畅其流，基本实现出行"零障碍"，换乘"零距离"，事故"零死亡"，车辆"零排放"、智能化、共享化，物流低成本。

三　战略任务

（一）完善通达可靠的基础设施

打造网络化、数字化基础设施。一是推进基础设施联网，合理扩大优质增量供给，加强铁路、公路、水路、航空、邮政、物流等基础设施网络建设，推动各种交通方式深度融合发展，形成布局合理、结构优化、衔接顺畅、安全可靠、优质绿色的基础设施网络。二是推进基础设施数字化、网联化、智能化建设，形成与智能、绿色载运工具协同的新一代交通基础设施。

完善多层次的城乡交通网络。一是推进城市群和城际综合交通网建设，形成以轨道交通、高速公路为骨干，普通公路为基础，水路为补充，民航有效衔接的城市群一体化交通网络，支撑以城市群为主体、大中小城市和小城镇协调发展的城镇格局构建，支撑京津冀、长三角、粤港澳大湾区等世界级城市群建设。二是完善城市轨道交通网络，加快建设市域（郊）铁路，强化城市内外交通衔接，形成结构合理的道路网络，加强城市公交系统、慢行交通系统建设，完善"零障碍"交通设施。三是构建国家综合交通枢纽体系，打造若干个世界级的交通枢纽，建设一体化综合客运枢纽和集约化货运枢纽，完善集疏运体系建设，实现客运"零距离"换乘和货运"无缝化"衔接。四是加强革命老区、民族地区、边疆地区、贫困地区交通建设，完善支线铁路、农村公路、支线航道、通用机场体系，形成广覆盖、均等化的农村基础设施网络，推动城乡交通一体化。

强化基础设施维护与改造升级。一是加强维护技术和管理创新，提高基础设施耐久性、可靠性和通行能力，提高基础设施智能化水平，优化并充分利用存量资源。二是构建数字化的基础设施投资决策体系、运行监测检测体系、维护养护体系。

（二）发展先进适用的装备设备

推动载运工具清洁化、轻量化、智能化、高效化、谱系化。一是促进载运工具动力系统的清洁化，以"零排放"为导向，推广应用新能源和清洁能源车船。二是推广新材料应用，推进载运工具轻量化。三是鼓励自动驾驶载运工具及技术研发，推进智能网联汽车等产业化发展。四是大力推广应用高效率、大推力发动机装备设备。五是推进交通装备谱系化。

提升运输装备设备专业化和标准化水平。一是促进多式联运装备的标准化发展，推广标准化运载单元和专业化联运设备，支持多式联运装备升级改造。二是大力推广应用集装化运输装备，推进铁路多式联运专用装备、载货汽车、内河运输船舶、江海直达船舶的标准化。

提升交通工程机械设备产品性能。一是推进工程机械设备智能化、自动化。二是加强工程机械设备成套技术研发，完善工程设备全产业链配套能力，形成完整的产业体系。三是加强新能源工程设备研发，推进工程设备节能降耗。

（三）强化优质高效的运输服务

构建多层次、高品质的出行服务体系。一是加强各种方式运输的衔接和组织协同，发展旅客联程运输服务。二是加快构建以道路客运为基础、高速铁路和城际铁路为主体的城际客运体系。三是打造更加普惠的城乡公共客运服务体系。四是深入实施公交优先战略，有效调控、合理引导个体机动化需求，推进绿色出行，加大城市交通拥堵治理力度。五是增加高品质、快捷化、多样化、共享化和体验化的客运服务供给，鼓励发展"自动驾驶+共享汽车"等模式，大力推进移动互联、物联网及大数据在客运领域的应用，推动交通与旅游融合发展。

构建经济高效的货运物流体系。一是构建现代化物流体系，依靠移动互联网等现代信息技术，实现物流智能化、网络化、全球化发展，推动传统货运行业向现代物流业转型升级。二是充分发挥各种交通方式比较优势，重点发挥铁路、水路等骨干作用，加快跨区域物流大通道建设。三是大力发展多式联运，加强各种方式设施设备、技术标准、信息资源、服务规则、作业流程的有效衔接，打造高效顺畅的多式联运系统。四是完善城乡配送体系，构建物流园区、配送中心、末端网点三级配送网络，推进农村现代流通网络建设，促进农村地区商品双向流通。四是大力推进冷链物流、特种物流、快递物流等专业物流规范化健康发展。五是以"零库存"为导向，建立面向制造业企业的供应链管理服务体系，鼓励运输企业做大做强，打造一批具有全球采购、全球配送能力的供应链服务商和具有国际竞争力的大型现代物流集团、快递集团。

（四）强化前沿高端科技创新

完善交通科技政产学研结合的创新体系。一是建立以企业为主体、市场为导向、产学研相结合的技术创新体系，强化企业创新主体地位和主导作用，增强知识创新能力。二是优化科研资金投入机制，健全科技成果转化机制，建立科技评价和激励机制，确保科技创新活动有效开展。三是加强交通科技创新基地平台建设和管理，推动开放共享。

加强前沿高端技术研究。一是瞄准世界交通科技前沿，强化应用基础研究。二是突出关键共性技术、前沿引领技术、现代工程技术、颠覆性技术创新，实现引领性原创成果重大突破，研发高速磁悬浮、超级高铁等新一代交通工具。三是加快构建自主可控的交通大数据系统。

促进科技成果推广应用。一是强化重点领域政策引导，建立激励政策，加快推进科技成果转化。二是改革标准规范管理模式，促进成果及时向标准规范和知识产权转化。三是加强BIM等应用技术推广，促进信息技术与工程建设管理有效结合。四是推广自动化码头、智能港口机械等技术。

（五）构建系统完备的安全体系

完善交通安全生产体系。一是以"零死亡"为导向，强化安全生产责任体系建设，健全落实安全生产责任制，坚决遏制重特大安全生产事故发生。二是强化预防控制体系建设，构建安全生产风险管控和隐患治理双重预防工作机制。三是强化安全宣传教育体系建设，实施从业人员安全素质提升工程，加强事故典型案例警示教育和教训汲取。四是强化支撑保障体系建设，加大安全投入，实施科技兴安，提升安全生产基础保障能力。

强化交通应急救援体系。一是提升交通应急救援处置能力，健全事故应急预警先期响应机制，增强现场应对能力，提高交通系统适应性、可靠性和应灾弹性。二是健全应急管理体制机制，完善平战结合的应急协调联动机制。三是完善应急管理法规制度。四是加强应急救援力量建设，统筹优化专业应急救援力量布局，加强安全生产应急救援专业装备配备，提升地方骨干队伍、基层队伍、企业队伍救援能力。

强化交通对总体国家安全的支撑。一是落实总体国家安全观，完善交通有效支撑国家安全的工作体系。二是提升交通服务国防安全、经济安全、社会安全、生态安全、能源安全、信息安全的能力。三是深化交通安全管理国际交流合作，提升我国在国际交通安全规则、标准制定方面的话语权。

推进交通军民融合深入发展。一是突出重要战略方向等交通基础设施建设，强化战略投送能力建设。二是促进信息、技术、人才、资本、服务等要素在军地之间双向流动、渗透兼容。三是完善交通军民融合发展的体制机制。

（六）构建和谐美丽的绿色交通体系

积极推动绿色交通发展。一是建立绿色交通生产、消费的法律制度和政策导向，全方位、全地域、全过程推进交通生态文明建设。二是完善绿色交通制度、规划和标准体系。三是推进绿色铁路、绿色公路、绿色航道、绿色港口、绿色机场等建设，全面提升交通基础设施、运输装备和运输组织的绿色发展水平，实现交通与生态环境和谐发展。四是促进交通资源集约循环利用。

大力推进交通行业节能减排和污染防治。一是推进交通行业新能源、清洁能源等应用，促进节能减排。二是强化交通污染防治，加强污染排放源头管控，建立污染物排放、燃油质量、大气治理等方面的部门间联合监管机制。三是强化大气污染监测和执法能力建设，健全节能减排管理体制机制，全面提升行业节能环保监管水平。

积极推广绿色交通技术和产品。一是加快节能低碳先进适用技术、产品的创新和推广应用，强化低碳政策创新，积极扶持清洁能源技术产业发展。二是积极推进能源互联网、高密度能量块、高效储能技术在交通领域的应用。三是积极推进绿色交通科技成果市场化、产业化，大力推进绿色低碳循环交通技术、产品、工艺的标准、计量检测、认证体系建设。

推进绿色交通协同治理。一是完善多部门协调推进机制，完善配套资金政策保障机制。二是加强绿色出行宣传和科普教育，鼓励使用节能环保的载运工具。三是积极参与应对全球气候变化相关工作，加强交通应对全球气候变化等领域的国际合作与交流。

（七）构建开放合作新格局

构筑全球化运输网络。一是推进与周边国家及更大范围的交通互联互通，实现陆上海上天上网上基础设施"硬连通"，促进规划政策规则标准"软连通"，提高海运、航空的全球连接度和铁路、公路、管道区域连通度。二是打造"一带一路"交通走廊，完善基础设施互联互通交通主骨架，完善海外战略支点布局，打造一批国际物流枢纽节点，构建连通内陆、辐射全球的国际交通通道。三是促进跨境运输便利化，推动中欧班列规范有序发展。

全方位融入全球交通治理。一是积极参与全球交通治理体系建设与改革，深度参与交通国际组织事务，履行应尽国际义务，提升我国在交通领域相关事务中的国际话语权和影响力。二是积极推动中国标准国际化，主动参与并引领国际交通相关规则及标准的制定，积极推进中国交通建设和装备技术标准的全球推广与普及应用。三是推动"一带一路"交通论坛、世界交通大会等平台机制化。

坚持引进来和走出去并重，统筹布局国内国际两个市场。一是深化交通对外开放，服务自贸区、自由贸易港建设，形成交通领域全方位对外开放新格局。二是加强国际产能合作，支持国内企业全面参与全球经济合作和竞争，提升国际运输定价权和市场份额，保障企业海外合法权益。

（八）打造科学完善的现代治理体系

深入推进综合交通体制机制改革。一是统筹设置综合交通管理机构，科学配置内设机构，建立科学合理的交通管理体制。二是构建科学灵敏的决策支持体系、系统协调的规划计划体系、协同联动的督查督办体系、规范高效的日常运转体系、精细有力的支撑保障体系。三是建立责权清晰的中央和地方交通管理体制，建立健全区域交通协调发展机制。四是推进交通政企分开、政事分开，深化事业单位改革。

建立健全交通法规标准体系。一是加强顶层设计，制定促进交通发展的"龙头"法，推进重点领域立法，构建科学合理、门类齐全、有序衔接的交通法律体系。二是推动交通依法行政，深化交通综合行政执法体制机制改革,建设适应新时代要求的法治政府部门。三是建立健全标准规范体系,加快重点领域标准、规范的制定与修订,提升标准化服务能力,推进基础设施、运输装备军民通用标准体系建设。

完善现代化交通市场体系。一是完善产权制度和要素市场化配置,着力清除市场壁垒,形成企业自主经营、公平竞争,消费者自由选择、自主消费,商品和要素自由流动、平等交换的现代交通市场体系。二是推进交通"放管服"改革,完善市场监管体制,全面实施市场负面清单准入制度,加强信用体系建设,激发各类市场主体活力。三是深化铁路、邮政等国有企业改革,完善国有资产管理体制,大力扶持交通相关民营企业发展,引导小微企业集约高效良性发展,鼓励企业做大做强做精做优,打造世界一流交通企业。

加强社会治理。一是提高预测预警预防各类风险能力,完善社会综合治理体制机制。二是鼓励行业中介组织、社会公众积极参与行业治理,引导中介组织行业自律、依法自治。

全方位提升交通软实力。一是传承和弘扬传统优良文化,大力弘扬"两路"精神,强化重要交通遗迹文化内涵研究和传播,创新传播手段,推进国际传播能力建设。二是全方位提升交通文明,加强社会沟通,提升全体交通参与者的法治素养、社会责任意识、规则意识、诚信意识和道德意识,形成安全、绿色、文明的交通出行环境。

四 战略保障

(一) 加强党的领导

以习近平新时代中国特色社会主义思想为指导,全面贯彻落实党的基本理论、基本路线、基本方略和党中央决策部署,确保交通强国建设沿着正确方向前进。坚持和加强党对交通强国建设的全面领导,形成全党全社会全行业强大合力。

深入落实全面从严治党主体责任和监督责任,为交通强国建设营造良好的政治生态环境。健全交通行业基层党组织,扩大基层党组织覆盖面,发挥好基层党组织战斗堡垒作用和共产党员先锋模范作用。

(二) 强化组织保障

加强统一组织领导,成立国家层面交通强国建设领导小组,由国务院领导同志担任组长，成员由国务院相关部门和单位负责同志担任，统筹协调交通强国建设全局性工作，审议重大规划、重大政策、重大工程专项、重大问题和重要工作安排。领导小组办公室设在交通运输部，承担领导小组日常工作。设立交通强国建设专家咨询委员会，研究交通行业发展的前瞻性、战略性重大问题，为交通强国建设重大决策、重大政策、重大工程提供咨询评估。

（三）强化资金保障

积极推动财政、货币、产业、区域等政策支持交通可持续发展，建立全链条交通产业政策体系，实施精准的产业政策。强化财政资金保障，积极发挥财政性资金对优化交通供给结构的关键性作用，统筹使用各类和各种来源的财政性资金。深化交通行业投融资体制改革，拓宽融资渠道，降低融资成本。加强投融资创新，规范政府举债机制，构建多元化资金保障体系。鼓励社会资本通过多种方式参与交通建设。

强化筹融资风险管控。建立交通债务风险预警及化解机制。建立交通债务风险识别和评估制度，定期评估交通行业债务风险状况，处理好行业发展与风险债务之间的关系。

（四）强化人才保障

加强交通人才队伍建设。大力培养造就一批具有国际水平的交通行业战略科技人才、科技领军人才、青年科技人才和高水平创新团队。打造一批德才兼备、以德为先、事业为上、公道正派，具有专业素质、专业精神的干部人才队伍。大力弘扬倡导工匠精神，造就一支规模宏大、素质优良的知识型、技能型、创新型劳动者大军。

加大交通人才政策创新措施的保障力度。建立健全有利于人才成长的培养机制、有利于人尽其才的使用机制、有利于调动人才积极性的激励机制。加强人才工作基础建设，推进人才工作的科学化、民主化、制度化，建立健全多层次人才培养体系。建设高素质人才培养基地和从业人员培训基地，促进跨学科、跨行业、跨区域复合型人才培养。加强国际化人才培养。

（五）强化跟踪评估

加强动态监督与评估。建立交通强国建设任务落实情况督导和第三方评价机制，强化综合协调、统计监测、跟踪分析、绩效评估和监督考核。做好重大任务、工程、政策等具体事项动态调整，推动交通强国建设与时俱进。鼓励有条件的省份、城市、企业在交通强国建设中先行先试。

我国人才强国政策研究十年综述

（2008—2018 年）

我国在推动人才体制机制改革和政策创新，破除计划经济条件下人才桎梏方面取得了很大成绩。但是，有些地方部门对人才工作的认识还不够深刻，在工作推动和制度改革上还不能适应时代要求，缺乏在市场经济环境下管理人才、服务人才的新思维（孙锐，2015）。人才强国战略写入党代会报告并载入党章以来，党中央提出实施人才强国战略，中央先后出台了一系列政策措施：2002 年，中央批准印发《2002—2005 年全国人才队伍建设规划纲要》，提出实施人才强国战略。2003 年 12 月 19—20 日，党中央、国务院召开新中国成立以来第一次全国人才工作会议，作出《关于进一步加强人才工作的决定》，全面部署人才强国战略，提出"促进人口大国向人力资本强国转变"的总体目标和具体要求。2006 年 3 月，人才强国战略作为专章列入"十一五"规划纲要。2007 年 10 月，党的十七大第一次将人才强国战略写入党代会报告和载入党章，进一步提升了人才强国战略在党和国家战略布局中的地位。2008 年 2 月，中央人才工作协调小组向中央提出编制人才规划建议。胡锦涛、温家宝、习近平等中央领导同志做出批示，同意编制人才规划。2008 年 3 月 18 日，中央成立由中央组织部、人力资源社会保障部牵头的人才规划编制工作办公室，明确编制工作指导思想、目标要求、编制原则、组织分工和方法步骤，明确提出了进入世界人才强国行列战略目标，详细描绘了我国未来人才发展宏伟蓝图。2010 年 4 月 1 日，中共中央、国务院印发的《国家中长期人才发展规划纲要（2010—2020 年）》提出：到 2020 年，确立国家人才竞争比较优势，进入世界人才强国行列，人才资源总量增加到 1.8 亿人；人力资本投资占国内生产总值比例达到 15%，人才贡献率达到 35%。2010 年 12 月，中共中央、国务院召开第二次全国人才工作座谈会，明确提出"人才是最活跃的先进生产力""人才是科学发展的第一资源""以用为本是人才发展的重要方针""人才投资是效益最大的投资"等十个方面的科学人才观理念。2011年3月，第一个国家级人才特区——中关村人才特区启动。2012年11月，党的十八大将人才强国战略作为发展中国特色社会主义的三大基本战略之一写入党代会报告并载入新党章，进一步提升了人才强国战略在党和国家战略布局中的重要地位（刘世华，2012）。2008年中央实施《海外高层次人才引进计划》，计划在5—10年内，引进并有重点地支持一批能够突破关键技术、发展高新产业、带动新兴学科的战略科学家和领军人才回国（来华）创新创业。2010年6月发布的《国家中长期人才发展规划纲要（2010—2020年）》提出，到2020年人才发展要进入世界人才强国行列。中共十八届三中全会对人才优先发展的战略做了一个新的部署，这个部署和之前有很大的不同，这次改革重点强调三个方面：干部制度改革、人才制度改革和创业制度改革（吴江，2013）。当代人才政策在变迁路径上呈现出断续—依赖与转轨—渐进式平衡的特征，演进机制上是以解决人才问题为内在驱动、以中国特色社会主义人才理论为理念先导，在与人才政策实践的互动中实现的政策演进，初步形成了具有中国特色的人才政策体系基本框架（王丽娜，2012）。

一 十年以来人才强国战略的内涵研究

十年以来，世情国情都在发生深刻变化，人才发展面临新形势、新任务、新挑战，加快建设人才强国，实施人才强国战略是当代中国面向现代化、面向世界、面向未来的一项重大战略任务。人才强国战略是否能有效实施，需要在人才工作中做到以下几点：要确立人才优先发展的战略布局，做到人才资源优先开发、人才结构优先调整、人才投资优先保证、人才制度优先创新；要充分发挥各类人才的作用，坚决破除束缚人才发展的思想观念和制度障碍，创新人才工作体制机制，努力营造充满活力、富有效率、更加开放的人才制度环境；要坚持德才兼备原则，突出培养造就创新型科技人才，开发经济社会发展重点领域急需紧缺专门人才，统筹抓好各类人才队伍建设，全面提高人才队伍素质；要有重点有针对性地解决人才队伍建设中的突出问题，实施重大人才政策和重大人才工程，推进人才发展取得重大突破（郑小明、刘浏、雷激、陈祥贵，2012）。从许多国家实现赶超发展的成功经验看，只有重视人才开发，才能形成后发优势。在激烈的国际竞争背景下，我国人才竞争力在全球范围依然处于弱势地位，人才对经济社会发展贡献度依然较低。需增强忧患意识，在人才战略上领先一步，有效应对国际竞争的挑战，瞄准发达国家，下大力气培养造就一支能够站在世界前沿、勇于开拓创新的高素质人才队伍，提升人才国际竞争力，努力缩小与发达国家的差距，以重点领域的突破带动整体优势的发挥，这样才能在激烈的国际竞争中掌握战略主动，为实现人才大国向人才强国的转变奠定基础、创造条件（吴江，2012）。美国之所以成为世界上经济实力、科技实力最强大的国家，其根基在于美国拥有一大批站在世界科技最前沿的精英人才。高度重视国民教育和培训，实施正确的人才战略与人才政策，建立完善的人才市场调节机制，打造优越的人才发展环境，是美国长盛不衰的奥秘所在。中国要赶上发达国家，借鉴美国人才强国的经验，走出一条中国特色的人才强国之路，政府需担负起普及义务教育的责任，教育适度超前发展，大跨度提升教育和人才资源阶梯，修改移民法规和"绿卡"审批管理办法，降低"绿卡"门槛，加大吸引海外人才的力度，以市场为导向，调整教育结构和人才结构（秦剑军，2014）。一切竞争归根结底是人才竞争。美、日、韩、以等许多国家的发展证明，一个国家要走向富强，人才是根本与决定性因素。一定要坚持人才优先发展的战略部署，坚定不移地走人才强国之路。针对中国人才发展中存在的问题，如何向人才强国转变，坚持人才资源优先开发。坚持人才结构优先调整。坚持人才投资优先保证。坚持人才制度优先创新。做到用事业造就人才，用环境凝聚人才，用机制激励人才，用法制保障人才（史策，2013）。国家要进行科技创新，其中人才就是最为关键之因素。要在创新活动中培育、识别、凝聚人才，造就德才兼备和国际一流创新人才队伍，建立技术更强、学识更广、素质更高的创新队伍。为年轻人才的脱颖而出提供和创造出更多的机会和更大的舞台。建立并完善创新机制，并推动人才创新，营造好氛围，让广大科技知识分子为国工作、奉献，同时在其中使其自我也得到较大的发展（文丰安、蒋利佳，2013）。

　　人才是社会发展的根本因素之一，只有重视人才的发展，社会才有可能在此基础上获得不断前行的空间和持续发展的动力。推进人才发展改革创新，需不断解放思想、更新观念。推进人才发展改革创新，需抓住人才工作体制机制创新这一重点和难点。推进人才发展改革创新，需把握稳中求进、有序实施的原则和方法（任才初，2012）。我国人均GDP增长率中有

27%的贡献来自人口红利。促进人才发展，提升"人才红利"，要牢固树立科学发展要求的科学人才观。提升"人才红利"，需要加大人才投入。要加快推进人才管理体制和工作机制的改革创新，破除一切不利于人才成长和发挥作用的体制机制障碍，努力营造充满活力、富有效率、更加开放的人才制度环境（任才举，2012）。人才资源是经济社会发展的第一资源。而对日趋激烈的国际竞争形势，实现人才价值，走人才强国之路，是当代中国走向强盛的战略选择。中国是人口资源大国，但是存在人才整体质量不高、人才贡献低、人才体制机制僵化、人才开发总体投入不足等障碍因素，从而制约人才价值的实现。在人才资源开发中，应实施人才优先发展战略，坚持人才"以用为本"，通过加大人才教育培养力度、创新人才发展体制机制、改善人才成长生态氛围等途径，为人才价值实现创造良好条件（郭世田，2012）。

建设创新型国家是中国今后发展的重要路径和显著特点，人才是推动科技创新和科学发展的第一资源。中国实施引进海外高层次人才"千人计划"，吸引海外人才参与中国的现代化建设，是为了促进中国与世界的科技、人才交流合作，为科学发展注入新的动力（赵光辉，2012）。要实施人才强国战略，就需要从体制和机制着手，不断创新人才运行体制和机制，解放思想，实现观念创新，深化改革，实现体制创新，加强引导，营造宽松的社会环境，加强领导，搞好组织协调（李小岩，2012）。随着科技的发展和社会的转型，未来符合国家建设需要的人才不仅要具有宽厚的基础知识和专业知识，还要具备创新精神和创造能力（郭爱坤、周典恩，2012）。中国的人才强国战略，要着眼加大人才资源的开发力度，全面提高人才的基本素质，将人口大国转变为人才强国；着眼创新体制机制，做到广纳人才、为我所用，通过政策制度提高对人才的吸引力和凝聚力，增强国家的综合国力和国际竞争力（屈波，2014）。加快建设人才强国是党和国家的一项重大战略决策，是实施创新驱动发展战略的迫切需要，要培养集聚创新发展急需的紧缺人才。适应转变经济发展方式、实施创新驱动发展战略需要，推动人才结构战略性调整，突出"高精尖缺"导向，更要培养引进经济社会发展急需紧缺人才，要实施重大人才工程（陈希，时任中组部常务副部长，2015）。人才战略既是中国由人力大国迈入人才强国的重要举措，也是推动区域经济发展的战略手段。地方高校转型发展的新时期，以服务区域经济社会发展为己任，实施人才战略需着力优化教育软环境，在发展路径、发展导向、发展保障等方面加大改革，深化内涵建设，营造核心竞争力（王鸿政，2015）。

二 十年以来人才强国战略现状的研究

我国人才强国战略实施处于前所未有的黄金时期，在人才工作体制机制创新方面，显示出东部引领、西部跟随的格局。人才工作创新力度和政策创新水平从东部沿海向西部内陆呈现出由强到弱的梯次分布；从人才规划实施一年来基层人才工作推进的现实情况来看，进一步建立和完善人才强国战略监测评估体系成为推动人才强市、人才强省战略落地，人才规划具体落实的重要保证（孙锐，2012）。广东、江苏两省人才分布和人才发展方面处于全国领先水平，并具有结构上的相似之处。海南、贵州、宁夏、西藏、青海等省区在人才数量、人才质量、人才投入、人才产出方面还与其他省市区存在较大的差距，迫切需要加大人才工作和人才队伍建设力度。天津整体的人才相关资源和人才工作实力较强，在人才发展、人才结构上还有不尽如人意之处。浙江在人才工作和人才发展质量方面比大多数省市区更好。河北、湖北、辽宁、四川、湖南、安徽这些省区人才发展实力还不够稳定，在人才数量、人才质量、人才投入、人才效能等不同层面还存在不均衡的问题。各省市区在人才强国战略实施效果上评价得分差异较大，反映出各地在人才数量、质量、投入、产出方面还具有很大的异质性。总体上看，中国区域人才战略实施状况仍显示出东强西弱，从东部沿海向西部内陆由高到低梯次分布的整体格局，并且进一步说明了区域人才工作、人才发展水平与经济社会发展水平间存在紧密的互动关系，在国家层面上人才强国战略推动存在区域不平衡性（孙锐，2014）。我国人才资源总量已达2亿，从数量上看已成为名副其实的人才大国。但在庞大的数量背后，却隐藏着另一个危机，这便是人才素质的危机、人才质量的危机（丁艳丽，2014）。我国低素质的劳动力较丰富，而高素质的人才相对不足，这是中国经济和社会需要解决的根本性问题，也是我国长期而来的人才资源基本态势（肖红、肖英，2012）。我国现行人才管理体制的突出弊端是人才管理高度集权的问题没有解决好。基层单位缺乏必要的和充分的用人自主权，创新人才机制的重点在企事业单位，特别是事业单位（王渤涵，2012）。过去在人才建设中，有一个很不好的倾向，即片面追求人才总量，很少注重人才质量、结构和效益问题，造成了国家人才"虚胖"现象严重，这个问题需引起足够重视。世界人才强国，需具备"五个力"：即人才综合实力、科技人才创新力、技能人才竞争力、人才贡献力、文化软实力（沈荣华，2013）。应清醒地看到，我国人才发展的总体水平同世界先进国家相比仍存在较大差距，与我国经济社会发展需要相比还有许多不适应的地方，如高层次创新型人才匮乏，人才创新创业能力不强，人才结构和布局不尽合理，人才发展体制机制障碍尚未消除，人才资源开发投入不足，人才发展的环境有待进一步优化等问题（赵立波，2013）。我国的人才队伍存在三大问题。人才队伍的少与多并存。人才的严重流失与大量待业并存。引才难与调动性难并存。在新的历史起点上实施人才强国战略的五点建议：一是要进一步明确工作思路；二是要进一步转变观念；三是要努力创新人才工作体制、机制；四是要构建人才公共服务体系；五是要努力营造鼓励人才干事业、支持人才干成事业的良好氛围、进一步加强人才工作的管理理论研究（杨汝涛，2012）。

中国的人才制度创新必然受到中国国情的制约。人才培养观念滞后、追求短期效应，缺乏有效整合。人才任用的机会不均等、标准不科学、途径不宽、方法不完善等。人才管理现状参差不齐，体现在人才管理的体制与机制的创新滞后，人才有能量，但"闷"在里面释放不出来；人才流动档案管理混乱，人才分布不合理的状况仍然严重；人才激励体系设计不科学，激励标准缺乏依据；激励缺乏持续性，手段单一（张圣华，2013）。中国出现了这样的现象：即高新技术人才渴望前往欧美工作，最优秀的学生视欧美为深造的最佳选择，许多人一去不归，一些身怀巨金的商业精英选择移民海外的消息也频频见诸报端。大量创新创业人才的流失，给中国带来巨大的财富损失。中国在政策上应借鉴国际做法，做出更大胆的突破，加强人才移民制度的建设（王辉耀，2013）。我国高校留学归国人员统战工作存在困难，即机制不健全、环境有待改善、作用发挥不足。要重视人才、加强领导、改善环境、重点突破、拓宽渠道（周利秋、刘畅、张铁，2014）。与世界发达国家相比，我国选才用才的视野还比较窄，对高端人才的吸引力也还比较弱，由于政策、环境等各种因素的影响，不少一流的留学人才仍滞留在海外，外籍高层次人才来中国创新创业，数量也极其有限。要盘活国内人才，需打破体制壁垒，扫除身份障碍，让人人都有成长成才、脱颖而出的通道（朱志敏，2014）。我国的许多制度体系缺乏一个统一的标准，没有形成系统化的操作程序，不能实现与国际通行惯例的接轨，我国未来的人才制度还需要通过市场经济的手段决定人才的流动，给予所有的人才以同样的国民待遇，实现人才的合理流动（王辉耀，2013）。我国不同地方出台的人才引进政策及优惠力度存在较大的差异，但总体而言，东部地区省份更加注重通过营造良好的创新创业环境吸引人才、留住人才，而在土地、资金等要素方面的力度相对较小；中西部地区省份则较多地依靠土地、资金等要素投入吸引人才（王建平，2013）。我国的人才政策主要是供给侧的政策，忽视了需求侧的政策。另外，虽然我国人才政策的着力点是供给侧的政策，但有关政策长期关注的是人才数量以及学术型研究人员的培养与引进问题，忽视了人才也是具有层次性和结构性的，忽视了人才的质量以及人才与经济发展需求之间的对应关系问题（袁家健，2014）。我国人才工作中，人才吸引力、竞争力不够，导致人才大量流失。人才结构和使用不合理，影响人才队伍建设。人才观念存在一定异化，造成德才评价不平衡。人才培养工作缺乏创新，影响人才潜能有效发挥。人才发展良性风气不浓，阻碍人才环境有效改善。人才管理体制机制创新滞后，影响人尽其才效能的发挥（鲁宽民、姚鑫宇，2014）。

  中国正在实施很多引才计划，其中分别以引进海外人才和支持国内人才发展为目标的"千人计划"和"万人计划"影响最大。中国还没有开放国际移民，也没有专门的移民管理机构。中国应加紧出台相关法律法规，尽快填补在移民领域，特别是技术移民方面的法律空白，设立专门的移民管理机构，以稳定透明的法律制度吸引国际人才来华创新创业。在法律出台以前，要适应国际人才流动的需求，提供出入境便利，降低"绿卡"门槛。只有提供了法律保障，才能吸引更多人才到中国创新创业，才能享受跨国人才流动带来的人才红利（聂飙，2014）。中央组织部会同人力资源和社会保障部、国家统计局组织开展了2015年度全国人才资源统计工作，统计数据显示：人才资源总量稳步增长。人才队伍素质明显增强。人才投入和效能显著提高。全球人才磁场效应不断增强（冯玺玲，2017）。

  新中国成立以来，中国共产党的人才思想发生了很大的变化：从尊重人才到实施人才优先的人才强国战略，对人才重要作用的认识实现飞跃；从把干部和知识分子视作人才到"人人可以成才"，大大丰富了对人才内涵的理解；从注重个人的培养到实施科教兴国战略、优化人才培养的环境，深化了人才培养的理念；由"党管干部"到"党管人才"，实现了人才管理方式的与时俱进。中国共产党人才思想的轨迹，反映了党对我国人才工作基本规律和人才成长培养规律认识的深化，推动了人才工作的不断进步（李云智，2016）。在党和国家的高度重视下，在科学人才观重要思想的指引下，我国人才建设不断发展。以高层次人才和高技能人才为重点的各类人才队伍不断壮大，有利于人才发展的政策体系逐步完善，市场配置人才资源的基础性作用初步发挥，人才效能明显改善，党管人才工作新格局基本形成。我国已从一个人才资源相对匮乏的国家发展为人才资源大国（沈荣华，2012）。在党中央正确领导下，各地各部门投入到党管人才的实践和探索中，收获了沉甸甸的成果：党管人才领导体系不断健全。党管人才工作机制不断完善。党管人才方式方法不断创新。人才规划体系全面建立。重大人才工程遍地开花。人才特区建设如火如荼进行着（任采文，2012）。

三 十年以来人才强国战略在国家层面的展现

如何通过卓有成效的人才队伍建设，提升城市发展的质量和品质？整合和创新人才政策制度体系，这既是立足各地发展现实需要的紧迫之举，也是在人才竞争中赢得主动的战略选择。抓好人才强市战略，服务科学发展是根本，抓好人才强市战略，需尊重和按照第一资源的特点和规律来办事，抓好人才强市战略，政府要当好人才的"保姆"（韩伯成，2012）。我国人才事业发展的重要战略机遇期，须增强责任感和危机感，坚定不移地走人才强国之路，科学规划，重点突破，不断开创人才辈出、人尽其才的新局面（衡明、王青耀，2012）。建立国家人才战略规划评估机制，要健全相关制度、办法，完善相关法律法规，保障评估工作有章可循，有法可依。对人才战略规划实施效果的考察可以从"监测"和"评估"两个方面着手。国家人才战略规划实施效果评估机制体系的建立应该是建立中期评估与期末评估有序衔接的评估，构建多元主体、多方参与的规划评估机制，构建分层级、分布式的规划评估动态网络体系，加强对规划评估的投入和组织保障，重视对规划评估结果的使用和宣传（孙锐、吴江，2012）。进一步促进区域人才共享应着眼于以下几个方面展开：健全区域人才共享中的政府职能与管理体制、完善区域人才共享交流的信息平台、加强区域人才政策衔接协调、深化区域人才共享的领导工作机制和运行机制（何琪，2012）。人才强国战略下的人力资源开发对策是树立以人为本的理念，加强学习型组织建设，加大人力资源开发投入（赵永涛，2012）。

青年是祖国的未来和希望，也是企业的未来和希望，青年人才培养工作形势紧迫，任务艰巨，并且任重道远，这要求每一个青年思想工作者需在思想上高度重视，在新形势下开展工作，尽快培养和造就一支有企业特色的青年队伍，为企业改革发展奠定坚实的人才基础（张小蕾，2012）。要促进教育、科研、创新的结合及产学研合作，发展专业学位研究生教育，改革课程体系和教学方法，充分发挥行业企业及培养单位的积极性，强化职业素养和实践能力培养。要增强学术学位培养模式改革的针对性，通过动态调整促进分层分类办学，突出重点、办出特色，提高学术学位研究生教育质量（段淑娟，2012）。

党委（党组）要在人才工作中发挥好领导核心作用，保证党的人才工作方针政策全面贯彻落实。要及时研究部署人才工作，谋划大局，把握方向，解决问题，整合力量。要建立人才工作目标责任制，推动各级领导班子像重视抓经济工作一样重视抓人才工作，形成"一把手"亲自抓、分管领导具体抓、班子成员一起抓的领导责任体系（任采文，2013）。要坚持人才队伍建设的重点论；坚持人才队伍建设的流通论，努力搭建各种专业人才联盟；坚持人才队伍建设的协调论，努力建成一支与自身发展水平相适应的人才梯队（王剑，2013）。更新观念的核心，就是要树立以人为本和人才资源是第一资源、人才资本是第一资本的观念；树立以德才兼备与开拓创新选拔人才，以睿智厚学与实际能力鉴别人才，以具体工作与卓优绩效评价人才，以按绩取酬与论功行赏激励人才的科学的人才观念（艾斐，2013）。全国层面上人才工作推动进展还不够平衡。人才规划体系上下对应还需优化。在人才工作体现包容性、普适性方面还需深入探索。制约人才发展的深层次问题还有待解决。建议尽快启动《人才开发促进法》立法工作，建立起以《人才开发促进法》为核心的具有中国特色的人才法律制度体系，以适应市场经济发展和体制改革的要求，顺应经济全球化与人才流动的趋势，从根本上解决我国人才工作体制机制方面的弊端（孙锐、吴江，2013）。要坚持人才结构优先调整，完善人才动态调控机制，加强人才队伍综合研判，及时发现问题，适时调整补充，促进人才结构与经济社会发展需求相适应。要坚持人才投资优先保证，树立人才投入效益最大的理念，加大政府投入力度，保障重大工程投入，提高投入效益，鼓励引导社会、单位和个人投资人才开发，形成共同促进人才发展投入机制。要坚持人才制度优先创新，加快人才发展体制机制改革和政策创新，形成激发人才创造活力、具有国际竞争力的人才制度优势，开创人人皆可成才、人人尽展其才的生动局面（任采文，2013）。尽早实现人才强国战略的目标，解放思想是前提，健全体制是保障，党管人才是保障，学习借鉴不可少（李培安，2013）。促进人才的成长与发展，深化人才强国战略的实施，不仅要重视人才的"物质家园建设"，更要重视人才的"精神家园建设"（沈荣华，2013）。

加快创新创业人才开发，需不断变革不合时宜的阻碍创新创业人才发展的观念，不断改革创新人才开发体制机制。要立足中国实际和实践探索，借鉴国际有益经验，从理论、政策、制度、方法、保障等方面，推进中国特色创新创业人才开发体系的建立（赵光辉，2012）。在社会主义初级阶段教育资源相对不足的情况下，继续教育已成为实现人的全面发展的重要途径和跨进学习型社会的重要支柱，以及建设创新型国家的客观要求，传承与创新人类文明的重要动力。需按照中央关于加快形成人才优先发展战略布局的要求，坚持人才资源优先开发、人才结构优先调整、人才投资优先保证、人才制度优先创新，把人才优先发展体现到科学发展的整个过程（管永前，2012）。在全面建成小康社会的进程中，推动我国进入人才强国和人力资源强国的行列，需要立足于社会主义初级阶段这个最大国情基础上进行探索，从理念和实践层面上采取应对之策。确立科学的人力资源战略理念。有效掌控人口数量和调节人口结构的同时优先发展教育。推进人力资源机制改革和政策创新，构建良性可持续的人力资源发展环境（吴锋，2014）。加强社会工作人才队伍建设实施路径是建立完善的社会工作人才建设机制，建立科学合理的社会工作人才队伍建设和人才培育工作机制，探索建立多层次社会工作人才队伍（袁广盛，2012）。加快社会人才组织发展，充分开发和利用人力资源，为各类人才提供高质量服务，将有效促进我国人才强国建设，鼓励社会人才组织参与国有人力资源服务企业的资产重组和股份制改造，培育若干集团式社会人才组织，社会组织自身之间要加强合作，促进社会组织规模化、集团化经营，培养和引进中高层专业人才（田青、戴桂英，2013）。

作为一个崛起中的大国，中国更是需要加快建设规模宏大、素质优良的人才队伍。这就需要树立科学发展的人才观，建立健全造就人才队伍的体制机制，坚持以用为本，坚持党管人才（廉晓梅，2013）。人力资源社会保障部专门成立了人才工作领导小组，制定出台了一系列专项规划和政策措施，全国人力资源社会保障系统解放思想，开拓创新，政府各项人才工作取得了显著成绩（尹蔚民，2012）。人才战略规划的核心工作是提炼人才战略思想，设计人才开发与宏观管理的政策体系。鉴于我国经济发展和社会进步以及人才工作的实际情况，研制人才战略规划，提炼人才战略思想要着眼于系统思维。着眼于大系统观。坚持党管人才原则。坚持以人为本原则。坚持科学人才观。遵循人才强国战略。遵循市场经济基本原则与规律。注重人才战略规划内容的完备性。确保人才战略规划目标的现实性。保持人才战略规划适当的时间跨度（余仲华，2013）。人事档案管理作为人事人才工作的重要组成部分，需全面贯彻落实中央对人事和人才工作提出的新任务和新要求，为实现人才强国战略提供有力支撑，加强和创新人事档案管理的对策，重视档案资源完善与开发，提高档案使用价值（黄晓琼，2014）。人才特区建设主要靠政府推动，但在推动过程中政府要准确定位，不能包办代替本该由企业承担的事项，不能超越支持或服务的度。政府主要出台政策、建立机制，做好规划及各项人事服务工作，尊重人才市场规律，让用人主体发挥引才用才作用（王培君，2014）。营造有利于人才成长的文化环境，是有效发挥人才作用最深厚、最持久的基础。要以科学的人才观、良好的社会道德风尚引领人才文化建设，倡导构建人才融合文化、人才兼容文化、人才经营文化和人才业绩文化，为人才创新活力的充分发挥，营造良好的人才文化环境（沈荣华，2014）。

我国人力资源强国建设要以丰富的劳动力资源为基础，以提高人力资源素质为突破口，以利用人力资源促进经济发展作保证（郭宏、张华荣，2014）。中国应制定系统的人才强国实现对策。面向未来竞争，明确保障人才安全。深化对党管人才原则的理解和把握。将人才竞争力提升作为国家创新驱动战略的重要内容。推动国家发展由人口红利向人才红利的支撑转变。以对标先进引领人才战略升级。以产业需求牵引人才结构升级。以抓带跨越推动全局提升（李光全，2014）。激烈的人才竞争，说到底是人才制度的竞争。加快构筑具有国际竞争力的人才制度优势，是有效应对国际人才竞争、确立国际人才竞争比较优势的根本举措。只有进一步树立强烈的人才意识，科学把握我国人才发展的历史方位，谋划我国参与国际竞争的人才优势，充分发挥人才对经济社会发展的重要支撑作用，才能提升我国的国际竞争力，才能在复杂变化的国际形势中赢得主动和优势（吕薇洲，

2015）。深入贯彻党的十八大关于实施人才强国战略的部署，推动我国由人才大国向人才强国迈进，需正确处理党管人才与尊重人才成长规律、市场配置人才资源和依法管理人才这"三大关系"，以系统的人才工程建设为基础，广开进贤之路，广纳天下英才，为全面建成小康社会提供人才支撑（韩淑香，2015）。人才激励是一项艰巨而复杂的工程，科研院所需根据自身的实际情况，制定相应的政策和措施，建立完善规范的激励机制。树立"以人为本"的激励机制，做到关心人、尊重人，创造各种条件，促使人的全面发展（陈里民，2015）。社会治理人才队伍建设的制约因素主要是社会治理工作者总量不足、结构不合理，社会工作人才分布不均衡、人才流失严重，社会工作人才队伍专业化程度低、实践经验不足等方面。社会治理人才队伍建设的路径是增加支持投入力度，提高职业化社会治理人才工作能力，加强人才队伍建设，提升专业化社会治理人才培养水平，营造良好政策环境，壮大社会化社会治理人才队伍规模（孙涛，2015）。对人才战略规划实施效果进行评估是推动人才强国战略实现系统化闭环管理的重要一环，构建人才战略规划实施评估机制，应该出台国家人才规划实施评估办法。推动以第三方评估为主的专业评估模式。完善包括综合评估、专项评估和政策评估为内容的评估体系。健全人才规划实施监测评估统计指标体系，建立国家人才规划实施分层分类的评估网络体系，以及构建人才规划实施评估相关技术支撑平台（孙锐、吴江、蔡学军，2015）。

实施人才强国战略，科学处理党管人才原则与人才成长规律，发挥市场对人才资源配置的调节作用，依法管理人才，调动好社会各方面的积极性、主动性和创造性。推进人才系统工程建设，努力造就一支规模宏大、结构合理、素质优良、充满活力的人才队伍，为实现我国经济社会发展的目标提供可靠的人才支撑，最终实现我国进入世界人才强国行列的战略目标（韩淑香，2015）。中国梦视域下要实施人才强国战略，就要不断创新人才培养开发机制、选拔任用机制、评价考核机制和激励保障机制，为中国梦的实现提供坚强有力的人才保障（李庆伟、李雪，2015）。营造有利于人才成长的文化环境，是有效发挥人才作用最深厚、最持久的基础。要以科学的人才观、良好的社会道德风尚引领人才文化建设，倡导构建人才融合文化、人才兼容文化、人才经营文化和人才业绩文化，为人才创新活力的充分发挥，营造良好的人才文化环境（沈荣华，2016）。为"加快构建具有全球竞争力的人才制度体系"，迫切需要创新人才管理与服务的顶层制度，提高顶层管理机构的地位和权威性，推动人才体制机制改革，更加有效地贯彻落实习近平总书记的人才战略思想，使人才强国战略更加有效地支撑和引领国家的重大发展战略（薄贵利，2017）。政府在构建终身教育体系、建立学习型社会、率先实行教育现代化的过程中扮演极其重要的角色，如建立学习型社会的构想者和引导者，为人民提供各种公共服务的服务者，发展和完善教育市场的规则制定者和监督者，应对各种挑战和风险的领导者（胡鞍钢、鄢一龙，2017）。实施人才强国战略，进一步地发展和完善我国的人才管理制度，挖掘出更多的人才资源，需要以邓小平理论、"三个代表"重要思想、科学发展观为指导，坚持以党管理人才为原则，把人才队伍的建设放在突出位置，培养优秀的人才队伍；把人才强国战略作为第一发展战略的落实（杨克勤，2017）。实施人才强国战略，关键在人才。要着眼于经济社会发展全局，确立人才在经济社会发展中优先地位，增强做好人才工作责任感、使命感和紧迫感，努力培养数量充足、结构合理的高素质人才队伍，为我国现代化事业提供可靠的人才支持。要营造良好的人才发展环境，坚持用事业聚才育才，把关心人才的学习和生活作为做好人才工作的重要任务，宣传中央和地方关于加强人才工作的政策文件，营造人人做贡献、人人渴望成才、人人都能成才的良好氛围，引导社会各方面力量共同建设人才强国（郝荣峰，2012）。实施人才强国战略，建设创新型国家面临的主要问题是人才意识淡薄，人才的培育和开发问题，人才流失问题依然存在，人才专业结构和专业分布问题，人才管理体制尚须进一步健全。实施人才强国战略，建设创新型国家的途径是树立人才是建设创新型国家第一资源的思想观念，构建现代创新型人才培养开发新机制吸引国际人才参与创新型国家建设推进人才整体开发，实现人才协调发展创新人才管理工作体制机制（王玉海，2013）。实施人才强国战略，建设创新型国家，核心在科技创新，关键在拔尖创新人才的培养，基础在创新教育途径（张霜梅，2013）。

人才强国需把促进人才的健康成长和充分发挥人才的作用放在首位，要着眼于充分调动各类人才的积极性、主动性、创造性，树立科学的人才观，既要尊重知识、尊重人才，鼓励业务学习，又要有针对性地做好正确人才观的思想工作，弘扬求实、创新、拼搏、攀登高峰的科学精神和诚信、团结、协作、奉献的人文精神，提高人才队伍的道德修养（李俊红，2014）。由组织部抓人才工作，是实施人才强国战略的组织保证，也是加强党的先进性建设、提高党的执政能力的必然要求。组织部只有始终坚持党管人才原则，不断推进人才工作创新发展，并在实践中逐步探索与时代发展相适应的人才工作新机制、新方法，才能够为经济社会发展提供强有力的智力支撑和人才保障（曹曦，2014）。人才政策制定应逐步加强建设"软环境"的力度，创造一个人文氛围与科学氛围相得益彰的环境，培育崇尚科学、鼓励创新的氛围，形成高层次创新型科技人才成长的精神沃土，使高层次人才的想象力、创造力和竞争力得到充分的激励和自由的发挥（李传松，2012）。具有地方特色的人才特区人才政策创新，要把握好两个关系，即保留和创新的关系。在政策创新过程中，一方面要对原有政策中那些被证明行之有效，且符合人才发展方向的成分加以保留并继续发扬放大，而不是全盘否定；另一方面要对原政策中无效甚至阻碍人才发展的成分加以改革和创新（马贵舫，2012）。在人才政策的创新上，需要注意以下几个问题：坚持政策要素创新与政策体系创新并重，注重人才政策创新与经济社会发展政策创新的结合，突出人才政策创新的地方特色，把准人才政策创新的价值取向（胡跃福、马贵舫，2012）。我国地方政府人才政策评价过程中所存在的主要问题是，部分地方政府没有设立正式的人才政策评价机构且人才政策评价工作不够客观，人才政策评价缺乏法制保障，人才政策评价主体比较单一。建议增强人才政策评价意识，提升对于人才政策评价工作的重视程度，不断强化该领域的人才队伍建设，努力做好相关机构的建设工作，不断推进人才政策评价的法制化进程，促进人才政策评价主体多元化（王新心，2014）。

四 十年以来人才强国战略在高校层面的展示

结合我国的现实境遇，就"人才强校"战略的实施层来说，"人才强校"战略的实施重点在于人才的培养和使用环节，这是一个长期的系统性的社会工程。拔尖创新人才的培养和成长绝非单方面的一厢情愿，而是个人禀赋、气质、情感、兴趣、意志以及各种环境因素共同交互作用的结果（阎光才，2012）。坐落在欠发达地区的地方师范院校是高等教育体系中不可或缺的重要组成部分，是培养基础教育师资的摇篮，是服务和引领基础教育改革发展的母机，也是实施人才强国战略、促进区域经济社会发展的重要力量。在地方师范院校转型发展期，暴露出学科专业发展定位不明确、引领和服务基础教育发展不够、传承地方特色文化和服务地方经济社会发展的能力不强等问题，这些是制约欠发达地区师范院校科学发展的主要"瓶颈"。为此需要：①科学规划学科专业设置，提升学科专业内涵；②实现师范教育与基础教育的无缝对接，引领地方基础教育发展；③弘扬传承地方优秀文化，服务区域经济；④加大财政投入，化解财务风险（张红飞，2012）。

企业需要开发的项目和高校老师现有的研究存在一定的偏差，企业与高校的对接多数是由企业负责人与高校教师之间因私人关系而促成的合作，尚没有形成一个良性的对接机制，只能是单一的、个别的行为，不具有普遍性。尽管政府作为第三方，一直在努力搭建产学研的平台，并设立相应的科研项目供企业和高校协同申报，但更多的是把目光集中在科技园和高新技术开发区，对于其余区域领域的企业，合作的广度和深度都有待提升。企业与高校的产学研合作不是一蹴而就的事情，把它当作一个长期的过程，无论是最初合作的开展，还是在合作的具体过程中，合作双方都具有前瞻性的眼光，从更广阔的空间上认为这是一种长期的协作关系（刘洁予，2012）。在人才强国的背景下，黑龙江省高校要通过明确人才培养目标、调整学科专业结构和培养学生的创新意识和实践能力等举措，对高校人才培养模式进行大胆创新，探索与实施人才培养模式的多样化，这是实施人才强国战略的内在要求，也是实现"人才强省"和"科教兴省"的强大动力（苗瑞丹、王晓梅、吴庆华，2012）。

新形势下，为提高高校的人才培养质量、办学水平，加快推进我国向人力资源强国迈进的步伐，需把人才队伍建设摆到突出位置，以时不我待的精神抓紧、抓好、抓出成效（董惠芳、王英、刘奇，2015）。高职院校可以主动对接市场需求，与企业联手，本着合作规划，合作培养，共同受益的原则，进行校企紧密合作，使高职院校培养的人才与社会需求无缝对接，推动企业快速发展，从而更好地为社会创造效益。高职院校可以工学结合，分阶段、递进的方式，以三位导师、三方管理、三元评价的实践教学管理模式培养高素质技能型专门人才（何孟渺，2013）。独立学院实施人才强校建设，是全面落实人才强国的重要路径，创建独立学院人才强校保障措施：强化对独立学院人才工作的领导、优化独立学院人才队伍建设内部环境（吕静，2014）。在我国建设人力资源强国的道路上，要发挥高等教育传承文明、提高劳动生产率、推动经济不断增长和发展的作用，更要注重高校第一绿色战略资源——高校教师的开发和管理，确保如期、全面完成建设人力资源强国的国家战略任务（吕部、朱飞、王大明，2015）。高等学校是现代化人才培养的基地，面对经济全球化和激烈的市场竞争，需创建服务地方特色人才培养模式，为区域经济发展适应国际化竞争，培养全面发展的特色人才创造良好的条件（吕尚书，2015）。新形势下高职教育面临着实施人才强国战略、改善人才结构、推进产业结构调整、促进和扩大就业等重要任务，需从发展思路、管理体制、专业设计、教育教学、办学模式等方面着手重新确定办学定位，通过加强省级政府对高职教育的统筹、加强高职院校的规范化建设、提高高职教育的投入、提高高职教育人才培养质量、提升高职教育的办学层次等措施，为高起点发展高职教育创造良好的条件（史洪军，2013）。

人才强国战略视域下，提升高校教师素质的具体策略：提升高校教师学历水平和优化学业结构；提升高校教师的政治素质及师德修养；改善高校教师的工作环境和生活水准；建立和健全各种分配制度和用人机制；加大国家和地方政府的扶持力度（于波，2015）。人才强校战略是人才强国战略在教育领域的具体实施，是建设人力资源强国的重要途径，加强教师队伍建设的策略有：①加大双师型教师队伍建设力度；②扩大高等学校引进人才自主权；③修订完善高校绩效工资分配制度；④搭建高层次人才创新创业平台；⑤营造一流的工作学习生活环境（田江，2015）。建立教师激励机制的途径有：①建立以岗位工资为主的分配制度；②完善绩效考评体系；③精神激励和物质激励相结合；④区别对待教职工的需求，正确对待现有人才和引进人才；⑤引导教职工树立正确的公平观，促进人的全面发展（王哲，2012）。人才强国目标下云南省职业院校构建特色职业教育，不断完善制度建设；加大各层次职业教育衔接力度；合理定位，打造特色现代职业教育体系（姚瑶，2015）。

产学研创新机制是在新的时代背景下所产生的，它满足于现代经济社会以及科学技术的发展，通过高校自身所进行的改革以及和企业、科研机构所开展的友好合作关系，培养出了不仅拥有理论知识的指导，且有专业技术保驾护航的创新性新社会人才，为中国的人才强国建设奠定了优良的基础（唐瑶，2016）。我国高校"人才特区"建设的路径有：①倡导开明睿智、大气谦和的"人才特区"建设文化氛围；②建立国际化的人才聘任、考核和评价机制；③建设"人才信息库"，建立意向人才追踪机制；④立足本校优势学科和特色学科，注重人才引进的针对性；⑤加强"人才特区"保障制度建设；⑥依托政府加快"人才特区"建设（许士荣，2016）。每个学校可根据实际，结合本校的办学特色和学科建设需要，培养和引进实用型的高层次人才；创新引进方式，强化对引进人才的跟踪考核与评价（王婉琼，2016）。高校人才引进风险管理控制对策主要是制定科学合理的人才引进规划、规范人才招聘程序、建立健全人才激励政策（章筱茜，2017）。北京师范大学从2006年开始设立"教学建设与改革项目"，以质量工程建设为契机，完善项目规划统筹机制、激励机制和管理机制，开发项目管理系统，全面推进教育教学改革，截至2011年，获准各类国家级质量工程建设项目316项，总经费35028万元（郑代良、钟书华，2012）。实践证明，校企合作是贯彻科教兴国和人才强国战略的重要举措，是一种值得探索和尝试的办学模式（陈俊、刘强、刘莉，2012）。

  现今，我国高校在促进高素质创新人才的成长方面还缺乏有效的战略措施，致使毕业生和在校生虽然数量众多，但从整体上说还是缺乏创新能力和创新成果。我国高校实施创新人才战略的途径为树立人才引领理念，改变人才组织形式。营造创新文化氛围，构建人才发展环境。建立创新人才机制，落实人才保障体系遵循人才开发规律，加强人才系统培养（戴婷婷，2012）。高校科研人才培养，一方面要加大园区对于教育资金的投入；另一方面综合我国高校的客观发展情况并借鉴国外高校的成功经验，如增加科研创新经费的投入（陈檄、周玲，2014）。应用型本科人才的培养要转变教育思想观念，找准应用型本科人才培养目标定位，树立新的质量观；政府的引导及政策法律支持，制定适合应用型本科教育发展特点的评价体系；地方高校应紧密结合区域经济社会发展需求，培养应用型本科人才（李勇齐、罗秋兰、韦娇艳，2012）。

  从一个人才大国向人才强国前进的一个关键词就是"创新"，不仅要培养创新型人才，还要进行制度与政策上的创新。加大对教育的投入、重视教育制度改革。对人才制度与政策进行改革与创新，确立人才优先战略。重视人才资源的市场配置与人力资本的积累。降低我国的人才流动壁垒，建立健全人才移民制度。改善环境，留住人才。人才强国，引进人才重要，留住现有人才、引进的人才同样重要（段建平、耿建芬、陆丹凤，2014）。中国的科技人才政策面临着一系列的挑战：人才总量稳步增长，但相对规模却很小；人才素质不断提高，但高层次人才匮乏；人才创新成果突出，但整体成果水平不高；人才体制机制得到完善，但适应市场经济发展的人才体制没有建立（赵沛，2013）。作为我国人才强国战略中的一部分，拔尖创新人才培养应坚持"整体开发""以用为本""创新机制"等原则，依托"人才计划"，以教育为主要途径。培养和造就拔尖创新人才是个系统工程，需重视和加强拔尖创新人才的早期培养。高校作为拔尖创新人才培养的重要基地，要重点解决好基础教育、高等教育、社会教育之间的有效衔接问题，应以研究生教育特别是博士生教育作为拔尖创新人才培养的主渠道（马文萍、李先、马晓明，2015）。今后一段时间，我国在推动拔尖创新人才培养上重点围绕以下几点展开探索和实践：开辟试验区，构筑拔尖创新人才培养的专门通道；适应新形势、新要求，持续加大拔尖创新人才发现和培养力度；营造有利于创新人才成长发展的良好生态（张大良、游忠惠，2017）。

五 十年以来人才强国战略在省市层面的展示

到2011年年底，天津市引进的74名人才成为国家"千人计划"专家，还有174人成为本市"千人计划"专家，并带动引进海外留学人才3500余名。引进人才涉及生命科学（12%）、信息科学（19%）、工程与材料科学（8%）、生物医药（16%）、电子信息（1%）、新材料（1%）等专业和产业领域。引进人才年龄结构趋于年轻化、合理化。45岁以下的人才占了绝大多数，说明天津市高层次人才增值空间很大。在2008年国家"千人计划"实施后，第二年天津市也出台了《天津市实施海外高层次人才引进计划的意见》，为实施天津市的"千人计划"做准备，计划在未来10年之内引进不少于1000名重点发展领域的领军人才（李东升、张再生，2015）。天津市人才环境存在的主要问题有：人才现状不容乐观，高层次人才不足，尚未形成统一的人才工作体制；政出多门，人才政策力度不足，宣传不到位；人才引进与管理制度不够完善，工作效率有待提高，人才环境有待优化，人才服务质量亟待提高；缺乏人才区域合作，政策效果不显著。优化天津市高层次人才集聚环境的对策：充分认识人才工作的重要性，确立人才优先发展战略；改革人才工作的管理体制，形成统一高效的运行机制，完善人才政策体系，形成人才聚集的制度保障；创新人才集聚的工作机制，提高人才管理水平；优化人才环境，提高人才服务质量；加强人才区域合作，借力并服务于区域发展（林枚、祁建民、王世鹏，2012）。天津市高端人才政策不足：人才政策体系不够完善。有的人才政策操作性不高，人才理论政策创新力度不够特色，人才政策不够突出，有的人才政策缺乏指导性和针对性。高层次海外人才管理及服务部门职能不完善，高层次海外人才家庭与事业优惠政策欠平衡，高层次留学人员综合发展环境尚待改善。要想充分发挥天津市政府对人才奖励的宏观调控作用，就需优化、完善适应社会主义市场经济发展的人才奖惩机制，以奖为主。起点要高、目标要远、立意要新、办法要好、步子要大。在全球化的经济环境下，天津市更应清醒认清自我、认清所处的时代背景，实事求是，解放思想，以构建人才高地为目标，以促进滨海新区开发开放为目标，加大对人才的物质奖励和精神奖励。政府通过设立人才奖励项目，制定可行的人才奖励优惠政策，无论是政府的还是企业的内部奖励，都将恰到好处，过犹不及（李东升，2012）。完善天津市科技人才吸引政策的建议：完善科技人才宏观环境、完善科技人才微观环境、完善人才评价标准（苏津津、杨柳，2013）。

自改革开放以来，广东省高层次人才政策发展历经起步阶段、发展阶段和加速阶段。广东省各时期的人才工作与人才建设敢于变革，通过引育并举、创新工作方法、制定前瞻性政策取得卓越成效。但在人才政策体系中仍存在弱法律化，人才培养力度小，政策层次结构不合理，人才评估方法欠缺等问题，因此对完善人才法律体系、创新人才政策评估机制、加大自主培养力度、创新高层次人才考评激励机制等方面进行完善与创新（张乐、刘铭、苏帆，2014）。广东将进一步出台完善人才工作的政策措施，突出人才，坚持人才投资优先保证，坚持人才制度优先创新；突出产业发展需求，引进创新团队和领军人才；突出事业留才，充分发挥好高层次人才的作用；突出人才服务，着力营造良好的人才发展环境（张圣华，2013）。广州市高层次人才政策中，政府财政支持高层次人才资金有待进一步提高，企业参与高层次人才工作的积极性有待进一步提高，尚未形成吸引培养高层次人才的知名品牌。建议加大财政资金对高层次人才的投入探索，建立国家级或省级人才特区，引导企业加大对高层次人才的投入和建设，加大高层次人才品牌培育力度（陈敏、黄欢、郑晓娟，2012）。广州高层次人才引进政策，政策设计中存在的问题：覆盖面广但缺乏重点，各个人才政策之间边界不明，有相互重叠的现象，政策的延续性不够，难以形成品牌效应。政策执行中存在的问题：宣传力度不够、政策落实不到位、政策执行的配套设施不足。现有政策及执行造成的结果：引进人才结构不合理、引进后的高层次人才分布不均，外籍专家比重低。建议政策设计层面：突出重点按需引才、明确政府各职能部门的定位、完善政策实施管理机制、加强人才立法。政策执行层面：加强宣传力度，推动广州市高层次人才数据库的建设。完善人才留用与评价体系：打破编制壁垒、增加创新创业的载体、加大扶持力度、完善人才发展与生活保障（唐思，2015）。深圳市人才政策，鼓励高端人才落户深圳、创新个人申办人才引进，降低了人才引进门槛。部分政策设计有缺陷，执行时产生偏差、对中端人才的吸引力明显不足。建议形成科学的人才规划与认证体系：做好重点产业人才规划、扩大人才的范围界定、创新科学的人才认证系统；强化系统性的人才培养力量：加强本地高校教育力量，引导、支持、规范社会教育、加强与香港高校的合作（吴寅骁，2012）。珠海市的高层次人才队伍建设还处于初级阶段，其人才队伍的总量偏低、结构优化程度不够、人才分布不均匀、配套政策和设施还比较落后。需要更新人才观念，加强人才组织机构建设；加大引进高层次人才力度，多元化地引进高层次人才；制定层次鲜明、衔接配套的人才政策；加强人才载体培育和建设，健全人才服务体系；优化人才发展环境，创造成才的环境，加强人才区域一体化建设（许焱，2013）。深圳市光明新区"引才、留才、用才"的对策：从引才方面，加强人才载体建设，完善人才工作政策，利用社会资源，创新引才新思路，加快人才聚集；留才方面，打造便捷顺畅的交通环境、宜居舒适的生活环境、综合完善的公共服务配套设施、凝聚有效的行业协会及快捷的人才工作基层网；从用才方面，完善选人用人机制，拓宽人才培养渠道，重视职称聘任工作，创新人才激励评价机制（邓洁，2015）。

大连市实际引才工作仍需要不断改进的方面：因过度追求数量忽视质量造成缺乏能够带领产业发展的领军型人才，人才结构不尽合理；城市各方面建设不足造成对人才吸引力不足；缺乏一套系统的人才发现和评价体系，导致急需的人才引不进，重复引进同类人才的现象时有发生；缺乏海外引才主动性，渠道过于单一；对人才扶持缺乏导向性，尤其缺乏对流向科技企业人才的扶持，造成人才分布失衡等问题。对策是搭建大连市高层次人才供需数据库，结合大连市实际发展需要，制订高层次人才引进的战略计划；打造大连市服务于高层次人才的公共平台，建立适合不同发展时期的人才激励机制；完善引进高层次人才的评价机制，不拘一格引进急需人才；掌握海外引智主动性，打造灵活多样的引进方式；将科技创新型企业纳入政府的扶持项目里来，制定辐射面更广的扶持政策（李媛媛，2012）。大连高新区人才政策存在的主要问题：政策权威性不足、政策内容失衡、政策宣传与执行不力、政策评估机制欠缺；建议在政策制定方面，健全政策研究机构、规范政策制定过程。政策内容方面，强化人才培养、重视人才使用、服务人才发展、完善人才市场。政策执行方面，加大政策宣传、加强沟通与监控。政策评估方面，树立正确的评价观、引入多元评估主体、强化绩效信息的反馈和使用（张光虎，2013）。沈阳陆续颁发了以高端人才为政策客体的沈阳市高端人才相关文件，《关于加强人才高地工作体系建设的若干意见》《中共沈阳市委沈阳市人民政府关于实施人才强市战略的决定》《中共沈阳市委沈阳市人民政府关于加快人才资源向人才资本转化的若干意见》《沈阳市"凤来雁归"工程实施方案》《市人才办关于引进和培育优势产业创新人才的若干政策》《沈阳市高端人才开发培养计划》（赵继凯，2012）。滨海新区利用其优惠的政策支持和有利的地理条件，吸引国际著名高校来此办学，促进高校形成与滨海新区产业布局、功能定位相适应的重点学科。面对日益激烈的竞争，新区需建立比发达国家更先进的人才制度（张再生、田海嵩、李祥飞，2012）。

湖北省科技人才相关政策实施存在的问题：缺乏合理的配套政策措施，缺乏有效的政策实施监督力度，不重视政策实施的可持续性，缺乏对科技人才的有效引导和激励政策。相应对策为，加强与协调科技人才配套政策，增加资金的投入政策，完善政策执行体制和监督制度，培育和支持创新团队和建立双轨制（杨芝，2012）。在对人才的培养上，在创新型科技人才引进政策中，给予官职或者其他的比较高的政治待遇仍然成为中国各个地方吸引人才的重要手段。

山东省在创新型科技人才等高层次，高尖端优秀人才方面存在的问题：人才分布不均，顶尖人才稀缺；人才的评价、选拔、任用方式有待创新；财政投入力度不够，吸引和稳定高端人才乏力。这些问题一定程度上制约着山东省创新型科技人才队伍建设的健康发展（高巍，2012）。济南市已经基本建立起了较为完备的人才引进政策体系，激励措施和人才培养效果都比较好，科学的人才观进一步落实，党政人才和企业经营管理人才队伍进一步充实，激励保障机制建立起来，人才市场体系和平台载体建设进一步完善，尊重人才、弘扬创新的社会环境已经形成，人才政策成效显著。但是仍然存在重引进轻自主培养、忽视企业、政策吸引力不足、政策配套措施不足、人才政策实施缺乏有效抓手的问题,这是由于政策制定不科学,在数量、结构、层次、主体上存在诸多不足,人才发展环境不够理想,政策合力尚未形成,政策宣传力度不够的原因造成的,人才政策仍需进一步优化(秦秀睿,2016)。

山西在服务转型跨越中依然面临人才平台建设滞后、人才发展环境欠优、人才配套政策不全等突出问题,只有通过加大引智力度、加强人才培养、健全人才政策、强化人才领导等多途径加强人才建设,才能强化山西转型跨越人才支撑力(徐艳霞,2013)。

浙江省人才引进与管理政策存在的问题:①人才现状"企业偏离化"。高新技术企业人才集聚效应尚未显现。②人才引进"重个人轻团队":创新团队的引进和培养力度有待加大。③人才管理"服务虚化":高层次人才创业综合服务平台尚待建立。④人才效应"联动机制薄弱"。科教力量推动产业发展存在差距。完善途径:①制定"浙江人才开发路线图",有针对性地吸引高层次人才;②壮大高新技术产业,夯实人才吸引力,加速人才集聚;③充分发挥浙江大学龙头带动作用,鼓励产学研间的智力流动;④着力加快创新团队建设,不断增加资金扶持;⑤着力加强高层次人才创业综合服务平台建设(吴伟,范惠明,2013)。宁波市鄞州区人才高地建设需要树立全新理念、科学制定人才政策、健全工作运行机制、完善人才工作制度、集聚人才项目、强化人才培养、搭建创业载体、优化人才服务等(翁姜佳,2015)。

河北省 2009 年制定出台了《河北省中长期人才发展规划纲要(2010—2020 年)》,之后,又陆续出台了企业经营管理人才、专业技术人才、高技能人才、农村实用人才、社会工作人才、住房建设行业人才等行业性人才中长期规划,形成了完善的人才规划体系(周爱军,2013)。完善青海省科技人才开发及管理的政策建议是,加强科技人才队伍建设规划的政策引导。注重科技人才政策的整合,发挥好制度合力。建立科技人才政策落实情况反馈机制。人才开发应尊重人才成长规律,淡化官本位。改善工作和生活条件,优化人才环境(李广斌,2014)。

上海注重人才引进的工作载体建设,设立海外高层次人才创新创业基地,建设留学人员创业基地,建设创新引智基地,建设人才管理试验区(人才特区),建设海外人才服务平台。建立了一批载体平台、园区,推出了一批引才项目、计划。在载体平台方面，在沪国家级创业基地有12家。在留学人员创业园建设方面，上海市人社局与相关部门或区政府先后共建了留学人员创业园11家，其中张江、嘉定为国家级留学人员创业示范基地。为了提供高效优质的服务，还专门设立了"千人计划"服务窗口，并在浦东、杨浦、徐汇、闵行、嘉定等海外人才集中的5个区设立了分窗口，形成"1+5"联动机制，为入选专家提供"一口受理，全程服务"（顾承卫、田贵超，2015）。

面对国内国际环境，面对时代发展的要求，云南应加速人才队伍建设，提升人才工作的领导力，加强人才政策的执行力，优化人才发展的生态力，加大外部人才的吸引力，提高人才工作整体水平（田景春、袁明旭，2015）。厦门市高层次人才引进政策实施的困境：政策供给与市场需求的不平衡、政府政策与个体要求的不协调、人才政策与组织需求的不衔接、政策价值导向的偏离性、政策需求满足的乏力性、政策群体覆盖的有限性。对策：重视人才的真实需求、营造人才的发展环境、完善人才的引留政策、拓宽人才的引进渠道、构建人才的评奖机制（刘鹭鹭，2013）。

西安高新区的人才政策中还存在一些亟待解决的问题：人才政策体系不完善、人才政策落实不充分；要调查重点领域人才需求，明确人才政策目标，完善人才政策体系，增强人才政策的吸引力和竞争力、强化人才政策制度和机制建设，保证人才政策落实到位、构建政策评估反馈机制，及时更新人才政策（罗岭、潘杰义、王娟茹，2015）。西安高新区人才发展过程中，人才队伍具备规模，但与先进园区相比尚有差距；科技活动人员匮乏，科技创新实力有待提升；人才结构不合理，人才政策体系仍需进一步完善。建议推进人才发展战略，促进人才资源开发利用；加强科技人才队伍建设，提升科技创新实力；不断完善人才政策体系，优化人才队伍结构（薛理介、潘杰义，2015）。陕西文化创意产业人才政策存在的主要问题：创意人才吸引力度不够，创意人才培养政策可实施性不强，政策内容失衡，政策评估机制欠缺。建议加强对创意人才的吸引力度，改进人才引进政策，吸引全国优秀创意人才，吸引海外高端创意人才，通过良好的城市环境吸引高端创意人才，聚焦创意原创和经营人才的培养，重点培养原创人才，加快培养经营人才（李洁，2014）。

南宁先后出台了《关于进一步加快实施人才强市战略的决定》《关于加快吸引和培养高层次创新创业人才的意见》等一系列政策，人才环境得到进一步改善。2011年起，市本级财政按当年可用财力的1%设立市高层次人才开发专项资金，专用于人才引进、培养、激励、工作生活条件改善。2014年南宁市印发了《南宁市引进急需紧缺人才奖励暂行办法》，该办法对南宁市急需人才奖励的适用范围、奖励办法等方面都做出了要求，从以往人才引进类别重点不明转变到重点推进产业尤其是6大重点产业发展上来，符合条件的紧缺人才，可依据该办法由企业统一申报奖励，由南宁市根据其贡献给予不同的奖励（宁秋、李玉兰、廖莹，2015）。钦州保税港区人才发展存在钦州保税港区人才资源匮乏，人才引进策略目标不明确，人才成长环境不容乐观，人才资源使用效率低下的问题。钦州保税港区需要编制产业人才发展中长期规划。建立人才发展资金保障机制。构建产业人才培养体系。成立保税港区人才小高地。开辟引进人才绿色通道。建立健全人才奖励制度（韦丽、方亮，2015）。防城港市实践人才优先发展"三化"的有益探索：首先，夯实基础工作，推进人才优先发展具体化：①人才领导机制具体化。②人才协调机制具体化。③人才工作机制具体化。其次，加强配套落实，推进人才优先发展政策化：①营造人才资源优先开发的政策环境。②营造人才结构优先调整的政策环境。③营造人才投资优先保证的政策环境。④营造人才机制优先创新的政策环境。最后，坚持以人才项目为抓手，探索人才优先发展项目化：①创新实施"阳光选拔工程"，在深化干部人才选拔上取得重大进展。②创新实施"聚才扬帆"工程，在人才引进开发上取得重大进展。③创新实施"项目聚才工程"，在培养造就产业人才队伍上取得重大进展（中共广西壮族自治区防城港市委组织部课题组，2018）。

江苏省高层次科技人才引进政策制定和实施过程中，高层次人才引进政策相关的配套措施还不完善，人才政策的宣传力度还须加强，人才引进资金的利用效率不高，资金监管欠缺等。要树立"人才开发"和"社会引才"意识；其次要完善人才奖励资金管理制度，提高资金的利用率；健全高层次科技人才引进评估机制，制定本地特有的人才政策；加强政策的宣传力度，提高政策的知晓度等方面来完善高层次科技人才引进政策（马吟雪，2015）。江苏省人才支撑体系的发展建议：创新人才工作理念、政策机制和人才利用模式，加速人才载体与城市大环境建设等（陈玉兰，2013）。江苏人才优先发展战略实施存在的问题是未实现人才资源优先开发，人才结构调整滞后于产业转型升级的需要，未能保证人才优先投入，人才制度优先创新不均衡，战略政策执行乏力（王志勇，2012）。2011年1月，南京市正式出台《南京市中长期人才发展规划纲要（2011—2020年）》。作为未来十年南京人才工作的纲领性文件，《南京市中长期人才发展规划纲要》明确确定围绕加快转变发展方式、发展创新型经济的战略任务，以高层次创新创业人才（团队）建设为重点，而向海内外引进培育一批国际顶尖人才（团队），一批能够带动南京产业发展取得突破的领军人才（团队）。同时提出到2020年，全市高层次创新创业人才总量达到2万余人岗位的目标需求。2010年以来，结合中央"千人计划"和江苏省"双创"人才引进计划的推动，南京开始实施人才引进重大专项计划，典型代表如"南京321人才计划""紫金人才计划"等留学人才引进新政，之后陆续推出了一系列海外留学人才引进计划组合，包括以集聚海外高层次创新创业人才为目标的"归雁计划"，以网罗海外人脉资源为南京招才引智服务的"南京智力招商大使计划"，以建立顶尖人才战略库为目标的"珠峰计划"和以扶持留学人员创新创业项目为重点的"创业助飞计划"等，为人才提供了企业初创、科技特色、金融财税和生活配套服务等多项扶持措施，吸引和汇聚了一批海外高端人才（王敬英，2015）。苏州市吴江区应进一步完善与人才政策相配套的法律法规，构建人才政策评价和监督体系，完善人才引进制度，更多地培育社会机构参与科技成果转化及完善对高新技术产业人才的培养与管理政策，为充分发挥其主动性和积极性创造条件（周蕾，2015）。

　　改革开放以来，河南省高度重视引智工作，不断深化引智工作制度改革，制定了一系列政策措施，引进国外智力工作管理的科学化、法制化水平有了新的提高，但也显现出一定的问题，主要表现在以下方面：在思想观念上，引资与引智没有有机结合。在政策法规上，法律缺失与政策创新不足并存。在引智的质量数量上，难以满足快速发展的需要。资金投入上，投入过少使引智难以发挥应有作用。在管理服务上，服务与管理的质量需进一步提升。在引智效果上，引进国外智力对当地经济的推动作用显现不足。新形势下河南省引智工作需要创新引智观念，加快职能转变。创新引智思路，围绕大局开展工作。创新政策法规，打造航空港人才特区。创新体制机制，调动多方面引智的主动性和积极性。创新工作举措，实施战略性引智工程。创新载体平台，加快国际人才市场和平台建设（郭成全、郝银、曾昭霆，2013）。河南省创新人才政策配置存在创新人才激励体系不健全、结构不合理、利益激励机制缺失，政府激励流于形式、激励模式缺乏创新，优化配置政策不尽完善、创新人才的激励环境还没有完全形成、忽视创新人才的培训和优化机制的问题。对此，需要精神激励与物质激励，长期激励与短期激励相结合，建立创新利益激励机制，优化配置相关政策，制定和完善创新人才激励政策法规，营造良好的创新人才发展的社会大环境，建立系统的创新人才培训和优化机制（常琳，2015）。郑州航空港经济综合试验区面临着人才供给不足、人才结构不合理、本土高校专业人才培养能力不足、人才引进政策有待改善、人才管理政策有待优化等难题。巨大的市场空间和人才缺口使航空人才开发成为解决问题的关键。开发、配置航空人力资源，需充分落实河南省人民政府已有支持政策，需进行体制机制创新（赵志泉，2015）。

完善湖南"两型社会"人才政策的建议：针对创新型人才特质建立人才识别系统；依据产业结构特点引进人才，健全人才柔性流动政策；建立大部门体制，避免职能交叉；引入利益相关理论，使用科学的评估方法（毛劲歌、李佩佩，2013）。长沙市人才引进工作中存在诸如人才总量相对不足，公共财政投入不足，人才结构不优，政策运行不规范等问题。影响长沙市人才引进的问题根源在于地缘经济因素、体制机制、环境、政策措施等方面制约。长沙市政府应理顺人才引进思路；完善政府人才政策体系；加大资金投入，提供财政保障，着力营造人才引进、发展的良好环境；深化人才工作体制机制改革（刘宇，2012）。

中西部边远地区本身的环境以及市场条件决定了它在人才引进方面不具备优势，因此更要实施引导人才向农村基层和艰苦边远地区流动政策，实施推进党政人才、企业经营管理人才、专业技术人才合理流动政策，实施边远贫困地区、边疆民族地区和革命老区人才支持计划。同时，对青年人才要在工资、职务、职称等方面实施一系列的优惠政策，提高艰苦边远地区津贴标准，改善工作和生活条件，鼓励各类青年人才到贫困地区奉献自己的力量，到基层实现自己的人生价值（吴江，2012）。欠发达地区人才突破的路径选择：把重点队伍作为人才突破的基本路径、把区域人才作为人才突破的战略路径、把产业人才作为人才突破的动力路径、把人才政策作为人才突破的机制路径（葛家胜、梁前荣，2013）。解决西部人才问题的途径，国家在政策层面应采取对口支持政策、大学生人才优惠政策和财政支持政策，西部地方政府应制定人才引进及培养政策，同时注意人才政策的连贯性，完善相关设备，营造良好的科研环境（陶叡、蔡湘隆，2013）。新疆人才环境建设存在的问题有经济发展相对缓慢，人才聚集环境建设滞后；人才政策法规环境不够完善，人才能力得不到充分发挥等方面。建议：改善人才经济环境；营造公平竞争的市场环境；完善人才教育培训环境；推进人才政策法制建设；优化人才从业环境等（陈鲲玲，2012）。近年来，内蒙古赤峰市结合本地实际，落实党管人才政策，通过出台三项政策、打造四大平台、抓住三个保障，加大了服务人才工作力度。两年来，共柔性引进院士 9 名，引进国家"千人计划"专家 2 人，引进高层次人才 227 人，培养高层次人才 345 名（程晓涛，2013）。

南通建设长三角北翼经济中心的人才建设，其支撑体系存在人才队伍建设不完善，人才发展环境不理想，人才管理和人才政策不健全等问题；建议加大专业技术人才培养力度、增强高层次人才引进的针对性和有效性、加快现代服务业人才培养和引进、搭建人才创新创业活动支撑平台、完善人才服务网络、引导企业形成"人才强企"理念、完善和创新人才管理机制与人才政策（濮雪莲，2013）。建立协调的人才引进机制是苏州各区市人才引进战略发展的趋势，只有在总结经验的基础上调整产业结构、加强交流合作、完善法律法规，才能不断地在摸索中前进。而协调型人才引进机制的前提是，各区市在产业发展过程中遵循规律，按照人才引进的基本脉络进行战略调整和布局（李俊佳，2013）。克州地区人才流失本质上是与其经济发展状况分不开的。只有树立科学的人才观，利用人才生态的思想营造和完善与人才保留相适应的经济、社会、政治、文化生态环境，形成浓厚的尊重人才的社会氛围，营造良好的发展环境和创业环境，不断加强人才管理机制创新。通过提高人才的待遇，充分利用各种激励理论的成果，建立起有效的人才激励和保障机制（赵红帅、马琼，2013）。为了更好地为核心增长极发展需要服务，南昌在人才支撑体系构筑的具体政策上，宏观层面立足长远，营造人才发展的优势环境；中观层面立足现实，避免人才政策目标的偏狭性；微观层面立足市场，发挥市场主体的能动性和外部性（俞晓敏、徐静、张桔，2014）。近几年，成都市始终把优化人才发展体制作为主攻方向，把提高组织部门牵头抓总水平作为重要职责，坚持"管宏观、管政策、管协调、管服务"的原则，加强顶层设计和统筹谋划，创新政策机制，加大人才投入，优化发展环境，人才政策成体系化实施，人才工作成系统化推进，各类人才加速聚集，成都拥有各类人才 300 多万人，其中引进国家"千人计划"专家 290 名，位于全国同类城市前列；四川省"千人计划"专家 299 名（占全省总量的 90.06%）、顶尖团队 18 个；"成都人才计划"专家184名、顶尖创新创业团队10个（卢晓莉、胡燕，2015）。为促进西青区人才资源开发工作，制定出台了人才培养、引进、使用等一系列人才资源开发的政策措施，高度重视人才资源开发工作，逐步确立了科学人才观，持续壮大了人才规模，不断优化了人才环境，明显提升了人才效能（康克芬，2012）。南海吸引人才策略：创新人才观念和人才政策、加强吸引人才载体建设、充分发挥政府的宏观调控职能；选拔人才策略：建立南海地区公务员招聘政策、建立海洋人才的市场选拔模式；激励人才策略：高层次人才的需求激励、实施有利于科技人员潜心研究和创新的政策环境、专业社会机构的测评；留住人才策略：留住人才策略是与吸引、激励和开发人才策略联系在一起的。对知识和人才的重视，对科研的投入，对工作区域生活设施的建设等都对留住人才有着巨大作用（刘廷廷，2012）。昌吉州人才引进存在的问题：①缺乏重视人才的意识；②引智资金、人才补助偏低；③自然环境不平衡；④政策执行的偏差；⑤人才的条块分割和部门所有导致人才难以共享。完善昌吉州人才引进政策的几点建议：①发挥政府指导作用；②发挥企业引才主体作用；③发挥市场的导向作用。结合地区的产业结构和社会发展需要制定人才引进政策：①加强政策倾斜性；②立足本地实际；③坚持适用性原则；④注重人才引进政策的匹配性（李伟，2012）。为了吸引集聚国内外优秀人才到晋江创业或工作，晋江市确立了人才优先发展战略，2011年制定了《晋江市中长期人才发展规划纲要（2011—2020年）》，并出台了《关于加快引进优秀人才的若干意见》，同时配套出台全国县级市首份《晋江市优秀人才认定标准》（吴秋燕，2013）。经过五年的发展和完善，昆山市积累了丰富的人才工作经验；从吸引创新创业人才的奖励政策到瞄准未来的宏观规划再到覆盖面更广的高技能人才政策补充，昆山市形成了科学发展人才政策。2008年以来，昆山市人才工作领导小组以建设人才特区为契机，瞄准北京、上海、广东等人才工作领先地区，参与国际和区域间的人才竞争，适时建立较为完善的人才工作服务系统。昆山制定落实人才政策与其他城市做法对比，政策的制定抓住先机。政策的落实追求时效。政策的落实重在实效。政策的补充服务到位（孙烨娴，2014）。福州市高层次人才政策吸引力不足、落实不到位、配套不足、实施缺乏有效抓手等。立足福州市的实际，应强化观念、扩大宣传、完善配套、加强引导（颜敏敏，2014）。福州市高层次人才引进存在的主要问题：人才引进机制不健全，人才载体建设不完善，人才配置的市场化功能薄弱,人才发展环境有待改善。对策建议:完善高层次人才引进机制,加强高层次人才载体建设,强化人才中介机构市场化功能,优化高层次人才发展环境(陈舒捷,2015)。"十二五"期间,吴中区实施"人才强区"战略,以《吴中区中长期人才发展规划纲要(2011—2020年)》为依据,围绕推进"千企升级创新转型行动计划",提出实施人才创新创业"3311"人才工程,建立了有吴中特色的"10+1"人才政策体系。但是,与周边的苏州工业园区、高新区相比,吴中区政策创新优势不足,与昆山、张家港等地相比,产业集聚效应不明显。相对苏州其他板块,吴中区在吸引高层次人才上没有天然优势。地方政府制定高层次人才引进政策不能只唯上级,更不能一味跟风,要根据当地实际,制定出针对性的人才政策,并对人才政策实施动态调整,提高人才政策的有效性,同时,要加大宣传力度,极力吸引高层次人才来到吴中区就业或创业(李娟,2015)。金州新区人才开发政策要健全政策研究机构,规范政策制定过程;要从人才投入、人才培养、人才引进、人才评价、人才服务入手,进一步完善政策内容;重视宣传,注重沟通,加大政策执行力度;建立合理科学的政策评估机制,及时反馈政策评估结果(王育杰,2014)。眉山市实施的创新型人才政策效果,并不像想象的那么好,创新型人才在各类人才中的主体地位没有完全凸显,创新型人才的创新能力也并没有得到完全释放,社会对创新型人才及其成果的认可度仍然有待提高。所以,眉山市创新型人才政策,需植根于当地实际情况,通过科学地制定政策、合理地实施以及有效地反馈等程序,使制定出来的政策清晰合理,最终发挥其最佳的效果(阿兰,2015)。巩义市高层次人才引进工作由于人才发展环境不理想、行政决策体制的束缚、政策宣传不够、政策合力未形成等原因,表现出思想观念落后、工作缺乏有效抓手、政策落实不到位、配套政策不足等问题(李夏珂,2015)。

六 十年以来人才强国战略在行业层面的展示

1. 行业和产业的人才战略

"留住人才远比引进人才重要",引进人才很容易,是一次性行为,但要留住人才,却需要建立长效机制,并不那么容易。希望中国科学院在人才工作上能采取有效的举措,留住最好、最有创造力的人才,对国外引进的人才和本土成长的人才都要给予足够的重视(张启发,2012)。无论是发现人才、培养人才，还是引进人才，最终目的都是为了更好地使用人才。换言之，培养、发现、引进是手段，使用才是最终目的。人才只有用好了，才能进一步得到培养锻炼，不断提高素质能力、实现全面发展；才能体现价值、发挥效能，成为经济社会进步的重要推动力量（桂昭明，2013）。需要强调的是，中国虽然是一个人才大国，但还不是人才强国，国家建设需要更多高端人才。因而，在世界范围博采众长，吸引更多高端人才到中国，将是今后一个时期工作的重点。将对高端人才给予更高待遇和礼遇，在入出境、居留、签证、薪酬等方面给予特殊优惠政策，相信今年会有更多一流专家愿意到中国发展（张建国，2013）。只有让市场的供求规律、竞争规律、价格规律发挥作用，才能体现出人才的使用效益。而要发挥好市场配置人才资源的决定作用，人才体制改革的一个重要使命就是需加强人才立法工作，使人才工作纳入依法管理、科学推进的轨道，减少人治现象和行政化配置资源倾向（吴江，2013）。"吸引人才最大的优势就是走市场，也就是营造一个良好的综合环境。"在人才试验区取消人才引进审批制，实行人才引进准入制、备案制，加快户籍、编制、档案管理等相关制度改革，突破人才流动中的地区、部门、所有制、身份、城乡等制度性障碍，多运用市场手段推进人才试验区建设（沈荣华，2013）。"人才试验区要善于整合大学创新资源，但更要坚持市场化竞争机制；大学和科研院所要以斯坦福为楷模，对企业创新、创业要帮忙而不越位，更不能篡位。"（马俊如，2013）企业、用人单位、社会组织在人才政策创新中具有独特的作用。企业、用人单位是引进人才、培养和集聚人才的主体和最大动力源泉。人才的价值判断来自企业和用人单位（汪怿，2014）。新疆的人才跑到南方，南疆的人才跑到北疆，与我国的人才跑到西方发达国家是一个道理，首先是经济不发达，社会大环境较差，用人单位也没有提供人才发展的小环境。政府营造"大环境"，用人单位改善"小气候"是留住人才的有效方式。在交通、通信、空气质量、绿化面积、教育质量、社会风气等方面，努力营造良好的生活环境，解决人才生活的后顾之忧。其次利用电视、广播、报纸等新闻媒体来宣传优秀人才的先进事迹，提高重才、引才、用才的社会意识，形成全社会尊重知识、尊重人才的舆论导向。最后逐步提高各类人才的收入水平，特别是长期工作的优惠政策。坚持产业聚才，项目引才，构建各类人才建功立业的事业平台，力争达到事业留人，待遇留人，感情留人的目的（张节辉，2014）。人才集聚的过程是一个动态的过程，其间的每一个环节都应让竞争充分发挥作用，促进人才流动，激发人才活力。人才的集聚与竞争的关系，需要从竞争的不同层面分别进行讨论。从微观层面上，人才集聚需要处理好与组织竞争的关系。从中观层面上，关注的是人才集聚与产业竞争的关系。从宏观层面上，人才集聚还要处理好与区域竞争的关系（范巍、岳群智、赵宁，2015）。

体育产业的人才战略引起了各界关注。竞技体育人才培养中"学训矛盾"的尖锐性和"退役运动员安置"的长期性问题引起重视，从宏、微观角度提出解决以上问题的可行性对策。包括树立"科学与人文"并举的体育发展观；加强国家体育总局与教育部的协作互助；强化基层体育科学选材意识；继续深化"体教结合"人才培养模式；制定教练员进修培训政策，提高训练效率；设立高校高水平运动员奖学金制度；完善体育竞赛体制，落实高校竞赛制度；引入家长干预机制，提高运动员自我培养意识（樊花梅，2012）。文化是社会的载体，而体育又是文化的一种，同时也是教育的一种必要手段，因此国家仍需重视竞技体育的发展，以推动社会文化各方面的进步。如德国的"天才培训"中心、澳大利亚的国家体育学院、法国的国家体育发展中心等，这种模式能让国家集中有效的人力、物力、财力对特别的人才进行高效率的培养，使物尽其用，人尽其才，又兼具职业教育的特点，同时又将运动员的身心和谐发展置于首位（黄浩，2012）。体育教育是科教兴国、人才强国战略的重要支撑。小学体育教师要认真研究新教学大纲，适应新形势、新环境的要求，标定勤、诚、智的目标，不断提升自身素质，在小学体育教师岗位上做出新的优异成绩（胡凤兰，2012）。我国竞技体育后备人才的总体范式是，接受高水平的职业训练时间较长、接受系统的教育时间较少。对于体育以外的相关知识敏感度较低，后职业规划能力及就业能力亟待加强。特定时期的特殊培养已不适应我国体育事业的发展，以"体教结合"为基本切入点，将体育后备人才的培养与储备纳入我国的教育体系中是科学的和与时俱进的。在教育体系下，利用较为完善的制度化和个性化管理将基础人才培养与体育强国层级式链接，将教育体系与体育系统有机结合，做到人才培养特殊化、制度化、程式化与合理化（秦立忠、邵凯、苏继革，2012）。对近年来体育专业学生培养质量进行调查，存在体育技能不高、专业特色不明显和就业困难等不足。基于"体育强国"战略环境背景，应准确定位应用型人才培养规格，科学设计人才培养路径；科学构建"专业化"人才培养课程体系，科学设置招生办法

· 293 ·

的"进口"关,科学推进"体教结合"内涵建设(宋旭、游永豪、汪辉、王强,2013)。建议辽宁竞技体育人才培养政策应在发挥高等院校体育科研优势、重视全民健身运动、合理分配体育资源、完善体育项目布局方面进一步提高与改善(明大阳,2013)。

翻译人才战略。在促进我国文化大繁荣、大发展的伟大事业中,加强高层次少数民族语文翻译人才队伍建设是少数民族文化可持续发展的关键,是实施人才强国战略的重要组成部分。如何实施科学的翻译人才战略?坚持人才工作指导方针,确立翻译人才优先发展战略布局。坚持突出工作重点,统筹抓好翻译人才队伍建设。坚持改革创新,激发各类翻译人才的创造活力。坚持德才兼备原则,全面提高翻译人才队伍素质。健全翻译人才管理机制,完善制度保障。实施基层翻译人才队伍强化工程(李建辉,2014)。

汽车人才战略。对我国汽车人才发展,要进一步提高对人才重要性的认识;习近平总书记强调,现在比历史上任何时期都更加渴求人才。中国汽车产业创新转型,关键在人才。站在新的历史起点上,人才观念需创新,能力素质需提升,思维方法也需变革。要加大实施"人才强企"战略力度;要坚持党管人才原则;要推进组织人事部门改革,建立服务型人力资源部门;要加大人才发展的投入。因为它是最有效益的投资。培养造就创新人才,急需解决以下五个问题:第一,进一步提高创新人才地位;第二,突出企业这一创新主体;第三,深化人才体制机制改革和政策创新;第四,建立创新文化;第五,改进政府的创新管理(沈荣华,2014)。

2. 高层次人才战略

高层次创新创业人才是国家发展的核心竞争力。加强高层次创新创业人才队伍建设,是应对日益激烈的国际人才竞争的迫切需要,是提高国家自主创新能力的迫切需要。要普及科学人才观,抓好国家中长期人才发展规划确定的重大人才工程实施和重大人才政策创新,以高层次创新创业人才为重点,全面推进各类人才队伍建设(赵光辉,2012)。改革开放以来,我国高层次人才政策的演进和创新可分为4个阶段,即拨乱反正和摸索期、体系初建和发展期、战略转型和完善期、自主创新和成熟期。通过分析,剖析了我国高层次人才政策具有的鲜明特色,即以科学发展观为指导思想、以党管人才为根本原则、以人才强国为国家战略、"一体两翼"式的决策思维、"多重肯定"式的激励模式、"党政并存"式的组织机构和"指导、协作与分工"式的实践机制（郑代良、钟书华，2012）。中国高层次人才政策应具国际视野和更加开放的方式去发掘、培育、吸引、留住、使用并发展国内外杰出人才，同时中国在人才立法、国籍户籍制度改革、高层次人才管理机构设置、科研环境改善等方面也应有所作为（郑代良、章小东，2015）。高层次人才是知识创新和科技创新的核心力量，是人才强国战略的关键因素。高层次人才培养中，不要继续用行政职务刺激专业技术人才，不要过多占用专业技术人才的时间，确保专业技术人才与国际接轨，为专业技术人才成长创造好的环境。努力推出几名核心人才建立一支骨干人才后备队伍（黄文，2016）。做好发掘和培养少数民族地区优秀人才特别是女性高层次人才工作，是人才强国战略总目标实现的重要因素，需要创造利于少数民族女性高层次人才发展和成长的社会环境，完善少数民族女性高层次人才的工作制度、机制（许典利，2017）。由于一些地方在高层次人才队伍及其环境建设中存在重引进轻培养、重短期轻长远、重效益轻人本、重管理轻关心、重招聘轻流失等问题，因此要建设并完善好人才环境，就需要采取多项措施并举方能奏效，才能使高层次人才队伍建设得以良性发展。完善政策措施，维护好政策环境，加强沟通联系，维护好人际环境，引进与稳定并举，营建好用人环境，培养与挖掘并重，完善好成长环境，评价与监控并用，维护好人才环境（李国志、赵又晴，2013）。海外高层次人才引进和服务政策仍存在一些问题，即政策协调性不强、政策设计深度不够、政策环境水平亟待提高、政策执行有偏差。建议建立国家级的人才工作统筹常设机构，提高政策的协调性。建立政策实施评估机制，避免地区间非良性竞争。完善政策环境，探索人才融入政策。创新载体建设，加速发展国际人才市场。以文化输出增强人才吸引力（倪海东、杨晓波，2014）。上海市高层次人才联系服务工作中存在着一系列的问题，限制了人才工作作用效果的发挥，主要体现在体制机制僵化、政策链条不畅、工作主体局限三大方面。建议主体多元、平台创新、机制灵活、程序优化、形式丰富的高层次人才联系服务平台（毛军权、孙美佳，2015）。

3. 科技型、技能型人才战略

培养创新型人才已发展成为如今世界各国实现经济与科技的发展、提升国家综合国力的一种重要方式（杨栋，2012）。我国逐渐认识到科技人才的重要性，加大对科技人才的培养和引进力度，出台各种人才培养、引进和使用政策，但是在20世纪90年代以后我国的高科技人才流失越来越严重，我国自主培养的高科技人才大多数都流向发达国家，发达国家的经济社会发展程度高是原因之一，更重要的原因在于我国的高科技人才政策存在若干缺陷。我国要提高高科技人才政策的实践性与协调性，高科技人才政策要以人为本，以高科技人才政策为指导，建立健全引进人才的工作机制，放宽移民政策，加快构建以企业为主体的高科技人才政策导向，高科技人才政策要以法律制度为保障，高科技人才政策要支持科技园区的建设和发展（闻雯，2015）。我国科技人才政策的演进划分为四个阶段。依次为：科技人才政策的恢复，如恢复"文化大革命"前的高考、职称等政策，重建国家科委、国务院科技干部局等中央人才管理部门；科技人才政策的调整，从计划经济的僵化的人才管理模式向商品经济的灵活的管理模式调整；科技人才政策向市场化转型，从个别调整到全面转型，科技人才政策的发展经历了一场变革，科技人才的管理思路、管理手段发生了根本性的转变；科技人才政策的人本化发展，这一阶段是第三阶段管理变革的延伸和发展，各项新政策得到逐步完善（李丽莉，2014）。对照发达国家的做法，我国技能人才队伍建设存在的问题主要体现在总量不足、结构失衡、培养体系不健全、保障激励机制不完善、政府投入不足和社会氛围有待改善等几个方面。因此在经济创新发展中的高技能人才培养需与我国实际相结合，营造更加浓厚的让更多青年人自觉走技能成才道路的社会氛围（赵军，2012）。要想有更多的人学习高技能，投入高技能工作，应摒弃世俗的等级观念，还高技能人员应有的职业地位和待遇。职业技能人才培养不是一朝一夕就能解决的。技师教育技能人才培养需有完善先进的培训设施供技能人才培训人员训练，从而使培训人员练出过硬的本领，以更好地为企业发展服务（汪滨，2013）。对技能人才的科学评价与合理激励是"使用"的重要举措。要建立健全技能人才评价与激励机制，建立健全技术技能水平与等级的考评机构及资格证制度；建立层级合理、公平公正、公开透明、奖励到位的竞赛机制，以选拔高水平技能型人才；推行"双轨制"，打通高技能人才职务与职称晋升的通道，对于技术精湛，在关键位置上解决重要实践问题，做出突出贡献的高技能人才，要开通破格晋职晋升的通道；提升技能人才的收入（庄西真，2015）。造成我国技能型紧缺人才的根本原因是相关政策缺失或错位，如国家考试录取政策、我国人才评价体系、职业与教育脱节、职校的盲目升格导致教育质量下降等。为此，要建构技能型紧缺人才的若干政策，如强化政府在职业教育发展中的作用，改革现行的高考政策和招录政策，提高政府对职业教育的投入，加强政策执行监督机制，发展和完善我国的教育基金，扩大和开放职业教育，创新人才评价体系，建立完善的资格等级认证制度，扎实进行职业院校内涵建设等，才能从根本上扭转技能型紧缺人才的问题（李子云，2015）。我国科技人才政策也在不断调整、发展和完善。但也存在一些不足，即人才流动机制未得到有效贯彻、人才政策鼓励创新的力度不够、现有政策体系未能体现以人为本、人才的投入明显不足、科技投入过于倾向装备建设等。通过加大科技人才的培养规模、提高培养质量；加强财政投入力度；加强科技人才政策的环境建设；完善吸引科技人才的法律制度、加强吸引政策的多样化和层次化、给中青年科技人才提供更多的政策机会等一系列措施来完善科技人才吸引制度（吴剑，2013）。在区域和国家整体层面科技人才开发水平的政策方面，要完善科技人才用人机制，健全和完善中国特色人才政策法律体系，建立国家科技人才可持续发展的培养机制，完善科技人才的配套政策，强化以企业为主的人才政策导向（倩滢，2015）。

交通运输部分高层次人才简介（摘录）

卢春房　院士

卢春房，男，汉族，中共党员，1956年6月生，河北蠡县人，铁路建设管理专家，中国工程院院士。1975年1月参加工作，1982年毕业于西南交通大学铁道工程系铁道工程专业，2007年毕业于清华大学，获硕士学位。现任全国政协经济委员会委员、中国铁道学会理事长，曾任铁道部副部长，中国铁路总公司副总经理。

卢春房长期从事铁路建设管理和科技创新工作，2005—2016年是中国高速铁路建设的实际组织者；2017年1月，任中国铁道学会理事长；2017年11月，当选中国工程院工程管理学部院士；2018年3月，任政协第十三届全国委员会经济委员会委员。

卢春房主要成就：1.参与大秦、京九、内昆等重大铁路干线建设，攻克轨排生产线设计、砼轨枕道岔整体机械铺设、高墩大跨桥梁、复杂地质隧道等多项施工技术难题。2.任青藏铁路建设总指挥部指挥长，现场组织高寒缺氧、生态脆弱和多年冻土三大难题攻关，获国家科技进步特等奖。3.任京沪高速铁路建设总指挥部指挥长，提出高铁建设"建（设）运（营）融合，一体化管理创新"的思路，主持建成世界一流京沪高铁，获国家科技进步特等奖。4.组织以"四纵四横"为骨架的高铁路网建设，近12年中，组织新建铁路4.98万千米，其中高铁2.2万千米，占世界高铁里程的60%。5.长期开展铁路管理创新和技术创新工作研究实践，撰写出版《铁路工程铺架施工与管理》《铁路建设项目标准化管理》等多部专著，发表论著40多篇。

宁 滨 院士

宁滨，男，汉族，中共党员，1959年5月生，山西稷山人，控制系统工程（轨道交通运行控制）专家，中国工程院院士。1982年1月获得北方交通大学学士学位，1987年从北方交通大学硕士毕业。现任北京交通大学委员会副书记、校长、教授、博士生导师，中国城市轨道交通协会副会长和中国自动化学会常务理事。北京市第十三届、十四届、十五届人大代表。

宁滨从北方交通大学硕士毕业后留校任教；先后担任北方交通大学通控系讲师、副教授、教授、博士生导师；自1997年12月起担任北方交通大学副校长；自2004年10月起担任北京交通大学常务副校长；自2008年3月起担任北京交通大学校长、党委副书记；2017年11月，增选为中国工程院院士。

宁滨长期从事"轨道交通列车运行控制系统"（简称列控系统）领域的科研与教学，为我国地铁、提速和高铁三个方面的列控系统自主创新做出了系统性贡献，是该领域的开拓者和领军者之一。宁滨教授曾获国家科技进步奖二等奖3项、特等奖1项，授权发明专利9项，制定行业标准3项，发表期刊论文60多篇，著有专著《高速列车运行控制系统》等，是IEEE Fellow，获铁路行业个人最高奖——詹天佑大奖，2016年获何梁何利科学与技术进步奖。在轨道交通工程型创新人才培养方面2次获国家教学成果一等奖，为我国地铁列控系统的自主可控、"高铁名片"的形成和"走出去"战略的实施做出了突出贡献。

陈湘生 院士

陈湘生，男，汉族，研究员，博士，1956年6月生，湖南湘潭人，著名地下工程、岩土工程、地层冻结和地铁工程专家，博士生导师、国务院政府特殊津贴获得者，中国工程院院士。1978年3月至1982年元月在淮南矿业学院学习，获工学学士学位；1995年10月至2000年元月清华大学（在职）学习，获岩土工程工学博士学位（获全国优秀博士论文奖）。现任深圳地铁集团有限公司总工程师。

陈湘生历任煤炭科学研究总院博士研究生导师、煤炭科学研究总院北京建井研究所所长、煤炭科学研究总院副总工程师、深圳市地铁集团技术委员会主任/副总经理/深圳市地铁集团工程师等。2017年11月，当选中国工程院院士。

陈湘生从1982年开始在煤炭科学研究总院先后完成了包括国家科技攻关项目和国家自然科学基金在内的科研项目19项；完成工程项目37项。先后获国家科技进步二等奖2次、省部级科技进步奖7次、"复杂条件下盾构下穿既有地铁运营隧道安全控制关键技术研究"2015年获国家安全生产科技成果一等奖。深圳市科技创新奖2次。所管理的"深圳地铁罗湖枢纽工程"（建筑工程类）/深圳地铁一期国贸至老街区间隧道及桩基托换工程（隧道工程类）分获2007年获第七届中国土木工程詹天佑奖。

孙逢春　院士

孙逢春，男，汉族，1958年6月生，湖南临澧人，新能源汽车专家，中国工程院院士。1989年获北京理工大学工学博士学位并参加工作。北京理工大学机械与车辆学院教授、博士生导师，湖南大学校长顾问，电动车辆国家工程实验室主任。

孙逢春是中国电动车辆工程科技的主要开拓者之一，长期致力于电动车辆总体设计理论、系统集成与控制、一体化电驱动与传动、充/换电站基础设施及运行健康管理等技术研究。历任北京理工大学研究室室副主任、主任，车辆与交通工程学院副院长、院长，北京理工大学副校长兼研究生院院长，电动车辆国家工程实验室主任，全球汽车精英组织成员。2017年当选中国工程院院士。

孙逢春曾获"全国优秀教师""北京市优秀教师""北京市先进工作者""全国先进工作者"等荣誉称号。在其带领之下，北京理工大学电动汽车研发团队设计了我国第一辆电动大型豪华客车，第一辆电动公交客车，第一辆低地板电动客车，第一辆燃料电池电动轿车，第一辆电传动军用车辆，第一个获得国家发明奖的电动汽车动力系统，建成了我国第一个电动汽车专业化产业基地。北京理工大学研发的电动公交客车在北京建成了世界上最大的示范运行车队，在2004年国家电动车大赛上一举夺得三座冠军奖杯和18个单项奖牌，名列国内外参赛单位榜首，奠定了北京理工大学在电动汽车研究开发，产业化和推广应用的国际先进地位。

吴光辉　院士

吴光辉，男，汉族，中共党员，1960年2月生，湖北武汉人，博士，研究员，中国工程院院士。1982年毕业于南京航空学院飞机设计专业，2008年毕业于北京航空航天大学飞行器设计专业，获工学博士学位。现任中国商用飞机有限责任公司副总经理、党委委员。

吴光辉历任六〇三所总体室设计员、副主任、主任、民机总体设计研究室主任、民机总体分部主任、副总设计师、所长助理、副所长、第一飞机设计研究院院长、998型号总设计师、ARJ21型号总设计师、"998工程"现场指挥部总指挥、大型运输机研制现场总指挥。2008年3月，任中国商用飞机有限责任公司副总经理、党委委员，C919大型客机总设计师。2017年11月，当选为中国工程院院士。

吴光辉带队研制的项目曾荣获"某飞机工程"国防科技成果一等奖；某重点型号首飞获中国航空工业第一集团公司一等功、国防科工委个人一等功；"某重点工程载机改装"获中国航空工业第一集团公司科技成果一等奖、全军科技成果一等奖；中国航空工业第一集团公司"航空报国杰出贡献奖"；中国航空工业第一集团公司、中国国防邮电工会全国委员会"劳动模范"称号；国家人事部、国防科工委"国防科技工业系统劳动模范"称号；国防科工委"国防科技工业有突出贡献中青年专家"称号；陕西省"有突出贡献中青年专家"称号；2007年获党中央、国务院、中央军委"高新工程重大贡献奖"并颁发金质奖章；2015年获国务院颁发的"政府特殊津贴"证书；2017年，在第十二届航空航天月桂奖颁奖典礼上被授予"风云人物奖"。

傅志寰　院士

傅志寰，男，汉族，中共党员，1938年3月生，辽宁海城人，铁路运输管理、铁路机车车辆专家，研究员级高级工程师，俄罗斯运输科学院院士，中国工程院院士。1959年11月参加工作，1961年11月苏联莫斯科铁道学院铁道电气化专业毕业，大学学历。曾任铁道部部长，全国人民代表大会财政经济委员会主任委员。

傅志寰先后在湖南株洲电力机车研究所、铁道部科技局、哈尔滨铁路局等单位工作。1991年任铁道部副部长，1998—2003年任铁道部部长，领导了前四次铁路大提速，致力于铁路管理体制改革，2001年12月当选为中国工程院院士。

傅志寰参加、主持了我国韶山1-4型电力机车和我国第一列电动车组研制工作，主持研制韶山2型电力机车获1978年全国科学大会奖；提出我国电力机车发展新思路建议和牵引动力由直流传动向交流传动转变"十年换代"奋斗目标。是我国电力机车领域的开创者之一。为形成立足国内、具有很强开发能力的机车车辆工业体系，作出突出贡献。撰写了《建设大能力铁路通道发展具有中国特色的铁路技术体系》《开创具有中国特色的铁路创新之路》《提高旅客列车速度适应铁路两个转变》《实施提速战略加快铁路发展》等文章，多次组织我国铁路高速试验并获得成功，领导组织了铁路四次大提速，取得了明显的经济和社会效益，是我国铁路大提速的主要推动者和决策者之一。

徐恭义

徐恭义，1963年出生于山东省青岛市，1984年毕业于西南交通大学，历任大桥设计院桥梁工程设计软件主编、项目设计负责人、设计室副主任、设计室主任和院副总工程师，国家注册土木工程师和注册咨询工程师，英国特许工程师（CEng）和英国皇家土木工程学会Fellow。现任中铁大桥勘测设计院副总工程师，教授级高级工程师，博士学位，詹天佑铁道科学技术人才奖获得者，铁道部有突出贡献的中青年专家，百千万人才国家级人选，武汉市、湖北省、铁道部和中国土木工程学会专家人才库科技专家，东北林业大学、湖南大学、西南交通大学、四川大学和武汉大学兼职教授。2006年当选全国工程设计大师。2014年获得全国首届杰出工程师奖。享受国务院特殊津贴。2015年荣获英国皇家土木工程师学会（Institution of Civil Engineers，ICE）"2015年度杰出成就奖"，这是迄今为止被授予此荣誉的第一位中国工程师。

2018年6月12日，在美国第35届国际桥梁大会上，中国桥梁设计师徐恭义获得约翰·A.罗布林终身成就奖，成为史上第一位获得此荣誉的中国人，同时也是最年轻的获奖者。

中国第一位英国皇家学会获奖者。但他却是一位软件专家。有人把架在祖国山河上的一座座桥梁比喻为"人间彩虹"：彩虹凌空舞，天堑变通途。而在人间彩虹的绚丽光华里，建桥人却咀嚼着生命的滋味。

中国第一位皇家学会奖获得者。作为中铁大桥勘测设计院有限公司副总工程师，教授级高级工程师的桥梁专家徐恭义十几年如一日，在一个个桥梁建设工地，用自己的青春、智慧和汗水，用吃苦耐劳的品质、求真务实的作风和勇于创新的精神，为人间彩虹的凌空飞架，饱尝着酸甜苦辣……

"鲁班奖、詹天佑奖、梁思成奖、华夏建设科学技术奖、中国建筑工程'钢结构金奖'"等一系列奖，都是我们土建行业所熟悉的奖项，同时也是对我们最大的认可，可以说作为我们终生奋斗的目标！

中铁大桥院副总工程师、中国中铁特级专家、全国工程设计大师徐恭义，却荣获了英国皇家土木工程师学会（Institution of Civil Engineers，ICE）"2015年度杰出成就奖"。

据ICE上海分部证实，这是迄今为止被授予此荣誉的第一位中国工程师。

"设计大师"原是软件专家。神农架天燕景区，有一座凌空飞架的燕天飞渡桥。这座钢拱桥建在陡峭山谷间。立于桥上，身边云海飞渡，如入仙境，让你不由感叹设计者的奇思妙想。

桥的设计者，正是被评为"中国工程勘察设计大师""英国皇家学会2015年度杰出成就奖"的中铁大桥勘测设计院副总工程师徐恭义博士。他也是中国桥梁界最著名的"设计大师"。

早在1988年，刚大学毕业四年的他，就和设计院电算组组长林国雄，共同编制了大型桥梁设计电算程序——《钢筋混凝土及预应力混凝土桥综合设计程序》。

该软件获得了铁道部科技进步三等奖，推广应用于铁道部四大勘测设计院，随后又向国内公路、市政等20余家大型设计院转让，为20世纪80年代中国铁路、公路预应力混凝土大跨度桥梁设计快速发展奠定了基础。

此后，徐恭义又独立完成了国内第一个铁路预应力梁顶推计算程序，和斜拉桥正装与倒拆计算分析程序。后者成为大桥设计院后续开发斜拉桥计算程序的初始版本。

跟随大师，开辟中国悬索桥时代。在学者众多、才子如云的大桥设计院，徐恭义被称为"投标常胜队"的领头人。他主持设计的50余座不同类型桥梁，大多数为公开投标所得。

一个学者如何能领会和把握灵活的市场？这要从 1990 年说起。

那一年，大桥设计院设计大师杨进，带队首次参加市场竞争——广东汕头海湾大桥的设计和施工总承包的全国招标。三轮辩论后，大桥院在 4 家竞争者中胜出。评标结束时，业主忽然提出："能否将中标的斜拉桥设计改为悬索桥？"当时国内尚无悬索桥建设经验。杨大师回答："作为桥梁设计者，只要提供需求的平台，任何技术困难我们都应去克服。"

这句话让徐恭义记忆深刻。那时，他刚担任该桥混凝土主梁的分项设计负责人。同类悬索桥在国内外无先例可借鉴，只能间接学习国外相似范例，自己消化吸收再创新。经历 4 年钻研和技术攻关，终于圆满完成。

10 多年后，徐恭义仍觉得那是一次很好的锻炼，不仅经历了项目可研、招标、设计、现场配合等市场全过程，还深切体会到作为总设计师应具有的技术责任与胆略。

汕头海湾大桥是中国第一座大跨度现代悬索桥，其预应力混凝土主梁跨度居世界第一，10 余项技术国际领先，开辟了中国现代悬索桥时代。以此为基础，在先后设计了西陵长江大桥钢箱梁悬索桥、贵州 4 座混凝土板梁悬索桥等不同风格悬索桥后，徐恭义和老师杨进，已成为中国悬索桥的设计权威。

西湾大桥赢得世界声誉。2004 年建成的澳门西湾大桥，是徐恭义的设计代表作之一，体现了他一贯的设计理念："使复杂问题简单化"。

西湾大桥是连接澳门半岛和氹仔岛的第三座大桥，也是澳门回归祖国后规模最大的公务工程。2002 年 4 月，澳门向国际招标大桥设计，吸引了美、日、欧等 11 个国际工程联合体的 23 个设计方案。徐恭义带领大桥设计院，以新颖的主桥双层双主梁斜拉桥方案夺标。

徐恭义提出的设计方案，主桥为双层，上层双向 8 车道，下层在箱内设置双向 4 车道，预留铺设轻轨空间，使大桥在 8 级台风时仍可全天候过江。两座"M"形白色主塔，与"澳门"英文首字母不谋而合。

为便于台风时下层箱梁内行车，徐恭义将箱内原本实体的隔板，改为通透式加劲肋设计，便于行车又结构安全。采用两个分离式独立受力的箱梁，代替通常的一个巨型单箱梁体，简化了施工。上部主塔配合两主梁设计为"M"形，受力合理，造型独特，投资节省。

今天，西湾大桥因兼顾交通功能与建筑艺术的和谐统一，已被视为澳门新地标，经常出现在当地邮政、官方网站及民间庆典的背景图案上。而作为世界第一座双层承载无隔板箱形梁全预应力混凝土斜拉桥，西湾大桥为中国赢得了世界声誉。大桥竣工时，时任国家主席的胡锦涛亲自主持了落成典礼。

对新获得的荣誉，徐恭义很谦虚："我这个大师，与前辈设计大师有几十年的差距。而脱离了桥梁设计，恐怕我什么也不会做。"

一生众多荣誉傍身。徐恭义1963年出生于山东青岛，1984年毕业于西南交通大学，历任大桥设计院桥梁工程设计软件主编、项目设计负责人、设计室副主任、设计室主任和院副总工程师，国家注册土木工程师和注册咨询工程师，英国特许工程师（CEng）和英国皇家土木工程学会Fellow。

现任中铁大桥勘测设计院副总工程师，教授级高级工程师，博士学位，詹天佑铁道科学技术人才奖获得者，铁道部有突出贡献的中青年专家及科技拔尖人才，百千万人才国家级人选，武汉市、湖北省、铁道部和中国土木工程学会专家人才库科技专家，东北林业大学、湖南大学、西南交通大学、四川大学和武汉大学兼职教授。2006年当选全国工程设计大师，享受国务院特殊津贴。

作为总设计师主持设计了澳门西湾大桥、柳州红光、东莞双层公路大桥、滨州黄河公铁两用大桥、沿江铁路鄱阳湖特大桥等30座大型桥梁工程的设计工作；作为项目负责人设计了汕头海湾大桥、西陵长江大桥等20座不同类型的桥梁。目前正在设计施工中的特大跨度悬索桥有武汉杨泗港长江大桥和镇江五峰山高速铁路和高速公路两用长江大桥。

在国际及国家级核心期刊发表学术论文80余篇，其中国际论文30余篇，已被国际检索的有重要学术影响的论文36篇，主编《悬索桥设计》《桥梁设计常用数据手册》的斜拉桥篇、《澳门西湾大桥设计与施工》和《板式加劲梁悬索桥》以及美国新版《国际桥梁工程手册》第20篇等专业学术著作。具有丰富的涉外工作经验，多次参加海外工程实践和国际学术活动。（来源：《今日头条》）

张喜刚

张喜刚，男，汉族，生于1962年，中共党员，中交公路规划设计院有限公司董事长，中国交通建设股份有限公司总工程师，中国公路学会桥梁与结构分会理事长，中交公路长大桥建设国家工程研究中心主任，华杰工程咨询有限公司董事长，教授级高工。东南大学兼职教授，博士生导师。

张喜刚同志多年来一直在第一线从事公路特大跨径桥梁勘察设计和科研工作，是世界上首座突破千米的第一大跨径斜拉桥——苏通大桥的总设计师。曾获国家科技进步奖一等奖1项、十佳感动中国工程设计大奖、国际桥梁大会乔治理查德森大奖、美国土木工程师协会杰出工程成就奖、国际结构混凝土协会混凝土结构杰出贡献奖等。张喜刚同志多年来一直从事公路特大跨径桥梁勘察设计和科研工作，是"中国交通建设"十大桥梁人物、全国交通运输行业"杰出科技成就奖"、"茅以升科学技术奖—桥梁青年奖"和"交通青年科技英才"获得者。

1983年毕业于同济大学桥梁工程专业，从事公路勘察设计领域的特大型桥梁的设计、管理与科研工作，先后担任主任工程师、副总工程师、总工程师、副院长兼总工程师等职务，主持完成了苏通长江公路大桥预可行性研究、工程可行性研究、初步设计和施工图设计，武汉军山长江公路大桥设计，江苏润扬长江大桥设计咨询，杭州湾跨海大桥工程可行性研究等项目，曾获国家科技进步奖一等奖1项、十佳感动中国工程设计大奖、国际桥梁大会乔治·理查德森大奖、美国土木工程师协会杰出工程成就奖、国际结构混凝土协会混凝土结构杰出贡献奖等。2016年12月30日，被住房城乡建设部评选为第八批全国工程勘察设计大师。2017年5月，获得全国创新争先奖。

创造"中国桥梁"的世界奇迹。中国科协评出的首届"十佳全国优秀科技工作者"中，有一位设计了世界上首座跨径超千米的斜拉桥——苏通大桥，为中国从世界桥梁大国向桥梁强国迈进做出了重要贡献的代表性人物，他就是苏通大桥总设计师、中交公路规划设计院有限公司院长张喜刚。

张喜刚做事执着认真，追求完美，一丝不苟。但在记者面前，他却是一副笑眯眯的样子，待人接物很随和。提起追逐近30年的"中国桥梁"梦，他不禁侃侃而谈，充满感情。

坚持以桥梁为职业。谈到中国桥梁的发展史，张喜刚感慨地说："历史总是重复地告诉我们，只有国家的强大才有中国桥梁的辉煌。"

在青年时代，张喜刚就被中国桥梁传奇的历史所深深吸引，也让他从那时就立下了以桥梁为职业的人生规划。1979年，他进入了同济大学桥梁工程系学习，在我国桥梁泰斗李国豪先生的教导和影响下，结下了与桥梁相伴一生的不解之缘。1983年，他从同济大学毕业后，来到了中交公路规划设计院有限公司的前身——交通部公路规划设计院工作。

张喜刚所在的中交公路规划设计院有限公司，是我国公路特大桥梁勘察设计的领军企业，是国务院国资委直属的世界500强企业中排名第224位的大型央企——中国交通建设股份有限公司的全资子公司。作为"中国交通建设十大桥梁英雄团队"，他们始终致力于在引进、消化、吸收世界最先进大跨径桥梁建设技术的基础上不断创新，着力打造"中国桥梁"品牌。这里诞生了许多新中国桥梁史上的"第一"或"之最"，为我国桥梁技术的发展做出了重要贡献。在这个优秀的团队里，那种"勇敢攀登、勇于开拓、勇于创新"的精神，激励着每一位员工，也为青年技术人员的发展提供了良好的土壤。张喜刚正是在这样的环境下不断成长，逐渐成为团队的"领军人物"。

张喜刚说："设计世界一流的大桥是我一生追求的梦想。"他所率领的团队十几年来设计了世界排名前10位的大跨径斜拉桥中的3座，分别是苏通大桥、鄂东大桥和南京长江三桥；设计了世界排名前10位的大跨径悬索桥中的3座，分别是西堠门大桥、南京长江四桥和江阴长江大桥；也设计了世界排名前10位的跨海大桥中的5座，分别是杭州湾大桥、港珠澳大桥、青岛海湾大桥、舟山跨海大桥和嘉绍大桥。为了这些名列世界前茅的"中国桥梁"的成功建设，他和他的团队攻克了众多的技术难题，取得了多项自主创新成果，这些成果对推动现代桥梁的技术进步以及中国桥梁从世界大国向强国迈进发挥了重要作用。

铸造"中国桥梁"精品。"在我完成的多座特大桥梁科研设计中，让我挂念最重、投入最多、最难以忘怀的还是苏通大桥。"张喜刚深情地表白。

据介绍，斜拉桥是一种现代桥型，到20世纪末，世界上最大跨径的斜拉桥是主跨890米的日本多多罗大桥。那个时候，我国最大跨径的斜拉桥是主跨628米的南京长江二桥。随着跨径突破千米，桥梁构件更高、更长、更柔，结构受力行为也更为复杂，千米级斜拉桥的结构体系、设计及施工控制核心技术，成为代表新世纪世界桥梁工程技术的第一制高点。

当张喜刚作为苏通大桥总设计师接受这个任务时，还不到40岁，他带领的科研设计团队的平均年龄也只有30多岁。面对千米级斜拉桥这一巨大的技术挑战，国内外同行曾经用怀疑的眼光打量过他们：这支年轻的团队是否有能力担当如此重任？面对这样的质疑，他坚定地对他的团队说："也许我们现在还没有世界一流的技术和经验,但是我们绝对要有世界一流的工作态度和精神,只要我们深入研究、严谨分析、仔细验证、精心设计、勇于创新,我们就一定能够站在前人的肩膀上实现跨步发展,就一定能够创造'中国桥梁'新的奇迹!"

在国家科技支撑计划等研究计划的大力支持下,针对千米级斜拉桥的世界级关键技术难题,作为"千米级斜拉桥结构体系、设计及施工控制关键技术"科研项目的带头人,张喜刚带领由13家单位、200多名科研人员以产—学—研模式组成的科研团队,开展了为期8年多的科研攻关和工程验证。而在一系列的科研攻关难题中,千米级斜拉桥的结构体系是摆在张喜刚和他的团队面前的首要技术挑战。

桥梁结构体系就像是人体的骨骼系统,在寿命期内它的可靠性直接关系到桥梁总体设计、结构安全和使用功能。以张喜刚为首的中国桥梁设计科研人员,在对已有的多种传统结构体系进行了系统的分析研究后发现,在跨径突破千米之后均存在静、动力作用效应无法协调的突出问题。

为了解决这个关键技术难题,经过反复的研究和分析验证,他们基于利用弹性约束控制结构静力响应、附加阻尼控制结构动力响应的理论,在国际上首创了一种能保证桥梁静、动力响应相互协调的新型组合结构体系,并创建了一整套设计方法和关键参数,开发了相应的装置系统,解决了千米级斜拉桥结构体系的核心技术难题。这种新型体系及关键装置,经过了国际上权威阻尼器制造商美国 Taylor 公司的全面测试并给予了高度评价,认为具有重大创新并具有极大的推广价值。

除此之外,八年中他们还陆续攻克了新型结构及特殊设计方法、大型深水群桩基础施工控制技术、千米级斜拉桥塔梁索施工控制技术等技术难题,最终一举攻克了斜拉桥跨径突破千米的技术"瓶颈",为千米级斜拉桥的首次成功提供了强有力的技术支撑。他们的研究成果共获国家授权专利20项、软件著作权3项、国家级工法4项。作为第一完成人,张喜刚和他的团队一起荣获了国家科学技术进步奖一等奖。

形成的自主创新成果,也得到了国内外著名桥梁专家的高度评价。国际桥梁与结构工程协会前主席、世界著名桥梁专家伊藤学教授和克劳斯先生分别评价认为:"针对千米级斜拉桥的众多世界级技术难题,研发的关键技术成功地应对了这个创纪元工程的技术挑战""这些技术代表了世界斜拉桥技术的最高水平"。国内外著名桥梁专家一致认为,"苏通大桥提升了中国桥梁技术在世界工程领域的地位，代表了当代中国桥梁建设的最高水平，引领了世界桥梁建设技术的跨越，是世界桥梁建设的里程碑工程"。科技部原部长徐冠华院士赞誉"以苏通大桥为代表的中国桥梁建设是我国自主创新的一面旗帜"。

2008年，苏通大桥被国际桥梁大会授予"乔治·理查德森"大奖，这是我国首次获得国际桥梁大会最高奖项的桥梁工程。2009年，苏通大桥工程设计荣获国庆60周年"十佳感动中国工程设计大奖"，与大庆油田、人民大会堂、载人航天发射场等共获殊荣。2010年，苏通大桥又荣获了美国土木工程师学会颁发的2010年度"杰出工程成就奖"，这是我国工程项目首次获此殊荣。

把"中国桥梁"品牌做得更强。张喜刚在特大桥梁设计、科研专业领域所取得的突出成绩，特别是苏通大桥的成功建设，给他带来了多项荣誉：先后获得了"中国交通建设十大桥梁人物"、"交通运输行业十佳科技杰出成就奖"、"交通运输行业十佳优秀科技创新团队"带头人、"交通青年科技英才"、"茅以升桥梁青年奖"、首届"十佳全国优秀科技工作者"等荣誉称号。

"不管是过去还是现在，桥梁设计与科研工作几乎是我工作和生活的全部。"张喜刚常对年轻的工程师们说："一名桥梁设计师要有扎实深厚的理论知识基础，严谨求实的认真态度；要有立足工程一线、脚踏实地的工作风格；更要有不断探索、勇于突破的科学精神。中国桥梁技术的发展壮大离不开几代人不断的自主创新和突破，只有创新，才能发展。"

谈到中国的大桥建设，张喜刚说："中国需要的不仅是总设计师，还需要有一大批在国际上有影响的各类桥梁专家，当前我们更需要有一大批技术人员能沉下心来做学问。"

作为第一编写人，张喜刚还主持完成了《公路桥涵地基与基础设计规范》《公路钢结构桥梁设计规范》《大跨度斜拉桥平行钢丝斜拉索》《大跨径预应力混凝土连续梁桥设计施工技术指南》和《公路桥梁和隧道工程设计安全风险评估指南》等交通行业标准，对于促进科技成果转化、促进行业技术进步发挥了重要作用。

现在，张喜刚除了继续坚持深入工程一线承担重大的桥梁设计和科研任务外，在他心中分量更重的是一种追求超越的责任感和使命感，那就是如何才能准确地把握世界桥梁技术的发展方向、占领技术高峰，如何才能带领这支光荣的团队实现跨越式发展，如何才能把"中国桥梁"品牌做得更强。

"结构有形,梦想无限。"谈起未来,张喜刚总是激情满怀:"展望未来,'中国桥梁'品牌的发展壮大还有很长一段路要走,还有很多关键技术问题需要突破,中国桥梁科技工作者也还有很多更加绚丽的'中国桥梁'梦要去实现!我希望,我们能够很快解决百米深水基础、强震台风所带来的技术挑战,建造琼州海峡大桥,把祖国的海南岛和内陆连接起来;我也希望,不久的将来在渤海湾能看到我们建造的长达100多公里的海上长桥,把祖国的辽东半岛和胶东半岛连接起来;我更希望,'中国桥梁'品牌永远站在世界竞争的最高领奖台上!"(来源:【中华英才半月刊】)

王争鸣

王争鸣,男,汉族,1957年9月生,籍贯中国安徽省全椒县,西南交通大学交通运输工程专业毕业,工程硕士学位,1982年7月参加工作。中国共产党党员,教授级高级工程师,中国注册咨询工程师,全国工程勘察设计大师,中铁第一勘察设计院集团有限公司董事长、院长,西南交通大学西安校友会会长。王争鸣主持了青藏、京九等40多条长大铁路干线的勘察设计和重大技术决策,负责主持和参与完成了全国铁路编组站及西北各省铁路网的规划工作,负责主持完成了京沪、武广、哈大、郑西、兰新第二双线等多条高速铁路的重大技术工作,形成了在各种复杂地形环境条件下修建高速铁路的一整套独特的设计理念和指导思想。王争鸣还主持开发了几十项科研课题和软件研发工作,曾获得国家科技进步特等奖、优秀设计金奖、软件金奖等,为中国铁路事业的发展做出了突出贡献。2013年,王争鸣获国际咨询工程师联合会(FIDIC)百年庆典大会颁发的"全球百年杰出咨询工程师大奖"。

"三技治企"13年。从危机重重到欣欣向荣,王争鸣和中铁第一勘察设计院集团有限公司(以下简称铁一院)共同走过了13年。RT轨道交通杂志的这次专访,让王争鸣的思绪回到了为之奋斗的从前。虽然一路遇到的问题几乎无前例可循,但他和团队一起奋斗至今,铸就了铁一院崛起之路上一段又一段最精彩的故事。13年后,听王争鸣复盘这一段往事,任由市场风云变幻,我们发现这些依旧值得借鉴。

从临危受命到不辱使命。时间倒推至2004年年末。这一年,47岁的王争鸣正式出任铁一院院长。奉命于危难之间，王争鸣接手时的铁一院正处于一个反思的时间节点。经过市场几轮洗牌，放眼整个行业，铁一院人猛然发现已比同行落后了许多，要付以行动奋起直追，他们需要一个好的带头人，这是当时铁一院人的共识。

"2004年是我面临最大挑战的一年，一方面举世瞩目的青藏铁路设计工作正值高潮，另一方面铁一院在各大项目投标中屡投不中，技术骨干队伍外流，企业的发展面临重重困难，面对这样的形势，组织安排我到铁一院工作，从内心来说，起初我还是有一些想法的。后来上级组织领导找我谈话，谈到了共产党员的党性修养，讲到了共产党员就得到组织最需要的地方去，这些话对我的触动非常大，也促进了我下定决心来一院工作。"

"没有活干，人心就散了。找到症结所在，唯一能解决问题的就是开拓市场。我把自己的思想和班子成员做了交流，把干部队伍的情绪稳住，没做任何岗位调整，先全力以赴承揽市场"，王争鸣坚定地说，"当时所作的就是主动出击，寻找出路，我心中只有一个念头，拿到设计项目"。

那段时间，他很少待在西安，而是频繁奔波于市场一线。"我不停地拜访业主、专家，与他们交流设计理念、设计方案，让行业重新看到铁一院的实力和决心，让市场重拾对我们的信任。"王争鸣回忆到。

不到一年时间，王争鸣顺利带领全院在相继拿下郑西、哈大高铁等项目后一举扭转了投标屡次不中的颓势，为后续开展城市轨道交通建设、实现非传统区域市场开拓打下了坚实的基础，也重树了铁一院人的自信心。

"铁一院是有着悠久历史的大型科研单位，没有努力了还做不好的理由。"即便在当年最艰难的时刻，他对铁一院未来依然满怀乐观。通过全院的共同努力，铁一院重新回到了交通勘察设计行业国家第一梯队的序列，奉献出了青藏铁路、秦岭隧道群、哈大、郑西、兰新高铁等诸多优秀作品。其中青藏铁路和秦岭隧道群更是成为保护生态环境，践行绿色设计理念的"中国代表作"，在国际工程咨询界享有极高的美誉度。

坚持"三技治企"理念，全方位提升技术实力。渡过危机之后，想保持企业的基业长青，就要从建章立制入手，形成推动企业进步的良好机制。

王争鸣刚接手时的铁一院虽然历史悠久、技术力量积淀较为深厚，但也有老国企通病——包袱沉重、机制僵化。经过调查研究，王争鸣发现，设计理念没有跟上前沿、治企理念不能与时俱进等主要问题，是造成企业竞争力不强、影响发展的关键所在。针对上述症结，王争鸣在实践中开出

·311·

了药方,提出"技术支撑经营、技术节约成本、技术提升管理"的"三技治企"理念。

工欲善其事,必先利其器,在市场竞争中,企业对自己的"武装"是制胜的关键,王争鸣的第一步棋,是全方位提升铁一院的技术实力。

长居技术管理岗位的王争鸣,有着丰富的工作经验,被同事们视为院里的技术灵魂。"想获得市场的信任,首先要拿出高水平的技术方案,而这恰是当时铁一院最薄弱的地方。屡投不中的病根在于没有抓住关键决策点、关键专业的协调配合及把握项目总体性,要想改变,要从这些方面提高投标文件的质量。"

"大家的心思要回归到技术上来。"王争鸣带领着团队,从源头上对各项目做好严密把控和充分论证。在各级不同专业总工程师团队多堂会诊的基础上,以优质的方案比选、严密的技术论证做好设计前的研究工作,并将科学合理的生产组织、高效优质的技术服务贯穿于项目建设的始终。

"青藏铁路克服了多年冻土、生态脆弱、高寒缺氧三大世界难题;建设兰新高铁穿越600千米大风区,我们首次提出防风工程设计分区理念;哈大高铁道岔融冰等技术都是依托经验的不断积累而做出的创新之举。对这些特殊地质条件,特殊工况下的工程认识、处理方法,我们的实践经验越来越丰富,理解也最越来越深刻。"

充分发挥在沙漠铁路、高原冻土铁路、山区长大隧道等方面积累的既有优势,并不断取得创新,让铁一院走在了国际技术前沿。阿联酋、巴基斯坦、俄罗斯等国家的业主和设计咨询企业纷纷慕名而来,并广泛开展技术交流,签订战略合作协议。

王争鸣对铁一院取得的成果如数家珍,对行业发展也有深刻洞见。他坚信,这些颇具分量的"软实力",不仅可以帮助铁一院在业内树立良好的口碑,还将进一步拓宽企业未来的发展道路。

偌大的企业不可能只靠一个人的热情和能力就发展好,王争鸣非常注重通过制度实施,不断健全保障工程质量、安全的有效机制,通过责任机制、考核机制、设计终身负责制、奖励机制的有效落实,增强员工的责任意识,从制度上降低因为设计的失误而带来的风险,确保工程建设的顺利推进和平稳可控。

"只有设身处地为员工着想,员工才会时刻为企业着想。"王争鸣把这个朴实的道理想得明白、落到实处。十几年来,铁一院发展形势向好,王争鸣先后提出了一系列改善员工福利待遇的举措,让员工越来越安心,越来越自发地为企业的发展贡献着自己的智慧和汗水。

守住西北市场,同时走出去。铁一院地处西安,是国家"一带一路"倡议中着力打造的"内陆型改革开放新高地"核心地带,肩负着西北铁路的设计任务。"当年设计兰州到乌鲁木齐铁路方案时,争议较大。部分人主张是货运通道,我当时的观点是,货运量一定会随着国际贸易机会增多而增大,修一条客运专线,把既有的兰新线做成主要的货运通道,需要的时候可以扩容。"这个设计方案被采纳并为后期开通国际列车奠定了很好的条件,为国家发展"一带一路"奠定了很好的基础。

因西北客运线路建设量并不多,所以西北市场本身并不大。王争鸣认为,铁一院必须树立忧患意识,守住西北市场,同时还要走出去。走出国门,走出区域,走出原有领域,积极拓展海外市场和城轨领域。

作为"一带一路"倡议的积极响应者和中国高铁技术的领跑者,铁一院充分利用自身优势,广泛开展国内丝绸之路经济带沿线主要城市轨道交通规划及铁路枢纽研究工作,深入进行"一带一路"沿线国家基础设施互联互通项目研究的同时,并且积极响应国家"走出去"战略号召,以竞标方式先后获取了斯里兰卡南部高速公路咨询监理、秘鲁利马地铁2号线综合监理等产业链高端咨询项目,实现了中国工程咨询企业的突破。

凭借多年在铁路、地铁、特长隧道等方面积累的技术积累,铁一院在国际咨询工程师联合会(FIDIC)成功实现四连冠并斩获6项大奖,成为获奖最多的中国咨询企业,向世界展示了中国咨询领军企业的风貌,树立了中国铁路企业"走出去"的典范。王争鸣本人,也在2013年,获得国际咨询工程师联合会(FIDIC)颁发的全球"百年杰出咨询工程师大奖",成为全球获此殊荣的六位人士之一。

技术占有市场,就要做出自己的特色。多年来,铁一院先后进入北京、上海、天津、重庆等二十多个城市,进行轨道交通项目的前期研究、勘察设计总承包、设计、咨询和监理工作,积累了丰富而宝贵的实践经验。"围绕着建设过程中的质量和安全问题,我们采取了一些新的工艺工法,取得了非常好的效果,做出了我们特色的东西。"谈起铁一院设计的特色项目,王争鸣几乎不假思索,信手拈来。

西安地铁2号线是国内首次在黄土地质条件下修建的地铁工程,在建设及运营过程中,铁一院通过系统研究,提出了一整套综合技术方案,克服了地裂缝、文物保护及黄土地层等技术难题，开创了国内外在此类场地建设地铁的先例。

"兰州轨道交通1号线是国内首座穿越黄河隧道的地铁工程，面对的是被国内工程界称为'世界性难题'的高水压、强透水、弱胶结、高硬度巨厚卵石层地层。为此，我们成立了由梁文灏院士领衔的技术专家组，历经数年攻关，成功攻克了黄河隧道工程总体方案选定、盾构设备选型及施工控制技术、黄河隧道支护及防水技术、深大竖井修建技术、黄河隧道防灾救援及运营安全状态研究等多项关键技术，确保了穿黄隧道安全顺利贯通，也为国内外各类水下隧道工程建设提供了有益的技术借鉴。"

每个项目面临的问题都不尽相同，很多问题更是史无前例，在王争鸣治企理念带领下的铁一院人坚信，独立自主，继承创新，只有依靠自己才能最有效解决设计中出现的问题，并形成自己的核心竞争力。乌鲁木齐轨道交通1号线安防系统是国内地铁行业首次把安防设计设置成一个独立系统，通过"技防、物防、人防"等多种安全防范措施，构建了目前国内轨道交通行业标准最高、系统构成最完备的安全防范体系，在行业内具有标志性意义。

作为南宁地铁5号线总体设计单位，铁一院针对通信信号、综合监控、车辆选型、RAMS指标分解、场景分析、专业接口等技术难题开展系统研究，初步建成了全自动驾驶线路的各系统设计标准体系，为将其建设成为国内最先进的全自动驾驶线路奠定了坚实的基础，为国内地铁设计单位在全自动驾驶线路的建设方面积累了丰富的经验。

"技术占有市场。科技型企业只有技术过硬，通过技术降低成本，提高管理才是正道。"多年来王争鸣一直坚持这个观点，并带领全院职工一直孜孜不倦地践行。

紧跟前沿技术，建设国家重点实验室。经多次向上级单位申请，年满60岁的王争鸣从岗位上退了下来，他期望尽早把担子移交给年轻同志。铁一院13年的工作经历，正值他一生中的黄金时期，这段时间王争鸣将其称为"影响最大，记忆最深刻，感情也最深的奋斗岁月。"退休后的王争鸣没有去享受清闲，而是不改当初抱负，做出了一个决定，留下来继续主管轨道交通工程信息化国家重点实验室。

王争鸣现在的工作重心在实验室，主要精力就是聚焦信息感知、协同建造、智能轨道交通三大研究方向。这几项工作共同的着眼点，都来自他对中国轨道交通前途的预判与担忧：我国轨道交通行业在工程信息化技术的研究和应用上，起步较晚，已经明显落后于国外发达国家。现在建成的众多铁路，城市轨道交通线路，信息管理是碎片化的，大数据的集中处理根本没有实现。随着技术的发展，轨道交通一定面临智能化的问题，我们要围绕着轨道交通信息化技术，把握轨道交通整个市场的发展方向。

未来的运营如何做？预防地震的问题怎么解决？怎么进行安全管理？乍一看，这些似乎超出了设计该关心的范围，而在王争鸣眼里，设计恰恰是应该从"结局"入手。

"这些问题都要依靠信息化的技术来完成。所以，我们只是提前进行了一些思考，并把研发成果通过设计手段融入工程里。"实验室目前在研国家及省部级课题10余项，开展自主课题研究23项。2016年3月，实验室编制完成了《轨道交通工程信息化国家重点实验室建设与运行实施方案（2016—2020）》，并通过国家科技部审查。

"信息化的方向一定是正确的，但很多成果落实难度较大，我也多次在业内呼吁，全行业共同来努力推动。实验室就是要起到行业引领的作用，这个事儿一定要有人来琢磨，有人去做。"

实验室的长远目标是要面向现代轨道交通技术发展的重大需求，系统发展轨道交通工程信息化的理论方法和技术体系，研发新一代天空地一体化的综合感知，自动化智能化的群体协同建造，智能轨道交通系统全生命周期工程应用等高科技成果，并形成标准规范体系，引领和带动轨道交通行业的技术进步。

设计影响着现在，更决定着未来。对于这个行业，王争鸣的思考仍在继续。

因材施教，培养真正的设计者。在轨道交通勘察设计行业，人才稀缺现象普遍。懂技术、精管理、通商务、熟法律的复合型人才更是难求。"我觉得不是人多就能把工作做好，而是如何调整结构，提高效率，培养人才，挖掘潜能的问题。"王争鸣对于持续促进企业良性发展、加快人才培养的决心坚定如初。

在王争鸣看来，人才的培养在于因材施教，有的放矢。

针对年轻人，积极推行"院专业技术带头人或处副总工＋成熟骨干人才"的"双导师制"，可以有效加快新员工成长成才。

通过压担子、搭平台等方式，针对业务突出的青年人才的特点，让其发挥各自优势和强项，可以以工程和科研项目锻炼，促进骨干人才的成长。

以院士、大师为引领，充分利用高端科研创新平台，以突破项目中遇到的技术难点和开展科技创新研究为契机，可以加速高端人才选树。

实施"海外优才"计划，持续培育海外业务精英。积极建立海外人才库，充分利用现有项目平台，采取轮换形式，广泛、深入参与国际项目实践，可以加快培养一批具有国际视野、熟悉国际规则的开放型海外人才。同时通过选派员工前往国际知名工程咨询企业开展学习访问，可以加速与国际接轨人才的培养。

目前铁一院已培养出中国工程院院士1人、全国工程勘察大师7人、中央候补委员1人、全球百年杰出咨询工程师1名、首届中国"杰出工程师"1名、国务院政府特殊津贴获得者27人、"百千万人才工程"人才2人、省部级专家50余人，教授级高工300余人，高、中级专业技术人员2500余人，集中了一批在国内勘察设计行业具有影响力的领军人物和拔尖人才。他们让王争鸣深信，铁一院的未来充满希望。

到没有脚印的地方去。王争鸣从事勘察设计的三十五年，正值中国改革开放大发展的时期，在他的职业生涯中，始终是怀揣着一种激情在工作，而且，至今这份情怀仍然在继续。

十三年执掌帅印，王争鸣被同事们称为"改变铁一院命运的人"，他本人坚持认为这是团队的力量。而作为管理者，他只做了两件事：把握方向和团队建设。我相信这是他的肺腑之言。

十多年前，到铁一院报到的第二天，王争鸣组织召开了第一次班子会。会上他掷地有声的表态："铁一院能不能发展下去，班子要负主要责任；而班子有没有战斗力，能不能形成合力，我负主要责任。"让王争鸣感到非常自豪的是，多年来铁一院的领导班子非常团结，大量中层干部自觉融入氛围当中，凝结成众志成城的坚强力量。

知人善任，懂经营、善管理，更重要的一点是，具备敏锐的市场嗅觉、独到的眼光，具有长远的视野、深邃的思考，能看清行业未来的发展方向，找到企业要走的路。王争鸣将他的这些特质在铁一院的工作，得到了充分发挥。

"当年在京沪高铁勘测期间，我担任徐州到上海段的现场指挥长。六百多公里，我是一步一步走过去的。别人看着辛苦，我却自得其乐。搞工程的人，关在家里闭门造车是不行的，工程经验不是坐在办公室里想出来的。"在他最初十几年的职业生涯里,他深刻地实践着"深入一线、倾力做事"的真谛,这对于他日后掌舵一个庞大的企业、面对激烈的市场竞争,作出敏锐的判断,这段经历依然有着非常重要的意义。

有脚印的地方才是路。但王争鸣坚信,更好的路是在没有脚印的地方延伸。"我们搞勘测设计的人一生中最大的收获,就是苦中有乐,走别人没走过的路,看别人看不到的风景。这就是生活,挺好的!"

王争鸣代表了一大批中国典型工程技术人员的成长历程,更是在亲历我国铁路成长、腾飞的全过程中,经历了从专家到企业家的深刻转型,在不断践行体制改革与管理创新的矛盾和进步中,他有着自己的看法并做出了积极的努力和超前的谋划,在铁路建设渐于平缓的当下,他所提出的"机遇型向能力型转变""两大建设""三次创业""强本固基""三技治企"等极具感召力的治企理念,得到了广大干部职工的广泛认同和自觉实践,为中国企业的长远可持续发展提供了极具现实的借鉴意义。

有媒体这样评论他:他是一位真正的耕耘者,当他还是一名默默无闻工程师的时候,就已经具有颠覆权威的胆识;当他名满路域,却仍然专注于自身。渊博求精使他专注于行业,从一名野外勘测队员一步步成长为全国工程设计大师;甘受寂寞使他淡泊于名利,由一名技术专家成长为中国勘察设计行业的"十佳管理企业家"。他懂得付出,所以他收获富足,他毕生的梦想,就是让交通造福亿万大众。

在中国轨道交通发展的历史上,王争鸣和他们这一代勘察设计人,以自己的方式诠释着对轨道交通行业的理解,在没有人走过的路上,留下了一串串坚实的足迹。(来源:RT轨道交通)

殷永高

殷永高,教授级高级工程师,现任安徽省交通控股集团有限公司副总工程师、池州长江公路大桥现场指挥部副指挥长,负责马鞍山长江大桥、望东长江大桥、池州长江大桥的建设及科研工作。历任安徽省公路勘测设计院桥梁室副主任、安徽省高速公路控股集团有限公司建设处总工程师、安徽省华运工程设计有限公司总工程师。

曾荣获安徽省科技进步奖一等奖1项、二等奖2项、安徽省公路学会交通科技进步奖特等奖、中国公路学会科学技术特等奖1项、二等奖1项、第四届全国公路科技创新高层论坛优秀论文奖和"第五届中国公路百名优秀工程师"荣誉称号,2009年获得安徽省享受政府特殊津贴人选,2014年获得享受国务院津贴人选。主持的马鞍山长江公路大桥获得第33届国际桥梁大会(IBC)乔治·理查德森奖及2016年中国建筑工程优质奖鲁班奖。

是大桥,更是艺术。2008年12月—2013年12月,五年,江上通途,一个从无到有的跨度。从过去的一纸宏伟蓝图,到如今的一道真实风景,马鞍山长江大桥终于在"千呼万唤"中迎来通车"光荣日"。

这是一座跨越天堑的通行之桥,是一座攻坚克难的科技之桥,是一座精雕细琢的艺术之桥,是一座品质过硬的百年之桥。从构想之初,到通车之时,无数人为其倾注无尽的心血和汗水。对于省高速公路控股集团有限公司大桥建设管理部部长、马鞍山长江大桥现场指挥部总工、项目办主任殷永高来说,更是如此。

"我们因为这座大桥而深感自豪!"12月11日,殷永高在接受记者专访时的这句"结束语",也道出他对马鞍山长江大桥的独有情愫。当天,他带着记者们直驱上桥,先行体验了一次"跨越之旅",一路走、一路看、一路介绍,也一路回顾和展望。

一桥通,全盘活。2004年,省政府明确省高速公路总公司作为马鞍山长江大桥的项目业主之后,殷永高便开始了他与马桥历时9年的"长跑"故事。

在他看来,位于安徽东大门,紧靠发达省份江苏,作为全省龙头城市之一的马鞍山确实应该有一座属于自己的长江大桥,而且应该勇敢地挑起"皖江第一桥"的重担,"安徽省要和长三角无缝对接,马鞍山就是一个关键,马鞍山大桥更是关键中的关键。"

"一桥通,全盘活",这"关键"从何说起呢?"作为国家发改委2004年的编制规划、国务院通过的70座长江过江通道之一,马鞍山长江大桥在区域路网中,也是不可或缺的一环,它是交通部编制的《长江三角洲地区现代化公路水路交通规划纲要》中上海—江阴—马鞍山—合肥高速公路的重要组成部分,也是《促进中部地区崛起公路水路交通发展规划纲要》中马鞍山—和县—武汉高速公路的重要路段。"殷永高介绍,而在安徽省路网中,马鞍山长江大桥是安徽省"四纵八横"高速公路网中"纵一"徐州至杭州高速公路、"横七"南京至九江高速公路合肥至马鞍山联络线跨越长江的关键工程。"尤其是2011年全省行政区划调整之后,马桥的意义也就更加显现。"

将眼光收回至马鞍山,"过江更方便了",这是许多人共同的期盼。而随着马鞍山长江大桥今年8月6日的全线贯通,殷永高已经"快人一步""享受"了这一便利,"以前从马鞍山回合肥要2个小时20分钟左右,现在是1个小时40分钟。"这可是他盯着手表认真测算出来的结果。"马鞍山的纬度略高于芜湖,马鞍山、合肥、芜湖,这三个城市在地图上是一个三角形,以前我们走的'马鞍山—芜湖—合肥'线路事实上是一条曲线,而随着马鞍山长江大桥的建成通车,这一线路将被'拉'成一条直线。"殷永高说。

与此同时,从合肥到上海也将更加方便。殷永高介绍,当前,从合肥到上海要么从南京三桥上沪宁高速,要么从芜湖大桥过宣城再到上海,马桥通车后,这两个城市之间将有第三条线路,而且这条线路也最宽敞、最快捷。

"未来,有两个大交通枢纽都在马鞍山境内,一个是马鞍山南互通,另一个是姥桥;届时马鞍山的知名度也将进一步提高。"殷永高透露。

一桥立,景更秀。作为皖江第四座跨江大桥,马鞍山长江大桥从动工至今,几乎每一个施工阶段的成功都伴随着世界级技术难题的攻克,不断刷新着世界桥梁建设纪录:大桥主跨度世界同类桥梁位居第一,左汊主桥首次实现三塔两跨悬索桥跨径由百米向千米的重大突破,中塔钢混叠合规模世界第一,左汊悬索桥主缆长度创下世界同类桥梁之最……

"世界第一",这是许多人想到马鞍山长江大桥时的第一反应,可殷永高却给出了"别样"的答案。"事实上我们不提倡世界第一,我们提倡科技含量高,能解决问题。比如说左汊主桥所采用的三塔两跨桥型,它有效结合了马鞍山桥的实际情况,在国际上也是领先的。"殷永高说。

"桥能满足人们到达彼岸的心理希望,同时也是使人印象深刻的标志性建筑,并且常常成为审美的对象和文化遗产。"日本著名桥梁学者伊藤学教授在他的《桥梁造型》一书中提到的这段话,让殷永高深受影响。

马鞍山是安徽东大门,马鞍山长江大桥也是皖江第一桥,未来将有大量过境车辆,怎么在满足通行功能的同时提升安徽形象?这是殷永高曾经反复思量的一个疑问,最终,他想到了一个切入点——尽显"安徽特色"的"文化之桥"。

"在桥梁布局上,我们充分体现了徽派风格,马鞍山长江大桥的规模在全国不算最大，但在它之前的大桥，或许规模、气势、科技等方面都有非常值得称道的地方，但在文化方面都略显不足。"殷永高说。所以，大桥指挥部结合安徽和马鞍山特色，在长江上设计并建造了一座"艺术桥"，也使八百里皖江从此再添一道独有景致。

从市区经互通驶入大桥连接线，一路向西，不多时，一道"红色风景线"映入眼帘，这里是大桥右汊。这是国内首座拱形塔三塔两跨斜拉桥，也是马鞍山长江大桥的一处不可多得的闪光点。当大家都立足右汊桥面感叹"赏心悦目"时，其实并不知道这三座拱形塔"背后的故事"。"用混凝土做出来的拱形塔在全世界都没有先例。提出这个想法之后，施工单位在试验阶段就用模板一节一节拼，但在接头处总会'拐一下、拐一下、再拐一下'，不够美观。后来花了一百多万做了一个1:10的模型设计，发现做好后局部地方出现了裂缝。我们又不断优化设计，提升工艺，为此我们还邀请建筑模板厂家一起参与，最后终于研发出可调曲率液压爬模系统，使模板在不同节段可以自由调整曲率。"殷永高说，"很多事其实并不难，只要你愿意去想。我们想到了，也做出来了，我们就创新了，并且做成了国内第一。"

"日出江花红似火，春来江水绿如蓝"，唐朝诗人白居易笔下的诗情画意其实也是殷永高对马鞍山长江大桥的美好期许，"右汊的'主打色'中国红与不远处的采石矶遥相呼应，无论站在右汊看采石矶，还是站在采石矶看右汊，都将是一种心旷神怡的享受。"

继续向西，行至左汊主桥，眼前是一座座耸入云端的白色高塔，和一直延伸向前的如蟒通途，隔着江面上的一层薄雾，恍若有种"在云间通行"的感觉。这里不是云间，这里是马鞍山长江大桥左汊主桥桥面，也是整座大桥艺术气息最为浓厚的地方。

"左汊主桥的桥塔采用了古朴素雅的古典造型，看上去高大威武，在桥塔横梁的设计中，我们还借用了徽派建筑中牌坊的各个元素，使桥梁更具地域文化特征。"殷永高介绍。

一桥起，树百年。站在左汊抬头仰望，高大恢宏的桥塔直入天际。如果近距离观察、接触，感受到的是光滑细腻的质感，丝毫没有钢筋混凝土的影子。脚下的路面也同样如此，当项目部将沥青铺装当作一门精细的"手艺活"来干的时候，它呈现的就是精益求精。

马鞍山长江大桥是按百年寿命设计。对无数大桥建设者而言，这不是标注在设计图纸上的一句简单注释，而是一个承诺，一个重若千斤的承诺。

"为了这个百年承诺，我们视质量为生命，勇于创新敢为人先；为了这个百年承诺，我们也视工程为艺术，科学操作精心雕琢。"采访中，殷永高也向记者道出了这个百年承诺背后的故事。

"标准化管理"，交通运输部大力推行的这一管理体系也全程随着马鞍山长江大桥的建设成长。"指挥部根据建设的阶段性目标，每个参建单位、部门和岗位角色所承担的工作以及相应的功能要求，制定规范的管理流程，并通过流程来协调关系、规范行为，同时对现场的施工质量与安全进行有效监管。"殷永高说。同样为大桥质量提供"硬保障"的还有信息化管理。殷永高介绍，指挥部组织了一个管理集成系统，基于信息集成提出了目标要素、管理组织、全寿命周期集成的管理方法，这就有效避免了管理过程中的"组织分隔"、"过程分离"、"技术屏蔽"与"信息孤岛"现象。

"在建设过程中，我们对每一根桩基、每一节塔柱、每一根立柱、每一处箱梁等细小构件的质量情况都会进行全过程的跟踪关注，建立'质量档案'，记录'质量动态'，以确保品质过硬。"殷永高说。

除了系列管理体系作依托，殷永高在采访中还多次提到了"团队的力量"，在他看来，大桥不是一个人建成的，如何将这一个个世界级的技术难关攻克，团队合作至关重要。

马鞍山长江大桥所处地形特殊，既有地面施工又有江面施工，很多常规的悬索桥建设方案并不适用，尤其是江面下的地质基础复杂，困难重重。例如，有些地段岩石裂隙严重，钻岩时容易产生"S"形孔，这对整个施工质量及进度都产生了严重影响。如何解决？指挥部立即组织人员进行研讨，并组织技术人员进行攻关，经过近一个月的探索，大家认为"S"形孔产生的主要原因与地质情况复杂和施工工艺不完善有关，于是果断采取系列措施：根据各钻机、各孔位的实际情况，适当配置稳定器，以便改善成孔垂直度；加强钻井过程监测力度；入岩后整个钻进过程按照"进二退一"流程进行……

"实践证明，这些办法都非常有效，困扰项目部很长一段时间的难关终于被攻破，这靠的就是大家的精诚合作。所以我们在项目调度中，遇到一个问题，会把负责标段和相关标段的负责人一起请来，共同商讨，集思广益。"殷永高说。

翻阅马鞍山长江大桥网站记录不难发现，五年来，这座大桥吸引了多个参观团的到来。而这五年，殷永高也在最初的江堤边、如今的桥面上作了无数场"解说"。"国内除了台湾和澳门，其他有建桥需求的城市都来了，'国际友人'到访的也不少。对于我个人而言，虽然过程艰辛，但我非常荣幸能参与它的建设全程。"殷永高说。（来源：《马鞍山日报》）

包起帆

包起帆，男，汉族，浙江省镇海市人，中共党员，享受国家特殊津贴，高级工程师，上海国际港务（集团）股份有限公司副总裁。包起帆是一名从码头工人成长起来的教授级高级工程师，长期在港口生产一线从事物流工程的研发工作。致力于港口装卸工具的发明创造20多年，开发了新型抓斗系列共140多种，广泛应用于港口、铁路、化工、军工、河道等行业，多次在日内瓦、布鲁塞尔等国际发明展览会上获得金奖和银奖，"防漏散货抓斗"等9项成果获国家专利，被誉为"抓斗大王"，并被英、美两国国际传记中心分别列入《国际知识分子名人录》及21世纪金质成就奖。曾获全国劳模、"五一劳动奖章"等荣誉称号。他是党的十四大、十五大、十六大、十七大代表。2009年，包起帆被评为感动中国人物。

包起帆开通了中国水运史上第一条内贸标准集装箱航线，提出并在世界上首次实现了公共码头与大型钢铁企业间无缝隙物流配送新模式。他领军发明的集装箱电子标签系统上升为国际标准，于2011年由国际标准化组织正式发布。包起帆与同事们共同完成了130多项技术创新项目，其中3项获得国家发明奖，3项获得国家科技进步奖，43项获得省部级科技进步奖，36项获得巴黎、日内瓦等国际发明展览会金奖，授权国家和国际专利49项。他连续5次获得全国劳动模范，2次获得全国"五一"劳动奖章。2004年5月，他和同事们发明的《上海港集装箱智能化管理创新技术》等项目在巴黎国际发明展览会上一举获得三枚金牌，这在巴黎国际发明展近百年历史上是绝无仅有的。他负责上海港外高桥港区四期、五期等大型集装箱码头的建设，并成为多项国家级技术创新项目的领头人。

这位从码头走出来的科学家，一直在创新路上深耕不辍。改革开放40年，给中国工人带来了发展的好机遇，也搭建了建功立业的大舞台。全国劳动模范包起帆——这名从码头工人起步，以非凡毅力坚持创新，用创新劳动成果为"解放"码头工人、推动港口生产力发展做出特殊贡献的劳动者，就是这 40 年来工匠精神的杰出代表。现年 67 岁的包起帆履历丰富，做过码头装卸工、机修工，担任过上海国际港务（集团）股份有限公司（以下简称上海港）副总裁、上海市政府参事，现为华东师范大学国际航运物流研究院院长。不过，在他看来，"工人"才是自己永恒的底色。他将创新作为生命的动力，不断将创新转换为生产力。在创新道路上，他以"非主流派"的身份取得了令很多"主流派"也难以企及的辉煌成就——3 次获得国家发明奖，3 次获得国家科技进步奖，45 次获得省部级科技进步奖，36 次获得日内瓦、巴黎、匹兹堡等国际发明展览会金奖。

用抓斗改变了装卸工的命运。包起帆安排的采访日程和他出差临时居住的客房一样"局促"。在北京铁道大厦一间普通双人间客房里，他利用参加某科技项目评审会的间隙接受了记者的采访。厚厚的镜片下，他的眼神炯炯，透出特殊的亲和力，话题首先回到了 50 年前的上海港……1968 年，初中没毕业的包起帆成了上海港木材装卸公司的装卸工。他工作的地方，是上海港最大的运输木材、矿石的专业化码头。木材从美国、加拿大、北欧等地运来，细的直径有碗口那么粗，粗的直径足有一人高。包起帆和工友们装卸原木，都是拿着 28 毫米粗的钢丝下到船舱，把木头捆起来，再利用吊机吊到舱外去。人要在木材堆上爬来爬去。危险如影随形。他清楚地记得，从进港到 1981 年，短短十几年，他所在的码头死了 11 名工人，重伤和轻伤的职工多达 546 人。他举起留有疤痕的左手大拇指说："我有一次去挂钩，大拇指被木头卡在了吊钩上，钢丝松下来后才发现骨头都卡断了。"十指连心的疼痛使他产生一种本能的愿望：一定要摆脱危险、繁重的劳动！半工半读 4 年，1981 年，包起帆从上海第二工业大学毕业。正值改革开放初期，国家鼓励通过技术革新促进经济发展。

"大学毕业后，我就想，码头上的黄沙石子都能用抓斗来抓，那原木能不能用抓斗来抓呢？"他把想法跟一些老师傅讲了，他们说"抱歉不行"，1958 年就有人搞出了木材抓斗，但不能用，到 20 世纪 70 年代，也有工程师搞过，还是不能用，都被扔到废钢堆里去了。"你不搞我不搞，装卸木材还会死人。1981 年，我所在的码头死了 3 个人，3 人的年龄加起来没超过 80 岁。有一名工人 20 多岁就死了，领导让去送葬，我不忍心去。我想，与其到现场掉几滴眼泪，还不如好好动脑筋。"包起帆下决心要改变装卸工人的命运。他抽空就往新华书店、图书馆等地方跑，白天查找资料，晚上回到家里画图。辗转半年多时间，第一个木材抓斗终于从图纸变成了实物。

叉车第一次把抓斗送到码头，工人们都围上来看热闹，有人问："包起帆，你这个抓斗行不行啊？"当时国外也没有用在港口的抓斗，人们心里没底。"当看到抓斗把 12 米长的原木抓上来时，我的心都要跳出来，开心得不得了！"谈起往事，他难掩兴奋之情。木材抓斗搞好特别是装卸工艺革新之后，工人们摆脱了危险的作业环境。自此，上海港木材装卸码头再没发生过重大伤亡事故。然而从 1981 年到 1984 年，全国 9 个沿海港口因木材装卸作业死亡 14 人、重伤 64 人。如何才能扭转这种局面，交通部也一直在寻求解决办法。当时没有专业评估，事实就是最好的评估——一大捆一大捆的原木不需要工人就能够完成装卸。后来，交通部组织全国港口企业数百人到上海开现场会，介绍包起帆发明的抓斗；1984 年，又专门发文向全国港口推广。

木材抓斗搞好后，包起帆又把目光放在生铁抓斗、废钢抓斗上。一块生铁有三四十公斤重，全靠工人搬。生铁抓斗一下子就把工人的劳动效率提高了 8.8 倍。他发明的废钢块料抓斗，能像手指一样灵活。1993 年，废钢抓斗在法国巴黎国际展览会上获得金牌，评委称赞："他用一种非常简单的方法解决了要用复杂的方法才能解决的问题。中国人了不起！"哪里不安全、哪里成本高，就在哪里动脑筋。短短几年下来，包起帆发明了五六十种大大小小的抓斗。这些成果实现了装卸工艺流程的变革，使港口装卸从人力化迈向了机械化，不仅推广到了全国港口，还在铁路、电力、环卫、核能等 30 多个行业广泛应用，并出口到了全球 20 多个国家和地区。

开启中国内贸标准集装箱先河。改革开放为技术革新打开了一扇"门"，也为国企改革开启了一扇"窗"。20 世纪 90 年代，改革开放进入"瓶颈"，国有大中型企业普遍遇到了前所未有的困难，上海港也不例外。1995 年，上级让包起帆改行，到上海港龙吴港务公司（以下简称龙吴公司）当经理。龙吴公司地处黄浦江上游，船到龙吴码头比到黄埔江口要多花 6 个小时，有时候码头几天等不来一艘船，经营异常困难，每天要亏损 30 多万元。没船没活干时，工人们就抱怨码头地段不好，有些灰心丧气。"但是我想，组织上把投资 4 亿多元的大企业交给我，2500 多名职工看着我，我怎能束手无策？"包起帆当时急得团团转。"不闯出一条新路，就只能等死。"经过审时度势，他瞄准了内贸标准集装箱业务。早在 20 世纪 80 年代，交通运输系统就搞过 5 吨的内贸集装箱航线——上海到大连，大连到汉口，但没做多久就散伙了。直到 1995 年，我国内贸件杂货水上运输还在依赖散装形式，内贸标准集装箱运输产业仍是空白。包起帆盘算，小的集装箱做不起来，用国际标准的集装箱能不能做内贸？有人跟他讲"没有条件"：第一，中国没有运内贸集装箱的船；第二，缺少可装集装箱的内贸货；第三，龙吴码头没有装卸集装箱的设备。"但我想改革开放起步不久，中国的内贸将来一定会走标准集装箱之路，国外能做，我们为什么不能做？"他认准了这是一条能使企业脱困的正确道路。

他创造性地提出中国港口内贸标准集装箱水运工艺系统，连续4次到北京寻求支持，8次到南方寻找愿意合作的船公司、货主和码头，解决了设备、工艺、单证、计算机管理系统等一系列技术难题。在交通部的支持下，终于在1996年开辟了中国水运史上第一条内贸标准集装箱航线。与此同时，他还创新管理理念，探索现代物流在港口的实践，积极组建现代化物流仓储中心。先后与澳大利亚、新加坡，以及我国台湾、青岛等方面合作，建立了牛羊油储运库、水果冷链库、水泥配置库、出口大米基地。

坚持自主创新，积极发展内贸标准集装箱，不仅搞活了龙吴公司，也带动了一个产业的大发展。从"零"起步，经过20多年发展，我国内贸标准集装箱已遍布全国50多个港口，2017年，吞吐量达到了9218万标箱。

推动港口从机械化向自动化变革。过去，港口从人力化向机械化变革。跨入新世纪，港口步入从机械化向自动化、智能化变革的新时期。

2001年，包起帆被调到上海国际港务（集团）股份有限公司担任副总裁。从此，他的创新舞台更大了。他努力创造条件，让更多的职工加入到创新团队中来，由此开启了让上海港依靠创新走向世界第一大港的壮丽征程。

包起帆说："10年前很多人对自动化不理解。但社会进步总要有人做超前的事。作为分管技术的负责人，我觉得我有这份责任。上海港在迈向世界第一大港的路上，技术不能落后，要跟上这个步伐。"

在技术创新方面，2001年，他和外高桥一期的同事们系统地开展了现代集装箱码头智能化生产关键技术研究，通过一系列技术和工艺创新成果的应用，显著提高了码头集装箱处理能力和管理水平。该发明获得2004年国家科技进步奖、发明者世界联合会金奖。

2003年，他提出创意并主持建设了我国首座集装箱自动化无人堆场，在国际上首次解决了集卡快速自动装卸的技术难题。2006年，他提出创意并主持研制了世界上首台全自动桥式抓斗卸船机、全自动散货装船机和我国首台全自动散货斗轮堆取料机。

在码头建设方面，2003年起，他主持上海外高桥四、五、六期集装箱码头建设，以现代物流理念规划码头布局；率先实现双40英尺集装箱桥吊在港口的应用，并开发出配套的工艺系统。该项目取得了7.7亿元的经济效益，获2006年国家科技进步奖。

2006年，他主持上海港罗泾港区二期散杂货码头建设，通过一系列创新，形成了包括管控一体化、装备自动化、服务定制化的现代散杂货码头的建设集成技术，使工期缩短了22个月，投资较批复工程概算节约了7.7亿元。为此，他于2009年荣获世界工程组织"阿西布·萨巴格优秀工程建设奖"。

在推动港口节能减排方面，2010年，他发明了世界上首台移动式岸基船用变频变压供电系统，解决了我国港口岸基供电难题，被交通运输部列为重点推广项目，这一成果获2010年发明者世界联合会授予的创新大奖。

实现中国交通国际标准"零"的突破。在企业界流传着一句话：一流的做标准，二流的做品牌，三流的做产品。包起帆不满足于"二流、三流"，他力争"一流"。

我国是世界集装箱港口吞吐量第一大国，集装箱制造量居全世界产量的90%以上，但在这一领域国际标准的制定中却鲜有中国的声音，更难有拥有自主知识产权的中国发明进入国际标准。

将自主创新的集装箱RFID（射频识别）管理方案推向世界，并制定相关国际标准，成了包起帆创新的又一目标。

"不过，真进去了才发现水很深。"包起帆说，ISO（国际标准化组织）集装箱技术委员会由20多个成员国的资深专家组成，只有一半以上专家投赞成票，并同时至少有5个国家愿意一起做，国际标准的新提案才能通过。

由于我国首次参与该领域国际标准制定，2009年6月，首轮新项目提案投票即遭到失败，发达国家几乎都投了反对票。

消息传来，包起帆"深受打击"。"很多同事都说算了吧，可我不甘心，人家打了我一个嘴巴，我很痛，但我咬咬牙。我认为老外未必是真的和我们过不去。"精心准备后，他把ISO的各国专家请到了上海港，在码头耐心介绍、现场演示。这次，这些外国专家看懂了。

没过多久，再进行第二轮项目提案投票，他成功了——ISO中央秘书处正式发文，任命包起帆负责领导该标准制定。之后，历经汉堡、巴黎、上海、华盛顿、圣地亚哥共5次会议的交锋，与国外专家开展了百余次的对话和邮件沟通，中国集装箱RFID相关国际标准——ISO18186（2011）终于在日内瓦ISO中央秘书处正式发布。这也成为我国自1978年开始参与ISO活动以来，在物流、物联网领域首个由中国发起、起草和主导的国际标准。

  国际标准的发布仅仅是一个新的开端，后续维护和拓展是标准能否具有生命力的关键。根据规定，国际标准每5年需进行一次系统性回顾评审投票，以评定该标准是否存续。2016年，ISO18186顺利通过ISO的系统性回顾评审投票，被英国、荷兰、丹麦、捷克采纳为国家标准，日本和俄罗斯也计划采纳为国家标准，美国和德国确认该标准在本国得到了实际应用，展示了中国创新在国际上的生命力。（来源：《中国交通报》）

参考文献

[1] 李小岩:《落实"人才强国"战略就需创新人才管理体制和机制》,《才智》2012年第34期。

[2] 杨培增:《激发人才的创新活力和创造智慧》,《中国人才》2012年第23期。

[3] 赵永乐:《宣传和普及运用科学人才观 完善党管人才工作运行机制》,《中国人才》2012年第23期。

[4] 韩伯成:《对人才强市战略的思考》,《商业文化》(下半月),2012年第11期。

[5] 阎光才:《"人才强校"战略内涵与其实施的现实境遇》,《中国高教研究》2012年第11期。

[6] 沈荣华:《党管人才工作需要深化的几个问题》,《中国人才》2012年第21期。

[7] 张红飞:《破解欠发达地区师范院校发展瓶颈的几点思考》,《安庆师范学院学报》(社会科学版),2012年第5期。

[8] 林良夫,胡华桔,楼成礼:《简论建设高等教育强国的现实性与策略》,《教育教学论坛》2012年第31期。

[9] 樊花梅:《"体育强国"视域下我国竞技体育人才培养制度的研究》,《西安体育学院学报》2012年第5期。

[10] 陈俊,刘强,刘莉:《高等药学教育校企合作模式培养人才的探索和实践》,《中国高等医学教育》2012年第8期。

[11] 孙锐,吴江:《公共项目评估视角下的我国人才战略规划实施效果评估机制研究》,《中国软科学》2012年第7期。

[12] 李勇齐,罗秋兰,韦娇艳:《高等教育强国背景下地方高校应用型本科人才培养探析》,《煤炭高等教育》2012年第4期。

[13] 刘洁予:《企业与高校产学研合作共谋发展的实践探索——基于福田

化学工业有限公司与中山大学化学与化学工程学院产学研合作案例分析》,《科教导刊》(中旬刊)2012年第7期。

[14] 刘洋:《党管人才:新时代的战略选择》,《德州学院学报》2012年第S1期。

[15] 刘凯:《高校党管人才工作的理论思考》,《安徽警官职业学院学报》2012年第4期。

[16] 郑代良,钟书华:《高层次人才政策的演进历程及其中国特色》,《科技进步与对策》2012年第13期。

[17] 郭世田:《当代中国人才价值实现的路径设计》,《山东大学学报》(哲学社会科学版),2012年第4期。

[18] 王哲:《建立高等职业教育教师激励机制的途径》,《吉林工程技术师范学院学报》2012年第6期。

[19] 闫莉娜:《基于人才战略的毛泽东人才思想探讨》,《九江学院学报》(社会科学版)2012年第2期。

[20] 任才初:《坚持把改革创新作为人才发展的根本动力——论学习宣传和普及应用科学人才观》,《科学咨询》(科技·管理)2012年第6期。

[21] 肖红,肖英:《邓小平人才理论在新世纪的发展与创新》,《广西青年干部学院学报》2012年第2期。

[22] 孙锐:《国家人才强国战略评估体制亟须创新》,《行政管理改革》2012年第4期。

[23] 齐诚:《基于人才强国战略的非公人才资源开发》,《中国国情国力》2012年第4期。

[24] 管永前:《论"十二五"时期中国人才事业的发展方向》,《经济研究导刊》2012年第7期。

[25] 王丽娜:《变迁路径·演进机制·体系框架——改革开放以来中国人才政策的历史演进分析》,《华北电力大学学报》(社会科学版)2012年第1期。

[26] 温金海:《党管人才工作亟待加强》,《中国人才》2012年第3期。

[27] 赵军:《高技能人才培养必将推动人才强国建设:2011年高技能人才队伍建设和2012年高技能人才队伍发展展望》,《中国培训》2012年第1期。

［28］任才举：《加快实现"人口红利"向"人才红利"转变》，《中国人才》2012年第1期。

［29］尹蔚民：《发挥综合管理职能作用 推进政府人才工作科学发展》，《中国人才》2012年第1期。

［30］沈荣华：《科学人才观：对马克思主义人才思想的继承和发展》，《中国人才》2012年第1期。

［31］吴江：《人才优先是实施人才强国战略的核心思想》，《现代人才》2012年第6期。

［32］刘世华：《人才是科学发展的第一资源也是河南发展的第一资源——对河南人口资源向人才资源转变的思考》，《信阳农业高等专科学校学报》2012年第4期。

［33］段淑娟：《十六大以来科学人才观的理论创立和实践路径》，《南方论刊》2012年第12期。

［34］章焕春，黄浩：《世界竞技体育强国后备人才培养机制的教育学理念》，《浙江体育科学》2012年第6期。

［35］任采文：《为实施人才强国战略提供坚强组织保证——党的十六大以来各地各部门加强党管人才工作回眸》，《中国人才》2012年第17期。

［36］王渤涵：《实施"人才强国"战略需努力创新人才管理体制和运行机制》，《劳动保障世界》（理论版），2012年第8期。

［37］郭爱坤，周典恩：《以安徽大学为例探究大学生科研能力培养可行性方案》，《劳动保障世界》（理论版），2012年第8期。

［38］赵永涛：《人才强国战略下的人力资源开发》，《合作经济与科技》2012年第14期。

［39］袁广盛：《我国社会工作人才队伍建设研究》，《学理论》2012年第19期。

［40］秦立忠，邵凯，苏继革：《体育强国背景下我国体育后备人才培养问题初探》，《南京体育学院学报》（社会科学版），2012年第3期。

［41］胡凤兰：《体育教师"三品"》，《才智》2012年第16期。

［42］郝荣峰：《以高度的人才自觉推进人才强国建设》，《社会科学战线》2012年第6期。

［43］朱孝红：《体育强国视阈下我国竞技体育人才法治环境及其优化对

策》，《西安体育学院学报》2012年第3期。

[44] 许敏娟：《新时期我党人才政策的创新发展及其成果》，《理论建设》2012年第2期。

[45] 杨栋：《在高校教育中培养创新型人才的思考》，《中国人才》2012年第8期。

[46] 衡明，王青耀：《人才强国战略视域下的人才培养模式思考》，《新西部》（理论版）2012年第5期。

[47] 何琪：《区域人才共享：问题与对策》，《现代管理科学》2012年第3期。

[48] 苗瑞丹，王晓梅，吴庆华：《人才强国背景下黑龙江省高校人才培养模式探析》，《经济研究导刊》2012年第6期。

[49] 张小蕾：《引进海外人才智力研究》，《社科纵横》2012年第5期。

[50] 杨汝涛：《在新的历史起点上实施人才强国战略》，《职业》2012年第25期。

[51] 郭世田：《中国特色人才观的创新与发展》，《山东社会科学》2012年第5期。

[52] 张圣华：《"国家荣誉"——人才制度创新的风向标》，《中国人才》2013年第1期。

[53] 史洪军：《高起点办好高等职业教育的思考》，《现代教育科学》2013年第9期。

[54] 王守龙：《复合型人才与专业创新型人才比较研究》，《西南农业大学学报》（社会科学版），2013年1月11日。

[55] 任采文：《发挥好各方面做人才工作的积极性》，《中国人才》2013年第5期。

[56] 王剑：《从人才强校到人才强国——兼论高校人才队伍建设的科学理念》，《新西部》（理论版），2013年第7期。

[57] 田青，戴桂英：《创新社会人才组织管理助推人才强国战略》，《中国经贸导刊》2013年第7期。

[58] 艾斐：《需确立"人才资源是第一资源"的观念》，《先锋队》2013年第7期。

[59] 宋旭，游永豪，汪辉，王强：《"体育强国"战略环境中应用型体育本科人才培养研究》，《河北体育学院学报》2013年5月27日。

[60] 高飞，谷向东：《军转人才资源亟待深度开发》，《中国人才》2013年第2期。

[61] 王辉耀：《精英为何移往他国?》，《中国经济报告》2013年第3期。

[62] 史策：《坚持人才优先发展战略向人才强国迈进》，《中共福建省委党校学报》2013年第3期。

[63] 孙锐，吴江：《加快实施人才强国战略的建议与思考》，《中国人才》2013年第19期。

[64] 任采文：《加快确立人才优先发展战略布局》，《中国人才》2013年第1期。

[65] 李培安：《关于人才强国战略的思考》，《先锋队》2013年第4期。

[66] 汪滨：《浅议高技能人才培养》，《中国工程咨询》2013年第2期。

[67] 何孟渺：《浅谈高职院校校企合作、工学结合》，《科技资讯》2013年第8期。

[68] 许伟：《毛泽东人才观的当代启示》，《科教文汇》（上旬刊），2013年第8期。

[69] 文丰安，蒋利佳：《科教兴国、人才强国与文化强国三大战略的辩证思考》，《管理世界》2013年第1期。

[70] 吴江：《以改革之力建集聚人才体制机制》，《中国人力资源社会保障》2013年第12期。

[71] 沈荣华：《人才强国呼唤人才文化》，《现代人才》2013年第5期。

[72] 朱志敏：《以全球视野谋划人才优先》，《中国人才》2014年第1期。

[73] 郭成全，郝银，曾昭霆：《引进国外智力工作的实践与思考》，《人才资源开发》2013年第10期。

[74] 云霞：《深化研究生教育改革 建设人才资源强国——访教育部党组成员、副部长杜占元》，《中国国情国力》2013年第9期。

[75] 桂昭明：《人才以用为本是人才强国、区域发展的实务战略》，《人事天地》2013年第9期。

[76] 沈荣华：《中国人才政策面临七大走向》，《中国卫生人才》2013年第5期。

[77] 汪庆华，荀振芳：《人才强校：从理念到战略的路径思考》，《中国高等教育》2013年第9期。

[78] 廉晓梅：《造就规模宏大、素质优良的人才队伍》，《延边党校学报》

2013 年第 2 期。

[79] 赵乐际：《深入实施人才强国战略为全面建成小康社会提供有力人才支撑》，《中国人才》2013 年第 6 期。

[80] 罗旭，张建国：《中国需要更多的海外高端人才》，《国际人才交流》2013 年第 3 期。

[81] 曾尔奇：《大学语文双语教学对国际化人才培养的意义》，《语文建设》2014 年第 36 期。

[82] 吕静：《独立学院人才强校战略的思考》，《中国成人教育》2014 年第 9 期。

[83] 李建辉：《对少数民族语文翻译人才队伍建设的几点思考》，《民族翻译》2014 年第 1 期。

[84] 黄晓琼：《打造人才强国背景下的人事档案管理思考》，《城建档案》2014 年第 1 期。

[85] 屈波：《基于美英经验的中国 21 世纪人才战略研究》，《中国高校师资研究》2014 年第 1 期。

[86] 杨巍：《我国农村人才培养的几点思考》，《北方经济》2013 年第 Z1 期。

[87] 沈荣华：《未来中国人才政策发展趋势》，《中国人才》2013 年第 17 期。

[88] 余仲华：《研制人才战略规划的基本原则》，《中国卫生人才》2013 年第 4 期。

[89] 王辉耀：《完善国际人才移民制度的思考》，《中国人才》2013 年第 5 期。

[90] 赵立波：《试论十年来党的人才工作创新》，《理论学刊》2013 年第 2 期。

[91] 周利秋，刘畅，张铁：《人才强国视域下高校留学归国人员统战工作研究》，《边疆经济与文化》2014 年第 11 期。

[92] 吴锋：《试析全面建成小康社会阶段的人力资源支撑》，《人力资源管理》2014 年第 11 期。

[93] 郭宏，张华荣：《我国人力资源强国建设的现实基点及路径选择》，《东南学术》2014 年第 6 期。

[94] 聂飙：《人才发展：挑战与对策》，《国际人才交流》2014 年第 10 期。

[95] 孙锐：《中国人才战略规划区域实施效果评估测度研究》，《科学学研究》2014年第9期。

[96] 刘福垣：《教育现代化与人才强国的核心指标与战略措施》，《中国人力资源开发》2014年第17期。

[97] 惠艳，朱慕榕：《人才强国战略提出过程研究》，《人力资源管理》2014年第8期。

[98] 沈荣华：《要高度重视人才文化建设》，《政策》2014年第8期。

[99] 段建平，耿建芬，陆丹凤：《新时期我国人才事业面临的机遇与挑战》，《法制与社会》2014年第22期。

[100] 唐任伍：《只有人才兴企才能实现人才强国》，《企业文明》2014年第6期。

[101] 鲁宽民，姚鑫宇：《论邓小平的人才观及其当代启示》，《毛泽东邓小平理论研究》2014年第5期。

[102] 王培君：《人才特区建设现状评析》，《江苏第二师范学院学报》2014年第4期。

[103] 丁艳丽：《知识更新助推人才强国梦》，《中国人才》2014年第5期。

[104] 沈荣华：《中国梦人才梦——中国人才发展的战略走向》，《时代汽车》2014年第1期。

[105] 陈里民：《人才是实现中国梦的根本》，《北方经贸》2015年第12期。

[106] 吕薇洲：《充分发挥人才潜在力量加快形成人才制度优势——学习习近平总书记关于人才重要性的相关论述》，《观察与思考》2015年第12期。

[107] 陈希：《下好人才"先手棋"》，《人民公仆》2015年第12期。

[108] 姚瑶：《人才强国目标下云南省职业教育人才培养模式创新》，《现代企业》2015年第11期。

[109] 郑代良，章小东：《中美两国高层次人才政策的比较研究》，《中国人力资源开发》2015年第21期。

[110] 吕尚书：《对高校创建服务地方特色人才培养模式的思考》，《经济与社会发展》2015年第5期。

[111] 马文萍，李先，马晓明：《高校拔尖创新人才培养模式存在的问题及对策》，《学理论》2015年第29期。

[112] 庄西真：《使用比培养更重要》，《职教论坛》2015 年第 28 期。

[113] 孙涛：《以人才队伍建设推进社会治理体制创新》，《党政论坛》2015 年第 9 期。

[114] 于波：《论人才强国战略与高校教师素质的提升》，《中国成人教育》2015 年第 17 期。

[115] 田江：《人才强校战略与教师发展研究——基于新建本科院校转型视角》，《高等农业教育》2015 年第 9 期。

[116] 王鸿政：《转型视野下地方高校人才战略与软环境开发研究》，《中国市场》2015 年第 30 期。

[117] 董惠芳，王英，刘奇：《建设人力资源强国视域下加强高校人才队伍建设的几点思考》，《教育与职业》2015 年第 21 期。

[118] 张晓君，赵君：《文化人才队伍建设政策执行过程研究》，《行政与法》2015 年第 7 期。

[119] 李庆伟，李雪：《中国梦视域下人才强国战略的实施路径》，《齐齐哈尔大学学报》（哲学社会科学版）2015 年第 7 期。

[120] 孙锐：《构建具有中国特色的人才治理体系——学习习近平总书记人才工作系列重要讲话精神》，《行政管理改革》2015 年第 4 期。

[121] 韩淑香：《深入实施人才强国战略应把握的基本问题》，《石家庄职业技术学院学报》2015 年第 1 期。

[122] 吕部，朱飞，王大明：《建设人力资源强国的高等教育研究》，《蚌埠学院学报》2015 年第 1 期。

[123] 孙锐，吴江，蔡学军：《我国人才战略规划评估现状、问题及机制构建研究》，《科学学与科学技术管理》2015 年第 2 期。

[124] 亓兰瑞：《职业教育在人才强国建设中的意义》，《人才资源开发》2015 年第 2 期。

[125] 李光全：《中国梦视野下人才强国战略实现机制研究》，《青岛行政学院学报》2014 年第 1 期。

[126] 李贝，张师平：《人才强国视域下加强留学人员统战工作的思考》，《江苏省社会主义学院学报》2017 年第 6 期。

[127] 张晓：《首倡"人才大数据"理论服务"人才强国"建设——访海云天集团董事局主席游忠惠》，《国际人才交流》2017 年第 12 期。

[128] 胡鞍钢，鄢一龙：《教育发展创造人力资源红利》，《当代贵州》2017

年第 43 期。

[129] 许典利：《少数民族女性高层次人才的发掘和培养》，《百色学院学报》2017 年第 5 期。

[130] 章筱茜：《高校高层次人才引进的若干思考》，《黑河学刊》2017 年第 5 期。

[131] 罗旭：《我国提速迈向人才强国》，《光明日报》2017 年第 3 期。

[132] 薄贵利：《人才强国战略是强国第一战略》，《智慧中国》2017 年第 7 期。

[133] 杨克勤：《我国实施人才强国战略的指导思想和组织保障》，《佳木斯职业学院学报》2017 年第 7 期。

[134] 张大良：《我国拔尖创新人才培养实践探索及趋势》，《创新人才教育》2017 年第 2 期。

[135] 黄文：《关于水利行业高层次人才队伍建设的思考》，《人力资源管理》2016 年第 12 期。

[136] 唐瑶：《高校产学研结合人才培养机制创新研究》，《高教学刊》2016 年第 21 期。

[137] 李云智：《建国以来中国共产党人才思想的轨迹》，《中共太原市委党校学报》2016 年第 3 期。

[138] 许士荣：《高校"人才特区"建设：内涵、模式与路径选择》，《现代教育科学》2016 年第 4 期。

[139] 王婉琼：《加强地方高校高层次师资人才引进工作》，《求知》2016 年第 4 期。

[140] 林越晶：《人事人才政策法规的改进策略探析》，《中国卫生人才》2016 年第 3 期。

[141] 沈荣华：《重视新常态下的人才文化建设》，《企业文明》2016 年第 2 期。

[142] 李赛：《适应新常态，加快技术技能型人才能力培养》，《中国培训》2016 年第 3 期。

[143] 中共广西壮族自治区防城港市委组织部课题组：《人才优先发展具体化、政策化、项目化经验和做法研究（上）》，《人事天地》2012 年第 7 期。

[144] 徐艳霞：《强化转型跨越人才支撑力》，《沧桑》2013 年第 6 期。

[145] 王建平：《我国海外引才政策区域差异研究》，《世界地理研究》2013年第4期。

[146] 毛劲歌，李佩佩：《湖南"两型社会"建设中的创新型人才政策研究》，《湖南有色金属》2013年第6期。

[147] 陈玉兰：《创新时代江苏人才支撑体系研究——基于南通地区现状的分析》，《淮阴师范学院学报》（哲学社会科学版），2013年第6期。

[148] 程晓涛：《吸引人才打好三张牌——赤峰市优化人才政策、平台、保障机制》，《中国人才》2013年第21期。

[149] 濮雪莲：《"中心城市"建设中的人才支撑问题研究——以南通为例》，《科技和产业》2013年第9期。

[150] 王辉耀：《海归呼吁全覆盖、普适性的人才制度》，《国际人才交流》2013年第7期。

[151] 葛家胜，梁前荣：《欠发达地区人才突破的路径选择》，《理论参考》2013年第7期。

[152] 赵沛：《浅议我国科技人才政策现状》，《企业导报》2013年第10期。

[153] 陶叡，蔡湘隆：《西部大开发人才政策分析》，《新西部》（理论版），2013年第Z2期。

[154] 李国志，赵又晴：《高层次人才及人才环境建设》，《中小企业管理与科技》（上旬刊）2013年第2期。

[155] 李传松：《国土资源高层次人才政策体系分析》，《资源与产业》2012年第6期。

[156] 张再生，田海嵩，李祥飞：《滨海新区人才自由港建设政策支持体系研究》，《科技进步与对策》2012年第21期。

[157] 马贵舫：《试论人才特区建设人才政策创新》，《人事天地》2012年第10期。

[158] 胡跃福，马贵舫：《如何推进人才政策创新》，《中国人才》2012年第17期。

[159] 许敏娟：《新时期我党人才政策的创新发展及其成果》，《理论建设》2012年第2期。

[160] 陈敏，黄欢，郑晓娟：《浅析广州市高层次人才政策发展现状》，《广东科技》2012年第6期。

［161］林枚，祁建民，王世鹏：《优化天津市高层次人才集聚环境对策研究》，《环渤海经济瞭望》2012年第3期。

［162］杨芝：《湖北省高层次科技人才管理政策实施研究》，《科技创业月刊》2012年第2期。

［163］高巍：《山东省创新型科技人才政策体系构建》，《科技信息》2012年第4期。

［164］陈鲲玲：《新疆人才发展环境存在问题及对策思考》，《实事求是》2012年第1期。

［165］曙光，吴江：《公务员理论素养与政府职能转变——访中国人事科学研究院院长吴江教授》，《今日中国论坛》2006年第6期。

［166］田景春，袁明旭：《新形势下云南人才队伍建设的对策思考》，《普洱学院学报》2015年第5期。

［167］李子云：《技能型紧缺人才政策分析与建构》，《辽宁高职学报》2015年第9期。

［168］毛军权，孙美佳：《高层次人才联系服务工作中的现实问题及其对策研究——以上海市为例》，《领导科学》2015年第29期。

［169］常琳：《优化配置河南省科技创新人才政策研究》，《企业技术开发》2015年第27期。

［170］苏帆，刘佐菁，陈建新：《广东省粤东西北地区高层次人才政策探析》，《广东科技》2015年第18期。

［171］韦丽，方亮：《广西钦州保税港区人才引进扶持政策探究》，《传承》2015年第7期。

［172］罗岭，潘杰义，王娟茹：《基于比较分析的西安高新区高层次人才政策研究》，《科技和产业》2015年第7期。

［173］顾承卫，田贵超：《上海市引进海外科技人才政策实施情况研究》，《科技和产业》2015年第7期。

［174］卢晓莉，胡燕：《完善成都市党管人才工作运行机制的对策研究》，《成都行政学院学报》2015年第3期。

［175］王敬英：《南京引进海外科技人才政策研究与建议》，《科技和产业》2015年第6期。

［176］赵志泉：《郑州航空港经济综合实验区发展人才机制研究》，《创新科技》2015年第6期。

[177] 薛理介，潘杰义：《西安高新区人才发展现状及对策探析》，《技术与创新管理》2015年第3期。

[178] 宁秋，李玉兰，廖莹：《南宁市科技人才政策体系研究》，《中小企业管理与科技》（上旬刊），2015年第4期。

[179] 李东升，张再生：《天津市高端创新创业人才政策分析与对策研究》，《天津大学学报》（社会科学版），2015年第2期。

[180] 范巍：《人才因何而聚》，《光明日报》2015年第7期。

[181] 俞晓敏，徐静，张桔：《构筑核心增长极地区的人才支撑体系——以南昌为例》，《江西行政学院学报》2014年第4期。

[182] 李广斌：《青海省科技人才开发及管理政策研究》，《攀登》2014年第5期。

[183] 张乐，刘铭，苏帆：《广东省高层次人才政策的发展历程、问题与对策》，《广东科技》2014年第18期。

[184] 王新心：《地方政府人才政策评价研究》，《市场周刊》（理论研究）2014年第9期。

[185] 彭庚：《高层次人才引进政策创新路径研究》，《安徽理工大学学报》（社会科学版）2014年第5期。

[186] 陈橄，周玲：《国家高新区人才政策视域下的高校科研人才培养》，《产业与科技论坛》2014年第16期。

[187] 汪怿：《人才政策创新突破要有新思路》，《中国人才》2014年第15期。

[188] 倪海东，杨晓波：《我国海外高层次人才引进与服务政策协调研究》，《中国行政管理》2014年第6期。

[189] 袁家健：《我国人才与经济增长关系研究——东部11省市国有企事业单位专业技术人员的实证分析》，《科学学与科学技术管理》2014年第3期。

[190] 张节辉：《优化人才政策环境推动阿克苏地区跨越式发展》，《中共伊犁州委党校学报》2014年第1期。

[191] 吴伟，范惠明：《浙江省高层次人才引进与管理政策分析》，《中国人力资源开发》2013年第21期。

[192] 周爱军：《优化河北人才环境的几点思考》，《中国市场》2013年第36期。

[193] 李俊佳：《苏州各区市人才政策比较研究——以相城区、工业园区和昆山市创新创业领军人才计划为例》，《苏州科技学院学报》（社会科学版）2013年第5期。

[194] 苏津津，杨柳：《天津市科技人才吸引影响因素研究》，《科学管理研究》2013年第3期。

[195] 明大阳：《我国发展具有区域特色的竞技体育人才政策评析——以《辽宁竞技体育人才培养办法》为例》，《沈阳体育学院学报》2013年第2期。

[196] 赵红帅，马琼：《新疆贫困地区留住人才的困难及对策分析——以克州地区为例》，《成功》（教育）2013年第1期。